Stefan Carstens • Rudolf Ossig

GÜTERWAGEN

Band 1
Gedeckte Wagen

Stefan Carstens ist Eisenbahner von Profession und Modellbahner aus Passion – eine Verbindung, die sich seit über zwei Jahrzehnten in zahlreichen Veröffentlichungen und einer Vielzahl von Modellumbauten niederschlägt. Sein besonderes Interesse gilt dabei den „Lastenträgern" unter den Eisenbahnwagen, deren Entwicklungsgeschichte und Bauartunterschieden. Selbstverständlich spielt auch auf der heimischen Modellbahnanlage der Güterverkehr eine Hauptrolle. Hier wird auf realistischen Betrieb ebenso Wert gelegt wie auf eine Modelloptik, die auch die kleinsten Vorbildmerkmale noch erkennen lässt.

Rudolf Ossig erstand seine erste Modellbahn-Anfangspackung im Jahr 1958 mit dem ersten Lohn für eine Woche Kartoffellesen. Inhalt: Eine kleine Lok und drei Güterwagen. Und da mit Güterwagen gut spielen ist und Geld für Lokomotiven ohnehin nicht vorhanden war, wuchs der Güterwagenpark in annähernd vorbildgerechtem Verhältnis zu Triebfahrzeugen und Reisezugwagen. Die Lust am Spiel ist heute wie früher Antrieb für die Beschäftigung mit der Modelleisenbahn, die sich auch in zahlreichen Zeitschriftenpublikationen und im Engagement für den FREMO (Freundeskreis europäischer Modellbahner) dokumentiert.

Die Deutsche Bibliothek – CIP-Einheitsaufnahme

Güterwagen / Stefan Carstens ; Rudolf Ossig. -
Nürnberg : MIBA-Verl. Bd. 1. Gedeckte Wagen. - 2000
ISBN 3-86046-060-9

© vth Verlag für Technik und Handwerk GmbH,
MIBA-Miniaturbahnen, Nürnberg 2000

Überarbeitete, aktualisierte und erweiterte Neuauflage der
Erstausgabe aus dem Jahr 1989

Alle Rechte vorbehalten

Nachdruck, Reproduktion, Vervielfältigung – auch auszugsweise
oder mit Hilfe elektronischer Datenträger – nur mit vorheriger
schriftlicher Genehmigung des Verlages

Druck: W. Tümmels GmbH, Nürnberg

Inhaltsverzeichnis

Vorwort	4
Entwicklung der Güterwagen im 19. Jahrhundert	5
Gedeckte Güterwagen der Regelbauart	
Verwendung	6
Entwicklung	
Vom Länderbahnwagen zum UIC-Standardwagen	8
Güterwagen-Lexikon:	
Gw Magdeburg / Gw 01	13
G Hannover, G Stettin / G 02	14
Gh Hannover / Gh 03	17
Glpwhs Dresden / Ghwps Stettin / Gwhs 05	18
Gl Dresden / G 07	18
Gvwhs Stettin / Gvwhs 04	19
G 09	19
G(h) Kassel, München, Karlsruhe / G(h) 10 / Gklm 191	20
G 19 / Gklm 192	25
Gr Kassel / Gr 20 / Gklm 193	26
Ghs Oppeln / Gmhs 30 / Glm 200	29
Glhs Dresden / Ghs Oppeln / Ghs 31 / Gklm(s) 195	33
Gu Stettin / G 29 / Gklm 194	34
Gmhs Bremen / Gmhs 35 / Glm(s) 201	35
Gm Bremen, Gms Bremen / Gm 39, Gms 39 / Glm 202, Glms 202	38
Gm(m)s 40 / Gs 210	41
Gms 44 / Gs 211	42
Gms 45 / Gls 203	44
Gmhs 53 / Gs 204	46
Gms 54 / Gls 205	48
Gm(hs) 55 / Grs 206	51
Gmm(e)hs 56 / Gs, Grs-v 212 / Gs (-uv) 212	52
Gmm(eh) 60 / Gs, Grs-v 213 / Gs(-uv) 213	54
Gmms / Gs 216	56
Gklm, Glms 207 / Gklms 207	57
Gls-w 208	58
G München (Pl), G Hannover (Pl) / G 90	59
Großräumige gedeckte Güterwagen	
Verwendung	60
Entwicklung	60
Gl Dresden / Gl 06	63
Gl Dresden / Gl Stettin / Gl 07	63
Gl Dresden / Gl 11 / Gbkl 236	64
Glr Dresden / Glr 22 / Gbkl 238	66
Glt(r) Dresden / Glt(er) 23 / Hbck 291	68
Glhs Dresden / Glhs 25 / Gbkls 239	70
Glrhs Dresden / Glmrhs 28 / Gbls 242	71
Gltrhs Dresden / Gltmrhs 26 / Hbcs 295	72
Glm(g)hs Leipzig / Glm(g)hs 36 / Gbls 243	73
Gls Dresden / Gls 33, Glms 38 / Gbls 244	74
Glt Dresden (ö) / Glt 19 / Hbck 290	76
Gltrhs Dresden / Gltrhs 34, Gltmrhs 46 / Hbcs 296	77
Glm(e)hs 50 / Gbs, Gbrs-v 245 / Gos(-uv) 245	80
Glm(e)hs(s) 57 / Gbs, Gbrs(s)-v 253 / Gos(s-uv) 253	83
Glmm(eh)s 61 / Gbs, Gbrs-v 254 / Gbs(-uv) 254	84
Gbs 252	86
Gltmms 62 / Hbcs 300	87
Glmms 64 / Gbs 256	88
Glmms 65 / Gbs 257	88
Gltmehks 55 / Tbcrs-v 840	89
Gl 90	89
Gl 92, Gl 93, Glt 93	90
Gbh Saarbrücken / Gbh 21 / Hfk 310	91
Gbmhs 51 / Hfrs 312, Hfs-u 312	92
Gbmhs Saarbrücken / Gbmrhs 32	93
Gbtmks 66 / Tcefs 845	93
GGvwehs Dresden / GGvwehs 44 / Hakrs-v 346	94
GG 19, GG 90	95
GGlh Dresden / GGhs 41	95
GGths Bromberg / GGths 43 / Hacrs-v 340	96
Gllh Dresden / Gllvwh 08 / Gllh 12	98
Gllh Dresden / Gllh 12 / Hkr-z 321	99
Gllh Dresden / Gllh 24	100
Gllh Dresden / Gllh 12 / Gllh 22, Gllh 12 / Gllh 38	101
Gllm(g)hs Leipzig / Gllm(g)hs 37 / Hrs-z 330	101
Gllmhs 01 / Gllmhs 50 / Hs-vz 333 / Hrs-vz 331 / Hks-vz 333	103
Gllmehs 52 / Hrs-vz 332 / Hkks-uvz 332	104
Anschriften an Güterwagen	
Eigentumsmerkmal und Wagennummer / Bauartkennzeichnung	105
Die Gattungszeichen	110
Die Gattungsbezirke	114
Bauart- und Wagennummern ab 1951	116
UIC-Codierung	119
Güterwagennummern, Stand 1. 1. 1969	121
Güterwagennummern und Gattungen der DB, Stand 1984	124
Die technischen Anschriften	126
Umbauten und Verbesserungen an Güterwagenmodellen	129
Verzeichnis der Bildautoren	133
Literaturverzeichnis	134
Nachträge und Ergänzungen der Nachauflage	135

Vorwort

Warum ein Buch über Güterwagen? Warum eines, das Vorbildinformationen und Modellbauhinweise zu vereinen sucht? Und warum gerade zu diesem Zeitpunkt? Fragen, zu denen Antworten zu geben sind.

Als die Idee zu diesem Buch entstand, war das Fehlen einer geeigneten Zusammenfassung über Güterwagen das Hauptmotiv. Daran hat sich bis heute nichts geändert. Keines der bisher entstandenen Bücher bot Informationen über das Vorbild, sein wechselndes Erscheinungsbild über die Jahrzehnte des Einsatzzeitraums hinweg und die mögliche Umsetzung ins Modell.

Entweder stellen die Bücher nur die Vorbilder in einem recht eng begrenzten Zeitraum (auszugsweise) vor, oder aber es handelte sich um eine Darstellung des Modellangebots aus 4 Jahrzehnten Modellproduktion. Das soll nicht heißen, daß diese Veröffentlichungen unzulänglich oder gar überflüssig seien – dies würde der mühevollen Arbeit der Autoren nicht gerecht werden. Es sei ausdrücklich „zugegeben", daß wir diese Bücher durchaus als Quellen mitbenutzt haben. Dies gilt selbstverständlich auch für Aufsätze, die in einer Vielzahl von Zeitschriften erschienen sind. Sie alle zusammenzutragen, ist dem einzelnen am Thema interessierten schon aus Kostengründen verwehrt. Einige, die wir für besonders wichtig halten, sind im Literaturverzeichnis aufgeführt. Damit ist ein Motiv für dieses Buch wohl deutlich geworden: Es will korrekte Informationen zusammenfassend anbieten.

Als wir mit der Arbeit begannen, glaubten wir, dieses Buch sei leicht zu schreiben. Ein Irrtum, wie wir lernen mußten: Je tiefer wir in die Materie eindrangen, je mehr Vorschriften, Aufsätze und Bilder zusammengetragen werden konnten, um so deutlicher wurde uns, daß das Thema letztlich eine „unendliche Geschichte" darstellt. Güterwagen sind die Brot- und Butterfahrzeuge der Eisenbahnen, ihr Anteil am Fahrzeugbestand liegt seit rund 100 Jahren bei etwa 90 Prozent. Allein für die deutschen Eisenbahnen dürften in diesem Zeitraum mehr als 1,5 Millionen Güterwagen gebaut worden sein. Während dieses Zeitraums wechselten sowohl die Staatsform als auch die Organisation der Eisenbahnen mehrfach. Gleichzeitig gab es Änderungen bei den Werkstoffen, Konstruktionstechniken und Anforderungen der Benutzer, die sich im Güterwagenpark niederschlagen mußten. Insofern kann kein Buch über Güterwagen komplett sein. Wie schwierig es mitunter ist, authentische Informationen und Unterlagen zu erhalten, haben wir ebenfalls lernen müssen: Vieles – Zeichnungen, Nummernpläne, Dienstvorschriften usw. – wird vernichtet, wenn eine Bauart ausgemustert, eine Umzeichnung abgeschlossen, ein Ausbesserungswerk geschlossen wird oder eine Dienststelle auch nur umzieht.

Dennoch sind wir zuversichtlich, daß die hier wiedergegebenen Informationen korrekt sind, daß grobe Fehler vermieden wurden. Selbstverständlich freuen wir uns auf konstruktive Kritik und Ergänzungen.

Die Balance zwischen Vorbildinformationen und Modellbauhinweisen zu finden, war nicht einfach. Die Fülle der Vorbildinformationen verbot es, jedes Vorbild als Modell zu zeigen. Die Zeichnungen, Fotos und Beispiele sollten aber genügend Anregungen bieten, um korrekte Modelle auch ohne spezifische Umbauanleitungen erstellen zu können. Außerdem gibt es für diesen Zweck ja auch noch die Zeitschriften, die im Einzelfall noch detailliertere Anleitungen bieten können; verwiesen sei z.B. auf die entsprechenden Artikelserien in BAHN & MODELL.

Der Wagenpark der DB wird in den nächsten 10 Jahren sein Erscheinungsbild gründlich, vielleicht sogar drastisch ändern: Die klassischen Güterwagenbauarten, heute in den UIC-Hauptgattungen E, G, K und R zusammengefaßt, sind bei der DB alle älter als 20 Jahre. Viele Wagen aus den 50er und 60er Jahren haben ihre kalkulierte Lebensdauer erreicht, ihre Ausmusterung steht bevor. Dieses Buch erscheint also an einem Schnittpunkt in der Geschichte der deutschen Güterwagenentwicklung. Wenn allerdings daraus abgeleitet wird, daß der Güterpark ähnlich uniform wird wie der Triebfahrzeug- oder Reisezugwagenpark (für die dies ja auch nur scheinbar gilt), dann ist das falsch. Der Wagenpark der Zukunft wird allenfalls anders, keinesfalls aber langweiliger sein.

Was erwartet den Leser nun? Wir haben versucht, den Güterwagenpark der deutschen Eisenbahnen von der Jahrhundertwende bis zur Gegenwart darzustellen. Wegen der Fülle des Stoffes kann dies aber nur „Zug um Zug" geschehen; weitere Bände über die K-, V- und T-Wagen sowie die offenen Güterwagen werden folgen. Im vorliegenden ersten Band können nur die gedeckten Güterwagen dargestellt werden. Nicht jede Splitter- oder Versuchsbauart kann ausführlich behandelt werden; Materialfülle und Quellenlage sprechen ebenso dagegen wie der letztlich immer begrenzte Platz. Aus den gleichen Gründen muß auch der nicht weniger interessante Wagenpark der DR der DDR ausgeklammert werden.

Daß bei den aufgeführten Modellen die Epoche III, also der so vielfältige Zeitraum von der Mitte der 50er Jahre bis etwa 1967, besonders ausführlich dargestellt wird, liegt – wenn man so will – in der Natur der Sache. Die vorgestellten Bastel- und Umbauhinweise sind aber epochenneutral, Zeichnungen und Fotos gehen aber selbstverständlich auch auf andere Zeiträume ein.

Dank gilt allen, die auf die eine oder andere Weise zu diesem Buch beigetragen haben. Vorweg sei aber allen Modellbahnkollegen gedankt, die durch Fragen ihr Nichtwissen „zugaben" und damit nicht unerheblich zur Motivation beigetragen haben.

Unser besonderer Dank gilt allen, die uns mit Rat und Tat unterstützt haben, insbesondere den Mitarbeitern des Bundesbahn-Zentralamts Minden, der ZZT Mainz, des Ausbesserungswerks Hmb-Harburg und des Verkehrsarchivs bei der Bundesbahn-Direktion Nürnberg, die uns Pläne, Unterlagen und Statistiken zur Verfügung stellten oder zugänglich machten. Weiterhin möchten wir uns namentlich bei den Herren Hans Ulrich und Wolfgang Diener, Klaus Heidt, Hermann Hoyer, Manfred Jakobs und Gerd Neumann, die Unterlagen und Fachwissen beisteuerten, sowie bei allen Bildautoren – von denen Joachim Claus und die Fotografen verschiedener DB-Lichtbildstellen genannt werden sollen – bedanken. Dank gilt auch Verlag und Lektorat, die diesem aufwendigen Projekt Verständnis und Engagement entgegenbrachten. Last but not least möchten wir auch die „Zeichnerin" Ulrike Carstens nicht vergessen, ohne deren tatkräftige Hilfe dieses Buch nicht zustande gekommen wäre.

Bebra und Hasloh,
im November 1988

Stefan Carstens
Rudolf Ossig

Entwicklung der Güterwagen im 19. Jahrhundert

Der Güterverkehr hatte anfangs bei der Eisenbahn nur eine untergeordnete Bedeutung. Die Ludwigsbahn z. B. besaß im Eröffnungsjahr 1835 keine Güterwagen, so daß die legendären zwei Bierfässer, die als erste Güter mit der Bahn befördert wurden (1836 von Nürnberg nach Fürth für den dortigen Bahnhofswirt) auf dem Tender des „Adler" transportiert wurden.

Erst 20 Jahre danach wurden Güterwagen in nennenswerten Stückzahlen beschafft. Dennoch besaßen die meisten Eisenbahngesellschaften in der Regel mehr Personen- als Güterwagen (im Vergleich dazu: Heute sind rund 90 % aller bei der DB eingesetzten Wagen Güterwagen).

Die ersten Güterwagen wurden als reine Holzkonstruktionen gefertigt. Diese ca. 4 m langen „Frachtwagen" wogen etwa 5,5 t und konnten 3 bis 4 t tragen. Die Bordwände mit einer zweiflügeligen Tür je Seite waren aufgesteckt; beim Transport nässeempfindlicher Güter wurde eine Plane als Regenschutz über den gesamten Wagenkasten gespannt. Befördert wurden in diesen Wagen, deren grundsätzliches Konzept wir auch im O „Halle" der Verbandsbauart wiederfinden, neben Stückgut und Kohle auch Kutschen, Schlachtvieh und Langholz.

Der Güterverkehr gewann erst an Bedeutung, nachdem vom Verein Deutscher Eisenbahnverwaltungen (VDEV) 1847 – 1850 Vorschriften und technische Grundzüge für den durchgehenden Wagenverkehr von einer zur anderen Bahn aufgestellt worden waren. Hierin wurden u.a. die Vereinheitlichung von Fahrzeugabmessungen, Zug- und Stoßeinrichtungen und Radsatzformen festgelegt. Gleichzeitig begann der Wandel von der Holz- zur stabileren Eisenkonstruktion, so daß um 1850 die ersten Wagen mit 10 t Ladegewicht gebaut wurden. Parallel dazu setzte die Entwicklung der Spezialwagen ein und es entstanden Wagen für Vieh, Kohle, Koks, Öl, Teer, Säuren etc.

Ab 1860 war die deutsche Eisenindustrie dann in der Lage, größere Mengen Formeisen herzustellen. Als Folge davon wurden nicht nur Wagen mit eisernen Untergestellen (Holzkonstruktionen für die Untergestelle hatten inzwischen an Bedeutung verloren), sondern z. T. auch mit eisernen Wagenkästen hergestellt. Während sich diese Bauart bei offenen Wagen inzwischen durchgesetzt hat, ging man bei den gedeckten Wagen wieder von dieser Konstruktion ab, da sie durch die zusätzlich erforderliche innere Holzverschalung zu schwer wurden.

Der wirtschaftliche Aufschwung nach dem Krieg von 1870/71 stellte gesteigerte Anforderungen an den Güterverkehr. Da der vorhandene Wagenpark nicht mehr ausreichte, wurden in großem Umfang neue Wagen beschafft. Durch den technischen Fortschritt (bessere Eisenqualitäten, neue Verarbeitungsverfahren) war es möglich, das Ladegewicht z. T. auf 15 t zu erhöhen. Grundlage für den Bau dieser Wagen waren die „Normalien der Preußischen Staatsbahn", die von den meisten Länderbahnverwaltungen, z. T. in geringfügig abgewandelter Form, übernommen wurden.

In den „Normalien der Preußischen Staatsbahn" wurden als Grundtypen offene Güterwagen und bedeckte (!) Güterwagen festgelegt. Beide hatten mit Handbremse (andere Bremsen gab es damals noch nicht) eine Länge über Puffer von 8,80 m und einen Achsstand von 4,00 m. Ergänzt wurden diese Grundtypen durch Verschlagwagen für den Transport von Kleinvieh und durch Drehschemelwagen für den Langholztransport.

Bis zum Anfang des 20. Jahrhunderts stieg der Bestand der Güterwagen der Länderbahnen auf ca. 480 000 an. Darunter waren ein großer Teil nicht genormter Bauarten der frühen Länderbahnzeit sowie viele privat in Auftrag gegebene Spezialwagen.

Verwendung

An der Güterabfertigung Lübeck warten am 14. 4. 1960 verschiedene gedeckte Wagen auf den nächsten Einsatz, darunter je zwei Gmrs 30, Gmhs 35 und Glmhs 50, sowie ein G 10, ein Gms 45 und ein italienischer Wagen.

Gedeckte Güterwagen der Regelbauart
Verwendung

Zu den Gütern, für deren Beförderung gedeckte Wagen gestellt werden, gehört auch Vieh, wie hier die Schweine, die am 20. 2. 1959 in Husum verladen werden.

Gedeckte Güterwagen werden eingesetzt, um witterungsempfindliche Güter zu transportieren. Dazu zählen alle Lebensmittel (z. T. sogar in loser Schüttung – z. B. Getreide), Futtermittel und Düngemittel, abgepackte Baustoffe wie Kalk, Gips und Zement, genauso wie Post, Stückgut, Gepäck und Expressgut, Großvieh und Leichen (wie in der Güterwagenvorschrift ausdrücklich betont wird).

Die breite Palette der potentiellen Ladegüter hatte zur Folge, daß bis in die 60er Jahre des zwanzigsten Jahrhunderts hinein die G-Wagen etwa 40 % des Güterwagenparks stellten. Erst die zunehmende Umstellung der Lager- und Versandtechniken auf palettierte Packungseinheiten und damit zusammenhängend der Einsatz von Gabelstaplern führte zu einer teilweisen Ablösung der herkömmlichen G-Wagen durch Wagen mit Schiebewänden.

Für den Verkehrsdienst ist nun aber G-Wagen nicht gleich

Verwendung

G-Wagen, und bei der Bereitstellung der Wagen sind bestimmte Kriterien zu beachten. So sollen z. B. Wagen mit einer niedrigen Lastgrenze vorzugsweise für den Stückgut- und Dienstgutverkehr verwendet werden, während Wagen mit hohen Lastgrenzen dem Wagenladungsverkehr vorbehalten werden sollen. EUROP-Wagen sollen nicht für Stückgut im Binnenverkehr verwendet werden und Wagen mit Heizleitungen dürfen von September bis Mai nur im Stückgutverkehr eingesetzt werden, wenn sie an der Spitze von Reisezügen laufen. Wagen für Transport von Großvieh sollen möglichst 8 Lüftungs-/Ladeöffnungen haben (UIC-Standardwagen), beim Einsatz für den Pferdetransport sollen sie zusätzlich eine Handbremse haben. Daneben kann aber auch die zulässige Höchstgeschwindigkeit bei der Gestellung der Wagen von Bedeutung sein, nämlich dann, wenn der Wagen in schnellfahrenden Zügen befördert werden soll. In diesem Fall muß unbedingt ein G-Wagen mit dem Nebengattungszeichen „s" gestellt werden.

Folgende Nebengattungszeichen sind bei der Bereitstellung von G-Wagen für den Verkehrsdienst von Bedeutung:

b: Fährbootwagen, ausschließlich für den Verkehr mit Großbritannien stellen (s. Abschnitt großräumige gedeckte Wagen)
l: Ladefläche mindestens 26 m² (s. Abschnitt großräumige gedeckte Wagen)
m: Lastgrenze 21 t
mm: Lastgrenze über 21 t
s: für Züge bis 100 km/h
t: Stirnwandtüren (nur bei Gl-Wagen)
e/h: Heizleitungen

Daneben können aber auch noch andere Kriterien für die Bereitstellung von Güterwagen ausschlaggebend sein. Dies kann z. B. der Zustand des Wagens sein. So durften in den fünfziger Jahren die Wagen des Bereitschaftsparks nur in Verkehrsspitzen für bestimmte Ladungen eingesetzt werden, bei denen keine hohen Anforderungen an die Wagenqualität gestellt wurden.

Schließlich sollte auch nicht unerwähnt bleiben, daß die G-Wagen durch verschiedene Einsätze für die Seitenwandtüröffnungen den jeweiligen Transportbedürfnissen angepaßt werden können. Am bekanntesten und am weitesten verbreitet dürften hier wohl die hölzernen Gitter für den Viehtransport und die Einsatzwände für den Getreidetransport sein.

Verladung von Säcken mit Zwiebeln in gedeckte Wagen im Hamburger Hafen im Jahr 1954.

Auch lose Kartoffeln wurden in gedeckten Wagen verladen, wie hier in den fünfziger Jahren in einen G 10.

Stückgutverladung in der Güterabfertigung Hamburg Hgbf. Auf den Paletten und Gitterboxen sind u. a. Motorenteile, Kisten, Säcke, Blecheimer, Pappkartons mit Stonsdorfer und Papiersäcke mit Kalk. Für jeden Zielbahnhof gibt es einen Wagen (307 = Göttingen, 610 = Gießen etc.).

Entwicklung

1954 hatten die Flachdachwagen noch den Hauptanteil an den gedeckten Güterwagen, wie in diesem Zug, der am 1. 10. 1954 von einer 44 durch Würzburg südwärts gezogen wird. Direkt hinter dem Güterzugpackwagen, der die Kennzeichnung „N-S" für einen auf der Nord-Süd-Strecke freizügig einzusetzenden Pwg trägt, ein G 10 noch mit der Anschrift DR, Brit-US-Zone. Der dahinter laufende G 10 trägt bereits das neue Eigentumsmerkmal DB, während bei dem nächsten Wagen, einem G 02, weder das Eigentumsmerkmal noch die Wagennummer zu erkennen sind.

Entwicklung
Vom Güterwagen der Länderbauart zum UIC-Standardwagen

Obwohl die Güterwagen während der letzten einhundert Jahre laufend weiter entwickelt wurden, hat sich an ihrem grundsätzlichen Aufbau wenig geändert. Zwar sind im Laufe der Jahre Gattungen verschwunden (z. B. Drehschemelwagen, Klappdeckelwagen), dafür sind aber durch geänderte Transportbedürfnisse gerade in den letzten zwanzig Jahren etliche neue Bauarten hinzugekommen. Der Trend geht immer mehr zum Spezialgüterwagen, der ausschließlich für den Transport bestimmter Güter geeignet ist (z. B. Autotransportwagen, Containertragwagen, Wagen für den Transport von Blechrollen etc.). Früher wurden für diese Aufgaben Wagen der verschiedenen offenen Gattungen (O, R, S, X) verwendet. Wie sehr aber auch innerhalb einer Gattung der technische Fortschritt und geänderte Transportbedürfnisse das Aussehen der Güterwagen im Laufe der Jahre verändert haben, soll im folgenden am Beispiel der gedeckten Wagen erläutert werden.

Noch zu Anfang dieses Jahrhunderts waren die Güterzüge in Deutschland nicht mit einer durchgehenden Bremse ausgerüstet. Wie schon 1835 mußten daher auf einem Teil der Wagen Bremser mitfahren, die auf Signale des Lokomotivführers die Handbremsen anlegten bzw. lösten und so den Zug bremsten. Aus diesem Grund war ein großer Teil der Güterwagen mit Bremserhäusern ausgerüstet, um den Bremsern während der Fahrt einen Wind- und Wetterschutz zu geben (noch ältere Wagen besaßen nur erhöht angeordnete, offene Bremsersitze, auf denen in strengen Wintern so mancher Bremser erfroren ist). Um sicherzustellen, daß die Bremser die Lokomotivsignale auch hörten, waren die Bremserhäuser anfangs erhöht angeordnet. Dies wurde bei den gedeckten Wagen bis in dieses Jahrhundert hinein beibehalten, so daß auch noch bei den G-Wagen der Verbandsbauart (G Kassel, München, später: G 10) dieses hoch angeordnete Bremserhaus vorhanden war. Wegen der Anordnung der Bremskurbel über dem Dach der Wagen konnte dieses nur relativ flach gewölbt werden. Erst mit der Abkehr von der hohen Anordnung der Bremserhäuser war auch eine steilere Dachwölbung möglich (s.u.).

Während die Wagen älterer Bauart (Gw Magdeburg / Gw 01), die bei der DB nur noch von untergeordneter Bedeutung waren, nur ein Ladegewicht von 10,0 t bzw. 12,5 t zuließen, hatten die Wagen der Länderbauarten (G Hannover, Stettin / G 02) ein

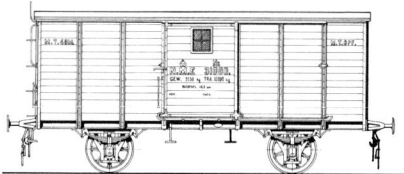 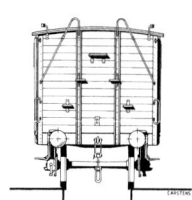

Der Vorläufer der späteren Gw 01, der preußische G-Wagen nach Blatt 8 der Normalien von 1879 (oben) und ein ebenfalls preußischer G 02 im Zustand der dreißiger Jahre (unten).

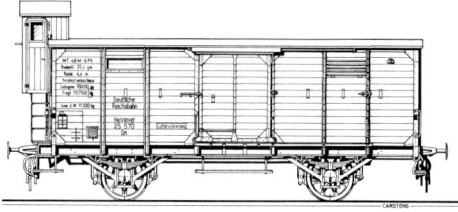 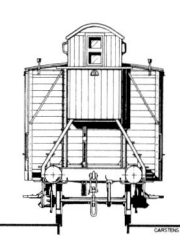

Entwicklung

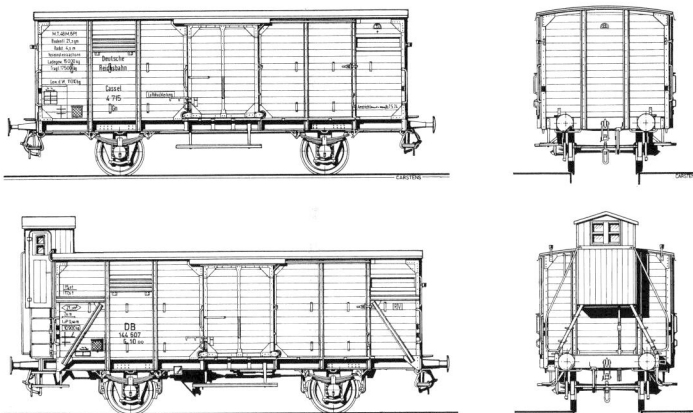

Der G-Wagen der Verbandsbauart als G Cassel der Deutschen Reichsbahn ohne Bremse und als G 10 der DB mit Hand- und Druckluftbremse.

Ladegewicht von 15,0 t und eine Tragfähigkeit von 15,75 t. Aus diesen Länderbauarten entstanden durch Weiterentwicklung ab 1909 die Wagen der Verbandsbauart. Der G 10 (ehem. G Kassel, München), der gedeckte Wagen der Verbandsbauart, war mit über 120.000 gebauten Exemplaren der zweithäufigste Wagen überhaupt (nur übertroffen von den Om-Wagen der Verbandsbauart mit rund 140.000 Stück). Er hatte bereits eine Tragfähigkeit von 17,5 t, entsprach aber sonst noch weitgehend den preußischen Normalien. Abweichungen bestanden in erster Linie in der Form der Achshalter, der Anordnung der Lüftungs- und Ladeklappen und in der Form des Bremserhauses (bei G 10 mit spitz zulaufendem Dach, bei G 02 mit ausgerundetem First). Allerdings ist der Übergang zwischen Länderbauart und Verbandsbauart fließend, so daß mancher als G 02 bezeichnete Wagen eher wie ein G 10 aussah.

Im Gegensatz zu allen später gebauten Wagen hatten die Wagen der Länder- und Verbandsbauart ursprünglich noch keine Diagonalstreben zur Aussteifung des Kastenaufbaus. Diese wurden erst ab Ende der dreißiger Jahre nachträglich in den Endfeldern angeschweißt, um die Verwindungssteifigkeit der Wagenkästen zu erhöhen. Dies wurde erforderlich, da durch den Einbau der Bremsanlage (s.u.) die Heraufsetzung der Geschwindigkeit und die Auslastung der Wagen bis zur Tragfähigkeitsgrenze im Zweiten Weltkrieg diese bedeutend höheren Belastungen unterlagen als ursprünglich geplant.

Nach dem Ersten Weltkrieg wurden 54 % der Güterwagen (rd. 333.000 Wagen) mit der mehrlösigen Kunze-Knorr-Bremse ausgerüstet, so daß dadurch auch die Güterzüge (wie die Reisezüge) durchgehend gebremst gefahren werden konnten. Betroffen von dieser Maßnahme waren in erster Linie die Wagen der Verbandsbauart, die zum größten Teil eine Druckluftbremse erhielten, sowie die jüngeren Länderbahnwagentypen, die noch in großen Stückzahlen vorhanden waren. Hierdurch war es möglich, die zulässige Höchstgeschwindigkeit der Güterzüge auf 75 km/h heraufzusetzen.

Als Folge des technischen Fortschritts und des Zusammenschlusses der Länderbahnen zur Deutschen Reichsbahn im Jahr 1920 begann ab 1923 die Weiterentwicklung der Wagen der Verbandsbauart zu den Austauschbautypen. Bei diesen Wagen wurden nicht nur die Abmessungen der Einzelteile, sondern auch die Fertigungs- und Bautoleranzen festgelegt, so daß ein Austausch schadhafter Teile ohne Anpassungsarbeiten möglich war.

Die Generation der gedeckten Austauschbauwagen unterschied sich von den Verbandsbauartwagen konstruktiv in mehreren Details. Auffälligstes Merkmal dürfte die Einführung des hochgewölbten Tonnendaches sein, das in nahezu unveränderter Form bis in die Gegenwart beibehalten wurde. Diese Ausführung des Daches war möglich geworden, da nach der Einführung der durchgehenden Luftdruckbremse die Handbremse nur noch zum Festlegen der abgestellten Wagen und beim Rangieren benötigt wurde. Hierbei war es jedoch eher hinderlich, das Bremserhaus erhöht anzuordnen. Es konnte daher direkt auf das Untergestell gesetzt werden, so daß die höhenmäßige Ausbildung des Daches keinen Zwängen mehr unterlag (sieht man einmal von den Vorschriften der BO, der heutigen EBO = Eisenbahn- Bau- und Betriebsordnung ab).

Verkehrlich glichen G-Wagen der Austauschbauart den Verbandsbauartwagen (Ladegewicht, Tragfähigkeit und Ladefläche waren gleich), so daß die Wagen ebenfalls in den Gattungsbezirk Kassel eingereiht werden konnten. Dies war auch insofern sinnvoll, als daß wegen der wirtschaftlichen und politischen Entwicklung einerseits (Weltwirtschaftskrise, Reparationsleistungen etc.) und der Weiterentwicklung der Schweißtechnik andererseits (an der die Deutsche Reichsbahn führend beteiligt war), nur 8.263 Wagen gebaut wurden. Erst bei der DB erhielten die Wagen eine eigene Gattungsnummer und wurden als Gr 20 eingereiht.

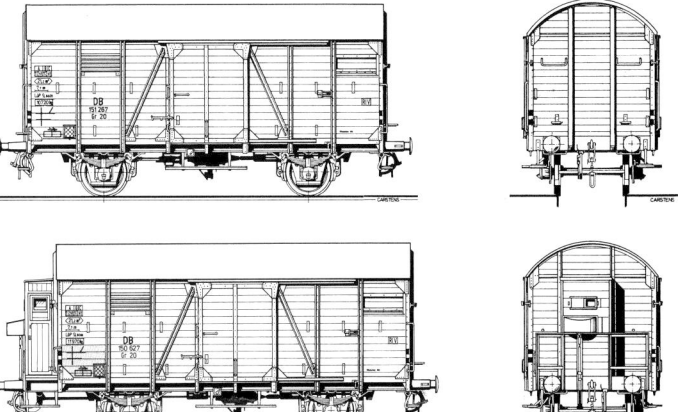

Der Gr 20 (Austauschbau-G-Wagen) als DB-Wagen mit und ohne Handbremse.

Neben dem bereits erwähnten Tonnendach und der Anordnung des Bremserhauses auf dem Fahrzeugrahmen besaß der Gr 20 aber auch noch einige weniger auffällige technische Neuerungen. So erhielten die Wagen z. B. Umsetzradsätze für den Übergang auf russische Breitspur, hängend angeordnete Seitenwandtüren und aus diesem Grund zusätzliche Diagonalstreben neben den Türen und gegenüber den Verbandsbauartwagen um 90 Grad gedrehte, stehend angebrachte Stirnwandrungen.

Anfang der dreißiger Jahre wurde von der Deutschen Reichsbahn die Forderung nach Güterwagen, die eine höhere Höchstgeschwindigkeit zuließen, laut. Vorrangig sollten geeignete Wagen für die Beförderung von Expressgut in Schnell- und Eilzügen entwickelt werden. Neben der Konstruktion vierachsiger Wagen für Schnellzüge (s. Abschnitt Gl-Wagen), deren Beschaffung in großen Stückzahlen wegen der Drehgestellkonstruktion für diesen Zweck jedoch zu unwirtschaftlich war, wurden Versuche unternommen, die zulässigen Höchstgeschwindigkeiten zweiachsiger Wagen weiter heraufzusetzen. Eine zu diesem Zweck beschaffte Serie von Gl-Wagen (s. dort) mit 7,7 m Achsstand (gegenüber 7,0 m der bis dahin gebauten Wagen) bei ansonsten gleichgebliebenen Abmessungen zeigte auch noch bei der geforderten Höchstgeschwindigkeit von 90 km/h ein ruhiges Laufverhalten.

Aufbauend auf die gewonnene Erkenntnis begann – ebenfalls noch Anfang der dreißiger Jahre – die Entwicklung eines kürzeren Expressgutwagens.

Der lange Oppeln im Ablieferungszustand als Glhs Dresden.

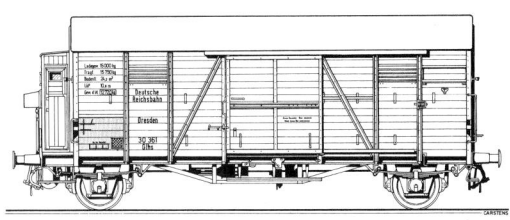 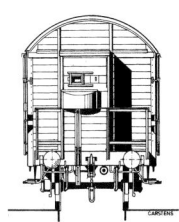

Entwicklung

Dieser anfangs als Glhs Dresden bezeichnete Wagen hatte nur 7,0 m Achsstand, war aber auch 2,0 m kürzer als die „normalen" Gl-Wagen, so daß mit einer LüP von 10,8 m wieder ein Wagen mit kurzen Überhängen und entsprechend guten Laufeigenschaften im oberen Geschwindigkeitsbereich entstand. Zwischen 1934 und 1937 wurden insgesamt 1.663 Wagen beschafft, die ab 1937 als Ghs Oppeln bezeichnet wurden (die Mindestladefläche für Gl-Wagen wurde ab diesem Zeitpunkt auf 26,0 m² heraufgesetzt, der Oppeln besaß jedoch nur 24,2 m²). Der Ghs Oppeln, der bei der DB die Bezeichnung Ghs 31 erhielt, war der erste geschweißte G-Wagen, der in größeren Stückzahlen beschafft wurde. An technischen Neuerungen wäre daneben noch erwähnenswert, daß der Wagen mit Reisezugwagenlaufwerken, d.h. mit langen, in Federschaken hängenden Blattragfedern ausgerüstet war (bei den Vorgängerbauarten waren die relativ kurzen Blattragfedern in Federlaschen aufgehängt).

Die mit dem „langen Oppeln" gemachten Erfahrungen flossen ab 1938 in den Bau des Nachfolgers der genieteten G-Wagen ein. Dieser wurde gegenüber dem Ghs Oppeln nochmals um 1,0 m gekürzt, so daß der Achsstand jetzt 6,0 m betrug. Die LüP entsprach mit 9,8 m (bei Wagen mit Handbremse) bzw. 9,1 m den genieteten Wagen und mit Ausnahme der fehlenden Knotenbleche entsprach der Aufbau des Wagens dem Austauschbauwagen.

Von diesen kürzeren Ghs Oppeln wurden bis 1945 insgesamt 28.077 Exemplare beschafft, die damit neben den Flachdach-G-Wagen der Länder- und Verbandsbauarten zu den am häufigsten gebauten gedeckten Wagen zählen.

Bei der Deutschen Bundesbahn wurde Anfang der fünfziger Jahre das Ladegewicht, das bis dahin nur 15,0 t betrug, auf 20,0 t heraufgesetzt. Ein Teil dieser nun als Gmhs 30 bezeichneten Wagen wurde, bis ausreichend neue G-Wagen zur Verfügung standen, in den 1951 neu gegründeten EUROP-Park eingereiht.

Der Zweite Weltkrieg führte, bedingt durch die Rohstoffknappheit und das gestiegene Transportaufkommen, zu einer völligen Neukonstruktion der wichtigsten Güterwagenbauarten. Diese Wagen sollten mit einem geringeren Stahlanteil und mit möglichst wenig Arbeitsstunden gebaut werden können. Gleichzeitig sollte die Tragfähigkeit dieser Kriegsgüterwagen höher sein als bei den bisher gebauten Gattungen. Als gedeckte Gattung entstand der Gmhs Bremen, der ein Ladegewicht von 20,0 t und eine Tragfähigkeit von 21,0 t (gegenüber 17,5 t bisher) erhielt. Gleichzeitig konnte bei einer um 90 cm vergrößerten Länge über Puffer und Ladelänge das Eigengewicht des Wagens gegenüber dem Oppeln um rund 1,8 t (9,2 t gegenüber 11,0 t) gesenkt werden. Von den durch die Dampfheizleitung universell einsetzbaren Wagen wurden von 1943 bis 1945 7.280 Stück gebaut. In den Jahren 1948 bis 1950 wurden nochmals 6.190 Wagen gleicher Bauart beschafft, die gegenüber der Kriegskonstruktion jedoch verstärkte Profile erhielten, so daß das durchschnittliche Eigengewicht auf 9,6 t anstieg (die Wagen der Kriegskonstruktion waren durch Abrostungen der Profile so stark geschwächt, daß die Betriebssicherheit der Wagen nicht mehr gewährleistet war). Bei der DB erhielten die Wagen die Gattungsbezeichnung Gmhs 35.

Da in den ersten Nachkriegsjahren großer Wagenmangel herrschte, die deutsche Waggonbauindustrie aber nur wenige Wagen bauen konnte (sie war mit dem Wiederaufbau der Werke und beschädigter Wagen mehr als ausgelastet), wurden ausländische Firmen mit Neubauten beauftragt. In der Regel lieferten diese Werke Wagen, die nach Zeichnungen der Reichsbahn entstanden, es gab aber auch Ausnahmen: 1948/49 lieferten die tschechischen Skoda-Werke 1.400 Gm- und 930 Gms-Wagen ab, die wegen gleicher Eigenschaften wie die Kriegswagen dem Gattungsbezirk Bremen zugeordnet wurden. Die später als Gm/Gms 39 bezeichneten Wagen tschechischer Bauart wurden nur als Leitungswagen (Gm) und als Wagen mit Druckluft- und Handbremse (Gms) gebaut; Wagen nur mit Druckluftbremse gab es nicht.

Die tschechischen G-Wagen waren aber – ebenso wie die 1949 von der DB übernommenen 9.735 G-Wagen amerikanischen Ursprungs – für die weitere Entwicklung der gedeckten Wagen in Deutschland nicht von Bedeutung, mit Ausnahme der Tatsache, daß letztere bereits an den Seiten mit Plattenwänden verkleidet waren, was vielleicht einen gewissen Einfluß auf die Entwicklung der kunstharzverdichteten Sperrholzplatten bei den DB-Neubauwagen hatte.

Bereits 1948 hatte das damals in Göttingen ansässige Eisenbahn-Zentralamt eine Reihe von neuentwickelten Güterwagen bauen lassen, die später als Gmms 46 und Gmms 48 bezeichnet wurden. Sie wurden zwar nicht in Serie gebaut, die dabei gewonnenen Erfahrungen flossen aber in die Entwicklung der international vereinheitlichten UIC-Wagen ein.

Der erste nach diesen Richtlinien gebaute Wagen war der Gmhs 53 (der zuvor entstandene Glmehs 50 wird bei den Gl-Wagen behandelt). Er besaß bereits alle Hauptabmessungen der späteren UIC-Standardwagen, das neue überkritische Doppelschakenlaufwerk, das Geschwindigkeiten bis 100 km/h zuläßt, sowie die (für deutsche Eisenbahnen) neuen UIC-Lüftungsschieber. In die Bauzeit dieser Wagen fiel auch die Umstellung der gedeckten Güterwagen von Bretterverkleidung auf Plattenverkleidung. Während das erste Drittel der Gmhs 53 mit Bretterwänden gebaut wurde, erhielten die Wa-

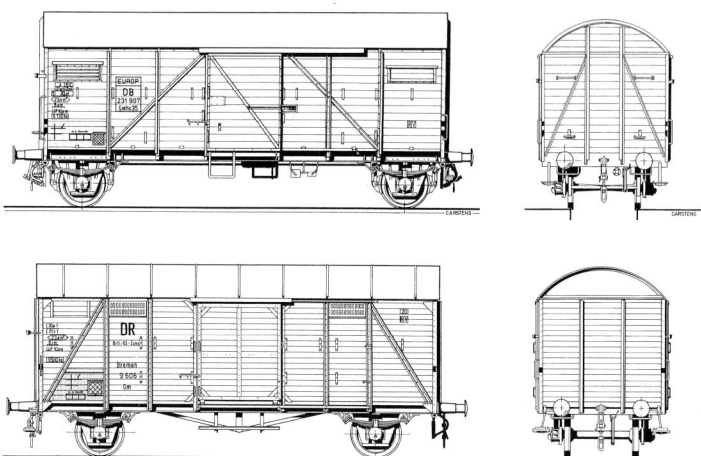

Zweimal Bremen: oben ein Wagen der Kriegsausführung, unten ein Bremen tschechischer Bauart.

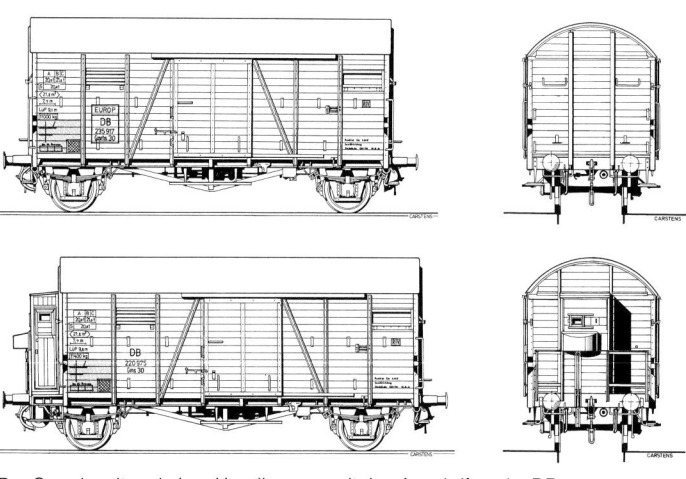

Der Oppeln mit und ohne Handbremse mit den Anschriften der DB.

Der Gmhs 53 war der erste nach den UIC-Richtlinien gebaute G-Wagen der Deutschen Bundesbahn.

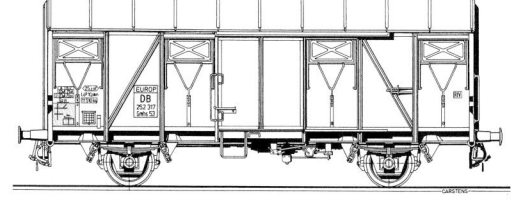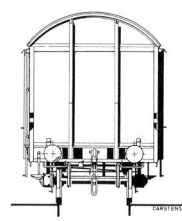

Entwicklung

gen der nachfolgenden Lieferungen kunstharzverdichtete Sperrholzplatten als Wandverkleidung.

Noch während der Fertigung der Gmhs 53 wurde die Türbreite der UIC-Standardwagen, die ursprünglich 1,80 m sein sollte, auf 2,00 m festgelegt, um ein leichteres Beladen der Wagen mit Flurförderfahrzeugen zu ermöglichen.

Etwa zur gleichen Zeit fiel auch die Entscheidung, die noch vorhandenen 40.000 G 10 und die restlichen G 02 nicht mehr in der alten Form aufzuarbeiten, sondern durch Umbau erheblich aufzuwerten. Nachdem verschiedene Probewagen gebaut wurden, deren Umbau sich jedoch als unwirtschaftlich erwies, entschloß man sich von den Grundabmessungen der Wagen abzugehen und einen Umbauwagen zu schaffen, der möglichst eng an die UIC-Abmessungen angelehnt sein sollte. So entstanden ab 1954/55 in mehreren AW die Gms 54, die bedingt durch die Verwendung alter Puffer zwar 60 mm länger waren als die UIC-Standardwagen, diesen ansonsten aber in den Hauptabmessungen entsprachen. Abweichend von dem UIC-Standard erhielten sie jedoch nur eine 1,80 m breite Tür und lediglich 4 UIC-Lade-/Lüfterschieber sowie im Gegensatz zu den Neubauwagen, die mit einem Aluminium-Dach ausgerüstet wurden, eine PVC-Dachdecke auf einer Holzverschalung.

Die ab 1957 gebauten Gmmhs 56 unterschieden sich von den Gmhs 53 vor allem durch die nun 2,00 m breite Tür. Die Veränderungen im Untergestell sowie die nun allgemein eingeführte KE-GP-Bremse (Knorr-Bremse mit Einheitswirkung), die die ab den dreißiger Jahren verwendete Hikp-Bremse (Hildebrand-Knorr-Bremse) ablöste, sind hingegen äußerlich eher unauffällig.

1958 kamen die wenigen Wagen der Saar-Eisenbahnen zur DB, darunter der UIC-Einheitswagen Gms 55, der mit Bretterwänden und 1,80 m breiter Tür den ersten Bauserien des Gmhs 53 ähnelte. Abweichend von Gmhs 53 besaßen die Gms 55 aber Gewebedachdecken auf Holzverschalung anstelle der Aluminiumdächer.

Ende der fünfziger Jahre wurde entschieden, 1.100 Pwgs 44, die in ihren Abmessungen den Gmhs 35 entsprachen, nicht mehr aufzuarbeiten, sondern zu gedeckten Güterwagen mit UIC-ähnlichen Abmessungen umzubauen. Auf diese Weise entstanden ab 1957 unter Verlängerung des Untergestells und Einbau eines Sprengwerks die Gms 45. Die Hauptunterschiede gegenüber den Gms 54 waren der vom Ursprungswagen übernommene Achsstand von 7,00 m, die Beibehaltung des unterkritischen Laufwerks mit Einfachschaken und die 2,00 m breite Tür. Die Plattenverkleidung, die Anzahl und Anordnung der Lüftungsschieber und die PVC-Dachdecke entsprachen den Gms 54.

Ab 1959 wurden einige hundert der noch vorhandenen Pwgs 44 sowie besonders schlecht erhaltene Gmhs 35 zu UIC-Standardwagen umgebaut. Von den Gmmhs 56 unterschieden sich diese Gm(m)s 44 bei gleichen Hauptabmessungen nur durch die höheren Langträger, das zusätzlich eingebaute Sprengwerk und die PVC-Dachdecke.

Die ab 1960 bzw. ab 1961 durch Umbau entstandenen Gmms 60 und Gmms 40 besaßen ebenfalls ein Sprengwerk und eine PVC-Dachdecke. Innerhalb beider Bauarten gab es jedoch im Detail sehr viele Unterschiede, so daß die Wagen kein einheitliches Bild bieten. Erwähnt werden sollen hier nur die ein- bzw. zweiteiligen Seitenwandobergurte, die Türen aus L- oder Abkantprofilen und die unterschiedlichen Stirnwandausführungen. Während die Gmms 40 aus (geschweißten) Gms 30 umgebaut wurden, entstanden die Umbau-Gmms 60 aus G 10 und anderen genieteten Wagen (G 19, Gr 20). Daneben gab es auch Gmms-Neubauwagen. Im Gegensatz zu den Umbautypen besitzen diese (meistens) ein Stahlblechdach und (in der Regel) kein Sprengwerk.

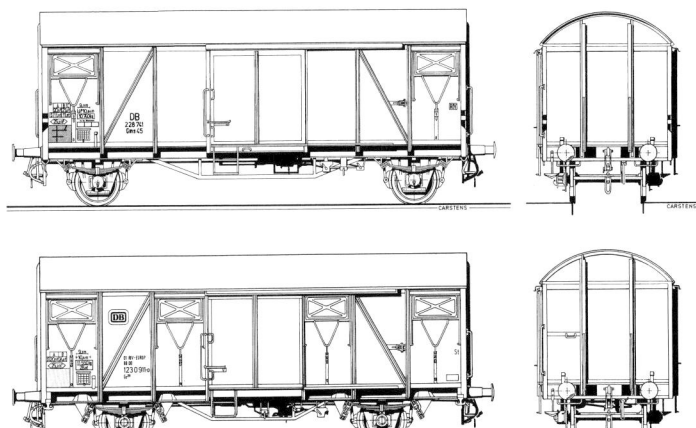

Zwei Umbauwagen: Gms 45 (oben) und Gmms 44 (darunter).

Der letzte neuentwickelte G-Wagen der DB war der ab 1966 gebaute Gs 216. Äußerlich unterscheiden sich die Wagen dieser Bauart nicht von den letzten Gmms 60-Naubauten. Im Gegensatz zu diesen war jedoch das Untergestell bereits für den seinerzeit geplanten Einbau der automatischen Mittelpufferkupplung vorbereitet.

Soweit die stark komprimierte, manch interessantes Detail auslassende Entwicklungsgeschichte der (kurzen) G-Wagen. Im anschließenden Lexikon-Teil werden Sie manchen Wagen finden, der hier nicht erwähnt ist, da es sich entweder um Splittergattungen handelt, die zu speziellen Zwecken, wie z. B. für den Pferde- oder Milchtransport gebaut wurden, oder um ausländische Gattungen, die nach dem Zweiten Weltkrieg zur Bundesbahn kamen.

Es ist auffällig, daß selbst die jüngsten G-Wagen inzwischen schon älter als 20 Jahre sind. Eine Nachfolgebauart in herkömmlicher Form ist nicht in Sicht, zahlreiche der oben genannten Nachkriegswagen sind aber bereits ausgemustert, an die DR verkauft oder werden als Bahndienst- und Bahnhofswagen aufgebraucht.

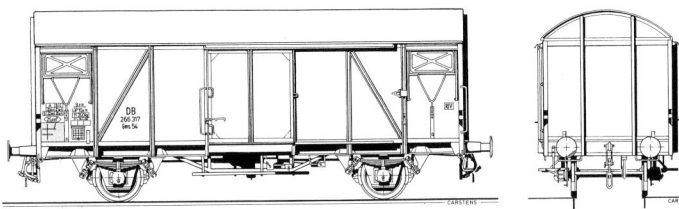

Gms 54-Umbauwagen (oben) und Gmmhs 56-Neubauwagen mit und ohne Handbremse (unten).

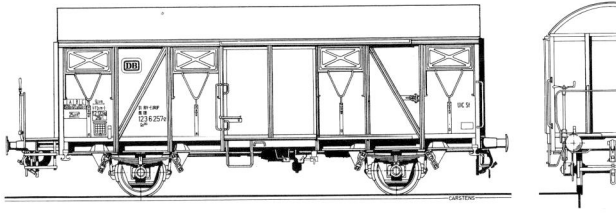

Ein Gmms 60-Neubauwagen mit Handbremse, wie alle Zeichnungen auf diesen Seiten im Maßstab 1 : 160.

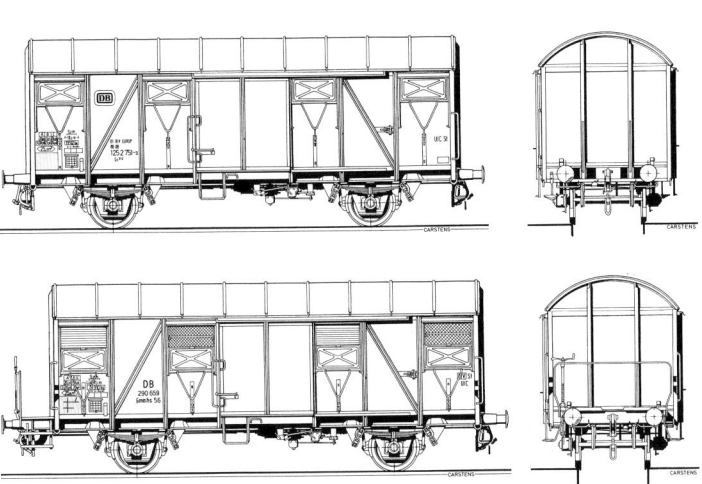

Güterwagen-Lexikon

Auf den folgenden Seiten sind alle gedeckten Güterwagen vorgestellt, die noch in nennenswerten Stückzahlen in den Bestand der DB gekommen sind, bzw. alle Typen, die von der Deutschen Bundesbahn beschafft oder umgebaut worden sind. Versuchswagen und Splittergattungen ausländischen Ursprungs wurden dabei nur berücksichtigt, wenn sie entweder konstruktiv interessant sind (z. B. als Bindeglied in der Entwicklung der gedeckten Wagen) oder wenn sie für den Nachbau im Modell von Interesse sind.

Um die Zuordnung der Gattungsbezeichnung zu den verschiedenen Epochen zu erleichtern, wurden bei den einzelnen Wagen von links nach rechts die Gattungsbezeichnung der Deutschen Reichsbahn, die bis 1954 gültig war (tw. mit während dieser Zeit geänderten Gattungsnamen), die ab 1951 gültige DB-Bezeichnung (zweistellige Bauartnummer) sowie die Gattungsbezeichnung, die nach Einführung der UIC-Codierung gültig war bzw. ist, angegeben. Dabei wird zwischen der ersten, ab 1964 eingeführten Bezeichnung und der endgültigen Bezeichnung, die ab 1980 gültig ist, unterschieden. Sofern die Wagen nach 1980 noch im Bestand waren, sind grundsätzlich beide Bezeichnungen angegeben, auch wenn diese nicht geändert wurden (s. hierzu den Abschnitt: Anschriften an Güterwagen).

Sämtliche Zeichnungen entstanden auf der Grundlage der 1:40-Übersichtszeichnungen des Vorbilds. Hierbei wurden offensichtliche Fehler korrigiert. Geringfügige Maßabweichungen der Zeichnungen (bei den gedruckten Zeichnungen im Zehntel-Millimeter-Bereich) wurden übernommen, da ansonsten die meisten Zeichnungen neu konstruiert werden müssen.

Gw Magdeburg

Vorläufer der Gw Magdeburg, die nach Blatt II b 1 der preußischen Normalien gebaut wurden, waren die ab 1879 gebauten Wagen nach Blatt 8. Sie unterschieden sich von ihren Nachfolgern durch das Fenster in der Tür und die fehlenden Ladeluken sowie in mehreren kleinen Details. Die Wagen kamen nicht mehr in den Bestand der DB.

Ein Wagen nach Blatt 8 der preußischen Normalien, bis auf die Trittstufe unter der Tür und einen Radsatz noch im Originalzustand im Juli 1938 als Bahndienstwagen SV 86 1893 der AL in Mulhouse fotografiert (vgl. mit den Zeichnungen unten).

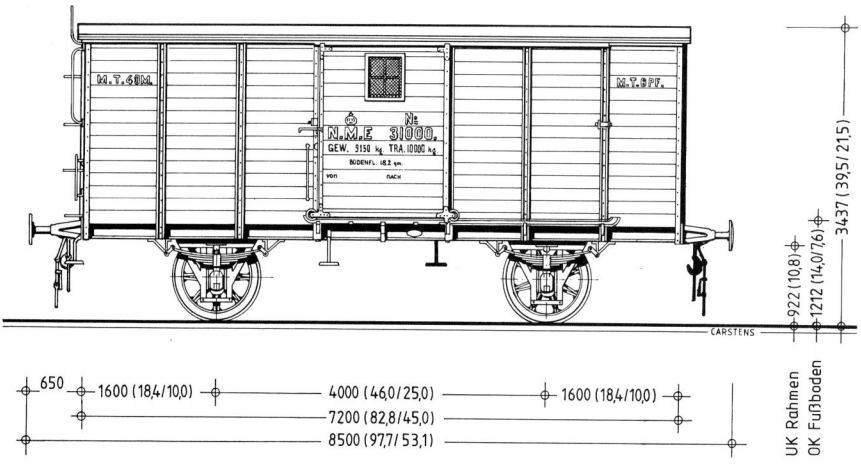
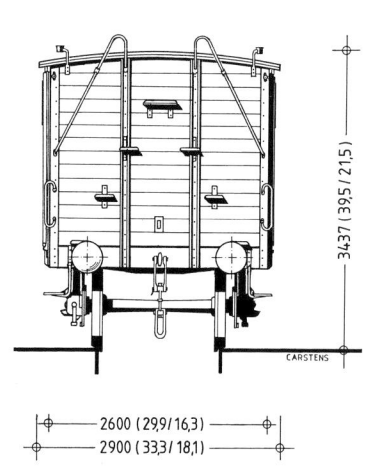

Gw Magdeburg Gw 01

Vermutlich 1932 entstand dieses Foto, das einen Gw Magdeburg zeigt, der bis auf die Hülsenpuffer noch im Ursprungszustand ist.

Gw Magdeburg Gw 01

	m. Hbr/o. Hbr
Erstes Baujahr	ca. 1882
Letztes Einsatzjahr	ca. 1954
Länge über Puffer	8800/8500 mm
Achsstand	4000/4000 mm
Ladelänge	7120 mm
Ladebreite	2750 mm
Ladefläche	18,4 m²
Ladegewicht	10 (12,5)* t
Tragfähigkeit	10,5 (13,15)* t
Eigengewicht	9050/8050 kg
Achslager	Gleitlager
Höchstgeschw.	65 km/h
Bremsbauart	–
Federgehänge	Laschen
Federblattanz./-länge	8 (9)*/1100 mm
Pufferlänge	650 mm
Pufferteller-Ø	370 mm

* Die Angaben in Klammern beziehen sich auf jüngere Wagen, die nur ohne Handbremse (Hbr) gebaut wurden. Bei der Deutschen Reichsbahn erhielten die Wagen 10lagige Blatttragfedern.

In dem Gattungsbezirk Magdeburg wurden bei der Deutschen Reichsbahn die ehemaligen Länderbahnwagen mit einem Ladegewicht unter 15 t zusammengefaßt. Diese Wagen hatten einen Achsstand von 4,0 m und eine LüP von 8,5 m (ungebremst) bzw. 8,8 m mit Handbremse. Das Ladegewicht lag je nach Bauart bei 10 bis 12,5 t. Die Wagen, die ausnahmslos in der zweiten Hälfte des vorigen Jahrhunderts gebaut worden waren, besaßen zum Teil noch hölzerne Untergestelle und waren damit auch schon für die Reichsbahn nur noch bedingt einsetzbar.

Für die wenigen Wagen, die noch den Zweiten Weltkrieg überlebt hatten, war bei der Deutschen Bundesbahn die Gattungsbezeichnung Gw 01 und die Nummerngruppe 100000 – 100099 vorgesehen. Bei den wenigen Wagen, die tatsächlich noch umgezeichnet wurden, handelte es sich ausnahmslos um Fahrzeuge, die nach dem Blatt II b1 der preußischen Normalien gebaut worden waren.

1954 war dieser Gw 01 mit der freihändig gebohrten Lüftungsklappe nur noch im Bereitschaftspark eingesetzt.

G Hannover, Stettin   G02

Der preußische Gm-Wagen Cassel 13324 (noch ohne Luftdruckleitung, mit Doppelhakenkupplung und Achslagern preußischer Bauart) Anfang des Jahrhunderts in Mainz-Mombach.

G Hannover, Stettin G 02

	m. Hbr/o. Hbr		
Erstes Baujahr	1892	Höchstgeschw.	65 km/h
Letztes Einsatzj.	1963	Bremsbauart	Kkg
Länge über Puffer	9600/9300 mm	Federgehänge	Laschen
Achsstand	4500/4500 mm	Federblattanz.	10 oder 11
Ladelänge	7920 mm	Federblattlänge	1100 mm
Ladebreite	2690 mm	Pufferlänge	650 mm
Ladefläche	21,3 m²	Pufferteller-Ø	370 mm
Laderaum	44,7 m³		
Ladegewicht	15,0 t		
Tragfähigkeit	15,75 t		
Eigengewicht	11 300/10 500 kg		
Achslager	Gleitlager		

Angaben beziehen sich auf Wagen preußischen Ursprungs. Bei ehemals bayerischen, badischen, württembergischen und sächsischen Wagen weichen die Daten geringfügig ab.

Die zweite Gruppe der gedeckten Länderbahnwagen, die von der Deutschen Reichsbahn übernommen wurde, waren die ab etwa 1890 gebauten Wagen mit 15 t Ladegewicht (Tragfähigkeit 15,75 t). Sie hatten einen Achsstand von 4,5 m und eine LüP von 9,3 m (ohne Handbremse) bzw. 9,6 m (mit Handbremse). Sowohl die Abmessungen als auch das Aussehen entsprachen schon weitgehend dem ab 1910 gebauten Verbandsbauartwagen.

Neben den preußischen Länderbahnwagen nach Musterblatt II d 8, von denen zwischen 1882 und 1919 insgesamt 47.533 Wagen beschafft wurden, konnte die Deutsche Reichsbahn noch ca. weitere 50.000 Länderbahnwagen der anderen Bahnverwaltungen in ihren Bestand übernehmen. Hierin waren badi-

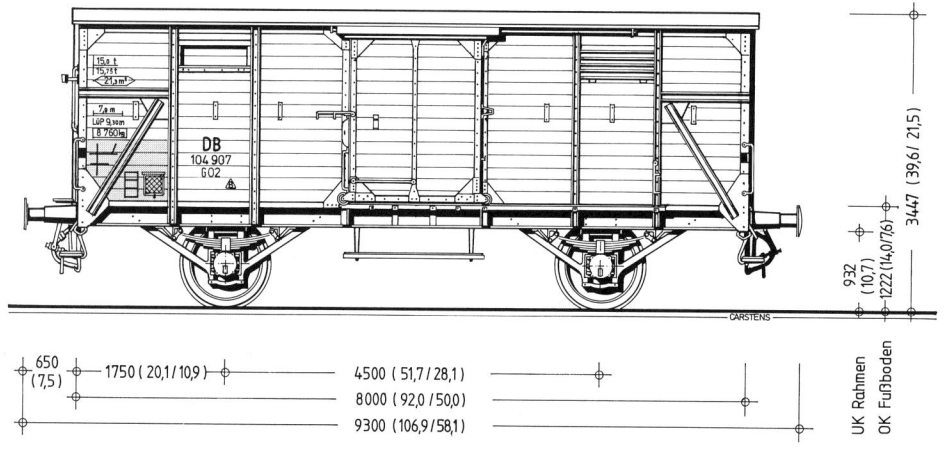
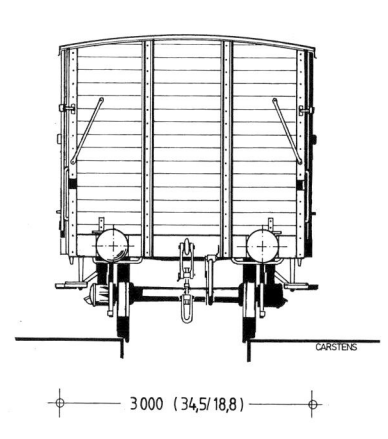

G Hannover, Stettin — G 02

sche Wagen (Zeichnung Gruppe 28a und 29a), bayerische (Zeichnung 260, 276), sächsische (Zeichnung 29913) und württembergische Wagen (Zeichnung 20245 und 40499) enthalten, um nur die wichtigsten zu nennen.

Die DB zeichnete nach 1951 noch ca. 4600 Wagen zu G 02 um und reihte sie in die Nummerngruppe 100 100 bis 109 999 ein (zusammen mit Gh 03, älteren G 19 und G 29). Die meisten Wagen kamen Mitte der fünfziger Jahre in den Bereitschaftspark (zu erkennen an dem B im Dreieck neben dem Gattungszeichen) und wurden bis 1960 ausgemustert bzw. wurden ab 1954 in das Umbauprogramm für Gms 54 aufgenommen. Hierzu wurden die Wagen zerlegt und die noch brauchbaren Teile weiter verwendet. Vereinzelt haben ehemalige Länderbahn-G-Wagen als Bahnhofswagen auch noch länger überlebt, jedoch wurde kein Wagen mehr auf UIC-Anschriften umgestellt.

Sowohl im Laufe des Beschaffungszeitraums als auch während seiner Einsatzzeit wurde das Aussehen des ehemaligen Länderbahn-G-Wagens mehrfach geändert. Hatten die ersten Wagen noch das flach gewölbte Bremserhausdach (ähnlich wie beim Gw Magdeburg), so wurde bald das steilere ausgerundete Dach eingeführt. Anstelle der Fachwerkachshalter der ersten Lieferungen erhielten die ab 1909 gebauten Wagen die Achshalterbleche, die auch später bei den Verbandsbauartwagen in ähnlicher Form verwendet wurden (Musterblatt II d 8, 7. Auflage). Und bei den letzten Wagen schließlich wurden die Lüftungs- und Ladungsöffnungen bereits wie bei den Verbandsbauartwagen angeordnet.

Nach dem Ersten Weltkrieg wurden etliche Wagen mit der Kunze-Knorr-Güterzugbremse ausgerüstet, wobei der Schwerpunkt dieser „Nachrüstung" die preußischen Wagen betraf. Anscheinend wollte man die für die Wagen der Austauschbauart verwendete Bremsanlage für möglichst wenig Wagentypen modifizieren und baute sie nur unter Verbandsbauartwagen und Länderbahnwagen, die in großen Stückzahlen vorhanden waren.

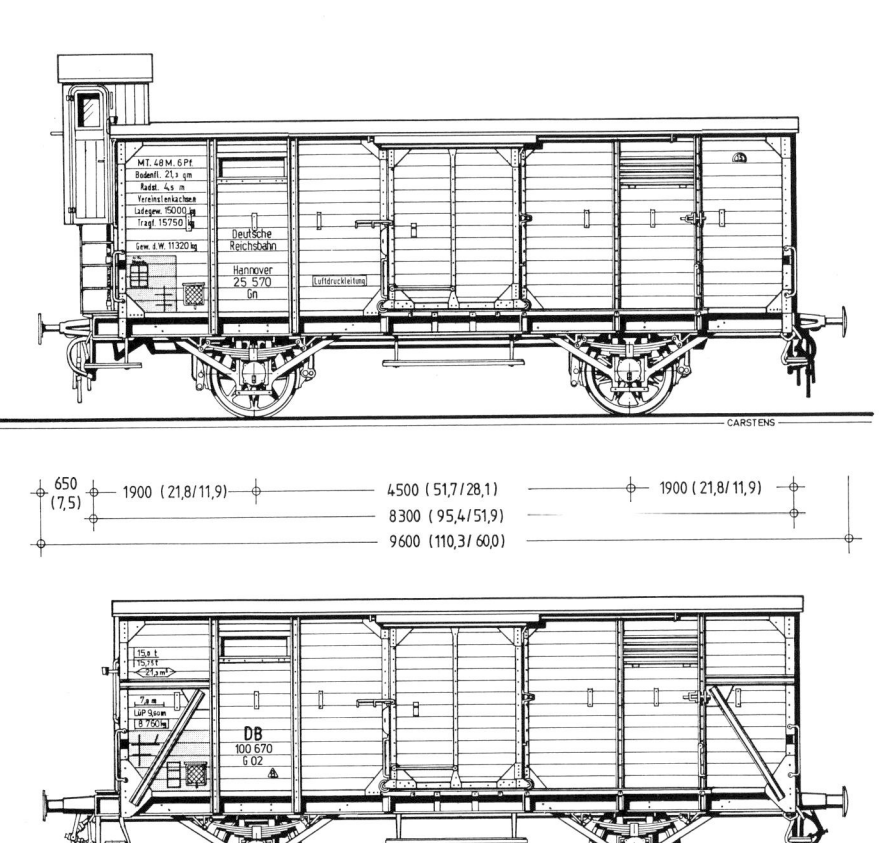

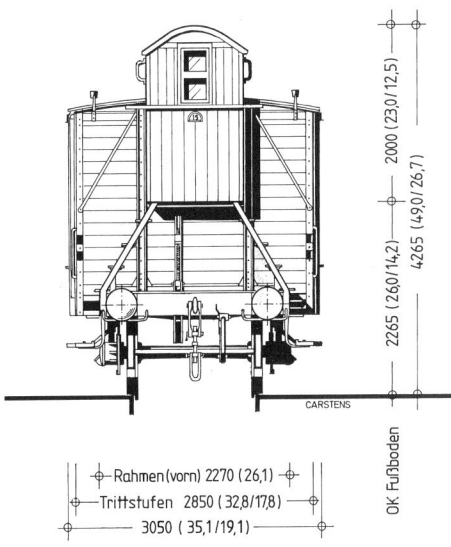

Linke Seite: G 02-Leitungswagen der DB im Zustand der fünfziger Jahre.

Oben: Ein G 02 mit Handbremse im Zustand der zwanziger Jahre.

Links: Nochmals ein G 02 der DB, diesmal jedoch ein Wagen, der früher eine Handbremse besaß (zu erkennen an der vorstehenden Pufferbohle auf einen Seite).
Bei allen drei Wagen handelt es sich um ehemals preußische Wagen nach Musterblatt II d 8.

Der G 02 104 404 am 27. 5. 1958 in Eschhofen. Der Wagen unterscheidet sich von dem links abgebildeten durch die abweichende Türausführung und die bereits der Verbandsbauart entsprechende Anordnung der Luken.

Ein ehemaliger Handbremswagen ist der am 10. 6. 1958 in Limburg (Lahn) fotografierte G 02 100 592. Bis auf die Preßblechachshalter, die alle jüngeren G 02 besaßen, entspricht er dem oben gezeichneten Wagen.

G Hannover, Stettin   G02

Ab etwa 1938 wurden im Rahmen der Kriegsvorbereitungen die G-Wagen, die für den Einbau von Sitzbänken vorbereitet waren (Länderbahn- und Verbandsbauartwagen), im Gattungsbezirk Karlsruhe zusammengefaßt. Diese Wagen besaßen ausnahmslos sowohl eine Handbremse als auch eine Druckluftbremsanlage und durften nicht ins Ausland gesandt werden.

Zur Versteifung der Wagenkästen erhielten viele Wagen, analog zu den G-Wagen der Verbandsbauart, in den Endfeldern Diagonalstreben. Und ebenfalls analog zu den Verbandsbauartwagen wurde in den fünfziger Jahren bei den noch vorhandenen G 02 das Bremserhaus (und die gesamte Bremsanlage) zurückgebaut, um den Unterhaltungsaufwand zu senken. Zu erkennen sind diese ehemaligen Handbremswagen an der auf der einen Seite vorstehenden Pufferbohle.

Das Modell eines ehemaligen Handbrems-G 02 entstand aus einem Piko-G 10 mit Handbremse und dem Fahrwerk eines G 02 von Trix, das neue (Roco-)Achslager bekommen hat.

Der Ursprung dieses G Hannover, der Anfang der dreißiger Jahre aufgenommen wurde, ist nicht ganz eindeutig. Während der Wagenkasten bayerischen Ursprungs zu sein scheint, wirkt das Bremserhaus eher sächsisch.

Modell

Basis für den Bau eines G 02-Modells ist der Piko-G 10. Bis auf die zu lang geratenen Tragfedern entspricht der Wagen vom Aussehen ohnehin eher einem G 02 der letzten Bauausführung als einem G 10, so daß der Umbau relativ einfach ist.

Da die G 02 in den fünfziger Jahren fast nur noch als Leitungswagen im Einsatz waren, sollten als erstes die Bremsklötze abgeschnitten werden. An weiteren Arbeiten sind erforderlich:

– Anbringen neuer Rangierertritte, Griffstangen und Signalhalter, wobei die Anordnung der Griffstangen z. T. erheblich differierte,

Nicht das bekannte Trix-Modell, sondern ein von Thomas Hey'l gebauter bayerischer G-Wagen nach Zeichnung 260.

Bis auf die Endfeldverstärkungen, diverse Zurüstteile und die abgetrennten Bremsbacken wurde der Piko-G 10 nicht verändert und stellt in dieser Form einen G 02 in der ab 1909 gebauten Ausführung dar.

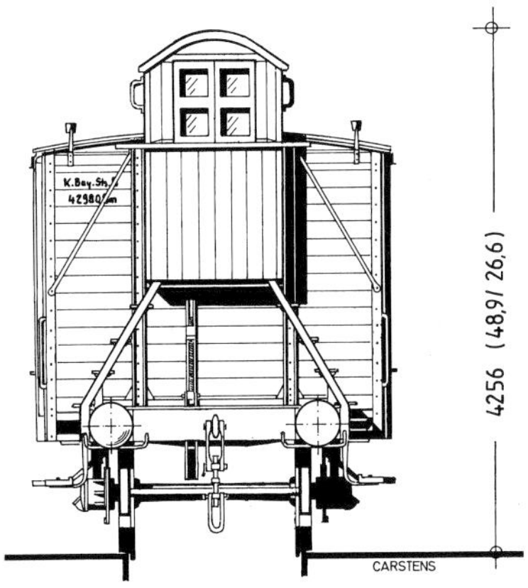

G Hannover, Stettin G02

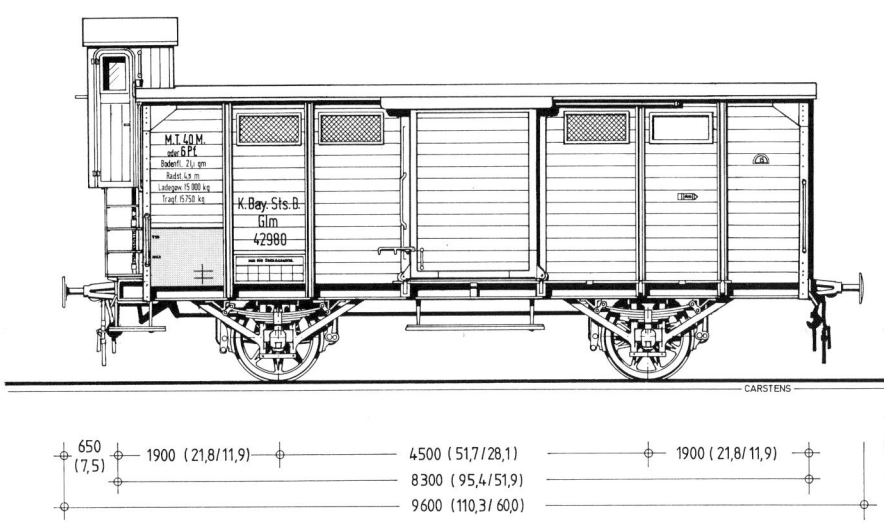

Von den preußischen Wagen unterscheiden sich die bayerischen Länderbahn-G-Wagen durch die abweichende Form der Luken, der Tür und des Bremserhauses.

- Zurechtschneiden und Ankleben der Verstärkungsprofile in den Endfeldern aus Messing-U-Profilen 1,5 x 0,8 mm sowie der Knotenbleche aus entsprechend zurechtgeschnittenen Kartonstückchen.

Nachdem der Wagen neu lackiert und beschriftet ist, ist der erste G 02 fertig.

Der Umbau zu einem älteren G 02 ist hingegen bedeutend aufwendiger. Basis war in diesem Fall ein Piko-G 10 mit Bremserhaus. Da das Bremserhaus tatsächlich zu einem G 10 gehört, habe ich es vorsichtig abgetrennt und für den Umbau eines Roco-G 10 weiter verwendet. Das Fahrwerk stammt von einem Trix-G 02 (bayerischen Ursprungs) ohne Bremserhaus. Da das Piko-Modell etwas zu klein ausgefallen ist, steht das Fahrwerk auf der einen Seite etwas über, so daß genau die Proportionen eines ehemals handgebremsten Wagens mit demontierten Bremserhaus gewahrt werden.

Nachdem Fahrwerk und Wagenkasten probeweise montiert worden sind, beginnt die Detaillierung der Einzelteile. Das Fahrwerk bekommt auf der überstehenden Seite eine Abdeckung aus einer dünnen Kunststoffplatte, neue, geätzte Pufferbohlen, Federpuffer, Rangierertritte, eine Trittstufe unter der Tür aus einem schmalen Furnierholzstreifchen oder einem 3 x 0,5 mm Messing-Streifen, die mit entsprechend zurechtgebogenen 0,7 mm Messingdrahtstücken befestigt wird. Außerdem werden die Bremsbacken abgebaut und neue Achslager angebracht. Hierzu muß ein Roco-Fahrwerk von einem O 10 o. ä. ausgeschlachtet werden. Beim Trix-Fahrgestellt werden die alten Achslager glatt geschliffen und hierauf die zuvor mit einem dünnen Kreissägeblatt abgetrennten Lagerschalen geklebt.

Der Wagenkasten erhält neue Griffstangen und Signalhalter. Außerdem muß die Lücke im Dachrand an der Stelle, an der das Bremserhaus saß, mit einem schmalen Kunststoffstreifen geschlossen werden (am besten wird hier ein etwas zu breiter und zu dicker Streifen eingeklebt und anschließend die Kante sauber geschliffen). Schließlich können noch wieder die Eckverstärkungswinkel angebracht werden, bevor der Wagen lackiert und beschriftet wird.

Gh Hannover Gh 03

Für den Transport von Milchkannen beschaffte die Bayerische Staatsbahn eine Anzahl von Wagen, die zum schnellen gleichzeitigen Be- und Entladen auf jeder Seite 2 schmale, gegenläufige Schiebetüren besaßen. Die Wagen liefen in festen Personenzugumläufen und besaßen zur besseren Ausnutzung Regale sowie zur Kühlung zusätzliche Luftschlitze in den Stirnwänden und Dachlüfter.

Ein Teil der Wagen, die in ihrem grundsätzlichen Aufbau dem gedeckten Länderbahnwagen entsprachen, kam noch zur DB und wurde dort bis Ende der fünfziger Jahre ausgemustert.

1954 durfte dieser Gh 03, der in München-Ost beheimatet war, nur für den Stückgutverkehr auf den Strecken der ED München eingesetzt werden. Ein Teil der Grove-Lüfter war zu diesem Zeitpunkt bereits durch Wendler-Lüfter ersetzt worden.

Glpwhs Dresden
Ghwps Stettin
Gwhs 05

Ende vorigen Jahrhunderts wurden von der Preußischen Staatsbahn „Gepäckbeiwagen" für den Einsatz in Reisezügen beschafft. Diese Wagen wurden bei allen Zügen, die keinen Packwagen oder Postwagen besaßen, bzw. wenn diese am Zugschluß liefen, direkt hinter der Lok eingestellt, da nach der damaligen Fahrdienstvorschrift zwischen Lok und besetzten Reisezugwagen ein Schutzwagen laufen mußte. Die für den Einsatz in Schnellzügen dreiachsig gebauten Wagen besaßen zur Erzielung des hierfür vorgeschriebenen Mindest-Leergewichts von 16 t im Untergestell gußeiserne Ballastgewichte.

Die Wagen, die noch zur DB gelangten, wurden meistens mit ausgebauter Mittelachse und zurückgebauter Bremsanlage bis Mitte der fünfziger Jahre als normale G-Wagen eingesetzt.

Oben: Bis auf die tw. zurückgebauten Trittstufen und Griffstangen war der Gh Hannover 5157, der am 3. 8. 1924 in Rotterdam aufgenommen wurde, noch im Originalzustand.

Ein Gh 05 Anfang der fünfziger Jahre mit ausgebauter Mittelachse und eingeschweißtem Sprengwerk sowie einem gekürzten Bremserhaus der Verbandsbauart.

MAN-Werkfoto des 1901 abgelieferten Gml 39645 der K.Bay.St.B., einem späteren G 07.

Gl Dresden
G 07

Zwischen 1892 und 1907 beschaffte die bayerische Staatsbahn insgesamt 375 gedeckte Wagen der Gattung Gml (davon 243 mit Handbremse) mit 15 t Ladegewicht und einer Ladefläche von 26,5/27,3 qm. Ein Teil der Wagen mit Handbremse gelangte noch zur DB und wurde hier als G07 (nicht Gl) eingereiht, da sie kein Tonnendach besaßen. Sämtliche Wagen wurden in den fünfziger Jahren ausgemustert.

Gvwhs Stettin Gvwhs 04

Für die Beförderung von „Luxuspferden" in Schnellzügen beschaffte die Preußische Staatsbahn ab 1908 neun dreiachsige Stallungswagen. Die mit einem Begleiterabteil und 2 gepolsterten Laderäumen für je 3 Pferde ausgerüsteten Wagen besaßen ein auf 6,0 m Achsstand gekürztes, dreiachsiges Reisezugwagenlaufwerk sowie Hand- und Druckluftbremsen.

Einige dieser Spezialwagen kamen noch zur DB und wurden hier bis Ende der fünfziger Jahre eingesetzt.

Der Gvwhs 04 105 594 war 1956 in Brackwede beheimatet und zu diesem Zeitpunkt noch S-fähig, d. h. durfte in Zügen mit 100 km/h eingesetzt werden.

G 09

Diese Fahrzeuge entstanden im Zweiten Weltkrieg in den USA. Sie waren, wie auch die anderen US-Kriegsgüterwagen, ausschließlich für Europa bestimmt. Die Wagen wurden in „Bausatz"-Form nach England gebracht, dort montiert und nach der Invasion 1944 auf dem kontinentaleuropäischen Streckennetz eingesetzt. Sie entsprachen zwar englischen Profilvorgaben, aber nicht den Bestimmungen des Fährbootverkehrs. Die von der DB 1949 übernommenen knapp 10.000 Wagen wurden bereits in den fünfziger Jahren als Bahndienst- und Bahnhofswagen eingesetzt. Die Verwendung von Sperrholzplatten für die Seitenwandverkleidung (die Stirnwände besaßen Bretterverkleidung) mag einen gewissen Einfluß auf die DB gehabt haben, diese Wandverkleidung bei ihren gedeckten Güterwagen grundsätzlich einzuführen. Bis 1963 waren die letzten Wagen, die zum Schluß nur noch im Bereitschaftspark eingesetzt wurden, ausgemustert.

Am 8. 8. 1955 gehörte der G 09 162 789 bereits zum Bereitschaftspark, während der darunter abgebildete Wagen im gleichen Jahr noch die Original-Anschriften des US-Transportation-Corps trug.

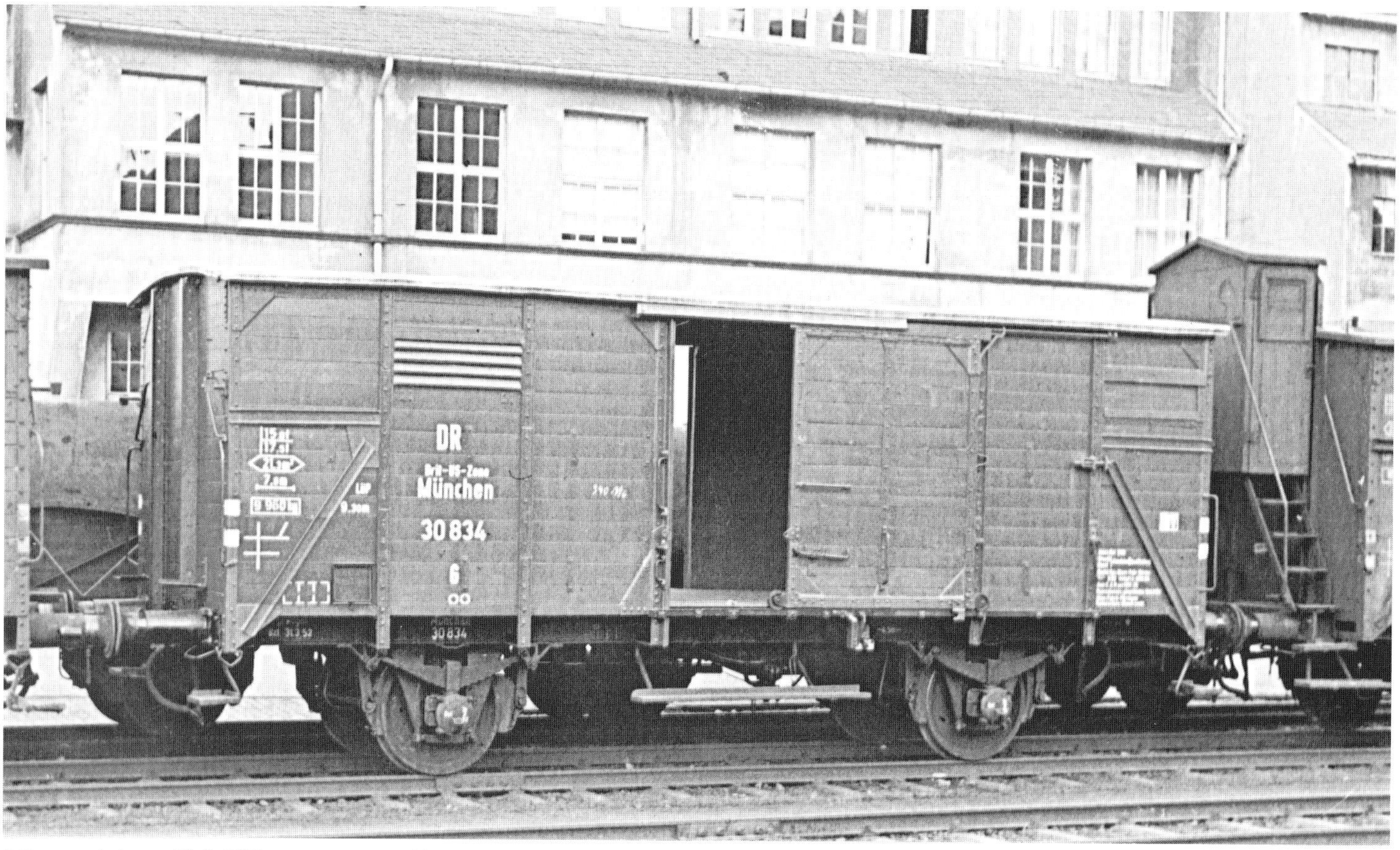

G(h) Kassel, München, Karlsruhe G(h) 10 Gklm 191

5 Tage nach der am 31. 3. 1952 vorgenommenen Untersuchung entstand in Köln dieses Foto eines G 10 ohne Handbremse. Interessant ist, daß an dem Wagen zu diesem Zeitpunkt nicht nur das Eigentumsmerkmal DR Brit-US-Zone, sondern auch die alte Gattungsbezeichnung G München erneuert wurde.

G(h) Kassel, München, Karlsruhe G(h) 10 Gklm 191

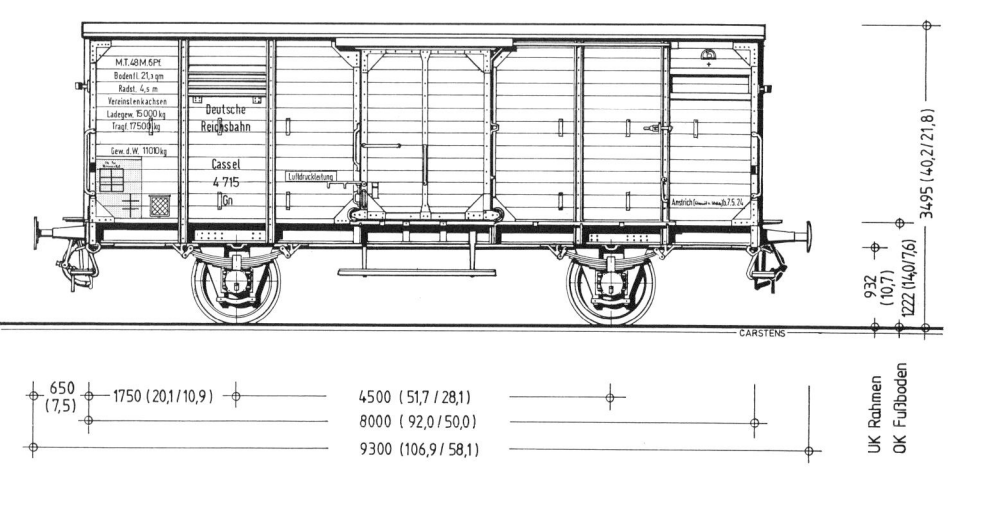

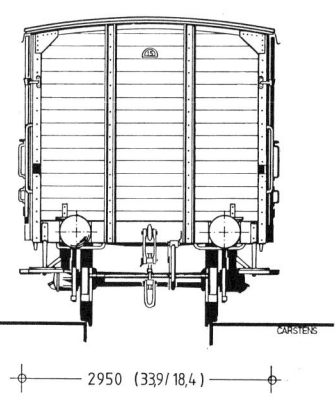

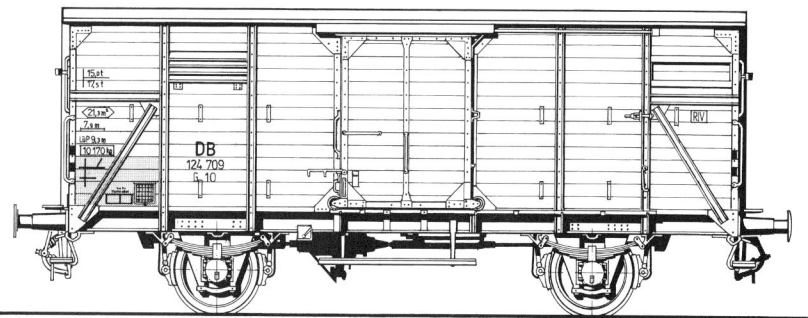

Oben: Ein Verbandsbauart-G-Wagen mit Luftdruckleitung im Zustand der frühen zwanziger Jahre.

Links: Ab Mitte der dreißiger Jahre erhielten die G 10 Endfeldverstärkungen. Außerdem unterscheidet sich der Wagen von der oberen Zeichnung durch die Kkg-Bremsanlage, die Hülsenpuffer und die zusätzlichen Griffstangen an den Stirnseiten.

G(h) Kassel, München, Karlsruhe G(h) 10 Gklm 191

	m. Hbr/o. Hbr
Erstes Baujahr	1910
Letztes Einsatzj.	1976
Länge über Puffer	9600/9300 mm
Achsstand	4500/4500 mm
Ladelänge	7920 mm
Ladebreite	2690 mm
Ladefläche	21,3 m²
Laderaum	46,2 m³
Ladegewicht	15,0 t
Tragfähigkeit	17,5 t
Lastgrenze A/B/C	17,5 t
Eigengewicht	11 300/10 300 kg
nur mit Druckluftleitung	9 000 kg
Achslager	Gleitlager
Höchstgeschw.	65 km/h
Bremsbauart	Kk-G
Federgehänge	Laschen
Federblattanz./-länge	11/1100 mm
Pufferlänge	650 mm
Pufferteller-Ø	370 mm

Als Folge der vom Staatsbahnwagenverband vorangetriebenen Vereinheitlichung der Güterwagenbauarten entstanden ab ca. 1910 die Wagen der Verbandsbauart. Diese Wagen entsprachen im äußeren Bild weitgehend den Länderbahnwagen, wichen jedoch in konstruktiven Details, besonders im Untergestell, von ihnen ab. Die wichtigste Änderung war jedoch, daß durch eine verstärkte Ausführung bei den meisten Wagentypen die Tragfähigkeit heraufgesetzt werden konnte. Bei den gedeckten Wagen betrug die Tragfähigkeit der Verbandsbauart 17,5 t gegenüber 15,75 t der Länderbahnwagen (die Ladegewichte beließ man aus tariflichen Gründen bei 15,0 t). Allerdings war bei der Ablieferung der Wagen nur eine Tragfähigkeit von 15,75 t angeschrieben; die Heraufsetzung erfolgte erst in den dreißiger Jahren.

Äußerlich unterschieden sich die G 10 von ihren direkten Vorgängern, den G 02 nach dem preußischen Musterblatt IId 8 durch die geänderte Lage der Lade- und Lüftungsklappen und bei den Wagen mit Handbremse durch das geänderte Aussehen des Bremserhauses (mit Spitzdach und anderen Fenstern).

Oben: Der DB-Museumswagen Altona 15026 im Jahr 1984 im AW Hmb-Harburg.

Mitte: Im Gegensatz zu dem auf der linken Seite abgebildeten Wagen bekam der G 10 144 676 (aufgenommen am 18. 9. 1952) bereits am 6. 8. 1951 seine neuen Anschriften.

Unten: Typisch für die G 10 der DB war das gekürzte Bremserhaus, wie hier beim 146 209, aufgenommen am 5. 6. 1959 in Hallstadt.

G(h) Kassel, München, Karlsruhe   G(h) 10   Gklm 191

Von 1910 bis 1927 wurden insgesamt 121.770 Wagen nach der Verbandsbauartzeichnung A2 beschafft, so daß bei der Deutschen Reichsbahn zwei Gattungsbezirke mit den Wagen belegt werden mußten (Kassel und München). Der G 10 war damit der mit Abstand am häufigsten beschaffte gedeckte Güterwagen und der zweithäufigste Wagen überhaupt (nach dem Om-Wagen der Verbandsbauart). Von den Nachfolgebauarten erreichte keine auch nur annähernd die Bedeutung (Gms 30: 28.077 Exemplare, Gmhs 35: 13.470 Wagen), so daß es nicht verwunderlich ist, daß das Bild der Güterzüge bis weit in die fünfziger Jahre hinein durch die Flachdachwagen geprägt wurde.

Die G-Wagen der Verbandsbauart wurden in zwei verschiedenen Ausführungen beschafft,

Von der BSW (Bundesbahn-Sozialwerk)-Arbeitsgruppe Glückstadt wurde u. a. auch ein G 10 restauriert. Das Foto zeigt den Wagen 1985 in Glückstadt.

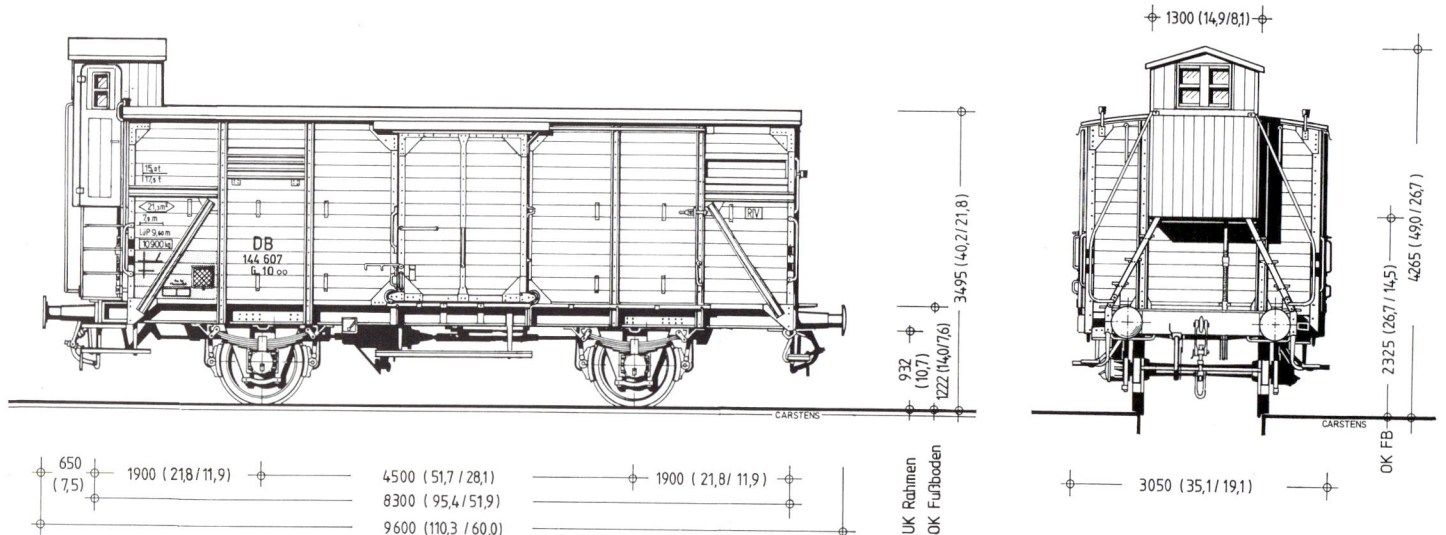

G 10 der DB mit Bremserhaus im Originalzustand, eine für die DB bereits äußerst seltene Bauform.

Bis auf die neue Beschriftung, die braun gestrichene untere Türlaufschiene und die eingesetzten Griffstangen befindet sich dieser Fleischmann-G 10 weitgehend im Originalzustand. Die Dachrippen besaßen beim Vorbild nur die Wagen, die ein Blechdach bekommen hatten.

Bei diesem Roco-G 10 wurden die der ÖBB-Ausführung entsprechenden Diagonalstreben abgeschliffen und die Bretterfugen nachgeritzt. Anschließend erhielt der Wagen Endfeld-Verstärkungen aus Messing-Profilen, Messing-Griffstangen, Signalhalter, Seilösen, neue Zettelhalter und Trittstufen. Außerdem wurde das Sprengwerk vom Fahrwerk abgetrennt und das Dach glatt geschliffen.

G(h) Kassel, München, Karlsruhe   G(h) 10   Gklm 191

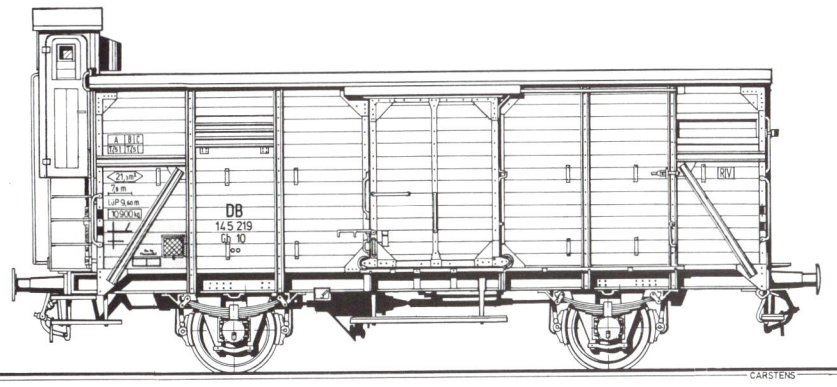

Ein typischer DB-G 10 als 1:87-Zeichnung und als H0-Modell. Das Modell ist aus einer Kombination von Roco-(geänderter Wagenkasten) und Piko-Teilen (Bremserhaus mit Aufstiegsleitern, verlängertes Fahrwerk) entstanden.

die es zusätzlich beide mit und ohne Handbremse/Bremserhaus gab. Die bekanntere Ausführung ist die mit je einer Lade- und Lüftungsklappe pro Seite. Zusätzlich wurden jedoch auch Wagen mit der doppelten Anzahl an Lade- und Lüftungsklappen beschafft, die vorrangig für den Obst- und Gemüsetransport gedacht waren. Da sich diese zusätzlichen Öffnungen jedoch schon bald als überflüssig erwiesen und nur zu einem erhöhten Unterhaltungsaufwand führten, wurden sie bei den meisten Wagen wieder verschlossen.

Wie bereits erwähnt, wurden ab etwa 1938 die Wagen, die für den Einbau von Sitzbänken vorbereitet waren, im Gattungsbezirk Karlsruhe zusammengefaßt und entsprechend umbeschriftet. Diese Wagen besaßen sowohl eine Handbremse als auch eine Druckluftbremse und durften nur im Verkehr innerhalb Deutschlands eingesetzt werden.

Etwa zu dem gleichen Zeitpunkt begann man bei den G 10 die Wagenkästen durch eingeschweißte halbhohe Diagonalstreben (U-Profile) in den Endfeldern zu verstärken. Diese Maßnahme wurde erforderlich, da durch den Einbau der Druckluft-Bremsanlage (Kunze-Knorr-Bremse) das Wagengewicht gestiegen war, und durch die höheren Fahrgeschwindigkeiten die Wagen stärker belastet wurden. Forciert wurde diese Maßnahme auch noch dadurch, daß während des Zweiten Weltkriegs ein Mangel an Güterwagen herrschte und daher angeordnet wurde, daß Güterwagen über das Ladegewicht hinaus bis an die Grenzen der Tragfähigkeit zu beladen seien – was die unverstärkten G 10 bestimmt nicht auf Dauer ohne Schaden überstanden hätten, zumal sie zu dem Zeitpunkt z.T. schon dreißig Jahre alt waren.

Nach dem Zweiten Weltkrieg waren die Wagen zum überwiegenden Teil in einem sehr schlechten Unterhaltungszustand. Besondere Schwachpunkte waren dabei die Verbretterung der Seitenwände und die Dächer der Wagen mit Handbremse. Bei einem großen Teil der Wagen wurden daher die Seitenwände neu abgedichtet (diese Wagen wurden durch zwei Kreise unter oder neben dem Gattungszeichen gekennzeichnet). Um die Dächer der handgebremsten Wagen abzudichten, ging man zwei Wege. Entweder wurde das Bremserhaus soweit gekürzt, daß es nicht mehr über das Dach ragte, und

Auf Basis des Fleischmann-G 10 entstand dieses Modell von Dr. Andreas Prange. Bei dem Wagen wurde das Dach glatt geschliffen, neue Rangierertritte und Trittstufen an den Stirnwänden sowie komplette neue Pufferbohlen, Messing-Griffstangen und Signalhalter, Seilösen und die Nachbildung der Kkg-Bremse angebracht.

G(h) Kassel, München, Karlsruhe   G(h) 10   Gklm 191

110000 – 139999 (ehemalige G Kassel und G München) und 140000 – 149999 (ehemalige G Karlsruhe, also nur Wagen mit Handbremse) eingereiht. Hieraus wurden in zwei großen Umbauprogrammen ab 1955 zunächst rund 13.000 Gms 54 und ab 1959 mehrere Tausend Gmms 60 aus über 20.000 zerlegten G 10 (und einigen G 02) aufgebaut. Dennoch verblieben noch so viele Wagen im Bestand, daß ab 1965 noch mehr als 5.000 G 10 (alle ohne Bremserhaus) in Gklm 191 umgezeichnet und erst in den siebziger Jahren ausgemustert wurden. Hiervon haben jedoch noch etliche überlebt und fristen auch heute noch in meist sehr schlechtem Unterhaltungszustand als Bahnhofswagen ihr Dasein.

Modell

Die in diesem Buch abgebildeten G 10-Modelle entstanden aus Fleischmann- bzw. Roco-Wagen. Während der Fleischmann-G 10 von Haus aus schon recht gut ausgefallen ist (hier sollte eigentlich nur das Dach glattgeschliffen und die üblichen Zurüstteile angebracht werden), sind bei dem preiswerten Roco-Modell etliche Änderungen erforderlich. Hierzu zählen das Glattschleifen der für einen österreichischen Wagen typischen, für einen deutschen Wagen jedoch verkehrten Diagonalstreben und als Folge davon das Nachritzen der Bretterfugen, das Anbringen von Endfeldverstärkungen aus Messing-U-Profilen mit den passenden Knotenblechen aus Zeichenkarton und das Glattschleifen des Daches. Die Montage diverser Zurüstteile sei hier nur am Rande erwähnt, ebenso wie der Umbau mit einem Piko-Fahrwerk und einem Piko-Bremserhaus zu einem G 10 mit Handbremse.

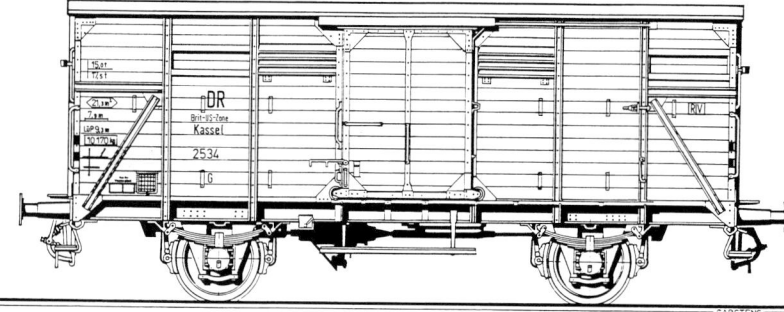

Der G Karlsruhe 46 898 besaß Anfang der fünfziger Jahre noch 4 Lade- und Lüftungsöffnungen auf jeder Seite, ebenso wie der G Kassel 2534, der allerdings keine Handbremse hatte.

für die Unterbringung der Bremskurbel eine Blechhaube angebracht (aus zurückgebauten Bremserhäusern anderer Wagentypen), oder aber vollständig zurückgebaut. Da bei diesen Wagen das Untergestell nicht geändert wurde, waren die ehemals handgebremsten Wagen an der auf der einen Seite überstehenden Pufferbohle zu erkennen. Ein Teil der Wagen, die nur noch für einen beschränkten Unterhaltungszeitraum vorgesehen waren, erhielt anstelle des üblichen mit Bitumen getränkten Stoffdaches ein Blechdach, das an seinen aufgefalzten Plattennähten zu erkennen war.

1953 umfaßte der Bestand an G 10 der Deutschen Bundesbahn annähernd 40.000 Wagen. Diese waren in die Nummerngruppen

Zum Vergleich die Anordnung der aussteifenden Diagonalstreben bei dem DB-Wagen 123 604 Gh 10 (25. 2. 1958 in Limburg) . . .

. . . und bei dem ÖBB-Wagen 133 669 am 10. 5. 1963 in Ober Grafendorf.

G 19   Gklm 192

G 19 152 468 am 30. 7. 1962 in Limburg (Lahn). Daneben gab es auch ähnliche G 19 mit größeren Knotenblechen an den Diagonalstreben.

G 19

Gklm 192

	m. Hbr/o. Hbr
Erstes Baujahr	1928
Letztes Einsatzj.	1974
Länge über Puffer	9800/9100 mm
Achsstand	4500/4500 mm
Ladelänge	7720 mm
Ladebreite	2760 mm
Ladefläche	21,3 m²
Laderaum	54,5 m³
Lastgrenze A/B/C	17,5 (tw. nur 15,5) t
Eigengewicht	10 800/10 600 kg
nur mit Druckluftleitung	9 700 kg
Achslager	Gleitlager
Höchstgeschw.	65 km/h
Bremsbauart	Kk-G
Federgehänge	Laschen
Federblattanz./-länge	11/1100 mm
Pufferlänge	650 mm
Pufferteller-Ø	370 mm

Unter der Gattungsbezeichnung G 19 wurden bei der Deutschen Bundesbahn diverse fremde Wagenbauarten zusammengefaßt, die nach dem Zweiten Weltkrieg auf Bundesgebiet verblieben waren. Diese Wagen, die anfangs zusammen mit den Länderbahnwagen in der Nummerngruppe 100 100 – 109 999 eingereiht werden sollten, waren derart unterschiedlich, daß man sich Mitte der fünfziger Jahre dazu entschloß, sie in die Nummerngruppen einzureihen, die für Gattungen vorgesehen waren, denen sie weitgehend entsprachen. Die Palette reichte dabei anfangs vom Länderbahnwagen über geschweißte G-Wagen ähnlich dem Gmhs 30 (Oppeln) bis zu Gl(t), Gll und GG-Wagen.

Erst Anfang der sechziger Jahre war der Fahrzeugpark soweit bereinigt, daß es nur noch einen G 19-Typ gab. Diese ehemals österreichischen Wagen waren Ende der zwanziger Jahre gebaut worden und entsprachen weitgehend den Austauschbauart-Wagen Gr 20. Sie waren daher auch in der gleichen Nummerngruppe (150 000 – 154 999) eingereiht. Bei gleichen Hauptabmessungen unterschieden sie sich in erster Linie durch das um 500 kg geringere Eigengewicht und die um 25 cm breitere Seitenwandtüröffnung (1,80 m gegenüber 1,55 m beim Gr 20) von den Wagen der Austauschbauart. Rund 100 Wagen erhielten noch die neue UIC-Bezeichnung Gklm 192 und wurden bis 1974 ausgemustert.

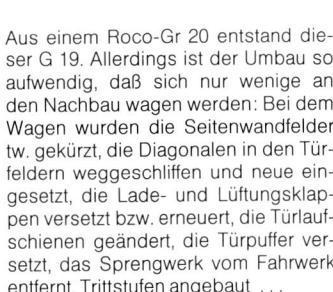

Aus einem Roco-Gr 20 entstand dieser G 19. Allerdings ist der Umbau so aufwendig, daß sich nur wenige an den Nachbau wagen werden: Bei dem Wagen wurden die Seitenwandfelder tw. gekürzt, die Diagonalen in den Türfeldern weggeschliffen und neue eingesetzt, die Lade- und Lüftungsklappen versetzt bzw. erneuert, die Türlaufschienen geändert, die Türpuffer versetzt, das Sprengwerk vom Fahrwerk entfernt, Trittstufen angebaut ...

Gr Kassel Gr 20 Gklm 193

Der von der BSW-Arbeitsgruppe Glückstadt vorbildlich restaurierte Gr Kassel im Juli 1988 in Glückstadt.

Gr Kassel

	m. Hbr/o. Hbr
Erstes Baujahr	1927
Letztes Einsatzj.	1977
Länge über Puffer	9800/9100 mm
Achsstand	4500/4500 mm
Ladelänge	7720 mm
Ladebreite	2740 mm
Ladefläche	21,2 m²
Laderaum	45,0 (54,5) m³
Ladegewicht	15,0 t
Tragfähigkeit	17,5 t
Lastgrenze A/B/C	17,5 (tw. nur 15,5) t
Eigengewicht	12 300/11 400 kg
nur mit Druckluftleitung	10 400 kg
Achslager	Gleitlager
Höchstgeschw.	65 km/h
Bremsbauart	Kk-G
Federgehänge	Laschen
Federblattanz./-länge	11/1100 mm
Pufferlänge	650 mm
Pufferteller-Ø	370 mm

Gr 20

Die Nachfolger der Verbandsbauarten waren die Wagen der Austauschbauart. Zu ihnen gehörte auch der ab 1927 in mehreren Serien beschaffte Gr 20. Die bei der Deutschen Reichsbahn zusammen mit den G-Wagen der Verbandsbauart im Gattungsbezirk Kassel eingereihten Wagen glichen diesen zwar verkehrlich (Ladegewicht, Tragfä-

Gklm 193

higkeit, Ladefläche), wiesen aber konstruktiv diverse Abweichungen auf. Hierzu zählten:

– die Ausrüstung mit Spurwechsel-Laufwerken für den Übergang auf russische Breitspur,
– das hochgewölbte Tonnendach,
– das direkt auf das Fahrwerk gesetzte Bremserhaus,

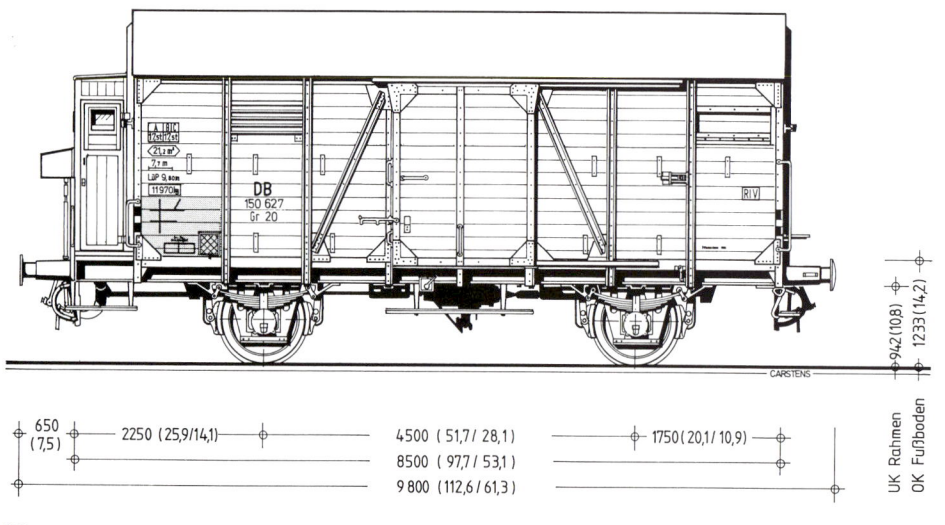
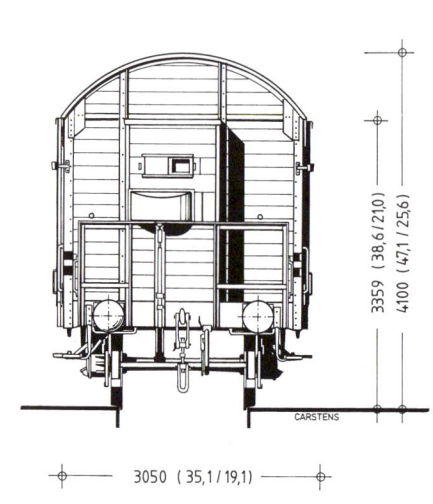

Gr Kassel Gr 20 Gklm 193

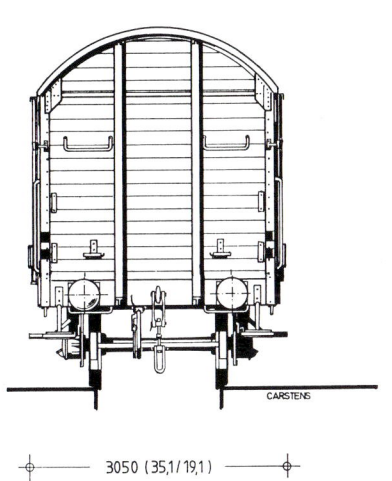
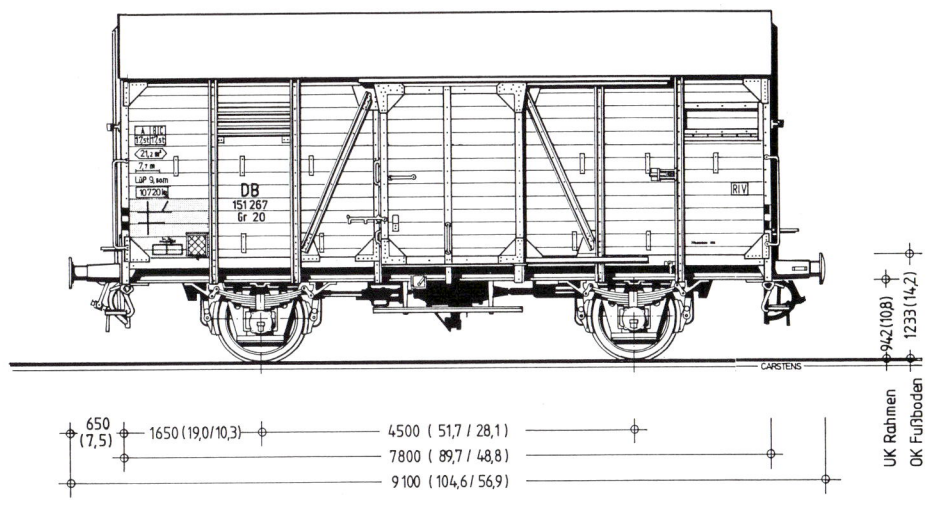

Linke Seite und oben: 1:87-Zeichnung des Gr 20 mit und ohne Handbremse.

Unten: Obwohl von der Konstruktion nicht erforderlich, hat dieser Gr 20 Endfeldverstärkungen bekommen.

Ganz unten: Gr 20-Modelle von Trix (links) und Fleischmann (rechts). An beiden Wagen sind nur wenige Verbesserungen vorgenommen.

– Diagonalstreben in den Feldern neben der Tür,
– die aufgehängten, geringfügig breiteren Türen (beim Verbandsbauartwagen hatten die oberen Türschienen nur Führungsfunktionen, während die untere Türschiene der Lastaufnahme diente) und
– die „stehend" angebrachten Stirnwandrungen. Das bedeutet, daß die U-Profile an den Stirnwänden so angebracht sind, daß das größere Widerstandsmoment in Fahrzeuglängsrichtung und somit in der Hauptbelastungsrichtung ist. Übrigens wurden die G 10 nachträglich entsprechend umgebaut.

Da die Wagen bereits werkseitig mit der Kunze-Knorr-Güterzugbremse ausgerüstet wurden, war eine nachträgliche Endfeldverstärkung wie bei den Verbandsbauartwagen nicht erforderlich.

In den Jahren 1927 und 1928 wurden 8263 Gr Kassel gebaut. Hiervon gelangten rund 4000 Wagen zur Deutschen Bundesbahn und wurden als Gr 20 eingereiht. Ein Teil von ihnen erhielt neue Lüftungsklappen; bei

Gr Kassel   Gr 20   Gklm 193

1956 war dieser Gr 20 bis auf die DB-Beschriftung noch im Originalzustand.

Als Nachfolger der bayerischen Milchwagen waren die Geh 20 bzw. Ghs 20 gedacht, die es auch in brauner Lackierung gab. Der in Traunstein beheimatete 151 481 wurde am 24. 8. 1956 in Ruhpolding fotografiert.

den Wagen mit Handbremse wurden die Bremserhäuser zurückgebaut. Anfang der fünfziger Jahre wurde ein kleiner Teil der Gr 20 zu Behältertragwagen (BT 10, BTr 10) umgebaut. Hierfür wurde der Wagenkasten von Wagen, die in schlechtem Unterhaltungszustand waren, abgebaut. Auf das Untergestell wurden Tragschienen für den Transport von drei Haus-zu-Haus-Behältern geschweißt.

In den Jahren 1960 bis 1966 wurde ein Teil der ausgemusterten Wagen nach ihrer Zerlegung in das Gmms 60-Umbauprogramm einbezogen. Die noch verbliebenen Wagen wurden nach 1964 zu Gklm 193 umgezeichnet und bis 1977 ausgemustert.

Modell

Gr 20-Modelle gibt es von den meisten Modellbahnherstellern (vermutlich, weil von den Austauschbau-Wagen sehr gute Zeichnungsvorlagen existieren). Leider sind fast alle Wagen mit irgendwelchen Fehlern behaftet (falsches Fahrwerk, falsche Anordnung der Lade- und Lüftungsöffnungen). Lediglich die Wagen von Fleischmann und Trix sind (bis auf die verkehrten Türen des Fleischmann Gr 20) weitgehend richtig, so daß sich mit einigen zusätzlichen Teilen wie z. B. neuen Rangierertritten, Signalhaltern und Griffstangen etc. recht ansprechende Modelle ergeben. Allerdings sollte der Gr 20 von Fleischmann, der viel zu rot ausgefallen ist, so stark verschmutzt werden, daß der verkehrte Farbton nicht mehr auffällt.

G 29 auf Seite 34

Bei der DB recht selten, hingegen bei der ÖBB häufig: ein Austauschbau-G-Wagen mit Blechdach, 1964 in Basel fotografiert.

Vor der eigentlichen Einführung der UIC-Bezeichnungen war dieser Wagen bereits als Gklm 20 bezeichnet (Karlsruhe, 15. 3. 1963).

Ghs Oppeln   Gmhs 30   Glm 200

Der Grs Oppeln 21 799, der Anfang der fünfziger Jahre das Eigentumsmerkmal DR (ZONE-Fr DR) trug.

Ghs Oppeln

	m. Hbr/o. Hbr
Erstes Baujahr	1936
Letztes Einsatzj.	1979
Länge über Puffer	9800/9100 mm
Achsstand	6000/6000 mm
Ladelänge	7720 mm
Ladebreite	2740 mm
Ladefläche	21,2 m²
Laderaum	45,0 (54,5) m³
Ladegewicht	20,0 (15,0) t
Tragfähigkeit	21,0 (17,5) t

Lastgrenze A	20,5 t
B/C	21,0 t
S	20,0 t
Eigengewicht	11 500/11 000 kg
Achslager	Gleitlager
Höchstgeschw.	100 (80) km/h
Bremsbauart	Hik-GP
Federgehänge	Einfachschaken
Federblattanz./-länge	7/1400 mm
Pufferlänge	650 mm
Pufferteller-Ø	370 mm

Gmhs 30

Als dritte gedeckte Güterwagenbauart in Schweißtechnik wurde der Ghs Oppeln gebaut, nachdem zuvor der lange Ghs Oppeln, der spätere Gs 31, zwischen 1934 und 1937 (1663 Wagen) und drei 1934/35 gebaute, vierachsige GGhs Dresden (GGhs 41) als Versuchsträger entstanden waren.

Glm 200

Die Oppeln wurden ab 1938 in Serie, mit Beginn des Krieges und dem dadurch sprunghaft angestiegenen Bedarf an Güterwagen, in Großserie gebaut. Äußerlich unterschieden sie sich von ihrer Vorgängerbauart, dem Gr Kassel (Gr 20), augenfällig durch den auf den 6,0 m verlängerten Achsstand und das da-

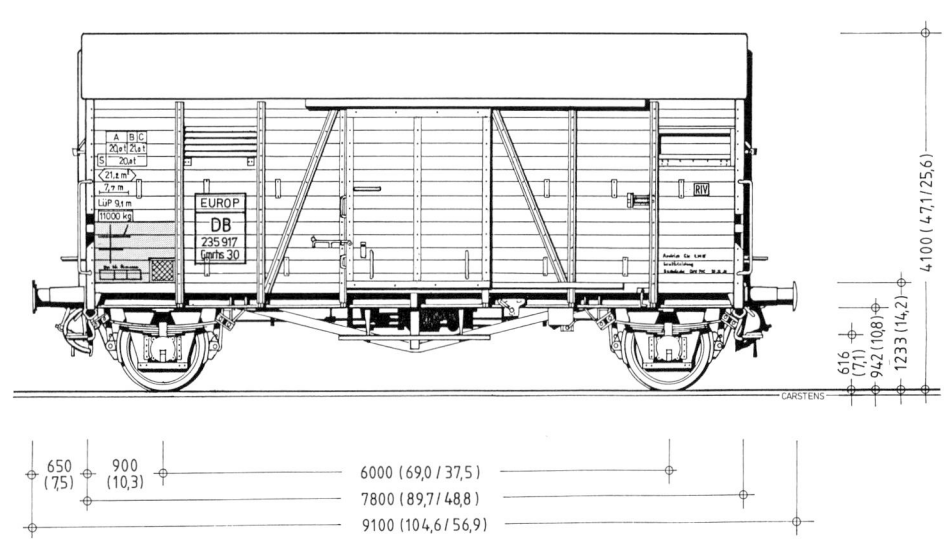
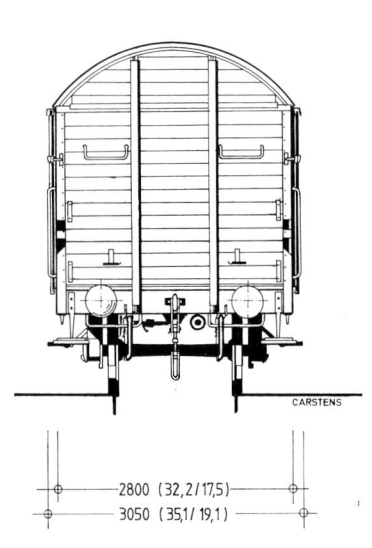

Ghs Oppeln   Gmhs 30   Glm 200

Ebenfalls von der Glückstädter Arbeitsgruppe wurde dieser Grs Oppeln aufgearbeitet, der am 8. 6. 1986 in Rotenburg (Wümme) aufgenommen wurde.

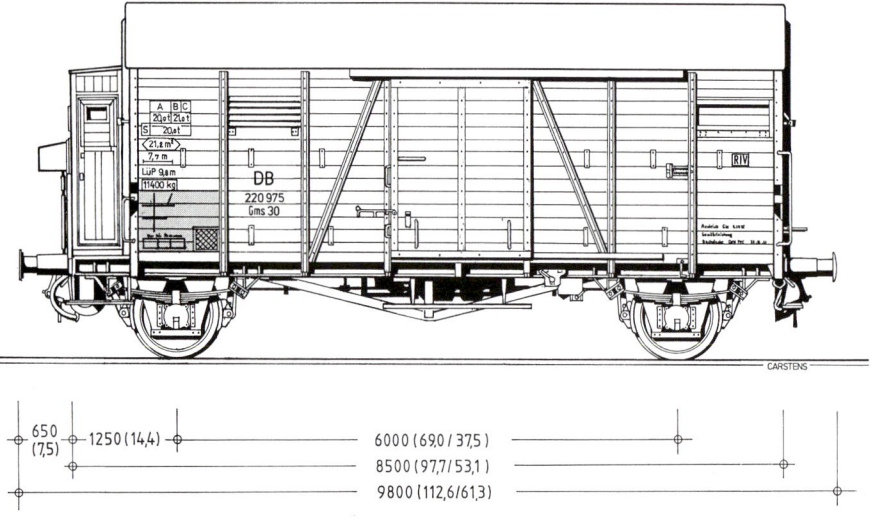

1:87-Zeichnung eines Gms 30 mit Handbremse (Wagen ohne Handbremse auf Seite 29).

Die Grs Oppeln waren nach dem Zweiten Weltkrieg in ganz Europa zu finden, bei der ČSD (Mariánské Lázné, 24. 3. 1968) . . .

. . . ebenso wie bei der JŽ. Der Handbremswagen wurde am 21. 5. 1963 in Villach Westbahnhof aufgenommen.

Ghs Oppeln   Gmhs 30   Glm 200

Der Gmres 30 221 140 (Frankfurt M. Hbf, 11. 2. 1966) besaß nicht nur eine elektrische Heizleitung, sondern auch neue Lüftungsgitter und Ladelukenklappen.

Der Gms 140 017 der ÖBB (Fulda, 22. 10. 1961) besaß wie viele ausländische Oppeln ein Blechdach.

durch erforderlich gewordene ebene Sprengwerk. Durch die geringen Wagenkastenüberhänge und das steife Fahrwerk wurde auch im höheren Geschwindigkeitsbereich ein ruhiger Fahrzeuglauf erreicht, so daß die zulässige Höchstgeschwindigkeit auf 90 km/h festgelegt werden konnte. Weitere Unterschiede gegenüber den genieteten Gr Kassel waren:

– der Verzicht auf Knotenbleche an den Verbindungspunkten der Profile;
– Einbau der Hildebrand-Knorr-Bremse P und G (die Gr Kassel besaßen Kunze-Knorr-Güterzugbremsen).

Von den insgesamt gebauten 28077 Wagen erhielten 6150 Wagen eine Handbremse. Diese sowie ein Teil der Wagen ohne Handbremse erhielten eine Dampfheizleitung und waren somit in Reisezügen verwendbar. Zusätzlich hierzu wurden einige Wagen auch mit elektrischen Heizleitungen ausgerüstet. Die meisten Wagen der ersten Serie erhielten Spurwechselradsätze für den Einsatz auf russischer Breitspur – angesichts der florierenden Wirtschaftsbeziehungen zwischen dem Deutschen Reich und Rußland eine verständliche Maßnahme.

Nach dem Zweiten Weltkrieg waren die Wagen in ganz Europa verstreut und so ist es nicht verwunderlich, daß sie in Wagenparks vieler Bahnverwaltungen angetroffen werden konnten (und können).

Für die Umzeichnung in den Jahren 1951 und 1954 wurde angeordnet, daß alle Wagen der Gattungsbezirke Oppeln und Dresden mit 1400 mm langen, 7lagigen bzw. 1650 mm langen, 9lagigen Blatttragfedern künftig das Nebengattungszeichen „m" erhalten sollten, so daß aus den Gs Oppeln Gms 30 wurden. Ein

Bei diesem Oppeln handelt es sich nicht um das vor einigen Jahren in der Miba veröffentlichte Modell, sondern um einen von Dr. Andreas Prange gesuperten Wagen. Die Zutaten sind komplett neue Pufferbohlen mit Federpuffern, Rangierertritten, Originalkupplung, Bremsschläuchen etc., eingesetzte Griffstangen und Signalhalter, neue Trittstufen an den Stirnseiten und Bremsumstellhebel.

Der handgebremste Gms 30 mit dem geänderten Fahrwerk und einem Bremserhaus von Trix-R 10.

Ghs Oppeln   Gmhs 30   Glm 200

Zwei weitere Ausländer: Ein Oppeln mit Handbremse als Kdth der P.K.P. und ...

... ein Oppeln, den die CFL als KKus in den EUROP-Park einstellte. Auffällig an dem Wagen: Die zusätzlichen Endfeldversteifungen, das Blechsegment in der Stirnwand und die andere Türbauform.

Teil dieser Wagen wurde in den neu gegründeten EUROP-Park eingestellt.

Erst als Ende der fünfziger Jahre genügend Neubau-G-Wagen zur Verfügung standen (Gmhs 53, Gmmhs 56), wurden die Gms 30 nach und nach wieder aus dem EUROP-Park herausgenommen (blieben aber weiterhin international verwendungsfähig). Etwa zur gleichen Zeit fiel die Entscheidung gegen eine Vollaufarbeitung aller Vorkriegsbauarten.

Aus zur Aufarbeitung anstehenden Gms 30 (sowie Gm/Gms 39) entstanden ab 1961 die UIC-Standardwagen der Bauart Gmms 40.

Die verbliebenen Gms 30 wurden nach 1964 als Glms 200 bezeichnet, wobei bei einem Großteil der Wagen die zulässige Höchstgeschwindigkeit auf 80 km/h herabgesetzt wurde, so daß diese zu Glm wurden. 1979 wurden die letzten „Oppeln" ausgemustert.

Modell

Von Liliput wird der Gmhs 30 sowohl in der Ausführung mit als auch ohne Bremserhaus angeboten. Der Wagen ohne Bremserhaus ist schon recht lange im Programm, läßt sich aber trotzdem mit wenig Aufwand zu einem sehr gut detaillierten Modell supern. Neue Rangierertritte und Rangierergriffe unter den Puffern, geätzte Bremsumstellhebel, neue Griffstangen und Signalhalter sowie ein Plastikstück mit einer eingeritzten Bretterfuge (um die auf der einen Seite offene Ladeluke zu schließen) lassen den Oppeln im Aussehen ganz beträchtlich gewinnen. Neu lackiert und beschriftet kann er durchaus neben Wagen jüngster Fertigung bestehen.

Nicht ganz so einfach ist die Verbesserung des Oppeln mit Bremserhaus. Hier hat man es sich bei Liliput leider etwas einfach gemacht und das Bremserhaus einfach an einen Wagen ohne Handbremse angesetzt, was zur Folge hat, daß sowohl die Stirnwandrungen an der Handbremsseite als auch die Achsanordnung verkehrt sind (von den mißglückten Bremserhaus mit dem viel zu kleinen Kurbelkasten einmal abgesehen).

Zum Umbau müssen das Fahrgestell und der Wagenkasten voneinander getrennt werden. Hierzu wird die Fuge zwischen Rahmen und Aufbau mit einem Skalpell vorsichtig von unten aufgeschnitten. Anschließend wird vom Rahmen am Handbremsende ein 3 mm langes Stück abgesägt und am anderen Wagenende angeklebt, nachdem zuvor die Pufferbohle geglättet und seitlich dem Rahmenquerschnitt angepaßt ist. Außerdem müssen die seitlichen Klebeflansche am Handbremsende ebenfalls um rund 3 mm gekürzt werden, damit anschließend der Wagenkasten wieder aufgeklebt werden kann.

Nachdem diese Arbeiten beendet sind, beginnt die Detaillierung des Fahrgestells. Die Trittstufen unter den seitlichen Türen werden vom Sprengwerk abgeschnitten und ebenso neu angefertigt wie die Trittstufen an der Bremserbühne und das Bühnengeländer (letzteres aus 1 x 1 mm L-Profilen). Außerdem bekommt der Wagen neue Rangierertritte, Rangierergriffe unter den ebenfalls neuen Federpuffern und geätzte Bremsumstellhebel.

Der Wagenkasten wird genauso gesupert wie bei dem Wagen ohne Handbremse, wobei allerdings an der einen Stirnseite die senkrechten Profile abgeschliffen und durch neue Profile in der richtigen Lage ersetzt werden müßten.

Bleibt zum Schluß noch das Bremserhaus. Dies kommt entweder von der Hobby-Ecke Schuhmacher oder – wie bei dem abgebildeten Wagen – vom Trix-R 10.

Wenige Tage nach der Untersuchung stand dieser Gmrhs 30 am 19. 9. 1957 im Bf Hamburg Süd.

Rechte Seite: Seiten- und Stirnansicht eines langen Oppeln noch mit der ursprünglichen Gattungsbezeichnung Dresden.

Glhs Dresden Ghs Oppeln Ghs 31 Gklm(s) 195

Der Grhs 31 155 048 wurde anscheinend wenige Tage nach der Untersuchung am 28. 10. 1953 aufgenommen.

Glhs Dresden

Erstes Baujahr	1934
Letztes Einsatzj.	1974
Länge über Puffer	10 800 mm
Achsstand	7 000 mm
Ladelänge	8 720 mm
Ladebreite	2 780 mm
Ladefläche	24,2 m²
Laderaum	51,5 (62,3) m³
Ladegewicht	15,0 t
Tragfähigkeit	15,75 t
Lastgrenze A/B/C	15,5 t
S	15,0 t
Eigengewicht	12 200 kg
Achslager	Gleitlager
Höchstgeschw.	100 km/h

Ghs Oppeln

Bremsbauart	Hik-GP
Federgehänge	Einfachschaken
Federblattanz./-länge	9/1800 mm
Pufferlänge	650 mm
Pufferteller-Ø	370 mm

Der lange Gs Oppeln war die erste in Serie gebaute geschweißte G-Wagen-Bauart. Die Wagen hatten, wie die Gl-Wagen, 7,00 m Achsstand, durch die nur 10,80 m betragende Länge über Puffer aber einen wesentlich geringeren Wagenüberhang, so daß sie auch im höhe-

Ghs 31

ren Geschwindigkeitsbereich noch gute Laufeigenschaften besaßen. Sie waren vorwiegend für den Einsatz im Expreßgutverkehr bestimmt und erhielten aus diesem Grund ausnahmslos Handbremsen und Dampfheizleitungen.

Zwischen 1934 und 1937 wurden 1.663 Wagen gebaut. Diese wurden anfangs wegen ihrer Ladefläche von 24,2 qm in den Gattungsbezirk Dresden, also als Gl-Wagen eingereiht. Erst als 1937 die Ladefläche für Gl-Wa-

Gklm(s) 195

gen auf mindestens 26 qm festgelegt wurde, wurden die Wagen zu Ghs Oppeln umgezeichnet.

Nach 1951 erhielten die Wagen die Bauartbezeichnung Ghs 31. Ein Teil der Wagen besaß 1650 mm lange Blattfedern. Diese rund 350 Wagen erhielten die Gattungsbezeichnung Gmhs 31. Bis 1964 schrumpfte der Bestand auf rund 420 Wagen. Diese Wagen, die inzwischen kein Bremserhaus mehr, sondern nur noch eine offene Bremserbühne

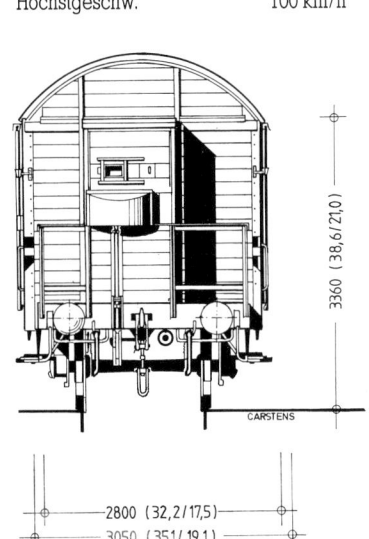
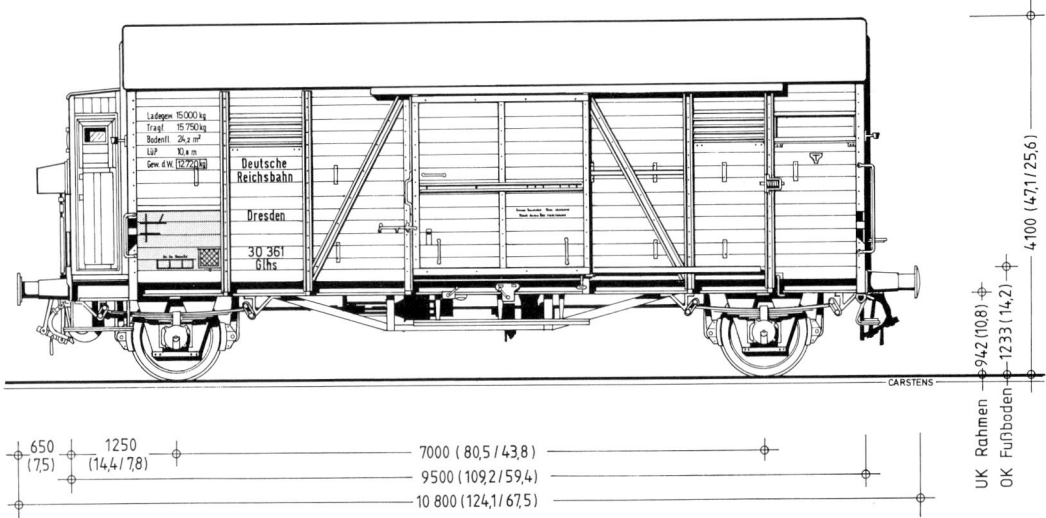

Glhs Dresden Ghs Oppeln Ghs 31 Gklm(s) 195   Gu Stettin G 29 Gklm 194

Sicher kein Umbau für Anfänger: der Gs 31 aus einem Roco-Glms 38.

besaßen, erhielten die UIC-Bezeichnung Gklm 195 bzw., sofern sie noch schnellauffähig waren, Gklms 195. Bis 1974 wurden die letzten Wagen ausgemustert.

Modell

Ausgangsbasis für den Umbau ist der Glmhs 38 von Roco. Nachdem der Wagen zerlegt ist, werden am Wagenkasten die jeweils 3. Seitenwandfelder herausgetrennt, wobei die Seitenwandrungen vorerst erhalten bleiben. Die Türpuffer werden durch parallel zur Seitenwand geführte Schnitte von dieser gelöst und aus den Seitenwandrungen herausgetrennt. Die beschädigten Rungen können anschließend abgefeilt werden, ebenso wie die auf der anderen Wagenseite liegenden.

Die verbleibenden drei Wagenkastenteile werden nun provisorisch zusammengesetzt und auf Winkel- und Maßhaltigkeit überprüft. Bevor der Wagenkasten endgültig zusammengesetzt wird, ist zu entscheiden, ob die handbremsseitige Stirnwand neue, richtig angeordnete Profile erhalten sollen. Bei Anbau eines Bremserhauses ist zumindest die linke Stirnwandsäule zu versetzen, bei Verzicht auf das Bremserhaus sollten beide Säulen neu aus ineinandergeklebten 1 x 1 mm L-Profilen nachgebildet werden.

Dazu werden die vorhandenen Säulen abgeschabt und unter der linken Säule die Brettergravur nachgezogen.

Ist dies erledigt, kann der Wagenkasten montiert und mit Griffstangen, Signalhaltern, Türlauf-Schienen, Türpuffern und Aussteifungen der Wandfelder rechts neben den Türen ergänzt werden.

Das Dach wird mittig soweit gekürzt, daß die äußeren Klipsnasen ihre Funktion noch erfüllen, zusammengeklebt und evtl. verspachtelt.

Aus dem Untergestell werden die Stücke zwischen den Pufferbohlen und den außen liegenden Federböcken herausgetrennt. Die Kastenstützen am Langträger werden abgetrennt, ebenso die Haltenasen für den Wagenkasten. An den Pufferbohlen entfallen die Rangierertritte, die lediglich am späteren Nichthandbremsende durch neue ersetzt werden. Die weitergehende Ausrüstung der Pufferbohlen mit Rangierergriffen, Bremsschläuchen hängt von der Kupplungsausführung ab.

Anschließend werden die Trittbretter unter den Türen versetzt.

Die Handbremsbühne besteht aus dem Geländer eines Trix-Kesselwagens und der Bremskurbel eines Fleischmann-K06. Sie können das Geländer natürlich auch aus Profilen zusammenlöten und die Kurbel aus dem Weinert-Programm anbauen. Die aus 0,5 x 1 mm-Ms-Profil zurechtgebogenen Trittbrettstützen wurden von unten in den Langträger bzw. die Pufferbohle eingelassen, die Trittbretter aus 0,5 x 1,5 mm Kunststoffleistchen auf- bzw. vor den unteren Langträgerflansch geklebt. Die Abdeckung der Bühne entstand aus einem Stück 0,5 mm Polystyrol, in das drei Fugen eingeritzt wurden.

Nun werden Untergestell und Wagenkasten probeweise zusammengesetzt. Evtl. muß noch die handbremsseitige Stirnwand etwas nachgearbeitet werden. Paßt alles, werden Untergestell und Wagenkasten zusammengesteckt und von innen miteinander verklebt.

Gu Stettin G 29 Gklm 194

Im Jahr 1940 übernahm die DR von der Waggonfabrik de Dietrich, Reichshoffen/Elsaß, 950 gedeckte Güterwagen. Die Wagen waren nach den Grundsätzen der französischen Eisenbahnen gebaut worden. Ihr Ankauf durch die DR erklärt sich aus dem kriegsbedingten Wagenmangel sowie aus den bei de Dietrich vorliegenden Materialien, Zeichnungen und Vorrichtungen. Die 950 Wagen wurden als Gu Stettin 35001 – 35950 eingereiht.

Nach 1951 erhielten die Wagen die Bezeichnung G 29. Der letzte Wagen wurde 1966 ausgemustert, so daß die neue Bezeichnung GKlm 194 wohl nur auf dem Papier existiert haben dürfte.

Gmhs Bremen   Gmhs 35   Glm(s) 201

Sogar die Untersuchungsdaten entsprechen bei diesem DB-Museumswagen dem Zustand der frühen fünfziger Jahre; das Foto entstand allerdings erst im Juli 1985 im AW Hmb-Harburg.

Gmhs Bremen

	m. Hbr/o. Hbr
Erstes Baujahr	1943
Letztes Einsatzj.	1979
Länge über Puffer	10 100/10 000 mm
Achsstand	7 000/7 000 mm
Ladelänge	8 620 mm
Ladebreite	2 736 mm
Ladefläche	23,6 m²
Laderaum	50,0 (60,0) m³
Ladegewicht	20,0 t
Tragfähigkeit	21,0 t
Lastgrenze A/B/C	21,0 t
S	20,0 t
Eigengewicht	9700/9600 kg
nur mit Druckluftleitung	9000 kg
Achslager	Gleitlager
Höchstgeschw.	100 km/h
Bremsbauart	Hik-GP oder KE-GP
Federgehänge	Einfachschaken
Federblattanz./-länge	6/1200 mm
Pufferlänge	650 mm
Pufferteller-Ø	370 mm

Linke Seite:
Für deutsche Wagen ungewöhnlich: Die nach links öffnende Tür des G 29, bei dem noch im Juni 1954 das Eigentumsmerkmal DR BRIT-US-Zone erneuert wurde.

Während das Foto oben einen Nachkriegs-Bremen mit Handbremse zeigt, hier ein Wagen der Kriegsbauart ohne Handbremse (mit neuen Lade- und Lüftungsluken) am 2. 12. 1958 in Frankfurt M.

Im 2. Weltkrieg wurde die Entwicklung material- und arbeitssparender Konstruktionen erheblich forciert. Gleichzeitig

Gmhs 35

wurde versucht, die so entwickelten Fahrzeuge in ihrer Ladekapazität zu erhöhen. Dies führte zu einer Bauart, die mit einer LüP

Glm(s) 201

von 10,0 m, einem Achsstand von 7,0 m und der Ausrüstung mit Dampfheizleitung universell einsetzbar war.

35

Gmhs Bremen   Gmhs 35   Glm(s) 201

Hauptmangel der Gmhs Bremen war, wie sich später herausstellte, neben der „ausgedünnten" Konstruktion, die Verwendung rostempfindlicher Stähle, so daß die durch die während des Krieges mangelhafte Unterhaltung zusätzlich geförderte Abrostung der Profile schon bald zu sehr starken Querschnittsschwächungen führte. Die unweigerliche Folge war eine Überbeanspruchung der verbliebenen, tragenden Profilquerschnitte, die zu bleibenden Verformungen führten, so daß die Wagen undicht wurden oder gar die Gefahr des vollständigen Auseinanderbrechens bestand.

Während der Jahre 1943 – 1945 wurden 7.200 Bremen, 1948 – 1950 nochmals weitere 6.190, etwas verstärkte Wagen gebaut. Etwa die Hälfte der Wagen besaß eine Handbremsbühne, die, wie bei den anderen Kriegsgüterwagen, über die Puffer gebaut worden war.

1951 erhielten die Wagen die Bezeichnung Gmhs 35 und wurden, soweit ihr Unterhaltungszustand das zuließ, in den neu gegründeten EUROP-Park eingestellt. Als der EUROP-Park 1953 auch um die Wagen der übrigen, heute noch beteiligten Bahnen erweitert wurde, kamen auch die in Österreich verbliebenen Bremen in diesem Park. Einige der bei der ÖBB verbliebenen Wagen erhielten ein Sprengwerk, und wie die DB ließ auch die ÖBB nach 1945 die Wagen nachbauen. Sie sind von den Ursprungswagen vor allem durch das Blechstirnwandsegment und durch die 500 mm lange Bühne der Handbremswagen zu unterscheiden.

Um 1960 wurden die Gmhs 35 aus dem EUROP-Park genommen. Ein Teil der Wagen wurde zerlegt und zu der UIC-Standardbauart Gm(m)s 44 umgebaut. Die noch verbliebenen Wagen erhielten nach 1964 die Bauartbezeichnung Glm(s) 201. Ein Teil von ihnen erhielt ab 1967 neue Wagenkästen und wurde als Glms 207 bezeichnet. Die wenigen verbliebenen Wagen wurden bis 1979 ausgemustert.

1953 entstand dieses Foto, das einen Gmhs 35 als EUROP-Wagen zeigt.

Ein Gmhs Bremen mit dem Eigentumsmerkmal DR (→ ZONE FR DR) am 11. 10. 1951 auf einem Rollwagen der Industriebahn (Hmb-)Wandsbek.

1961 war diese Gmds der ÖBB noch Bestandteil des EUROP-Parks.

Gmhs Bremen   Gmhs 35   Glm(s) 201

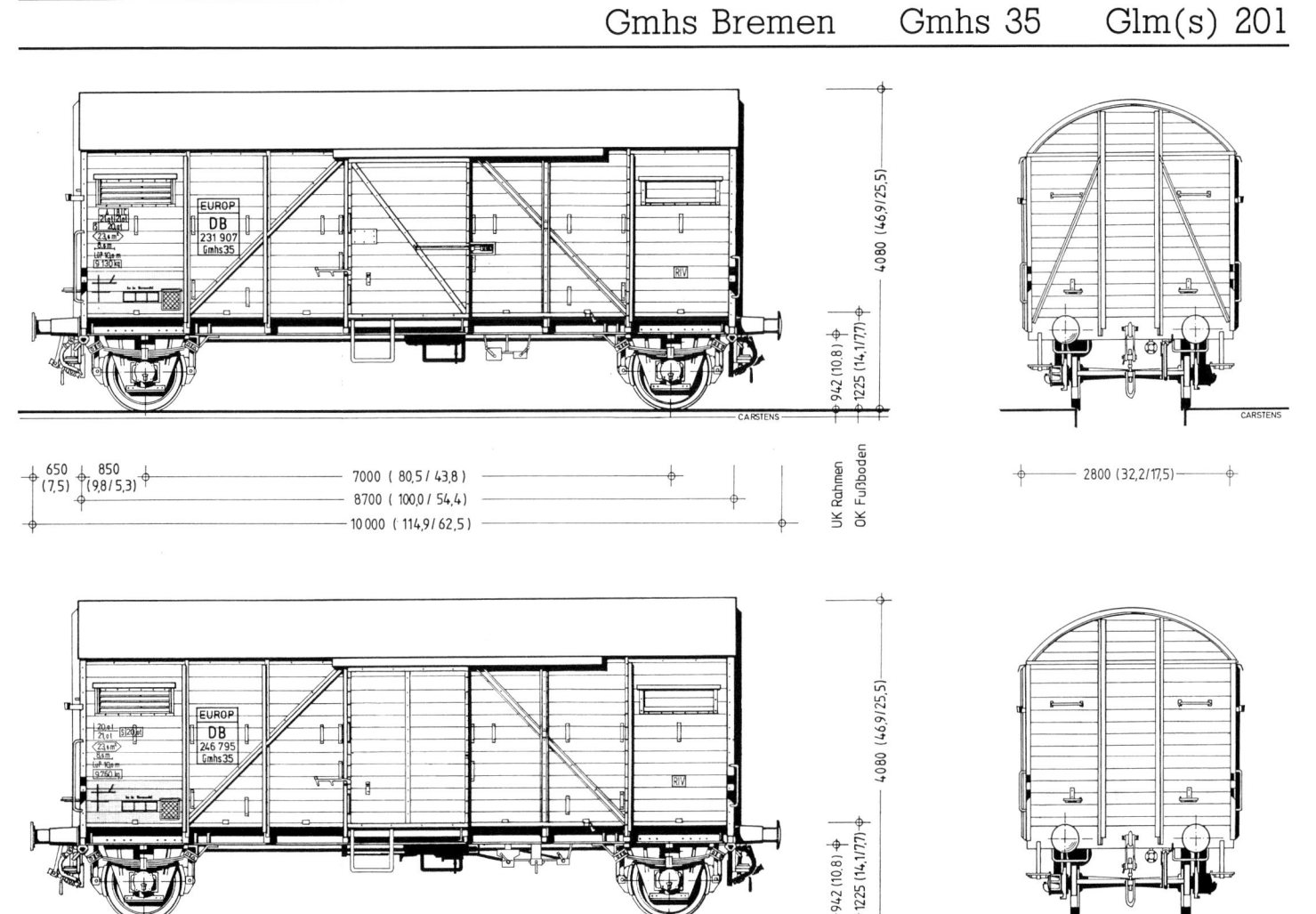

Oben: Gegenüberstellung eines Gmhs 35 der Kriegsbauart (oben) und der verstärkten Nachkriegsbauart (darunter). Die Wagen unterscheiden sich am auffälligsten durch die andere Ausführung der Tür und die bei der Nachkriegsbauart entfallenen Stirnwanddiagonalen. Die in der oberen Zeichnung dargestellten Türpuffer wurden bei fast allen Wagen wieder entfernt bzw. in dieser Form gar nicht erst eingebaut.

Unten: Zwar versendet die Firma Horstmann auch heute noch Pflanzen, aber nicht mehr wie vor dreißig Jahren, als diese noch auf dem Firmengelände in Bahnwagen verladen wurden. Das Bild zeigt einen Gmhs 35 am 29. 4. 1958 auf einem Culemeyer-Straßenroller in Elmshorn.

Gm/Gms Bremen   Gm/Gms 39   Glm/Glms 202

Einen Tag nach der Untersuchung am 18. 8. 1955 entstand im AW Hmb-Harburg dieses Foto eines Gms 39 (der neue Lade- und Lüftungsklappen bekommen hatte).

Gm/Gms Bremen

	Gms/Gm
Erstes Baujahr	1949
Letztes Einsatzj.	1978
Länge über Puffer	10 700/10 000 mm
Achsstand	8 700/8 700 mm
Ladelänge	8 644 mm
Ladebreite	2 754 mm
Ladefläche	23,8 m²
Laderaum	50,0 (60,7) m³
Ladegewicht	20,0 t
Tragfähigkeit	21,0 t
Lastgrenze A/B/C	21,0 t
S	17,5 t
Eigengewicht	10 600/9 500 kg
Achslager	Gleitlager
Höchstgeschw.	100/80 km/h
Bremsbauart	Hik-GP
Federgehänge	Einfachschaken
Federblattanz./-länge	6/1200 mm
Pufferlänge	650 mm
Pufferteller-Ø	370 mm

Gm/Gms 39   Glm/Glms 202

Der heute nicht mehr vorstellbare Wagenmangel in den ersten Nachkriegsjahren führte dazu, daß auch ausländische Güterwagenbauarten beschafft wurden, sofern nicht die Möglichkeit bestand, deutsche Konstruktionen im Ausland bauen zu lassen.

Unter diesen Bauarten waren auch die Wagen der Bauart Gm/Gms 39. Sie besaßen etwa die Eigenschaften des „Bremen" und wurden daher auch diesem Gattungsbezirk zugeordnet. Äußerlich unterscheiden sie sich durch ihren Achsstand (6 m) sowie die Anordnung der Diagonalstreben. Außerdem besaßen sie ein Stirnwandsegment aus Blech und eine ebensolche Dacheindeckung.

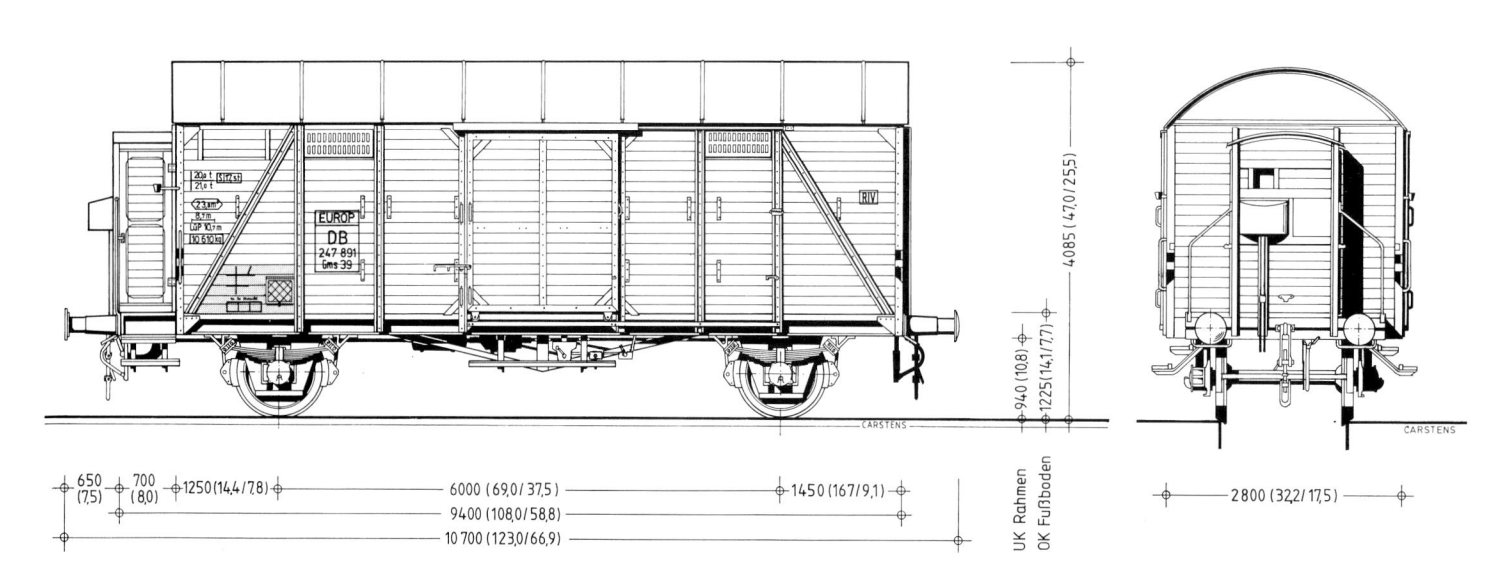

Gm/Gms Bremen   Gm/Gms 39   Glm/Glms 202

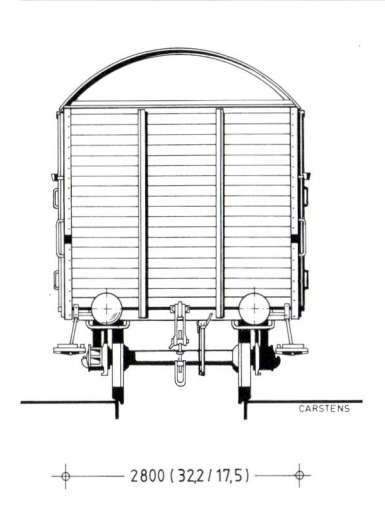

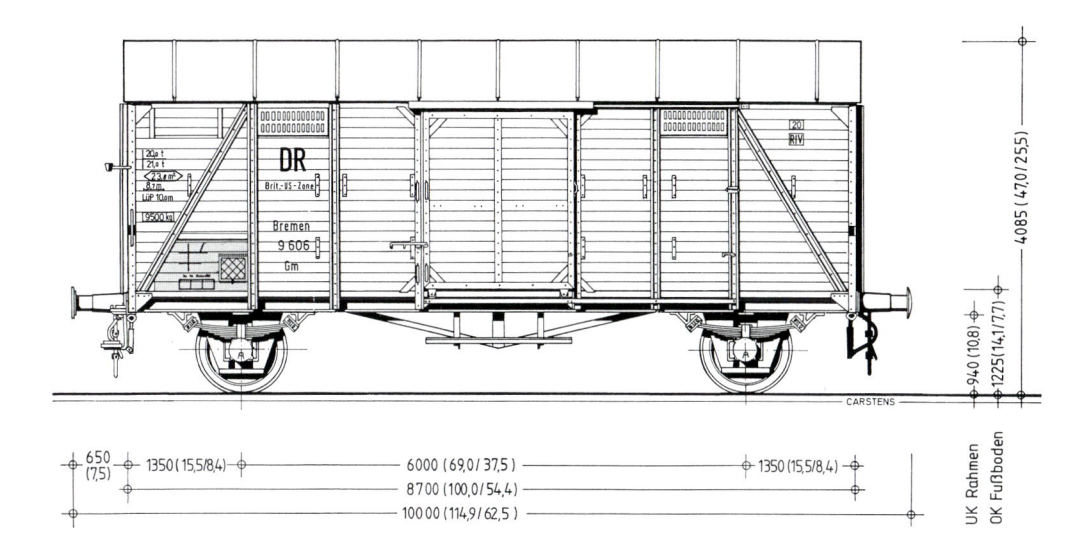

Linke Seite und oben: Seiten- und Stirnansicht eines Gms bzw. Gm 39 im Maßstab 1:87.

Mitte: Ein Roco-Gm 39 mit einem Fahrwerk von Piko, das ein neues Sprengwerk und Trittstufen unter der Tür bekommen hat.

Unten: Kein Umbau für Anfänger: der Gms 39 auf einem verlängerten Roco-Omm 37-Fahrwerk mit selbstgebautem Bremserhaus (dem – wie bei vielen Wagen Anfang der sechziger Jahre – bereits die Türen fehlen).

Von den 2.330 beschafften Wagen besaßen 930 eine Handbremse mit einem recht eigenwilligen Bremserhaus. Nur diese waren schnellauffähig. Die Wagen ohne Handbremse waren nur mit Druckluftleitung ausgerüstet.

Zusammen mit dem Gmhs 35 stellten sie die Mehrzahl der gedeckten EUROP-Wagen der DB im Jahr 1951. Etwa die Hälfte der Wagen wurde ab 1961 zerlegt und die verwendbaren Teile für das Gmms-40-Umbauprogramm verwendet.

Die übrigen Wagen erhielten, nun schon nicht mehr zum EUROP-Park gehörend, die Bauartbezeichnung Glm(s) 202. Bis 1979 wurden die Wagen ausgemustert bzw. ausschließlich als Bahndienstwagen weiterverwendet. In dieser Funktion sind sie auch heute noch vereinzelt anzutreffen.

Modell

Den Gm 39 gibt es als preiswertes Modell von Roco. Während der Wagenkasten recht ordentlich ausgefallen ist, ist das Fahrwerk mit falschem Achsstand und Doppelschakenlaufwerk völlig verkehrt.

Zwei Möglichkeiten gibt es hier, Abhilfe zu schaffen. Zum einen kann der Wagen mit einem Piko-Fahrwerk eines offenen Wagens mit 6,0 m Achsstand und 10,0 m LüP ausgerüstet werden (z. B. vom Omm 33 oder Omm 34). Zum anderen

Gm/Gms Bremen   Gm/Gms 39   Glm/Glms 202

Bis auf den zusätzlichen Rangierertritt ist dieser Gm 39, der am 8. 5. 1958 in Neuhof bei Fulda aufgenommen wurde, noch im Originalzustand.

kann man unter Verwendung von Fahrwerksteilen eines Roco-Omm 37 (oder Om 21, G 10 etc.) ein passendes Fahrwerk für den Gm 39 zusammenschneiden, wobei die zweite Methode zwar aufwendiger ist, aber auch zu besseren Ergebnissen führt.

In beiden Fällen müssen zuerst der Wagenkasten und das Fahrwerk auseinander geklipst (bei älteren Modellen geschraubt) werden. Da bei der Verwendung des Piko-Fahrwerks prinzipiell die gleichen Arbeiten anfallen, wie beim Bau aus Teilen des kurzen Roco-Fahrwerks (mit Ausnahme des Zusammenschneidens, das beim Piko-Fahrwerk entfällt), werden diese Arbeiten nicht gesondert geschildert, sondern nur der Bau unter Verwendung von Roco-Teilen beschrieben.

Aus dem Fahrwerk des Omm 37 und dem Mittelteil des Gm 39-Fahrwerks wird ein neues Fahrwerk mit 69 mm Achsstand und 102 mm Rahmenlänge zusammengeklebt (der Aufbau des Roco-Gm 39 ist rund 3 mm zu lang), wobei die Beschwerungsplatte mit angeklebt wird, um dem Rahmen mehr Stabilität zu geben.

Nachdem die Bremsklötze abgeschliffen sind (nicht beim Bau eines Gms 39), erhält der Wagen ein Sprengwerk aus einem Ms-U-Profil 1,5 x 0,8 mm und Ms-L-Profilen 1 x 1 mm sowie neue, geätzte Pufferbohlen. Anschließend wird das Fahrwerk mit Federpuffern und Rangierertritten weiter detailliert (wobei darauf zu achten ist, daß die Wagen anfangs nur an einem Ende Rangierertritte hatten und nicht – wie üblich – diagonal gegenüber). Die Trittstufen unter den Ladetüren müssen ebenfalls selbst angefertigt werden, wobei die Stufen entweder aus einem 3 x 0,5 mm-Messingstreifen oder einem kleinen Furnierholzstreifen geschnitten werden; die Stufenhalter werden am besten aus Abschnitten von Heftklammern gebogen.

Vom Wagenkasten werden die Befestigungsnasen abgeschliffen (Wagenkasten und Fahrwerk werden später verklebt). Außerdem wird der obere Teil der Stirnwände glatt geschliffen, um das Blech-Stirnwandsegment anzudeuten (ggf. muß noch eine dünne Kunststoffplatte aufgeklebt werden). Anschließend wird der Wagenkasten mit Griffstangen an den Wagenecken, Signalhaltern, Seilösen (nur beim Gm 39) und kleinen Kunststoffstreifen im linken Endfeld (zur Andeutung der Ladeluken) vervollständigt. Außerdem kann das anfangs über dem schwarzen Feld für Kreideaufschriften vorhandene Brett durch einen schmalen Kunststoffstreifen angedeutet werden.

Der Nachbau eines Gms 39 ist bedeutend aufwendiger. Hier müssen zusätzlich der Bretterbelag der Bremserbühne (aus einer Wenzel-Platte oder Furnierholzstreifen), die Trittstufen an der Bremserbühne und das Bühnengeländer aus 0,5 mm-Draht an den Rahmen geklebt werden. Anschließend wird das Bremserhaus nach der Zeichnung aus dünnen Kunststoffplatten und -streifen sowie Messing-Profilen zusammengebaut (wobei die Stirnwand am besten aus einer durchgehenden Platte mit einzeln aufgeklebten Kunststoff-Brettern gefertigt wird). Für den Kurbelkasten wird ein Stück Rundmaterial von 7 mm Durchmesser benötigt – ich habe hierfür ein Stück einer alten Filzschreiberkappe zurechtgeschliffen.

Insgesamt muß man sagen, daß der Gms 39 wegen seines ungewöhnlichen Bremserhauses sicherlich ein lohnendes Nachbauobjekt ist. Allerdings setzt der Bau dieses Wagens auch einiges an Erfahrungen voraus (so daß aus diesem Grund hier auch nicht jeder einzelne Handgriff geschildert wird – ein geübter Bastler wird sicherlich selbst am besten wissen, wie die Einzelteile anzufertigen sind).

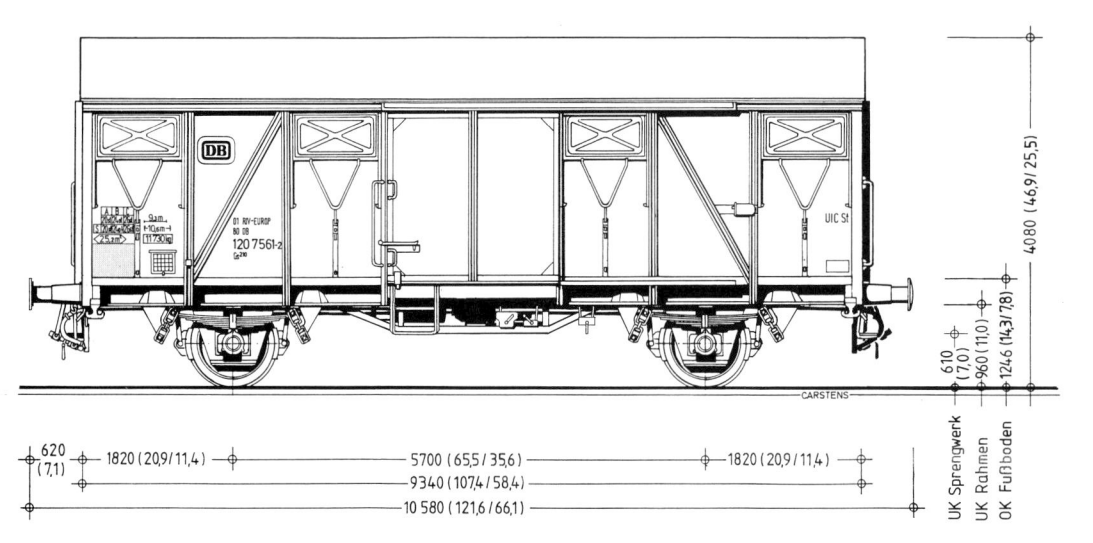

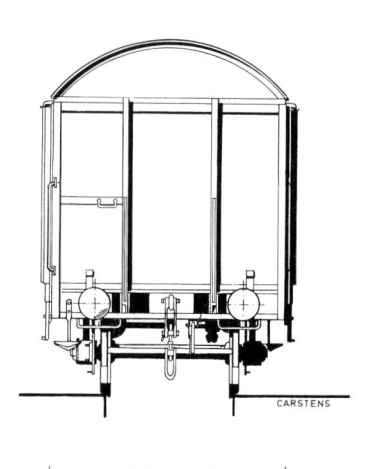

Gmms 40   Gs 210

Ein Gs 210 mit PVC-Dach, zweiteiligem Seitenwandobergurt, bis an die Endspriegel reichenden Stirnwandsäulen und Sprengwerk im Oktober 1987 im Gbf Hmb-Altona. Die unten und auf der linken Seite abgebildeten Wagen haben hingegen einteilige Seitenwandobergurte, Stirnwände mit Blechsegmenten und nur bis an den Stirnwandoberwinkel reichende Säulen.

Gmms 40

	m. Hbr/o. Hbr
Erstes Baujahr	1961
Letztes Einsatzj.	–
Länge über Puffer	11 080/10 580 mm
Achsstand	5 700/5 700 mm
Ladelänge	9 280 mm
Ladebreite	2 710 mm
Ladefläche	25,1 m²
Laderaum	53,0 (64,0) m³
Lastgrenze A	19,5/20,5 t
B	23,5/24,0 t
C	26,5/26,5 t
S	max. 23,5/24,0 t
Eigengewicht	12 300/11 700 kg
Achslager	Rollenlager
Höchstgeschw.	100 km/h
Bremsbauart	HiK-GP
Federgehänge	Doppelschaken
Federblattanz./-länge	9/1400 mm
Pufferlänge	620 mm
Pufferteller-Ø	370 mm

Die nach Ablauf des Gmms 44-Umbauprogramms noch vorhandenen geschweißten Bauarten (Gms 30, Grs 31, Gmhs 35 und Gm(s) 39) sollten nun ebenfalls umgebaut werden, um einen weitgehend einheitlichen Wagenpark zu erhalten. Von den oben genannten Bauarten, vor allem aber aus den Gms 30, wurde ein Teil für das Umbauprogramm Gmms 40 eingeplant.

Die beim Gmms 60 (s.u.) erwähnte Typenvielfalt gibt es

Gs 210

beim Gmms 40 in etwas abgeschwächter Form auch. Daher lassen sich die beiden Bauarten sicher nur an der Wagennummer und an der Bremsbauart unterscheiden: Während die vorhandenen KK-Bremsen der G 10 beim Umbau zu Gmms 60 durch

Gs 210

die KE-GP-Bremse ersetzt wurden, behielten die Gmms 40 die HiK-GP-Bremse der Ausgangswagen.

Die Wagen erhielten nach 1964 die Bezeichnung Gs 210. Sie gehören dem EUROP-Park an.

Gm(m)s 44 Gs 211

Gms 44 mit Bremserbühne am 11. 5. 1968 in Filákovo. Rund ein halbes Jahr später mußte auch dieser Wagen eine Computer-Nummer haben.

Rechte Seite: 1: 87-Zeichnung des Gms 44 mit und ohne Handbremsbühne, und das aus einem Roco-Gmmhs 56 entstandene H0-Modell.

Gm(m)s 44   Gs 211   Gs 211

Der Gs 123 0 547 hat inzwischen anstelle des PVC-Dachs ein Stahlblechdach erhalten (Bebra, Sommer 1987).

	m. Hbr/o. Hbr
Erstes Baujahr	1959
Letztes Einsatzj.	–
Länge über Puffer	11 080/10 580 mm
Achsstand	5 700/5 700 mm
Ladelänge	9 280 mm
Ladebreite	2 720 mm
Ladefläche	25,2 m²
Laderaum	53,0 (64,0) m³
Lastgrenze A	20,5 t
B/C	24,0 t
S	wie A/B/C
Eigengewicht	11 800/11 550 kg
Achslager	Rollenlager
Höchstgeschw.	100 km/h
Bremsbauart	Hik-GP
Federgehänge	Doppelschaken
Federblattanz./-länge	8/1400 mm
Pufferlänge	620 mm
Pufferteller-Ø	370 mm

Bereits vor Beginn des Gms 45-Programms (s.u.) stand fest, daß zukünftige Umbauprogramme zu Wagen führen sollten, die den UIC-Wagen voll entsprechen würden.

Gm(m)s 44 Gs 211

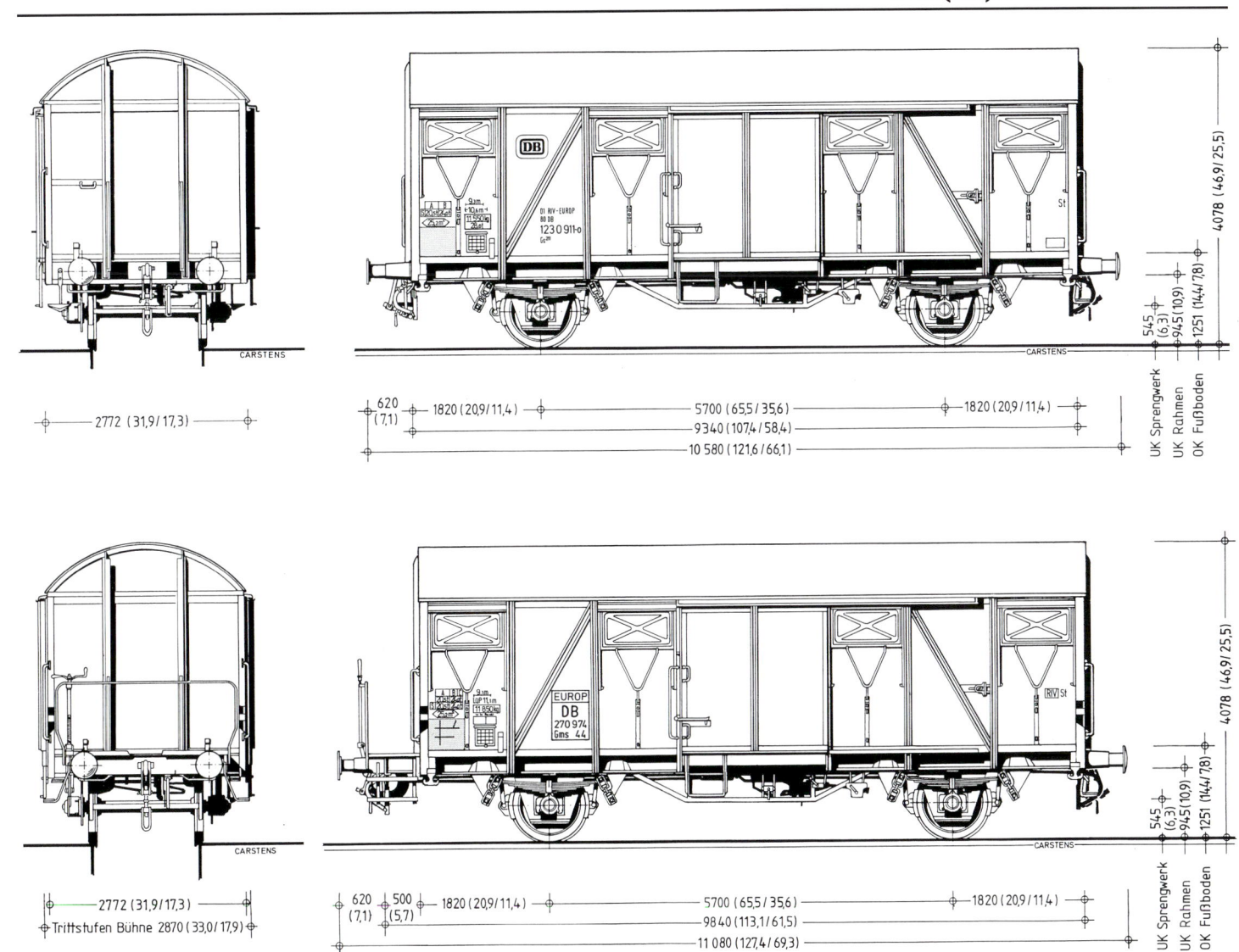

Neben einigen hundert Pwghs 44 wurden mehrere hundert Gmhs 35, die alle aus den Kriegsjahren stammten und daher besonders schadanfällig waren, in den Jahren 1959 und 1960 umgebaut. Die Untergestelle wurden sowohl in der Länge wie im Achsstand auf UIC-Abmessungen gebracht und mit einem zusätzlichen Sprengwerk versteift. Die vorhandenen Bremsen blieben erhalten, die Laufwerke mit Rollenlagerradsätzen und Doppelschakengehänge waren dagegen neu. Sie entsprachen ebenso den UIC-Vorgaben wie die bei einem Teil der Wagen zusätzlich angebauten Handbremsbühnen.

Das Dach entsprach mit seiner auf eine Holzverschalung verlegten PVC-Decke dem allgemeinen Aufbau der Umbau-G-Wagen. Nach 1964 erhielten die Wagen die Bezeichnung Gs 211. Die PVC-Dachdecke wurde, wie auch bei den Gls 205, in den 70er Jahren durch ein Stahlblechdach ersetzt. Die vorhandenen Wagen gehören dem EUROP-Park an.

Modell

Das Modell eines Gms 44 entsteht aus einem Roco Gmmhs 56, bei dem das Dach glattgeschliffen (oder gegen das Dach eines Pwghs 54 getauscht – Roco-Ersatzteil) wird. Außerdem bekommt der Wagen ein aus Ms-Profilen angefertigtes Sprengwerk und UIC-Seilanker. Schließlich muß noch die Nachbildung der Kupplung für die elektrische Heizleitung abgeschabt und der Wagen umbeschriftet werden.

Gms 45   Gls 203

Der Gms 45 228 758 am 2. 12. 1958 in Frankfurt M. am Abzweig Forsthaus.

Gms 45

Erstes Baujahr	1957
Letztes Einsatzj.	–
Länge über Puffer	10 640 mm
Achsstand	7 000 mm
Ladelänge	9 280 mm
Ladebreite	2 720 mm
Ladefläche	25,2 m²
Laderaum	53,0 (64,0) m³
Lastgrenze A	20,5 t
B/C	21,0 t
Lastgrenze S	11,0 t
Eigengewicht	10 700 kg
Achslager	Gleitlager
Höchstgeschw.	100 km/h
Bremsbauart	Hik-GP
Federgehänge	Einfachschaken
Federblattanz./-länge	6/1200 mm
Pufferlänge	650 mm
Pufferteller-Ø	370 mm

Gls 203

Die ausgesprochenen Kriegsbauarten waren so konstruiert worden, daß der Stahlverbrauch möglichst gering blieb. Dies und die mangelhafte Unterhaltung der Wagen in den ersten Nachkriegsjahren führte dazu, daß die Wagen bereits Mitte der 50er Jahre nicht mehr wirtschaftlich unterhalten werden konnten. So entschied sich die DB, die vorhandenen Pwghs 44 und Gmhs 35 völlig umbauen zu lassen.

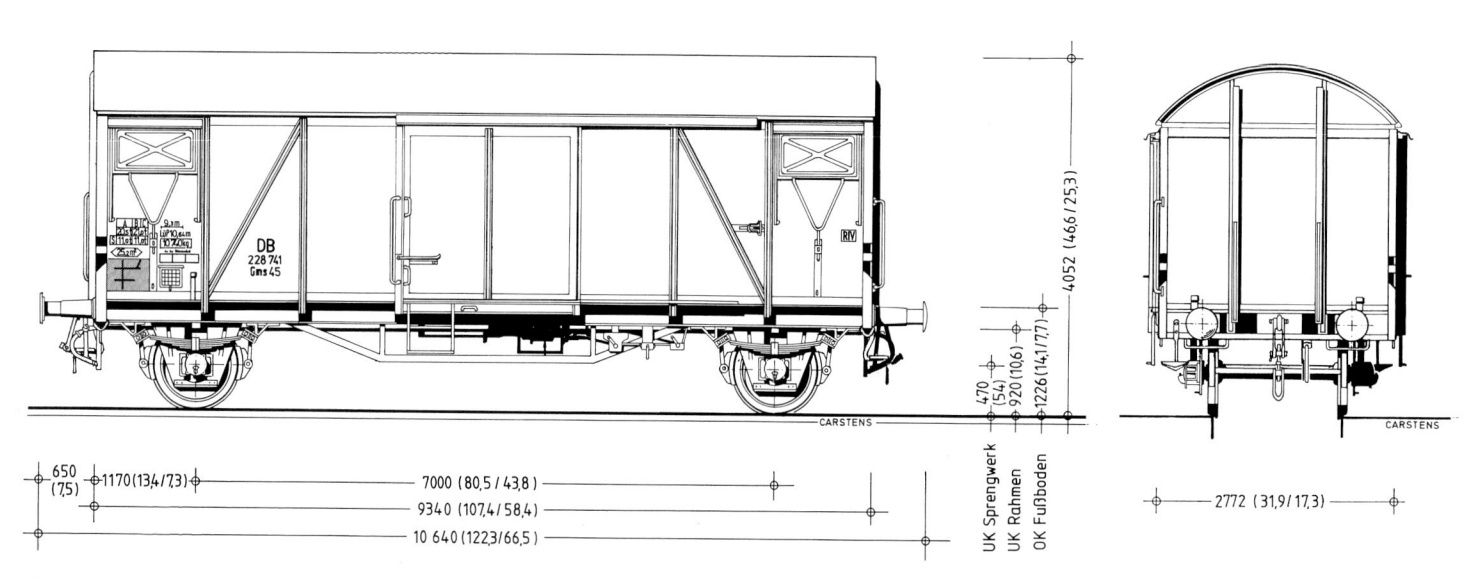

1.200 Pwghs 44 erhielten bei Berliner Waggonfabriken ein verlängertes Untergestell unter Beibehaltung der vorhandenen Laufwerke und Bremsanlagen. Zusätzlich wurde ein Sprengwerk angebaut. Der Wagenkasten entsprach in seinen Abmessungen den UIC-Vorgaben, erhielt aber nur je zwei Lade- und Lüftungsöffnungen. Das Dach bestand aus einer PVC-Decke auf Holzverschalung.

Die Wagen erhielten nach 1964 die neue Bezeichnung Gls 203, in den 70er Jahren wurden sie mit Rollenlagern ausgerüstet. Die Gls 203 sind inzwischen bis auf Einzelstücke ausgemustert, jedoch gelegentlich noch als Dienstgüter- und Bahnhofswagen anzutreffen.

Modell

Das Modell des Gms 45 entsteht aus Teilen zweier Basismodelle, die beide im Roco-Programm enthalten sind:
– Wagenkasten und Dach „spendiert" – nach Abänderungen – der Gmmhs 56 und
– aus dem Bauzugwagen ex MCi wird das neue Untergestell zurechtgeschnitten.

Beginnen wir, nachdem die Modelle zerlegt sind, mit dem Dach: Bei ihm müssen lediglich die Nachbildungen der Falze glattgeschliffen werden. Wer sich diese Arbeit ersparen will, kann alternativ dazu das bereits glatte Dach eines Pwghs 54 verwenden (Roco-Ersatzteil). Anschließend wird das Dach in beige oder blaugrau neu gestrichen (an diesen Farben wurden die Lieferanten unterschieden).

Änderungen am Wagenkasten:
Sollen neben den Türen neue Griffstangen eingesetzt werden, ist es sinnvoll, als erstes die vorhandenen Imitationen abzuschaben, bevor die Wandfelder neben den Türen herausgetrennt werden. Das Heraustrennen gelingt sowohl mit einer Laubsäge als auch mit einer Trennscheibe. Es ist empfehlenswert, die Trennschnitte nicht direkt neben die stehenbleibenden Profile zu setzen, da die Gefahr einer Beschädigung groß ist. Besser ist es, einen Millimeter stehen zu lassen und diesen mit locker geführten Feilstrichen zu entfernen. In die nun leeren Felder werden Kunststoffplatten (ca. 0,8 mm dünn) eingepaßt und ggf. verspachtelt.

Bevor der Wagenkasten neu gespritzt wird, sollten noch die Bohrungen für die neuen Eckgriffe angebracht werden. Die Griffstangen auf und neben den Türen können nun eingesetzt, und die so komplettierten Türen wieder eingebaut werden. Unter den Türen sind die überflüssigen Griffnachbildungen abzuschaben und die konischen Ränder der Leiterstufen vorsichtig schmaler zu feilen. Erst nach dem Lackieren werden die Lüfterschieber wieder eingebaut – aber nicht, bevor die Betätigungsgestänge schwarz lackiert wurden!

Die Beschriftung des Wagens muß aus mehreren Gaßner-Sets zusammengesucht werden: Datenspiegel, Bremsecken, DB und Gms können aus dem Gms 54-Set entnommen werden (der auch die komplette Langträger-Anschriften liefern kann – ein Kompromiß, der für Betriebsmodelle sicher erlaubt ist). Die Wagennummer aus dem Nummernkreis 228 500 – 229 999 wird ebenfalls zusammengestückelt. Die bei meinem Modell angeschriebene Nummer entstammt noch einem Anreibebogen von Meyer.

Der nach dem Einsetzen der noch fehlenden Eckgriffe und ggf. neuen Seilösen fertige Wagenkasten wird nun erstmal beiseite gelegt. Am Untergestell des „Spenders" wurden zunächst die außerhalb der Federböcke liegenden Teile abgetrennt und der Achsstand des verbleibenden Teiles durch Heraustrennen eines knapp 11,5 mm schmalen Streifens in Wagenmitte auf 80 mm gebracht. Nachdem an den nun vorliegenden Untergestellteilen die Nachbildungen der Kastenstützen und die Befestigungsnasen abgetrennt sind, können die Pufferbohlen vorbereitet werden. Ich habe diese aus 1,5 x 3,2 mm großen Kunststoffleisten hergestellt, die als Abdeckung die Messingätzteile aus dem Weinert-Programm erhielten. Eine 1 mm starke Kunststoffplatte, deren Maße genau den Innenmaßen des Wagenkastens entsprechen, dient als Basis für die Untergestellteile. Daß dabei die Radlagerteile nicht vergessen werden dürfen, versteht sich von selbst. (Ein Nachteil dieses Verfahrens ist, daß es nicht möglich ist, die Schiebetüren später geöffnet darzustellen, da der „Fußboden" nun nicht mehr in der richtigen Lage ist.)

Ein großes Problem kann der Einbau der neuen Kupplung werden – vor allem dann, wenn die vorgesehene Kupplung unter der Pufferbohle zu liegen kommen muß. Auf die Nachbildungen der stirnseitigen Bremsdreiecke (Verbindungsstangen zwischen den Bremsklötzen) muß dann verzichtet werden, die Bremsklötze jeder für sich eingeklebt werden. Als Kupplungsträger bietet sich dann die Ribu-SKD an, die von innen auf den Wagenboden geklebt wird. Die bei mir zum Einbau gelangte Kadee-Kupplung ließ sich allerdings ohne solche Eingriffe einbauen.

Bevor Sie die Pufferbohlen, ggf. komplettiert mit Rangierergriffen, Ecktritten und Bremsschläuche, anbauen, sollten ausgiebige Fahr- und Kuppelversuche durchgeführt werden. Ist alles in Ordnung, können die Pufferbohlen so angebaut werden, daß sie mit der Unterkante des Langträgers bündig abschließen. Der Wagenkasten müßte sich nun so auf das Untergestell aufsetzen lassen, daß seine Stirnwände sich auf den Pufferbohlen abstützen und die Stirnwandrungen vor den Pufferbohlen zu liegen kommen.

Die neu anzufertigenden Sprengwerke meines Modells entstanden aus 1 x 1 mm L-Profil, die mit 0,5 x 1 mm-Kunststoffstreifen verklebt unter die Langträger geklebt wurden. Besser geeignet, weil auf Dauer stabiler ist es aber, diese Bauteile aus Messingprofilen herzustellen.

Die Bremsanlage des Untergestell-Basismodells wird, entsprechend gekürzt, unter den Wagenboden geklebt. Dabei sollte der Luftbehälter auf die gleiche Wagenseite kommen, auf der sich auch die Bremsschläuche befinden. Die Plazierung der Bremsumstellhebel nehmen Sie bitte nach der Zeichnung und Vorbildfotos vor und nicht nach meinem Modell, das seit seiner Entstehung vor einige Jahren noch nicht wieder im AW war.

Wie dem auch sei – das Untergestell kann nun neu lackiert und anschließend beschriftet werden. Nachdem das Gewicht auf etwa 80 g gebracht wurde, werden Wagenkasten und Untergestell miteinander dauerhaft verbunden und zum Schluß das Dach aufgesetzt.

Linke Seite: Der Gms 45 als 1:87-Zeichnung ...

Rechts: ... und als H0-Modell (dessen Dach inzwischen einen Anstrich im richtigen Farbton erhalten hat).

Gmhs 53   Gs 204

Damit das verladene Vieh ausreichend Luft bekommt, sind alle Lukenschieber und die Tür geöffnet. Das Bild zeigt einen Gmhs 53 am 27. 8. 1965 in Basel.

Gmhs 53   ## Gs 204   ## Gs 204

	m. Hbr/o. Hbr
Erstes Baujahr	1953/1954
Letztes Einsatzj.	–
Länge über Puffer	10 580 mm
Achsstand	5 700 mm
Ladelänge	9 260/9 270 mm
Ladebreite	2 712/2 720 mm
Ladefläche	25,1/25,2 m²
Laderaum	52,7/53,0 (63,8/64,0) m³
Ladegewicht	20,0 t

Tragfähigkeit	20,9 t
Lastgrenze A	20,5 t
B/C	21,0 t
S	20,0 t
Eigengewicht	11 200/11 400 kg
Achslager	Rollenlager
Höchstgeschw.	100 km/h
Bremsbauart	Hik-GP (KE-GP)/KE-GP
Federgehänge	Doppelschaken
Federblattanz./länge	7/8/1400 mm

Pufferlänge	620 mm
Pufferteller-Ø	370 mm

Angaben vor dem Schrägstrich gelten für Wagen mit Bretterbekleidung, dahinter für Plattenbekleidung.

Nachdem Anfang der 50er Jahre die Konstruktion der gedeckten UIC-Standardwagen (scheinbar) abgeschlossen war,

ließ die DB die Wagen der Bauart Gmhs 53 entwickeln und ab 1953 in mehreren Serien bauen.

Alle 3529 (incl. der 3 Gmmhs 48-Probewagen) Wagen erhielten eine Güterzugbremse, jedoch keine Handbremse. Um sie universell einsetzbar zu machen, bekamen sie für die Beför-

Während die Wagen der Baujahre 1953 und 1954 noch eine Bretterwandbekleidung erhielten, ...

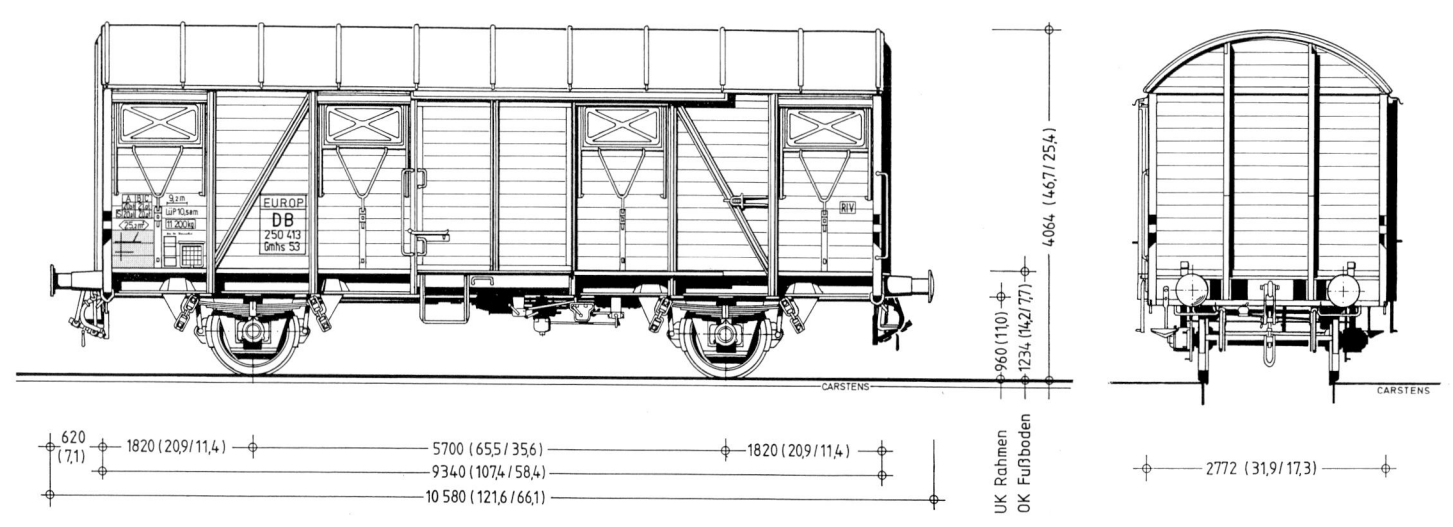

Gmhs 53 Gs 204

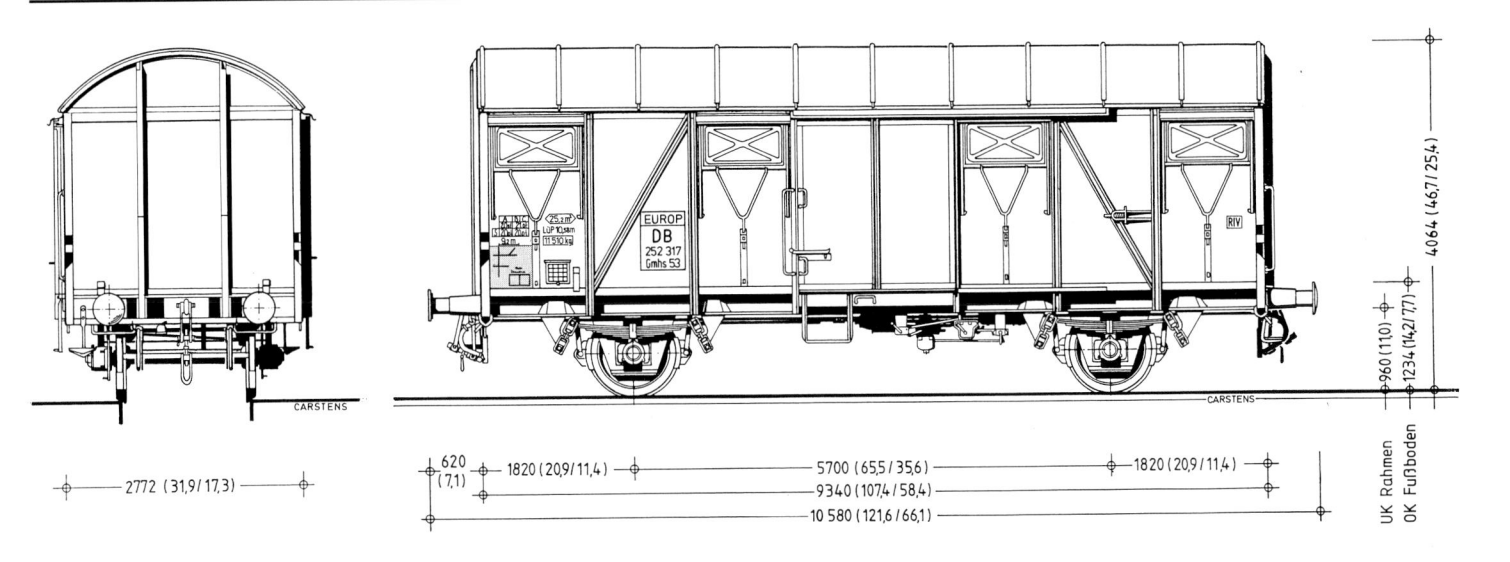

... ging man ab 1954/55 zu Plattenbekleidungen über.

Bevor 1953 die Serienfertigung der Gmhs 53 begann, wurden 1951 drei Gmmhs 45/48-Versuchswagen gebaut, die sich in etlichen Details von der späteren Serienform unterschieden.

derung in Reisezügen eine Dampfheizleitung. Die Hauptabmessungen entsprachen, ebenso wie die Ausrüstung mit 8 durch UIC-Schieber verschließbaren Lade- und Lüftungsöffnungen, dem UIC-Entwurf. Als Dach wurde das für die DB-Neubauwagen der fünfziger Jahre typische Aluminiumdach verwendet. Während die Wagen der ersten Bauserien aus den Jahren 1953 und 1954 eine Bretterverkleidung erhielten, ging man 1954 zuerst teilweise und ab 1955 generell zu dem Einbau der neuentwickelten kunstharzverdichteten Sperrholzplatten über.

Alle Gmhs 53 wurden bei ihrer Indienststellung in den EUROP-Park eingereiht und lösten hier z.T. die G-Wagen der Vorkriegsbauarten ab. Die seit 1964 als Grs 204 bezeichneten Wagen wurden seit 1980 zunehmend ausgemustert und sind heute nur noch als Bahndienst- und Bahnhofswagen zu finden.

Modell

Den Gmhs 53 gibt es zwar als Roco- bzw. Fleischmann-Modell, jedoch entsprechen beide Wagen nicht mehr heutigem Fertigungsstandard, da sie entweder verkürzt (Roco) oder im Maßstab 1 : 85 (Fleischmann) gehalten sind.

Ein Gmhs 53 mit Bretterwänden am 15. 3. 1963 in Karlsruhe.

Gms 54   Gls 205

Ein Gls 205 im Oktober 1987 im Bf Hmb-Rothenburgsort. Gegenüber der ursprünglichen Ausführung fallen der beim Stahlblechdach nicht mehr vorhandene Dachüberstand, die einfache Trittstufe unter der Tür und die Rollenlager auf.

Gms 54

	m. Hbr/o. Hbr
Erstes Baujahr	1956/1955
Letztes Einsatzj.	–
Länge über Puffer	11 140*/10 640* mm
Achsstand	5 840 /5 840 mm
Ladelänge	9 290 mm
Ladebreite	2 660 mm
Ladefläche	24,7 m²
Laderaum	52,0 (63,0) m³
Ladegewicht	20,0 t
Tragfähigkeit	20,9 t
Lastgrenze A	20,5 t
Lastgrenze B/C	21,0 t
S	20,0 t
Eigengewicht	11 500/11 260 kg
Achslager	Gleitlager
Höchstgeschw.	100 km/h
Bremsbauart	KE-GP
Federgehänge	Doppelschaken
Federblattanz./-länge	12/1140 mm
Pufferlänge	650* mm
Pufferteller-Ø	450 mm

* bei 620 mm langen Puffern ist die LüP 60 mm kürzer.

Gls 205

Zu Beginn der 50er Jahre bestand der (buchmäßige) Güterwagenpark noch zu einem erheblichen Teil aus überalterten Flachdachgüterwagen der Bauarten G 10 und G 02.

Ihre Vollaufarbeitung in der alten Form war sehr unwirtschaftlich, Neubauten in großer Zahl nicht finanzierbar. Da zudem die Materialien, vor allem

Gls 205

Profilstahl, nur schwer zu beschaffen waren, entschied sich die DB, die alten Wagen, soweit sie zur Vollaufarbeitung anstanden, durch Umbau zu modernisieren. Es fehlt hier der Platz, diese Entwicklung nachzuvollziehen, deren Bedeutung auch daran zu ermessen ist, daß im AW Oldenburg eigens zu diesem Zweck ein Konstruktionsbüro eingerichtet wurde.

Gms 54-Seiten- und Stirnansicht im Ursprungszustand.

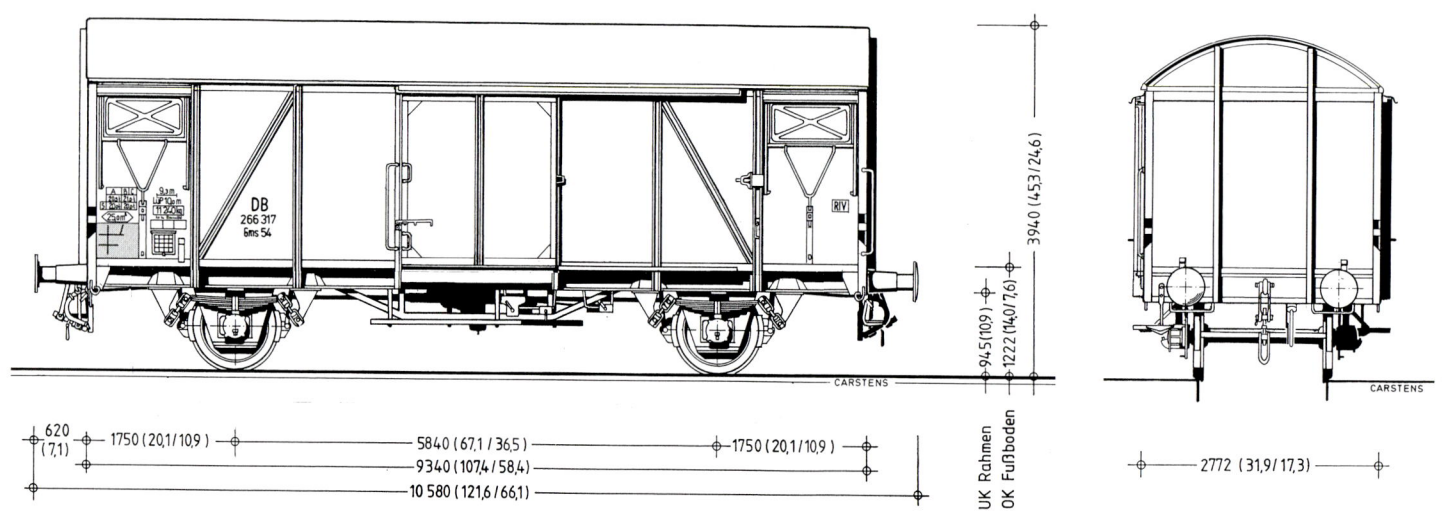

Gms 54   Gls 205

Bis auf die eingesetzten Griffstangen und die Beschriftung wurde an dem Roco-Gms 54 nichts geändert.

Der in der Zeichnung dargestellte Gms 54 mit Handbremse hat bereits die einfache Trittstufe unter der Tür bekommen.

Um Material zu sparen, bekamen einige Gms 54 versuchsweise eine Kurzholzverbretterung, die nicht – wie üblich – über die gesamte Breite zwischen Tür und Stirnwand reichte, sondern jeweils nur von Kastensäule zu Kastensäule. Das Bild zeigt einen solchen Wagen am 15. 6. 1965 in Bebra.

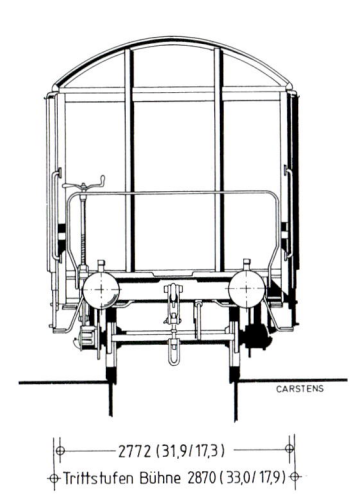

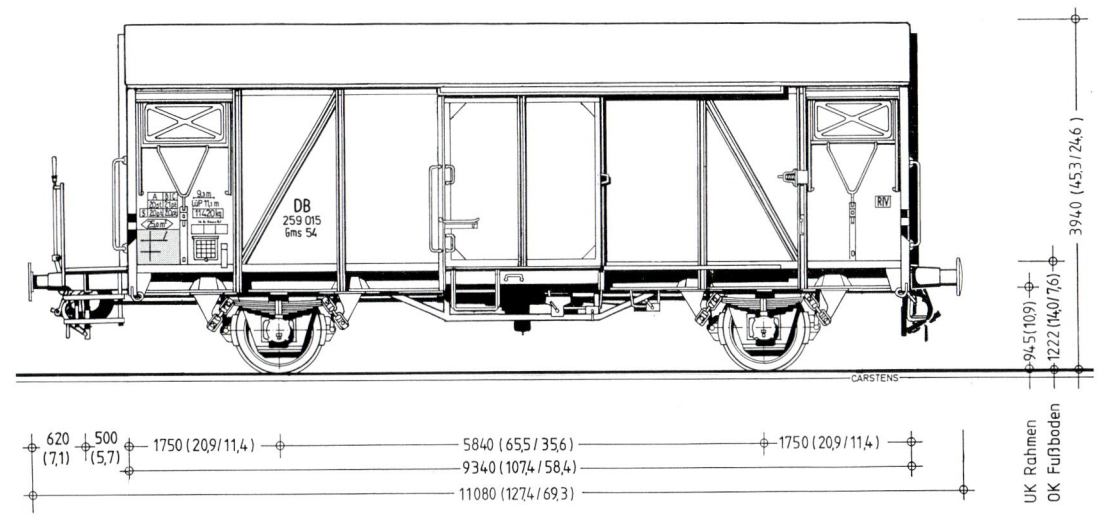

Das Untergestell der alten Wagen wurde durch ein vorgefertigtes Zwischenstück von 1,34 m Länge auf UIC-Länge gebracht. Das Laufwerk (Radsätze, Achshalter, Gleitlager) blieb erhalten, die Federn wurden in Doppelschaken (UIC-Bauart) gehängt und die Puffer wurden auf UIC-Abmessungen (620 mm Baulänge gegenüber 650 mm bei herkömmlichen Puffern) geändert – die 450 mm-Pufferteller allerdings von Loks und Tendern entnommen. Die Bremsausrüstung war eine Neukonstruktion.

Der Wagenkasten entstand in Anlehnung an die UIC-Vorgaben mit 1,8 m-Tür, aber lediglich 4 Lade- und Lüftungsöffnungen. Das Dach erhielt eine Holzverschalung, auf die die damals neuentwickelte PVC-Haut aufgebracht wurde. Etwa 1/4 der Wagen erhielt den UIC-Handbremsstand.

Die Serienfertigung erfolgte ab 1954/55 in mehreren Ausbesserungswerken der DB und lief erst 1960 aus, nachdem annähernd 14.000 Gms 54 gebaut worden waren. Nach 1964 erhielten die Wagen die neue Bezeichnung Gls 205. In den 70er

Einen Monat nach der Ablieferung vom AW Fulda wurde dieser Gms 54 (am 26. 1. 1959) in Minden fotografiert.

Gms 54   Gls 205

Der Roco-Gms 54 ohne Handbremse – allerdings noch nicht mit den richtigen Puffern.

Modell

Das Modell des Gms 54 von Roco gehört zu den am besten detaillierten Güterwagen, und es ist schade, daß dieser Wagen derzeit nicht als Modell erhältlich ist. Zu den wenigen möglichen Verbesserungen am Modell zählen der Austausch der Bremserbühne gegen eine Messingbühne von Weinert, der Ersatz der Griffstangen durch solche aus 0,4 mm Messingdraht und der Austausch der Puffer gegen Lokomotivpuffer mit 5,2 mm Puffertellerdurchmesser.

Daneben kann aber auch die Bremserbühne ganz abgetrennt werden. Bei den Wagen ohne Handbremse müssen in diesem Fall nur eine neue Pufferbohle (Weinert-Ätzteil) mit Puffern etc. und eine neue Kupplungsaufnahme angebracht werden. Obendrein sollten die Kastensäulen der Stirnwände bis zur Unterkante der Pufferbohle verlängert werden.

Wie uns von der Firma Roco nach Fertigstellung des Manuskriptes mitgeteilt wurde, wird der Gms 54 auf der Spielwarenmesse 1989 als Neuheit mit Epoche III-Beschriftung angekündigt.

Jahren wurde die PVC-Dachdecke nach und nach durch eine Stahlblechhaut ersetzt. Außerdem sind die Wagen inzwischen alle mit Rollenlagern ausgerüstet worden. Zunächst erhielt nur ein Teil der Wagen die Rollenlagerradsätze. Gleichzeitig wurden die Wagen mit Funkenschutzgehäusen ausgerüstet und als Gls-w 208 bezeichnet.

Von den Wagen der Bauarten Gls 205/Gls-w 208 ist inzwischen ein Teil ausgemustert. Die noch vorhandenen Wagen (1987 rund 5.000 Wagen) gehören teilweise zum EUROP-Park, die ausgemusterten Wagen sind zum Teil als Bahndienst- und Bahnhofswagen im Einsatz.

Bevor die Gms 54-Serienfertigung aufgenommen wurde, wurden im März 1954 beim AW Oldenburg mehrere G 10-Versuchsumbauten vorgenommen. Im einzelnen wurden ein Wagen in herkömmlicher Form, jedoch mit stärkeren Profilen des Kastenaufbaus (links oben), ein Wagen mit stärkeren Profilen und Plattenbekleidung (rechts oben), Wagen mit Tonnendach mit Bretter- und Plattenbekleidung (links unten) und ein Wagen, der zusätzlich ein neues Laufwerk mit Doppelschakengehänge (und die neue Bezeichnung Gs 13) erhalten hatte (rechts unten), gebaut.

Gm(hs) 55   Grs 206

Der Gmhs 55 254 925 am 21. 4. 1962 in Hanau.

Gm(hs) 55   Grs 206

	m. Hbr/o. Hbr
Erstes Baujahr	1955
Letztes Einsatzj.	1976
Länge über Puffer	10 580 mm
Achsstand	5 700 mm
Ladelänge	9 260 mm
Ladebreite	2 730 mm
Ladefläche	25,3 m²
Laderaum	54,0 (63,0) m³
Lastgrenze A	20,5 t
B/C	21,0 t
S	20,0 t
Eigengewicht	12 000 kg
nur mit Druckluftleitung	11 000 kg
Achslager	Rollenlager
Höchstgeschw.	100 km/h
Bremsbauart	Hik-GP
Federgehänge	Doppelschaken
Pufferlänge	620 mm
Pufferteller-Ø	370 mm

Die Eisenbahnen des Saarlandes gehörten zu den ersten Bestellern der damals neuentwickelten UIC-G-Wagen. Die Wagen sahen den verbretterten Gmhs 53 ähnlich, besaßen aber ein Stahlblechdach und Stahlblech-Lüfterschieber (verzinkt, später rotbraun überspritzt) statt der Alu-Lüfterschieber und des Alu-Dachs des Gmhs 53. Abweichend von den DB-Neubauwagen gab es die Gms 55 auch als Leitungswagen. Die Saarbahnen bezeichneten die Wagen als Gmhs 54, eine Bezeichnung, die bei der DB nicht übernommen werden konnte (die DB-Gms 54 waren Umbauwagen und besaßen nur zwei Lade- und Lüfterschieber).

Die relativ wenigen Wagen, alle ohne Handbremse, erhielten nach 1964 die Bezeichnung G(s) 206, sie wurden bis 1976 ausgemustert.

Zwar ist die Tür des umbeschrifteten Roco-Modells des französischen Gs 401 gegenüber dem Vorbild rund 2 mm zu breit, ansonsten ist der Gesamteindruck jedoch recht gut getroffen.

51

Gmm(e)hs 56 Gs, Grs-v 212 Gs(-uv) 212

Kurz nach der Ablieferung am 9. 8. 1957 wurde dieser Gmmhs 56 mit Handbremse beim BZA Minden aufgenommen.

Gmm(e)hs 56 Gs, Grs-v 212 Gs(-uv) 212

	m. Hbr/o. Hbr		
Erstes Baujahr	1957	Laderaum	53,0 (64,0) m³
Letztes Einsatzj.	–	Lastgrenze A	20,5* t
Länge über Puffer	11 080/10 580 mm	B	24,0* t
Achsstand	5 700/5 700 mm	C	25,0* t
Ladelänge	9 280 mm	max.	24,0* t
Ladebreite	2 720 mm	Eigengewicht	11 900/11 450 kg
Ladefläche	25,2 m²	Achslager	Rollenlager
		Höchstgeschw.	100 km/h

Bremsbauart	KE-GP
Federgehänge	Doppelschaken
Federblattanz./-länge	8/1400 mm
Pufferlänge	620 mm
Pufferteller-Ø	370 mm

* Angaben während der Einsatzzeit mehrfach geändert

Noch während die Wagen der Bauart Gmhs 53 im Bau waren, wurden die Festlegungen für den UIC-Standard-G-Wagen erneut geändert. Im Hinblick auf den zunehmenden Einsatz von Gabelstaplern wurde die Türbreite auf 2 m (der Gmhs 53 be-

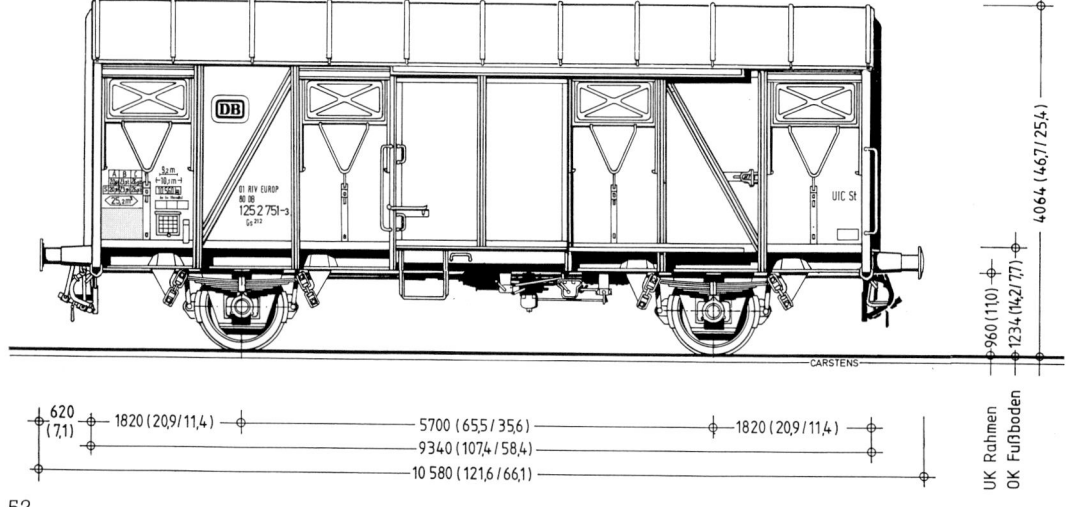

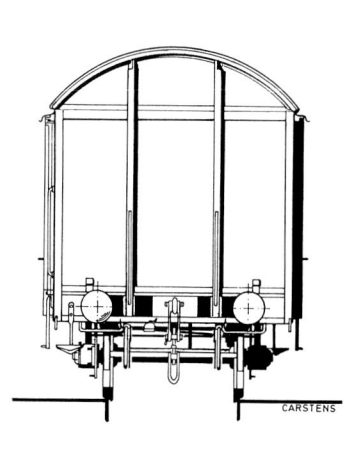

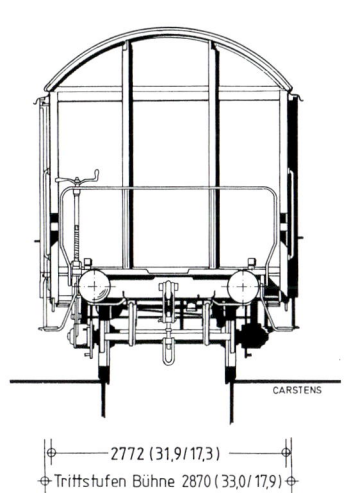

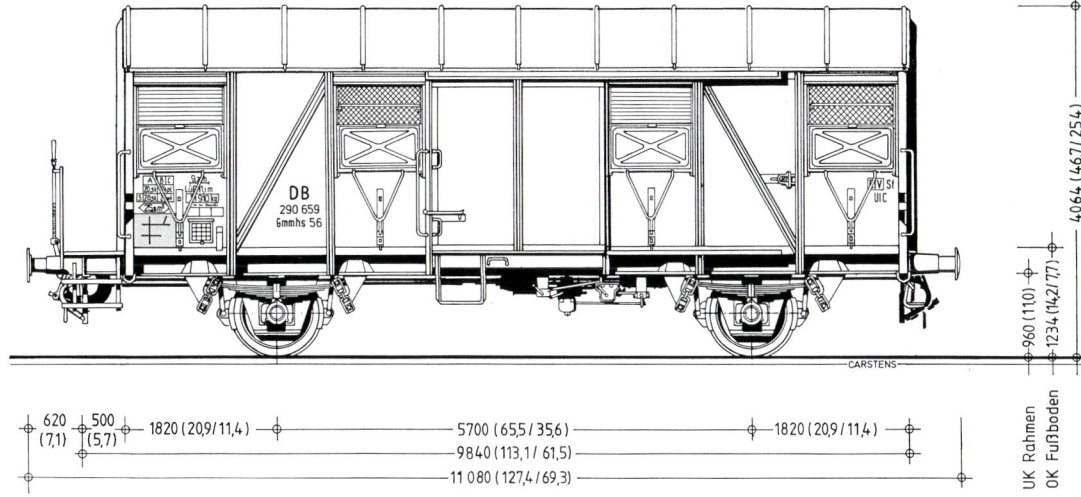

Gmm(e)hs 56 Gs, Grs-v 212 Gs(-uv) 212

Linke Seite und oben: Gmmhs 56 mit und ohne Handbremsbühne im Maßstab 1:87.

Wohl kaum ein Modelleisenbahner wird den Mut aufbringen, seine Fahrzeuge so zu altern, wie diesen im Oktober 1988 in Hamburg-Altona fotografierten Gs 212.

Aus einem Rowa-Wagen, der in geringfügig veränderter Form nach wie vor im Roco-Programm enthalten ist, entstand dieser Gmmehs 56 von Rolf Michael Haugg. Der Wagen hat neben Federpuffern, Originalkupplungen, neuen Rangierertritten, Bremsschläuchen und eingesetzten Griffstangen auch eine vollständig neue Lackierung und Beschriftung bekommen.

sitzt 1,8 m-Türen) erhöht. Dadurch wurde es erforderlich, die Anordnung der Kastenrungen und damit zusammenhängend der Kastenstützen geringfügig zu ändern.

Etwa die Hälfte der Wagen erhielt einen Einheitshandbremsstand bei gleichzeitigem Anbau einer Elektroheizleitung. Diese Wagen waren daher für die Beförderung von Eilgut und Post in Reisezügen einsetzbar.

Wie alle Neubauwagen der 50er Jahre erhielten die Gmmhs 56 das Aluminiumdach. Bei der Umzeichnung auf UIC-Kodierung erhielten die Gmmhs 56 die Bezeichnung Grs-(v) 212.

Bei einem Teil der Handbremswagen wurde Anfang der 70er Jahre der 500 mm-Handbremsstand durch einen 200 mm-Bremserstand ersetzt. In die gleiche Zeit fällt auch der Verlust der Heizleitungen bei vielen Wagen, so daß heute kaum noch Wagen mit der seit 1980 gültigen Bauartbezeichnung Gs-uv 212 anzutreffen sind.

Die Wagen sind im EUROP-Park eingereiht, ihre Ausmusterung hat aber bereits begonnen. Ein Teil der ausgemusterten Wagen wurde von der DR übernommen, einige werden als Dienstgüter- bzw. Bahnhofswagen weiterverwendet.

Modell

An dem sehr guten Roco-Modell des Gmmhs 56, das es seit kurzem wieder in Epoche III-Beschriftung gibt, sind kaum Verbesserungen möglich. Lediglich die Pufferbohle kann durch Messing-Zurüstteile noch verfeinert werden. Und auch eine farbliche Nachbehandlung kann – wie bei allen Modellen – nicht schaden.

Gmm(eh)s 60 Gs, Grs-v 213 Gs(-uv) 213

Ein Gs 213-Neubauwagen mit Blech-Dach, einteiligem Seitenwandobergurt, Stirnwand mit Blechsegment und bis zum Stirnwandoberwinkel reichenden Stirnwandsäulen, Drehreibungstürpuffern und ohne Sprengwerk im Oktober 1983 in Hmb-Harburg.

Gmm(eh)s 60 Gs, Grs-v 213 Gs(-uv) 213

	m. Hbr/o. Hbr
Erstes Baujahr	1960
Letztes Einsatzj.	–
Länge über Puffer	11 080/10 580 mm
Achsstand	5 700/5 700 mm
Ladelänge	9 280 mm
Ladebreite	2 710 mm
Ladefläche	25,1 m²
Laderaum	53,0 (64,0) m³
Lastgrenze A	19,5*/20,5* t
B	23,5*/24,0* t
C	25,5*/26,5* t

Lastgrenze S	max. 23,5*/24,0* t
Eigengewicht	12 300/11 700 kg
Achslager	Rollenlager
Höchstgeschw.	100 km/h
Bremsbauart	KE-GP
Federgehänge	Doppelschaken
Federblattanz./-länge	9/1400 mm
Pufferlänge	620 mm
Pufferteller-Ø	370 mm

* bei Wagen mit Transportschutzeinrichtungen tw. bis 1,5 t geringer.

Diese Wagenbauart ist die äußerlich variantenreichste unter den moderneren G-Wagen. Eine Ursache hierfür ist, daß die Wagen sowohl durch Umbau als auch durch Neubau entstanden sind.

1959 lief das erste G 10-Umbauprogramm aus, bei dem die Gms 54-Wagen entstanden. Die noch immer vorhandenen, mehr als 20.000 G 10 sollten nun einem weiteren Umbauprogramm zugeführt werden. Es entstanden daraus in mehreren AW's die Umbauwagen der Gattung Gmms 60. Untergestell, Laufwerk, Bremsausrüstung und Wagenkasten entsprachen der UIC-Bauart. Typisch für Umbauwagen war der Anbau eines Sprengwerks und die PVC-Dachdecke auf Holzverschalung. Ein erheblicher Anteil der

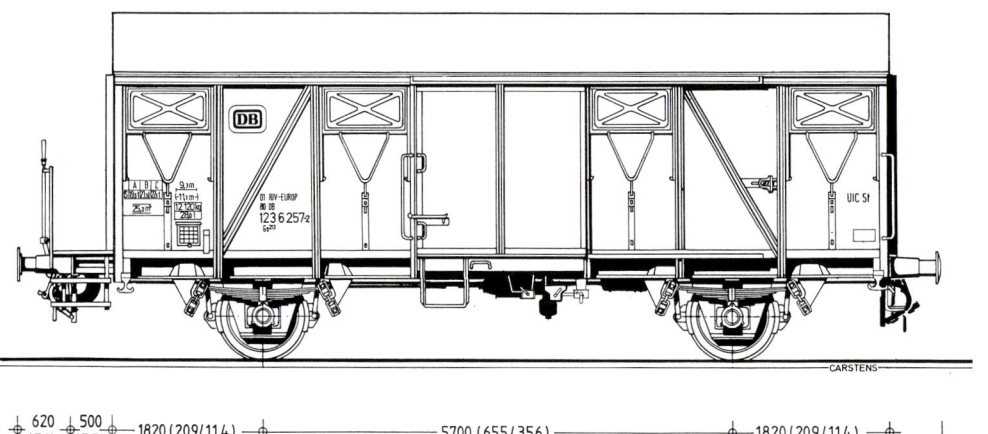

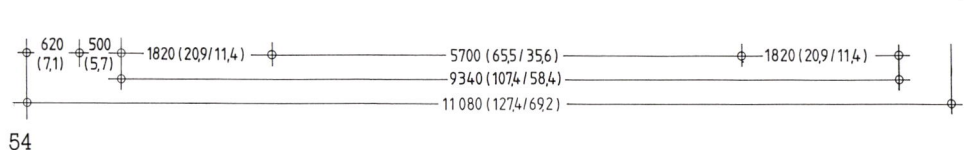

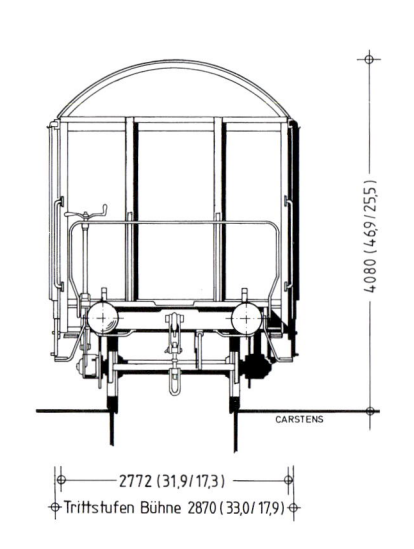

Gmm(eh)s 60   Gs, Grs-v 213   Gs(-uv) 213

Wagen erhielt Dampf- und Elektroheizleitungen bzw. nur Dampfheizleitung. Die so ausgerüsteten Wagen erhielten fast alle einen 500 mm langen Einheits-Handbremsstand.

1961 begannen Versuche mit selbsttragenden Stahlblechdächern und Spritzkorkisolierung. Mit diesen Dächern ausgerüstete Gmm(eh)s 60 wurden als Neubauwagen geliefert, anfangs noch mit Sprengwerk, später ohne. Anfang der 60er Jahre gab es also Gmm(eh)s 60 mit PVC- oder Stahldach jeweils mit und ohne Handbremse und zusätzlich einen Teil ohne Sprengwerk. Weitere äußerliche Abweichungen gab es in der Ausführung der Stirnwand- und Seitenwandobergurte, die wieder mit beiden Dachausführungen anzutreffen sind. Abweichungen in der Ausführung der Türpuffer sind dann schon unerheblich.

Die letzten Neubauserien des Gmms 60 unterscheiden sich äußerlich nicht von den ab 1966 gebauten Gs 216 (s.u.). Nach 1968 wurden die Wagen zu G(r)s(-v) 213 umgezeichnet.

Wer nun glaubt, die Wagen seien seither unverändert im Einsatz, irrt: Ein Teil der Wagen wurde in den 70er Jahren vorbereitet zum Einbau der automatischen Kupplung. Bei den Handbremswagen wurde dabei teilweise zur Verringerung des Wagenüberhangs die 500 mm-Bühne durch eine 200 mm-Bühne ersetzt. Die Gs 213 (nicht die Gs-uv 213) sind Bestandteil des EUROP-Parks und noch von Ausmusterungen betroffen.

Oben: Mit PVC-Dach, zweiteiligem Seitenwandobergurt, einer Stirnwand mit Plattensegment und bis zum Endspiegel durchlaufenden Stirnwandsäulen, herkömmlichen Türpuffern, einem Sprengwerk und Handbremsbühne präsentiert sich dieser Gs 213-Umbauwagen im September 1983 in Glückstadt.

Mitte: Zusätzlich besitzt dieser am 2. 4. 1965 in Frankfurt M. Höchst aufgenommene Wagen noch elektrische und Dampfheizleitungen und konnte daher auch in Reisezügen eingesetzt werden.

Unten: Bis auf die fehlende Bremserbühne gleicht der Gs 213   123 7 435 dem oben abgebildeten Wagen (Wellheim, 12. 10. 1987).

Linke Seite: Gs 213 mit Blechdach und Handbremse im Maßstab 1:87.

55

Gmms   Gs 216

Ebenso wie die zuletzt gebauten Gs 213 sind auch die Gs 216 für die Aufnahme der automatischen Mittelpufferkupplung vorbereitet (Güterabfertigung Hamburg-Altona, Oktober 1987).

Gmms

Erstes Baujahr	1966
Letztes Einsatzj.	–
Länge über Puffer	10 580 mm
Achsstand	5 700 mm
Ladelänge	9 280 mm
Ladebreite	2 710 mm
Ladefläche	25,1 m²
Laderaum	53,0 (64,0) m³
Lastgrenze A	20,5 t
B	24,0 t
C	28,0 t
S	max. 24,0 t
Eigengewicht	11 700 kg
Achslager	Rollenlager

Gs 216

Höchstgeschw.	100 km/h
Bremsbauart	KE-GP
Federgehänge	Doppelschaken
Federblattanz./-länge	9/1400 mm
Pufferlänge	620 mm
Pufferteller-Ø	370 mm

Gs 216

Seit mehr als 20 Jahren hat die DB keine Weiterentwicklung der kurzen G-Wagen betrieben. Die letzte Neuentwicklung waren die ab 1966 gebauten Gs 216. Sie unterscheiden sich äußerlich nicht von den letzten Gs 213-Neubauserien. Ihr Untergestell ist im Kopfstückbereich aber bereits für den Einbau der automatischen Kupplung vorbereitet. Alle Gs 216 gehören dem EUROP-Park an.

Ein Teil der Wagen mit Stahlblechdächern besitzt quer verlegte Dachbleche. Selten wird dies so auffällig wie bei diesem im Oktober 1987 aufgenommenen Wagen.

Gklm, Glms 207   Gklms 207

Der Glms 207 143 1 468 war 1968, als dieses Foto in Konz entstand, noch nicht einmal ein Jahr alt.

Gklm, Glms 207   Gklms 207

Erstes Baujahr	1967
Letztes Einsatzj.	–
Länge über Puffer	9940 mm
Achsstand	7000 mm
Ladelänge	8600 mm
Ladebreite	2700 mm
Ladefläche	23,2 m²
Laderaum	48,7 (58,0) m³
Lastgrenze A	20,5 t
B/C	21,0 t
S	11,0 t
Eigengewicht	9710 kg
Achslager	Gleitlager
Höchstgeschw.	100 km/h
Bremsbauart	Hik-GP
Federgehänge	Einfachschaken
Federblattanz./-länge	6/1200 mm
Pufferlänge	620 mm
Pufferteller-Ø	370 mm

Die nach Abschluß der Gmms 44/40-Umbauprogramme immer noch vorhandenen Gmhs 35 (mittlerweile als Glm(s) 201 bezeichnet) wurden ab 1967 bei wieder anziehender Konjunktur und damit Verkehrszunahme entgegen der ursprünglichen Planung einem vereinfachten Umbau unterzogen.

Unter Beibehaltung der Untergestelle einschließlich Laufwerk und Bremsausrüstung erhielt ein Teil der Wagen einen neuen einfachen Wagenkasten mit der Tür der Gbs-Wagen (2,5 m breit), aber nur jeweils einer Ladeöffnung je Wagenseite. Das Dach war eine Haubenkonstruktion aus Stahlblech und entsprach damit dem seinerzeit modernsten Stand. Die Wagen waren für den Transport verderblicher Waren und die Beförderung von Tieren nicht geeignet, wohingegen sie sich wegen ihrer breiten Tür aber gut für palettierte Stückgüter eigneten.

Bis 1985 wurden die meisten Wagen ausgemustert. Sie sind noch recht zahlreich als Dienstgüter- und Bahnhofswagen anzutreffen.

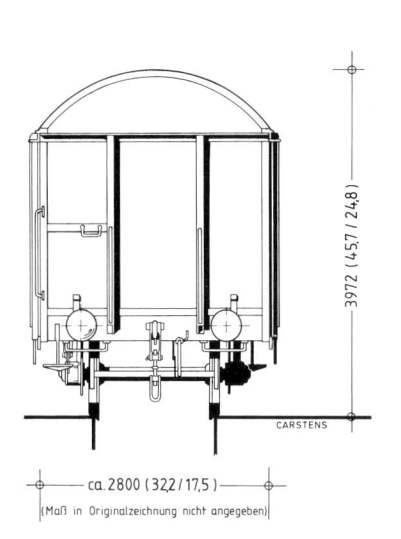

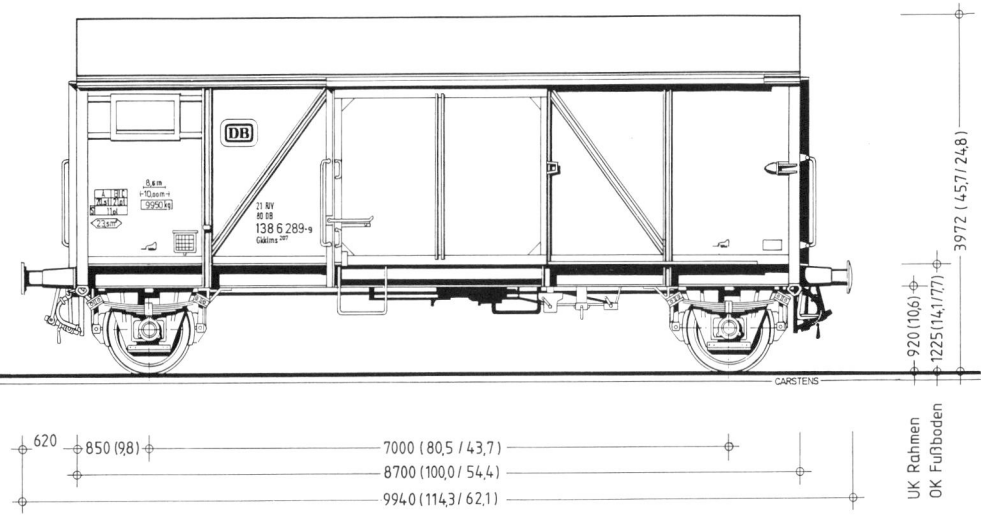

Gls-w 208

Der Gls-w 208 134 5 896 im Gbf Hamburg-Altona im Oktober 1987.

Gls-w 208

	m. Hbr/o. Hbr
Erstes Baujahr	1972
Letztes Einsatzj.	–
Länge über Puffer	11 080/10 580 mm
Achsstand	5 840/5 840 mm
Ladelänge	9 290 mm
Ladebreite	2 660 mm
Ladefläche	24,7 m²
Laderaum	52,0 (63,0) m³
Lastgrenze A	19,5 t
B	23,5 t
C	26,5 t

S max.	23,5 t (DB 26,5 t)
Eigengewicht	12 470/12 070 kg
Achslager	Rollenlager
Höchstgeschw.	100 km/h
Bremsbauart	KE-GP
Federgehänge	Doppelschaken
Federblattanz./-länge	8/1200 mm
Pufferlänge	620 mm
Pufferteller-Ø	450 mm

Die Gls-w 208 entstanden ab 1972 durch Umbau vorhandener Gls 205, wobei die Wagen Rollenachslager und besondere Funkenschutzgehäuse erhielten. Gleichzeitig erhielten die Wagen 8-lagige, 1.200 mm lange Federblätter (anstelle der beim Gls 205 verwendeten 12-lagigen, 1.140 mm langen). Das Eigengewicht der Wagen erhöhte sich dadurch gegenüber der Ursprungsausführung des Gls 205 um über 1,0 t, so daß die Lastgrenzen entsprechend reduziert werden mußten.

Ein großer Teil der rund 1.500 umgebauten Wagen ist nach wie vor im Einsatz und wird wohl trotz vermehrter Ausmusterungen zusammen mit den nicht umgebauten Gls 205 (die allerdings zwischenzeitlich ebenfalls ausnahmslos Rollenachslager besitzen) auch die nächsten Jahre noch im Einsatz bleiben.

Ein Gls-w 208 im Maßstab 1:87.

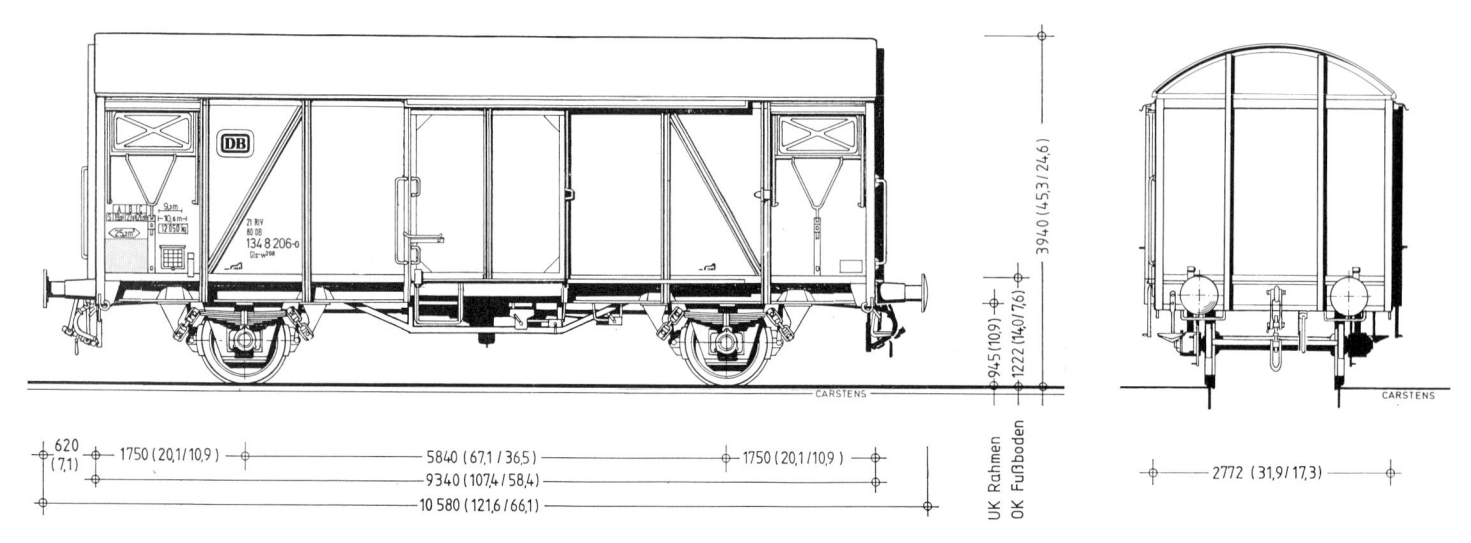

G München (Pl)
G Hannover (Pl)
G 90

Bei den G 90 handelt es sich – wie bei allen neunziger Gattungen – um gedeckte Güterwagen polnischen Ursprungs, die nach dem Zweiten Weltkrieg auf dem Gebiet der späteren Bundesrepublik verblieben sind. Zusammengefaßt werden unter dieser Gattungsnummer verschiedene G-Wagen-Typen vom ehemaligen Länderbahnwagen über den Verbandsbauarten ähnliche Wagen bis hin zu Tonnendach-Wagen. Gemeinsames Merkmal aller ehemals polnischen Wagen ist, sofern sie mit einer Druckluftbremsanlage ausgerüstet sind, die Westinghouse-Bremse, während hingegen deutsche Wagen mit verschiedenen Bauarten der Knorr-Bremse (Kunze-Knorr, Hildebrand-Knorr etc.) ausgerüstet sind. Ein weiteres Merkmal für ehemals polnische Wagen ist auch das bei Flachdachwagen bereits auf dem Fahrgestell und nicht erhöht angeordnete Bremserhaus.

Die letzten polnischen Wagen wurden als Einzelgänger erst Anfang der sechziger Jahre ausgemustert.

Modell

Im Modell lassen sich verschiedene Varianten des G 90 nachbilden. Hierzu zählen z. B. auch die G 10-ähnlichen Typen mit einem auf dem Untergestell sitzenden Bremserhaus. Noch einfacher sind jedoch Tonnendach-G 90 im Modell herzustellen. Die Basis für diese Wagen bildet entweder das alte Piko-Modell eines G 20 oder das Roco-Modell, das zwar geringfügig zu lang, von den Proportionen aber recht stimmig ist. Beiden Wagen gemeinsam ist die für einen Gr 20 falsche, für einen G 90 aber durchaus richtige Anordnung der Lade- und Lüftungsluken.

Das abgebildete Piko-Modell hat lediglich neue Trittstufen, Signalhalter, Griffstangen, Rangierertritte und die Andeutung eines Umstellschildes für die Westinghouse-Bremsanlage bekommen. Die Hauptarbeit bestand allerdings im Zurechtschnippeln einer passenden Wagennummer aus verschiedenen Beschriftungssätzen von Gaßner.

Der Wagenkasten dieses ehemals polnischen Wagens entspricht bis auf die abweichende Anordnung der Diagonalstreben einem G 10, weshalb der Wagen auch in den Gattungsbezirk München eingereiht wurde (trotz der Anordnung des Bremserhauses auf dem Fahrzeugrahmen).

Bis auf die abweichende Anordnung der Lade- und Lüftungsklappen, die Westinghouse-Bremse und die Trittstufe unter der Tür entspricht dieser ehemals polnische Wagen einem Gr 20 . . .

. . . so daß er in H0 problemlos aus einem Piko-Modell gebaut werden kann.

Großräumige gedeckte Güterwagen

Verwendung

In der Verwendungsmöglichkeit unterscheiden sich die großräumigen gedeckten Güterwagen kaum von ihren kürzeren „Brüdern". Wie diese sind sie für alle nässeempfindlichen Ladegüter zu verwenden – sofern nicht einer der kürzeren Wagen für das zu transportierende Gut genügend Ladelänge, Bodenfläche oder Laderaum aufweist.

Diese Wagen wurden zu Länderbahn- und frühen Reichsbahnzeiten als Hohlglaswagen bezeichnet, denn sie ließen eine günstige Tarifklasse für den Transport leichter, großvolumiger Ladegüter, z. B. Glasballons und leere Flaschen, zu.

In den zwanziger Jahren kamen als wichtige Ladegüter Kraftfahrzeuge und entsprechende Teile, etwa Lkw-Chassis, dazu. Weitere Ladegüter sind Haushaltsgeräte, Möbel und Post. Obwohl die Wagen auch für Massengüter in loser Schüttung, etwa Getreide, geeignet sind, wurden sie dafür nur selten eingesetzt. Ihr Volumen (Laderaum) konnte damit nicht ausgenutzt werden, eine Tatsache, an der sich bis heute nichts geändert hat.

Nachfolger der großräumigen gedeckten Wagen sind, zumindest bei der DB, die Wagen mit Schiebewänden geworden, deren Bauartvielfalt die der Gbs-Wagen heute bereits übertrifft.

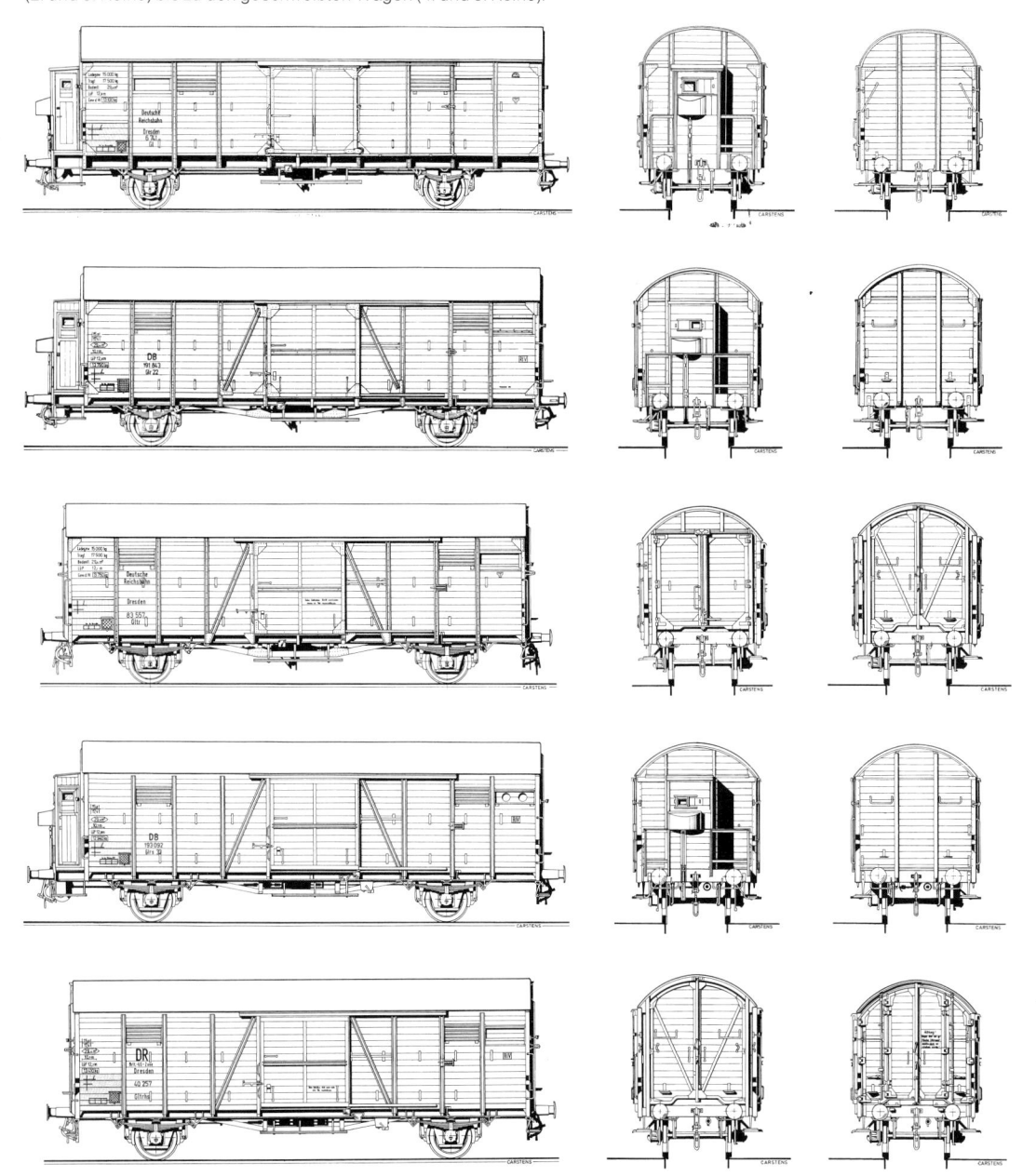

Entwicklung

Bereits im letzten Jahrhundert wurden Güterwagen, die in Schnellzüge eingestellt werden konnten, gebaut. Sie wurden als sogenannte „Schutzwagen" zwischen Lok und Wagenzug eingestellt, sofern kein Packwagen direkt hinter der Lok war (mit Reisenden besetzte Wagen durften damals nicht direkt hinter der Lok laufen). Sie waren dreiachsig, besaßen eine Heizdampfleitung und die gleiche Bremsausrüstung wie die Schnellzugwagen jener Zeit. Ein hochliegendes Bremserhaus überragte das Flachdach dieser ehemaligen Glpws-Wagen.

Im Gegensatz zu diesen Flachdachwagen besaßen die als Hohlglaswagen bezeichneten Länderbahnwagen bereits ein hohes Dach. Um ein möglichst großes Volumen anzubieten, erhielten sie eine Dachform, die die zulässige Wagenumgrenzung soweit wie möglich ausnutzte. Da die Reichsbahn später alle großräumigen Wagen im Gattungsbezirk Dresden zusammenfaßte, sollen hier gleich die späteren Bauartnummern der DB zur Unterscheidung verwendet werden.

Die preußische Gl-Bauart erhielt später die Bezeichnung Gl 06. Als Basis für den Verbandswagen diente allerdings nicht er, sondern der geringfügig größere sächsische Wagen. Seine Abmessungen wurden dem Verbandswagen, dem Gl 11, zugrundegelegt. Er blieb bis zum Beginn der 50er Jahre der häufigste Gl-Wagen überhaupt.

Im Rahmen des Austauschbaus wurden in den zwanziger und dreißiger Jahren viele Gl-Bauarten entwickelt. Gemeinsames Merkmal aller Wagen sind die Ladefläche von 29,4 m², die 2,0 m breite Tür und das Tonnendach. Die Wagen mit der Bauartnummer 22 besaßen noch das Laufwerk der Verbandsbauart mit kurzen Federn und Laschengehängen. Ab der Bauartnummer 23 wurde zur Verbesserung der Laufeigenschaften bei den meisten Wagen ein Laufwerk mit langen Federn und Schakengehänge (anfangs Rollen-, später Rechteckschaken) eingebaut. Bei diesen Wagen gab es zusätzlich mehrere Bauarten mit

Entwicklung der Gl Dresden von der Verbandsbauart (1. Reihe) über die Austauschbauwagen ohne und mit Stirntüren (2. und 3. Reihe) bis zu den geschweißten Wagen (4. und 5. Reihe).

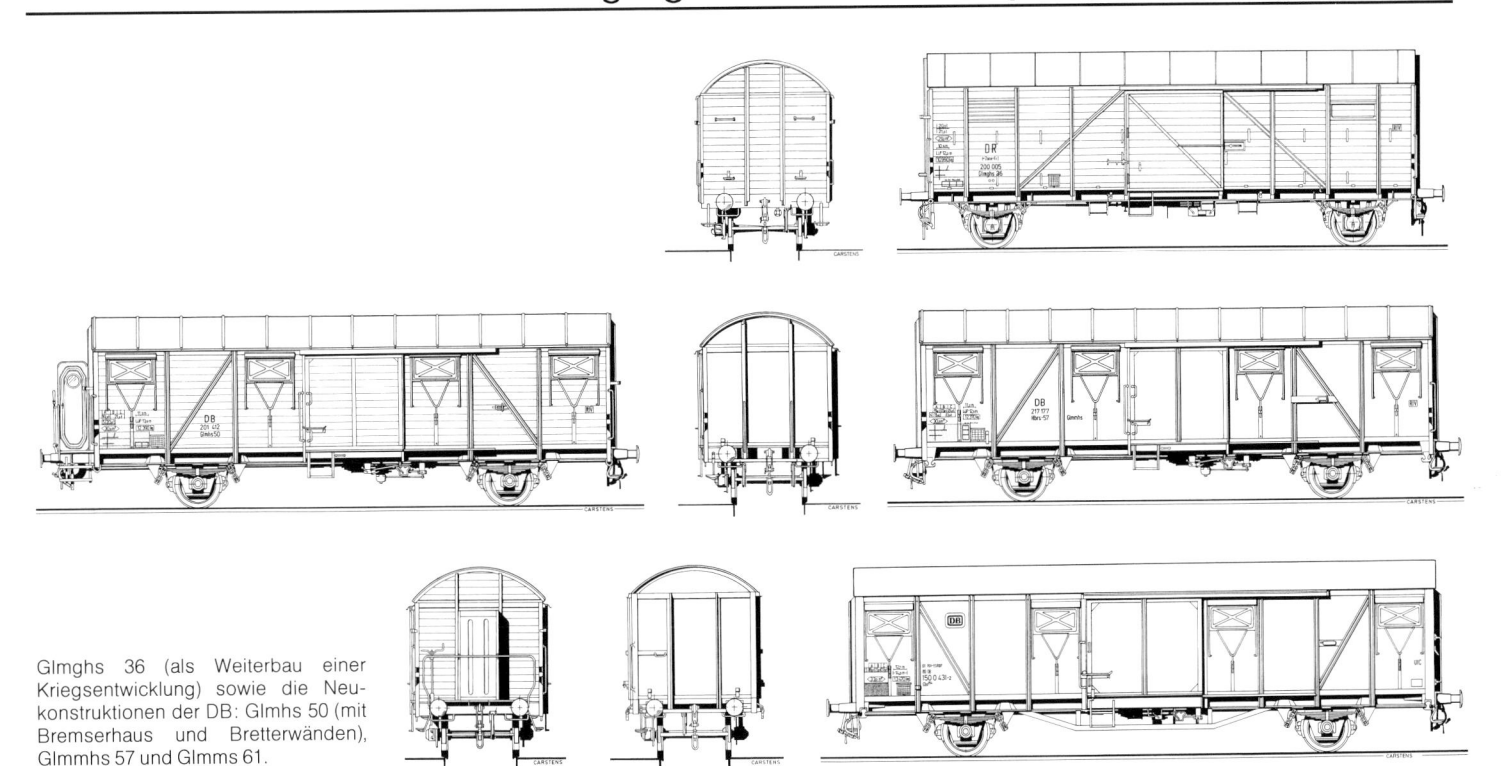

Großräumige gedeckte Güterwagen

Glmghs 36 (als Weiterbau einer Kriegsentwicklung) sowie die Neukonstruktionen der DB: Glmhs 50 (mit Bremserhaus und Bretterwänden), Glmmhs 57 und Glmms 61.

unterschiedlich ausgeführten Stirnwandtüren, z. T. nur an einer Seite. Sie waren vor allem für den Transport von Kraftfahrzeugen bestimmt. Die Wagen wurden bei der DB z. T. als Gltms 26 bzw. Glms 28 eingereiht.

Aufbauend auf den Wagen der Bauart Glr 23 wurden 650 Wagen mit 7,7 m Achsstand, Heizdampfleitung und Handbremse für den Einsatz in Eilzügen gebaut. Diese Glhs 25 sind als Vorläufer für die für den gleichen Verwendungszweck gebauten späteren Gs 31 zu betrachten. Letztere waren ursprünglich auch als Gls Dresden bezeichnet, wurden jedoch wegen ihrer Ladefläche von unter 26 m² bereits zur Reichsbahnzeit zu Gs Oppeln umgezeichnet.

Die Einführung der Schweißtechnik führte zu den geschweißten, in den Abmessungen mit den Austauschbauwagen übereinstimmenden Glms 38 und Gltms 46.

In den frühen dreißiger Jahren wurden auch einige vierachsige Probewagen gebaut. Sie sollten, ausgerüstet mit Drehgestellen Görlitzer Bauart, dem Transport von Expreßgut in Schnellzügen dienen. Ein Serienbau dieser GGhs 41 unterblieb jedoch.

Im Krieg wurde eine vierachsige Bauart für hohes Ladegewicht (50 t gegenüber 15 t bei den GGhs 41) gebaut. Diese GGths Bromberg bzw. GGths 43 kamen aber nicht über eine kleine Serie hinaus, da die Kriegsereignisse die ihnen zugedachten Ladungen (Maschinen usw. in die besetzten osteuropäischen Länder und Getreide als Rückfracht) nicht mehr realistisch erscheinen ließen.

Eine zweite, als Kriegsbauart entwickelte Gattung, der Glmhs Leipzig, wurde ebenfalls nicht mehr in Serie gebaut. Allerdings wurden auf seinem Untergestell und Wagenkasten aufbauend die Behelfspersonenwagen MCi 43/44 in großer Stückzahl gebaut.

1948 beschaffte die Eisenbahn der französischen Zone 250 verbesserte „Leipzig", von denen 240 Wagen als Leig-Einheiten kurzgekuppelt wurden.

Die erste echte Neuentwicklung der Nachkriegszeit war ein großräumiger Wagen, der Glmhs 50. Von den Vorkriegswagen unterscheidet er sich durch sein überkritisches Laufwerk, eine geringfügig größere Ladelänge, das Aluminiumdach und die 8 UIC-Lade-/Lüfterschieber. Zusammen mit seinem verstärkten Nachfolger, dem Glmms 57 wurden mehr als 13 000 dieser Fahrzeuge gebaut. Die ersten Wagen erhielten noch Bretterwände, während ab 1955 ausschließlich Wagen mit Plattenwänden gebaut wurden.

Bereits zu Beginn der 50er Jahre wurde im Zusammenhang mit der Entwicklung des Glmhs 50 ein wesentlich längerer Gl-Wagen gefordert. Es sollte allerdings noch rund 10 Jahre dauern, bis mit der Entwicklung des Glmms 61 diese Forderung erfüllt wurde. Diese Wagen mit einem Achsstand von 8 m und einer LüP von 14,0 m (m. Handbremse 14,5 m) und einer 2,5 m breiten Schiebetür wurden – analog zum Gmms 60 – sowohl als Neubau- als auch als Umbauwagen beschafft. Spender für die Umbauwagen waren rund 4500 ältere Gl- und Glt-Wagen.

Parallel zum Glmms 61 wurden 600 Wagen mit Stirnwandtüren (Gltmms 62) durch Umbau geschaffen.

Im Jahr 1964 wurden in zwei Kleinserien die Bauarten Glmms 64 und Glmms 65 von der Waggonfabrik Uerdingen geliefert. Dabei fällt vor allem der Glmms 64 aus dem üblichen Rahmen: Dieser Wagen ist der einzige in Serie gebaute gedeckte Stahlblechwagen der DB.

Den Abschluß der Entwicklung gedeckter Güterwagen der Regelbauart stellt der als Gbs 252 gebaute Wagen dar. Sein äußerer Hauptunterschied zum Glmms 61/Gbs 254 ist im Wegfall des Sprengwerks zu sehen, für die damalige Zeit wichtiger war die Tatsache, daß sein Untergestell bereits für die Aufnahme der automatischen Mittelpufferkupplung vorbereitet war.

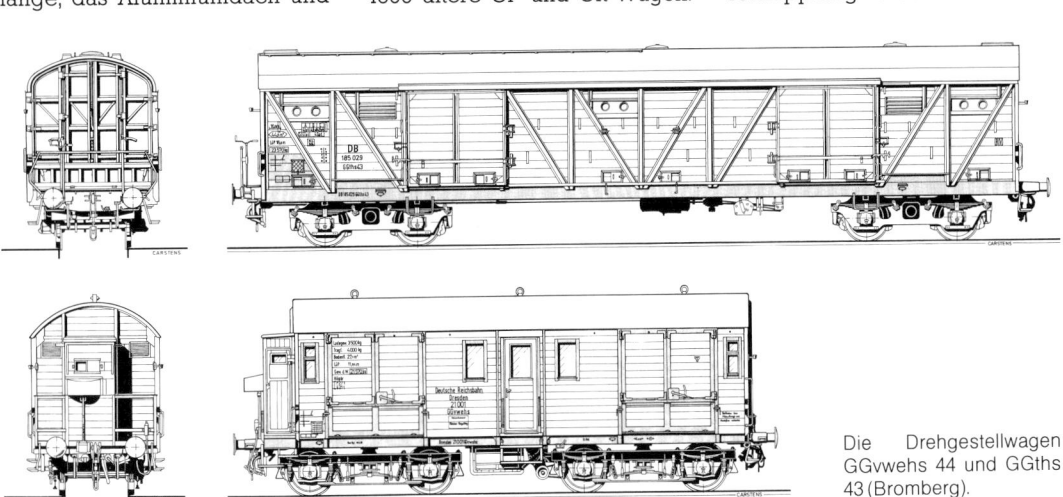

Die Drehgestellwagen GGvwehs 44 und GGths 43 (Bromberg).

Großräumige gedeckte Güterwagen

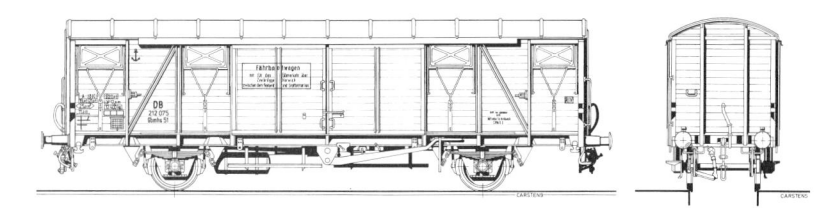

Der Gbmhs 51-Fährbootwagen, wie die anderen Zeichnungen auf diesen Seiten im Maßstab 1:160.

Fährbootwagen

Die Fährbootwagen sind ebenfalls zu den großräumigen Fahrzeugen zu zählen. Sie sind für den Verkehr mit Großbritannien bestimmt und dürfen ausschließlich hierfür verwendet werden. Ihre Besonderheiten ergeben sich aus dem wesentlich kleineren Lichtraumprofil und den Bestimmungen der Fährbootbetreiber. Um den Verlust an Ladefläche und -volumen, durch die geringere Breite und Höhe gegenüber normalen G-Wagen zumindest teilweise auszugleichen, wurden sie auf das angepaßte Untergestell der entsprechenden Gl-Wagen aufgebaut. Deren schmale Türen wären für die relativ große Ladelänge aber sehr unpraktisch gewesen. Daher wurden bei allen diesen Wagen doppelflügelige Schiebetüren mit einer Breite von 2 x 2,05 bzw. 2 x 2,0 m eingebaut.

Allen Fährbootwagen gemeinsam ist die Ausrüstung mit einer an das britische System angepaßten Bremsanlage, deren augenfälliges Kennzeichen die langen Hebel der Rangierbremse sind.

Leig-Einheiten

Zu Beginn der dreißiger Jahre wurden zur Beschleunigung des Stückgutverkehrs die sog. leichten Güterzüge (Leig) eingeführt. Sie sollten maximal 10 Achsen lang sein und, ähnlich wie bei der Post, die Möglichkeit der Stückgutbehandlung während der Fahrt bieten. Die Ausrüstung der Wagen mit Schreibplatz, Toilette, Beleuchtung und Heizung war daher unumgänglich, eine große Ladefläche wünschenswert. In genügender Stückzahl standen die Gl-Wagen der Verbandsbauart zur Verfügung, ebenso Güterzugbegleitwagen der preußischen Bauarten, durch deren Einsatz der Umbauaufwand reduziert und die Vorbereitungszeit kurz gehalten werden konnte. Praktisch gleichzeitig wurden aber auch Einheiten aus zwei Gl-Wagen, einer ausgerüstet mit Handbremse, zusammengestellt. Der Handbremswagen erhielt dabei das Schreibabteil und die Toilette, einen Zugang über die Handbremsbühne (durch die Rückwand des Bremserhauses). Beide Wagen wurden mit Beleuchtung, Heizung, zusätzlichen Trittstufen sowie einem großen Übergang versehen. Die Wagen waren durch die türlose Stirnwandöffnung und die Kurzkupplung einzeln nicht mehr einsetzbar. Dennoch behielten sie anfangs ihre ursprüngliche Wagennummern, die erst Ende der dreißiger Jahre in zwei fortlaufende Nummern pro Einheit geändert wurden (der Handbremswagen erhielt dabei die niedrigere Nummer). In der Folgezeit wurden weitere Gl-Bauarten hergerichtet, wobei auch Wagen unterschiedlicher Bauarten zu Leig-Einheiten zusammengestellt wurden. Es ist daher müßig, eine „Einheitsbauart" zu definieren. Dennoch war der Verbandswagen bis zum Ende der Reichsbahnzeit der am häufigsten für diesen Zweck hergerichtete Wagen. 1948/49 wurden dann 120 Einheiten aus eigens zu diesem Zweck beschafften „Leipzig" (Glmghs 36) zusammengestellt und als die Bauart Glmmhs 50 in genügender Zahl vorhanden war, wurden weitere Leig-Einheiten aus diesen Wagen gebildet. Den Abschluß der Entwicklung stellten dann die zweigliedrigen dreiachsigen Gllmhs 01 dar, die als Besonderheit noch zusätzliche, mit Rollläden verschließbare Stirnwandöffnungen am Nichthandbremsende aufwiesen, an die ein einzeln zulaufender, entsprechend ausgerüsteter Zusatzwagen angekuppelt werden konnte. Diese interessante Version hat sich aber, nicht zuletzt aus wirtschaftlichen Gründen nicht durchsetzen können, wie überhaupt die Leig-Einheiten schon in den 60er Jahren vorzugsweise als Pendelwagen zwischen großen Güterabfertigungen eingesetzt wurden (wie dies die letzten noch vorhandenen Wagen auch noch werden).

Leig-Einheiten aus einem Pwg und einem Verbandsbauart-Dresden sowie eine Gll 12 und Gllmhs 37-Einheit.

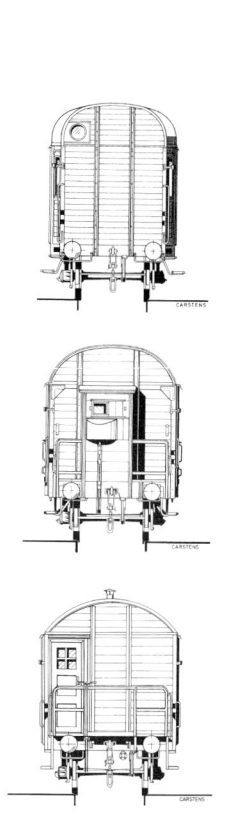

Die Gl 06 der DB besaßen in der Regel nachträglich eingeschweißte Diagonalen in den Seitenwandfeldern neben der Tür und zum Teil zusätzlich Endfeldverstärkungen.

Gl Dresden Gl 06

	m. Hbr/o. Hbr
Erstes Baujahr	1895
Letztes Einsatzj.	1966
Länge über Puffer	12 600/11 900 mm
Achsstand	6 500 mm
Ladelänge	10 520 mm
Ladebreite	2 700 mm
Ladefläche	28,4 m²
Ladegewicht	15,0 t

Tragfähigkeit	15,75 t
Eigengewicht	13 000/12 200 t
Achslager	Gleitlager
Höchstgeschw.	65 km/h
Bremsbauart	–
Federgehänge	Schaken
Federblattanz./-länge	11/1100 mm
Pufferlänge	650 mm
Pufferteller-Ø	370 mm

Bei den Gl 06 handelte es sich um sogenannte Hohlglaswagen, die ab 1895 von der preußischen Staatsbahn beschafft worden waren. Die Wagen besaßen, um für spezifisch leichte, großvolumige Güter einen ausreichenden Laderaum zur Verfügung zu stellen, das bei den Gl-Wagen der Verbandsbauart übernommene korbbogenförmige Dach; im Gegensatz zu den Gl-Wagen der Verbandsbauart betrug die Türbreite jedoch nur 1,50 m.

Die Wagen, die noch zur DB gelangten, wurden bis 1966 ausgemustert.

Gl Dresden Gl Stettin Gl 07

1952 hatte dieser ehemals badische Wagen noch das Nebengattungszeichen l, obwohl der Gattungsbezirk, die Ladefläche und das fehlende Tonnendach ihn als G-Wagen auswiesen.

Wie aus dem Gattungsbezirk Stettin hervorgeht, handelt es sich bei den Gl 07 genaugenommen nicht um Gl-Wagen, da sie weder die für den Nebengattungsbuchstaben „l" erforderliche Ladefläche von 26,0 qm, noch das für die Einreihung als Gl-Wagen erforderliche Tonnendach haben.

Gebaut wurden die Wagen, die vereinzelt noch den Zweiten Weltkrieg überlebten, für die Großherzogische Badische Staats-Eisenbahn sowohl ohne Handbremse, als auch mit hoch angeordnetem, über Leitern zugänglichem Bremserhaus. Die letzten Gl 07 wurden Anfang der fünfziger Jahre ausgemustert.

Gl Dresden   Gl 11   Gbkl 236

Der Gln (n für Luftbremse bzw. -leitung) Dresden 4969 im Ablieferungszustand des Jahres 1923.

Gl Dresden

	m. Hbr./o. Hbr
Erstes Baujahr	1913
Letztes Einsatzj.	1973
Länge über Puffer	12 800/12 100 mm
Achsstand	7 000 mm
Ladelänge	10 720 mm
Ladebreite	2 690 mm
Ladefläche	28,8 m²
Laderaum	58,0 (76,0) m³
Ladegewicht	15,0 t
Tragfähigkeit	17,5 t
Lastgrenze A/B/C	17,5 t
Eigengewicht	12 800/12 500 kg
Achslager	Gleitlager
Höchstgeschw.	65 km/h
Bremsbauart	Kk-G
Federgehänge	Laschen
Federblattanz./-länge	11/1100 mm
Pufferlänge	650 mm
Pufferteller-Ø	370 mm

Für den Hohlglaswagen des deutschen Staatsbahnwagenverbandes wurde der seinerzeit größte (sächsische) Länderbahnwagen zugrundegelegt.

Die Wagen mit 7.000 mm Achsstand, einer LüP von 12,1 m (Handbremswagen 12,8 m) und

Gl 11

2.000 mm breiten rechtsöffnenden Schiebetüren erhielten, um die Wagenumgrenzung möglichst vollständig anszunutzen, eine korbbogenförmige Dachkontur.

Die Wagen mit Handbremse erhielten zusätzlich eine Druckluftbremse, die ohne Handbremse zumindest Druckluftleitung.

Die genietete Wagenkonstruktion entsprach dem seinerzeitigen Stand der Technik, und so ist es nicht überraschend, daß der Wagen bis weit in die zwan-

Gbkl 236

ziger Jahre hinein beschafft wurde.

Nach 1951 wurden die bisher als Gl Dresden geführten Wagen als Gl 11 bezeichnet. Ebenfalls in den 50er Jahren wurden, analog zu den Flachdachwagen G 02/10, die Endfelder durch in der Regel halbhohe Diagonalstreben versteift, da das sprengwerklose Untergestell in Verbindung mit der mangelhaften Unterhaltung in den Kriegs- und Nachkriegsjahren den Anforderungen durch gestiegene Zug- und Stoßbelastungen nicht mehr

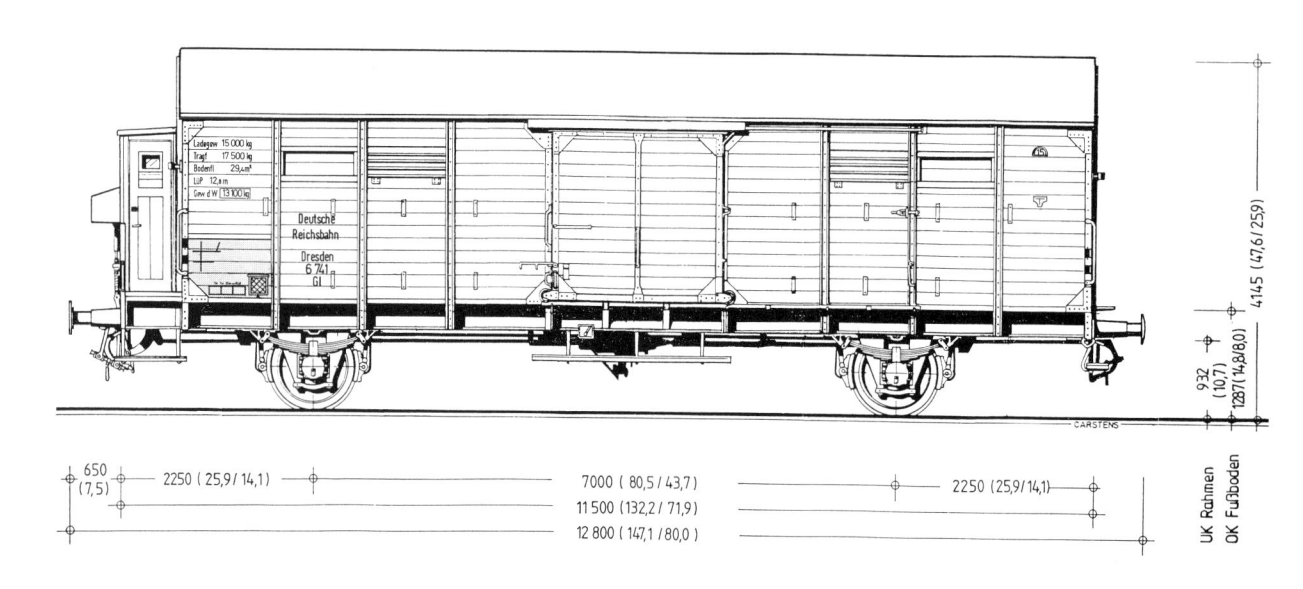

Gl Dresden   Gl 11   Gbkl 236

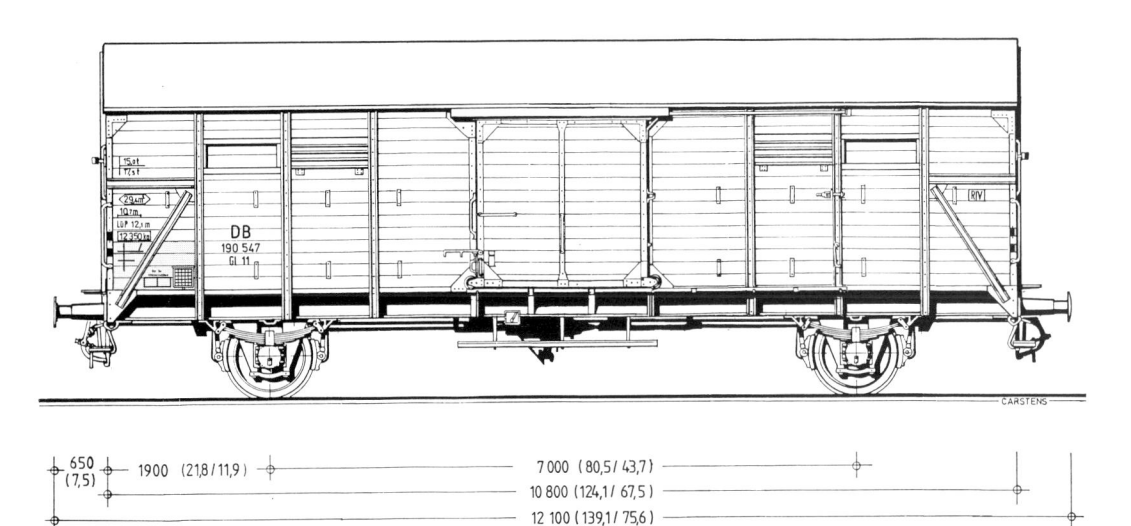

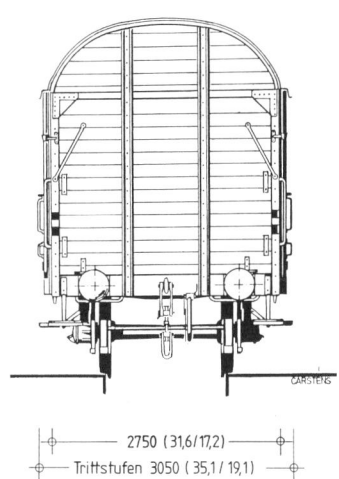

650 (7,5) | 1900 (21,8/11,9) | 7 000 (80,5/43,7)
10 800 (124,1/67,5)
12 100 (139,1/75,6)

2750 (31,6/17,2)
Trittstufen 3050 (35,1/19,1)

gewachsen und Undichtigkeiten des Wagenkastens die Folge waren. Gleichzeitig wurden die liegenden Stirnwandsäulen um 90 Grad gedreht (stehend) montiert. Der Einbau von Aluminiumlüfterrosten und -abdeckklappen war nicht auf den Gl 11 beschränkt, er ist bei fast allen Bretterwandwagen der Vorkriegszeit nachweisbar.

Ebenfalls in die fünfziger Jahre fällt der Ersatz verschlissener Gewebedecken durch die seinerzeit eingeführten PVC-Dachdecken, während die Blecheindeckung, die als Nachkriegsbehelf anzusehen ist, bis etwa 1960 wieder verschwand.

Der Teil Gl 11, der um 1960 zur Vollaufarbeitung anstand, wurde nicht mehr in alter Form aufgebaut. Stattdessen wurden die Wagen zerlegt und die noch brauchbaren Teile zum Aufbau der Glmms 61 / Gltmmehs 62 verwendet. Die Geschichte der nunmehr teilweise 50 Jahre alten Wagen ging in den frühen 70er Jahren zu Ende, nachdem sie noch 1965 die neue Bauartbezeichnung Gkls 236 erhielten.

Oben und unten: 1:87-Zeichnungen des Verbandsbauart-Gl-Wagens im Zustand der DB ohne Handbremse und als Wagen der Deutschen Reichsbahn mit Handbremse.

Rechts: Relativ selten waren Wagen, die anstelle der halbhohen Endfeldverstärkungen Diagonalstreben besaßen, die bis zum Seitenwandobergurt reichten.

Unten rechts: Dieser am 21. 8. 1965 in Wiesloch aufgenommene Gl 11 hatte bei der DB sein Bremserhaus verloren und neue Lade- und Lüftungsklappen bekommen.

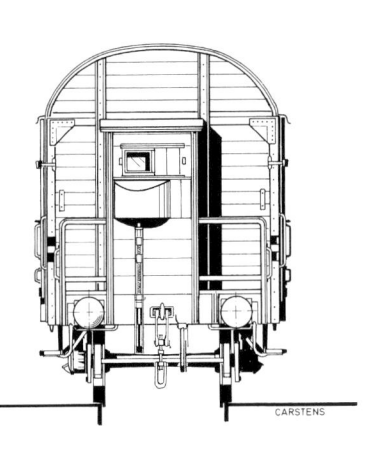

1120 (12,9/7,0)

Bühnenbreite 2460 (28,3/15,4)
Trittstufen 2840 (32,6/17,8)

65

Glr Dresden   Glr 22   Gbkl 238

Der Austauschbau Glr Dresden 81 029 kurz vor seiner Ablieferung im Werkshof der Firma Orenstein & Koppel.

Glr Dresden

	m. Hbr/o. Hbr
Erstes Baujahr	1923
Letztes Einsatzj.	1973
Länge über Puffer	12 800/12 100 mm
Achsstand	7 000 mm
Ladelänge	10 720 mm
Ladebreite	2 740 mm
Ladefläche	29,4 m²
Laderaum	62,5 (75,8) m³

Ladegewicht	15,0 t
Tragfähigkeit	17,5 t
Lastgrenze A/B/C	17,5 t
Eigengewicht	13 500/13 100 kg
Achslager	Gleitlager
Höchstgeschw.	65 km/h
Bremsbauart	Kk-G
Federgehänge	Laschen
Federblattanz./-länge	11/1100 mm

Glr 22

Pufferlänge	650 mm
Pufferteller-Ø	370 mm

Als die konstruktive Durchbildung des Austauschbau-Gl-Wagen anstand, wurden die Hauptabmessungen, Laufwerk und Bremse des Verbandswagens

Gbkl 238

übernommen. Dabei wurden jedoch einige Änderungen, die der Versteifung des Wagenkastens und dem einfacheren Bau dienten, eingeführt. Das Untergestell erhielt ein Sprengwerk, die Stirnwandsäulen wurden stehend eingebaut und der Wagenkasten durch Diagonalen

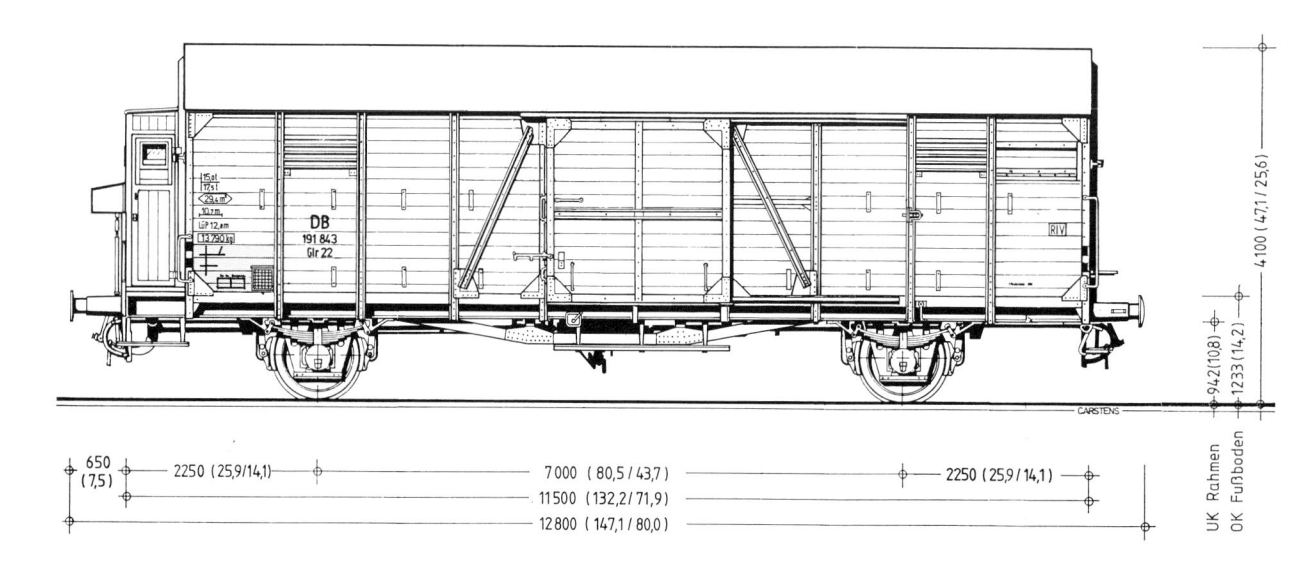

Glr Dresden   Glr 22   Gbkl 238

neben den Türen zusätzlich versteift. Dies war auch deshalb notwendig, weil die Türen nun hängend eingebaut wurden, wodurch die Belastung des Seitenwandobergurts zunahm. Das Tonnendach führte zwar zu einem geringfügig kleineren Ladevolumen, dafür ließen sich die Dachspiegel jedoch einfacher und genauer herstellen.

Ein großer Teil der Wagen erhielt Spurwechselradsätze zum Übergang auf russische Breitspur, ein Merkmal, das sie mit den G- und R-Wagen der Baujahre nach dem Ersten Weltkrieg teilten.

Die Glr 22 stellten die erste Generation der Austauschbau-Gl-Wagen dar. Ihre kurzen Federn sowie der Anschluß der Diagonalstreben oberhalb des Bodenrahmens lassen sie leicht von der zweiten Generation der Austauschbau-Gl-Wagen unterscheiden (s.u.).

Wie die anderen Gl-Wagen der Vorkriegszeit erhielten auch einige Gl 22 ein Aluminiumdach und/oder Plattenverkleidung.

Ebenso wurde ein großer Teil von ihnen Anfang der 60er Jahre zerlegt und für den Aufbau der Glmms 61 / Gltmms 62 verwendet. Die nicht zerlegten Wagen wurden 1965 als Gkls 238 bezeichnet und bis 1973 ausgemustert.

Am 6. 10. 1962 war der Glr 22   191 436 bis auf die auf der einen Seite demontierten Signalhalter noch im Originalzustand . . .

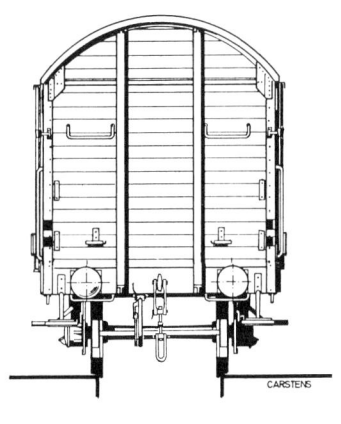

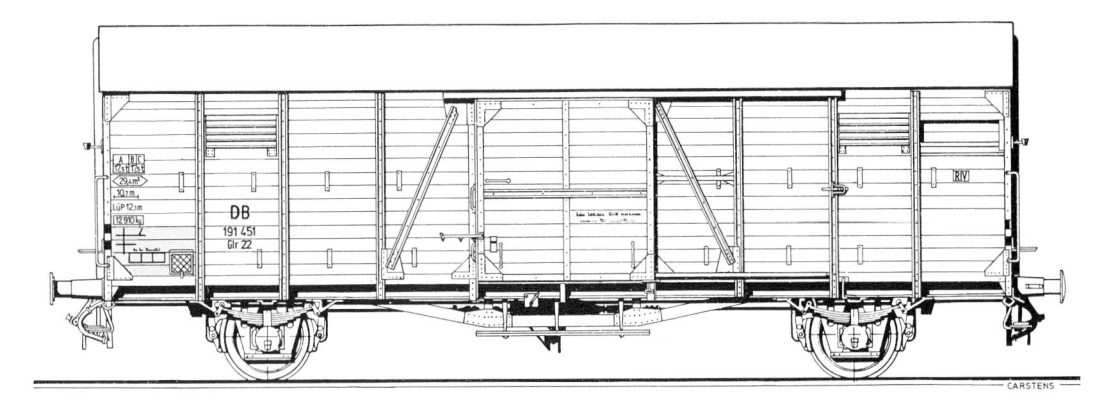

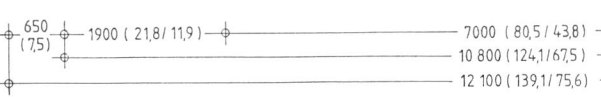

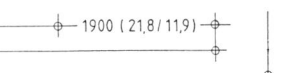

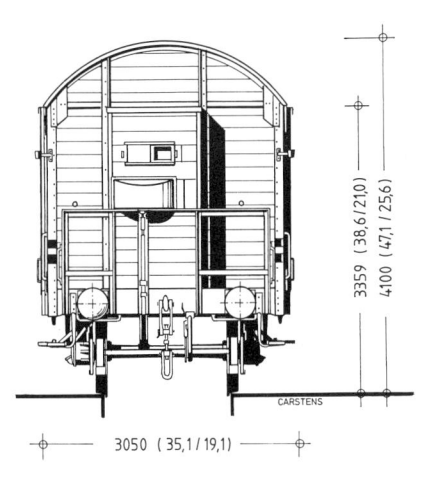

. . . während der am 19. 5. 1966 in Hannover fotografierte Wagen neue Lade- und Lüftungsklappen bekommen hatte.

Seiten- und Stirnansicht eines Glr 22 mit und ohne Handbremse.

Glt(r) Dresden   Glt(r) 23   Hbck 291

Der Glt 23 195 282 besaß nur auf einer Seite eine rechteckige Stirntür.

Glt(r) Dresden

	m. Hbr/o. Hbr
Erstes Baujahr	1927 (1936)
Letztes Einsatzj.	1971
Länge über Puffer	12 800/12 100 mm
Achsstand	7 000 mm
Ladelänge	10 720 mm
Ladebreite	2 740 mm
Ladefläche	29,4 m²
Laderaum	62,5 (75,8) m³
Ladegewicht	15,0 t
Tragfähigkeit	17,5 t
Lastgrenze A/B/C	15,5 od. 17,5 t
Lastgrenze S	(15,0 t)
Eigengewicht	13 500/13 300 kg
Achslager	Gleitlager
Höchstgeschw.	65 (z.T. 100) km/h
Bremsbauart	Kk-G
Federgehänge	Laschen (Rollenschaken)
Federblattanz./-länge	11/1100 mm
	(9/1650 mm)
Pufferlänge	650 mm
Pufferteller-Ø	370 mm

(Klammerwerte gelten für Wagen mit Bogenstirntüren)

Ebenfalls nur eine rechteckige Stirntür besaß der Handbremswagen 195 281, bei dem am 2. 12. 1958 allerdings bereits das Bremserhaus abgebaut war.

Glt(r) 23

Die nach dem Ersten Weltkrieg beginnende Auto-Massenproduktion erforderte zum witterungsgeschützten Transport vor allem von Lkw-Fahrgestellen großräumige, über die Stirnseiten beladbare Wagen. Zu diesem Zweck erhielt ein Teil der Gl-Wagen der Austauschbauart Stirnwandtüren. Während bei den ersten Glt-Wagen, die 1927 gebaut wurden, die rechteckigen Türen nur etwa bis zur Höhe der Dachunterkante reichten, wurden bei den ab 1928 gebauten Wagen Türen eingebaut, deren Oberkante der Dachform angepaßt war. Diese Wagen besaßen, im Gegensatz zu der ersten Serie, die sowohl mit als auch ohne Handbremse gebaut worden war, alle keine Handbremse, so daß die Stirnwandtüren an beiden Wagenenden eingebaut werden konnten (im Gegensatz zu den ersten Glt-Wagen ohne Handbremse, die nur an einer Stirnseite Türen besaßen).

Die Glt-Wagen der 2. Generation unterschieden sich auch in weiteren Details von ihrer Vorgängerbauart, so daß die ab 1936 gebauten Wagen gewissermaßen als Vorläufer der ge-

Hbck 291

schweißten Glt-Wagen betrachtet werden können. Die ab 1935 gebauten Wagen erhielten bis zur Rahmenunterkante reichende Seitenwanddiagonalen, ein weiter herabreichendes Sprengwerk und gegenüber den ersten Glt-Wagen eine weichere Abfederung. Während die ab 1927 gebauten Wagen 1.100 mm lange, 11-lagige Tragfedern besaßen, wurden ab 1935

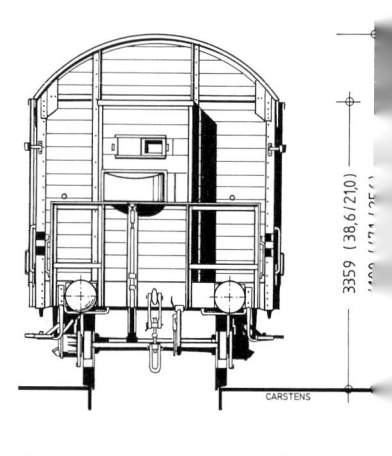

68

Glt(r) Dresden   Glt(r) 23   Hbck 291

Seiten- und Stirnansichten der Gltr-Wagen ohne Handbremse (letzte Ausführung mit 1650 mm langen Federn, bei der DB als Gltmrhs 28 bezeichnet) und mit Handbremse (1. Bauform mit 1100 mm langen Federn und rechteckigen Stirntüren).

1.800 mm lange, ab 1936 dann 1.650 mm lange, 9-lagige Federn eingebaut. Durch diese weichere Abfederung erhielten die Wagen auch unbeladen im höheren Geschwindigkeitsbereich ein zufriedenstellendes Fahrverhalten, so daß die zulässige Höchstgeschwindigkeit heraufgesetzt und die Wagen als Gltrs-Wagen eingereiht werden konnten.

Bei der Deutschen Bundesbahn wurden sämtliche genieteten Glt-Bauarten unter der Gattungsnummer 23 (also Glt 23, Gltrs 23) zusammengefaßt. Die Wagen der letzten Serie mit 1650 mm langen, 9lagigen Federn erhielten bei der Umzeichnung in den Jahren 1951 bis 1954 das Nebengattungszeichen „m". Die neue Bezeichnung lautete Gltmrhs 26 (ab 1965 Hbcs 295). Die älteren Glt(rs) 23 blieben bis Ende der sechziger Jahre im Einsatz und wurden dann zum Umbau zu Glmms 61 herangezogen bzw. verschrottet.

Der Gltrhs 23   195 451 besaß auf beiden Seiten bis zum Dachscheitel reichende Stirnwandtüren. Da er 1800 mm lange Blatt-Tragfedern hatte, wurde er nicht zum Gltmrhs-Wagen.

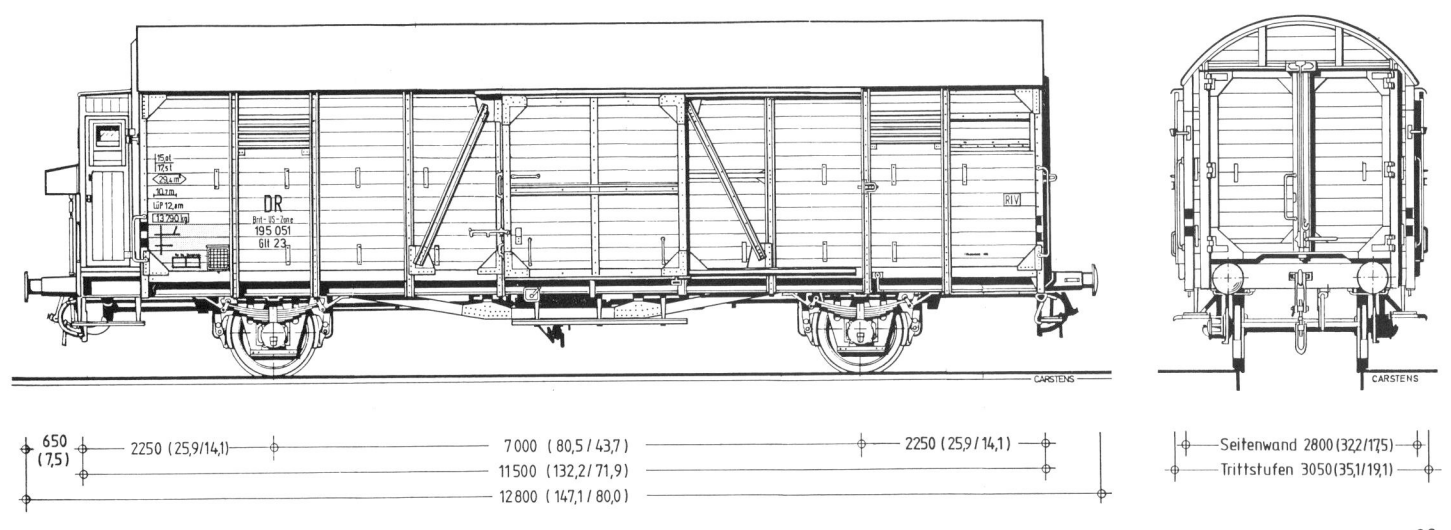

69

Glhs Dresden Glhs 25 Gbkls 239

In den fünfziger Jahren wurde ein Teil der Gl-Wagen der Splittergattungen an Kunden der DB vermietet, wie z. B. der Glhs 25 192 213 (Fulda, 9. 9. 1959), der an die Firma Miele vermietet war und hierfür extra einen grauen Anstrich erhalten hatte. Außerdem besaß der Wagen Endfeldverstärkungen und kein Bremserhaus mehr.

Glhs Dresden

Erstes Baujahr	1933
Letztes Einsatzj.	1973
Länge über Puffer	12 800 mm
Achsstand	7 700 mm
Ladelänge	10 720 mm
Ladebreite	2 740 mm
Ladefläche	29,4 m²
Laderaum	62,5 (75,8) m³
Ladegewicht	15,0 t
Tragfähigkeit	17,5 t
Lastgrenze A/B/C	15,5 t
S max.	15,5 t
Eigengewicht	13 800 kg
Achslager	Gleitlager
Höchstgeschw.	100 km/h
Bremsbauart	Kk-GP oder Hik-GP
Federgehänge	Rollenschaken
Federblattanz./-länge	9/1 650 mm
Pufferlänge	650 mm
Pufferteller-Ø	370 mm

Ein Glh Dresden in den dreißiger Jahren.

Glhs 25

Als in den dreißiger Jahren der Transport von Eilgut dadurch beschleunigt werden sollte, daß in vermehrtem Umfang Güterwagen in Eilzügen eingestellt werden sollten, griff man zunächst auf die Bauart Glr 23 zurück. Um deren Laufeigenschaften auch für eine Höchstgeschwindigkeit von 90 km/h geeignet zu machen, wurde der Wagenüberhang durch Erhöhung des Achsstandes auf 7,7 m verringert. Zusätzlich erhielten die Wagen eine schnellösende GP-Bremse (zunächst Kkp, später Hikp) und Dampfheizleitung. Damit waren sie freizügig in Reisezügen einsetzbar. Die rund 650 Wagen dieser Bauart befriedigten den Bedarf, und so blieb eine Großserienfertigung aus.

Die DB vergab an diese Wagen 1951 die Bauartbezeichnung Glhs 25. Die relativ wenigen Wagen wurden teilweise an Kunden vermietet, die großvolumige und leichte, hochwertige Gegenstände damit transportieren wollten (z.B. Waschmaschinen, Konservendosen). Dieses „Schicksal" teilte der Glhs 25 mit anderen Gl-Splittergattungen.

Der Wagenkasten war durch den größeren Achsstand etwas schwächer als die normalen Gl-Wagen, weshalb sie mit Endfeldversteifungen ausgerüstet wurden. Einige Wagen wurden auch in Leig-Einheiten eingesetzt. Der überwiegende Teil wurde Anfang der 60er Jahre im Umbauprogramm Glmms 61/Gltmms 62 verbraucht.

Gbkls 239

Die wenigen nicht zerlegten Wagen wurden, seit 1965 als Gbkls 239 bezeichnet, Anfang der 70er Jahre ausgemustert.

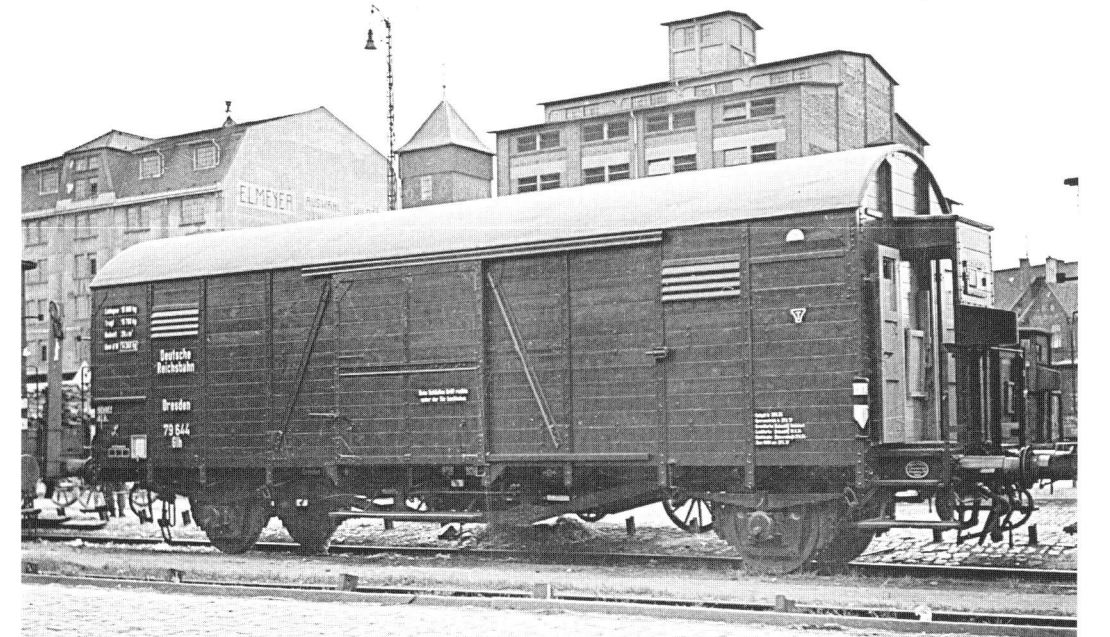

Glrhs Dresden   Glmrhs 28   Gbls 242

Ein Glmrs 28 am 12.4.1964 in Braunschweig Hgbf.

Glrhs Dresden

	m.Hbr/o.Hbr
Erstes Baujahr	1935
Letztes Einsatzj.	1970
Länge über Puffer	12 800/12 100 mm
Achsstand	7 000 mm
Ladelänge	10 720 mm
Ladebreite	2 740 mm
Ladefläche	29,4 m²
Laderaum	62,5 (75,8) m³
Ladegewicht	20,0 (15,0) t
Tragfähigkeit	21,0 (17,5) t
Lastgrenze A	18,0 t
B/C	21,0 t
S max.	20,0 t
Eigengewicht	13 400/13 000 kg

Achslager	Gleitlager
Höchstgeschw.	80 tw. 100 km/h
Bremsbauart	Kk-G oder Hik-GP
Federgehänge	Einfachschaken
Federblattanz./-länge	9/1 650 mm
Pufferlänge	650 mm
Pufferteller-Ø	370 mm

Bereits nach relativ kurzer Einsatzzeit wurden die Austauschbau-Gl-Wagen mit einem Laufwerk ausgestattet, das weicher abfederte und den Wagen damit auch im leeren Zustand bessere Laufeigenschaften be-

Glmrhs 28

scherte. Gleichzeitig wurde der Anschluß der Seitenwanddiagonalen unter den Bodenrahmen verlegt, was eine Durchbiegung des Wagenkastens zusätzlich erschwerte. An diesen äußerlichen Änderungen lassen sich die beiden Gl-Wagenbauarten 22 und 23 sofort unterscheiden.

1951 erhielten die Wagen mit 1650 mm langen, 9lagigen Blatttragfedern die Gattungsbezeichnung Glmrs 28. Im Gegensatz zu den genieteten Aus-

Gbls 242

tauschbau-Gl-Wagen mit Stirntüren, die es auch mit 1800 mm langen Federn gab und die daher nur teilweise das Nebengattungszeichen „m" erhielten, wurden alle Glrs Dresden mit weicher Abfederung zu Glmrs 28.

Einige zur Vollaufarbeitung anstehende Glms 28 wurden ebenfalls zerlegt, der überwiegende Teil aber, ab 1965 als Gbl(s) 242 bezeichnet, im Einsatzbestand belassen und Ende der 60er Jahre ausgemustert.

Seiten- und Stirnansicht eines Glr-Wagens mit 1650 mm langen Tragfedern im Zustand der dreißiger Jahre.

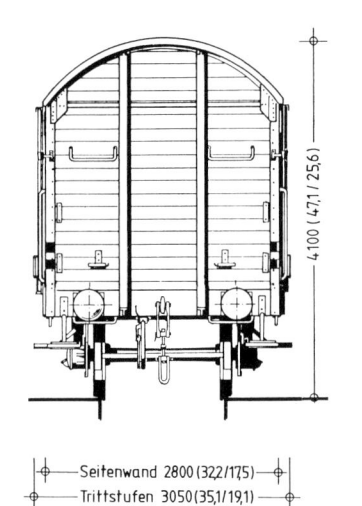

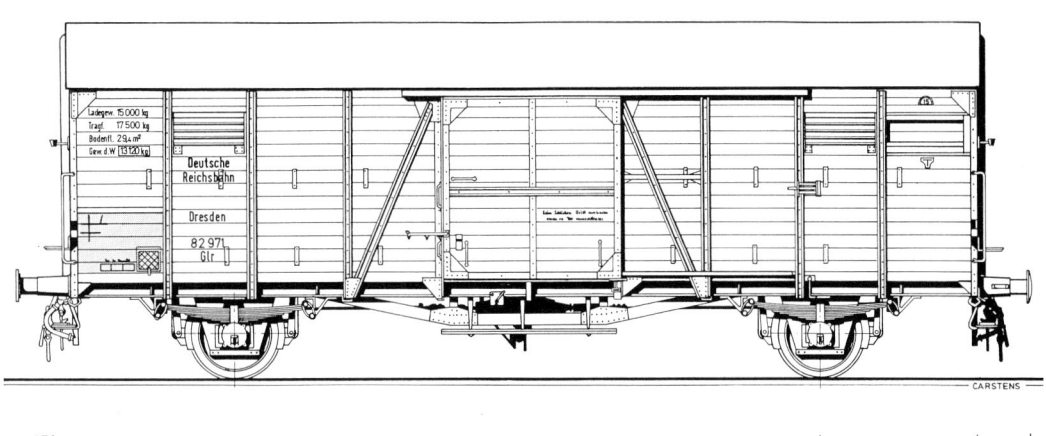

Gltrhs Dresden Gltmrhs 26 Hbcs 295

Bei diesem Gltmrhs 26 wurde die Ladeöffnung von dem rechten Endfeld in die linke Seitenwandhälfte verlegt.

Gltrhs Dresden

Erstes Baujahr	1936	Tragfähigkeit	21,0 (17,5) t
Letztes Einsatzj.	1968	Lastgrenze A	18,0 t
Länge über Puffer	12 100 mm	B/C	21,0 t
Achsstand	7 000 mm	S max.	20,0 t
Ladelänge	10 720 mm	Eigengewicht	13 500 kg
Ladebreite	2 740 mm	Achslager	Gleitlager
Ladefläche	29,4 m²	Höchstgeschw.	100 km/h
Laderaum	62,5 (75,8) m³	Bremsbauart	Hik-GP
Ladegewicht	20,0 (15,0) t	Federgehänge	Einfachschaken

Gltmrhs 26

Federblattanz./-länge	9/1650 mm
Pufferlänge	650 mm
Pufferteller-Ø	370 mm

In den Jahren 1951 bis 1954 wurden die genieteten Austauschbau-Dresden mit Stirntüren, die 1650 mm lange, 9lagige

Hbcs 295

Blatttragfedern besaßen, zu Gltmrhs 26 umgezeichnet. Hiervon waren relativ wenig Wagen betroffen (1962 gab es nur 14 Gltrms 26 gegenüber 395 Gltr 23), so daß nur noch wenige die neue Bezeichnung Hbcs 295 erhielten und bis 1968 ausgemustert wurden.

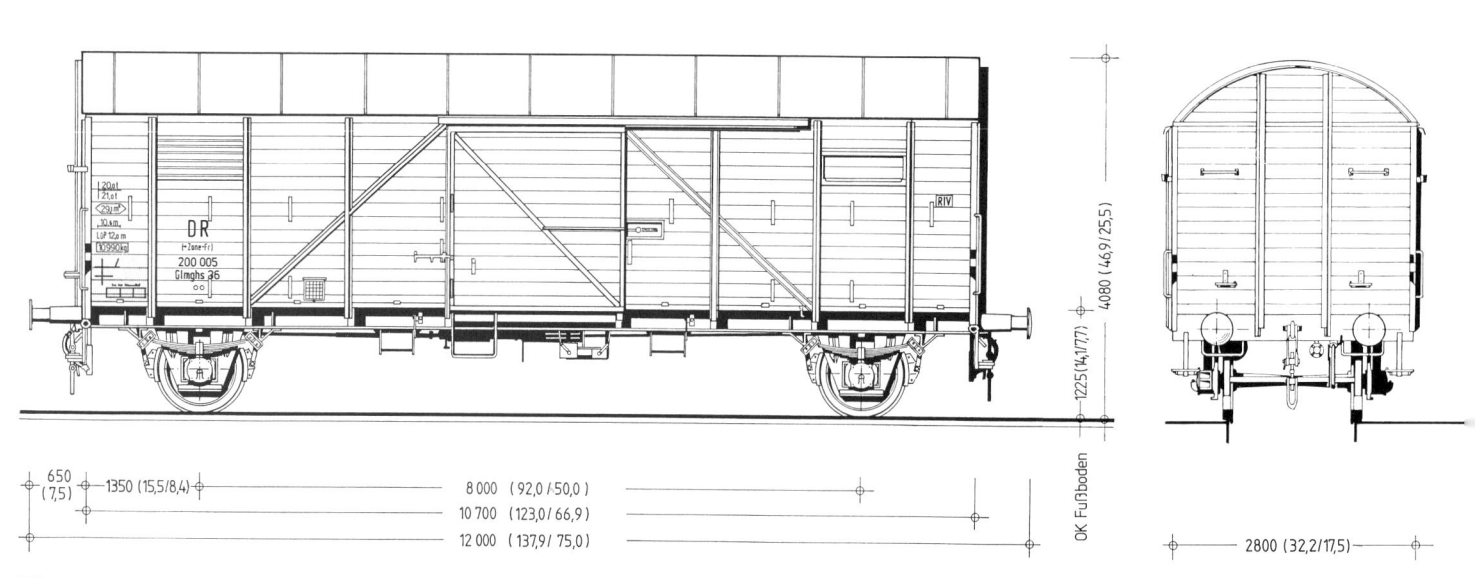

Glm(g)hs Leipzig   Glm(g)hs 36   Gbls 243

Der am 27. 5. 1963 in Warthausen fotografierte Glms 36 200 025 der Kriegsbauart unterscheidet sich von den Nachkriegswagen durch die fehlenden Getreideentladungstrichter, die abweichende Tür und die Stirnwanddiagonalen.

Glm(g)hs Leipzig

	m. Hbr/o. Hbr
Erstes Baujahr	1943 (1948)
Letztes Einsatzj.	1969
Länge über Puffer	12 100/12 000 mm
Achsstand	8 000 mm
Ladelänge	10 620 mm
Ladebreite	2 744 mm
Ladefläche	29,1 m²
Laderaum	61,5 (74,8) m³
Ladegewicht	20,0 t
Tragfähigkeit	21,0 t
Lastgrenze A/B/C	21,0 t
S	18,5 (17,5) t
Eigengewicht	10 900/10 100 kg
	(11 000 kg)
Achslager	Gleitlager
Höchstgeschw.	100 km/h
Bremsbauart	Hik-GP
Federgehänge	Einfachschaken
Federblattanz./-länge	6/1200 mm
Pufferlänge	650 mm
Pufferteller-Ø	370 mm

Im Krieg schien die Notwendigkeit zu bestehen, neben dem Standard-G-Wagen (Gms Bremen) auch den großräumigen Gl-Wagen für eine höhere Belastbarkeit unter gleichzeitiger Reduzierung von Wagengewicht (= Stahlverbrauch) und Arbeitszeit neu zu konstruieren.

Die daraufhin konstruierten Glmhs Leipzig kamen aber, da durch die fortschreitende Kriegsentwicklung kein Bedarf für diese Wagen mehr bestand, nicht über eine Probeserie von 4 Stück hinaus. Bekanntlich wurde auf der Basis dieser Konstruktionszeichnungen der Behelfspersonenwagen MCi in Serie gebaut. Zu dem (im Krieg) ge-

Glm(g)hs 36

planten Rückbau zu Glms-Wagen kam es aber zumindest bei der DB nicht.

Die Eisenbahnen der französischen Zone ließen weitere 250 Glmghs Leipzig bauen, von denen 240 Wagen zu Leig-Einheiten zusammengestellt wurden. Die als Glmghs 36 bzw. Gllmghs 37 bezeichneten Wagen erhielten für den Getreidetransport,

Gbls 243

der am Hochrhein Richtung Schweiz eine bedeutende Rolle spielte, Entladetrichter, die die Wagen für die Entladung in Tiefbunker geeignet machten.

Die DB setzte die Splittergattung Glm(g)hs 36 allerdings kaum in diesem Verkehr ein. Die letzten Wagen, seit 1965 als Gbls 243 bezeichnet, wurden Ende der 60er Jahre ausgemustert.

Der Glmghs 36 der Kriegsbauart als 1:87-Zeichnung (links) und als von Rolf Michael Haugg verbessertes Röwa-Modell.

Gls Dresden   Gls 33   Glms 38   Gbls 244

Der Glmhs 38 200 517 besaß in den fünfziger Jahren – wie viele DB-Wagen, die ihr Bremserhaus behalten hatten – runde Fenster in den Bremserhaustüren.

Gls Dresden   Gls 33 Glms 38   Gbls 244

	m. Hbr/o. Hbr
Erstes Baujahr	1937
Letztes Einsatzj.	1972
Länge über Puffer	12 800/12 100 mm
Achsstand	7 000 mm
Ladelänge	10 720 mm
Ladebreite	2 740 mm
Ladefläche	29,4 m²

Laderaum	62,5 (75,8) m³
Ladegewicht	20,0 (15,0) t
Tragfähigkeit	21,0 (17,5) t
Lastgrenze A	18,0 t
B/C	21,0 t
S max.	20,0 t
Eigengewicht	12 900/12 600 kg
Achslager	Gleitlager

Höchstgeschw.	80 od. 100 km/h
Bremsbauart	Hik-GP
Federgehänge	Einfachschaken
Federblattanz./-länge	9/1 650 mm
	oder 7/1 400 mm
Pufferlänge	650 mm
Pufferteller-⌀	370 mm

Die Schweißtechnik, an den Ghs 31 erprobt und bei den Gs 30 zur Serienreife entwickelt, wurde in der zweiten Hälfte der dreißiger Jahre auch auf die übrigen Güterwagenbauarten angewandt.

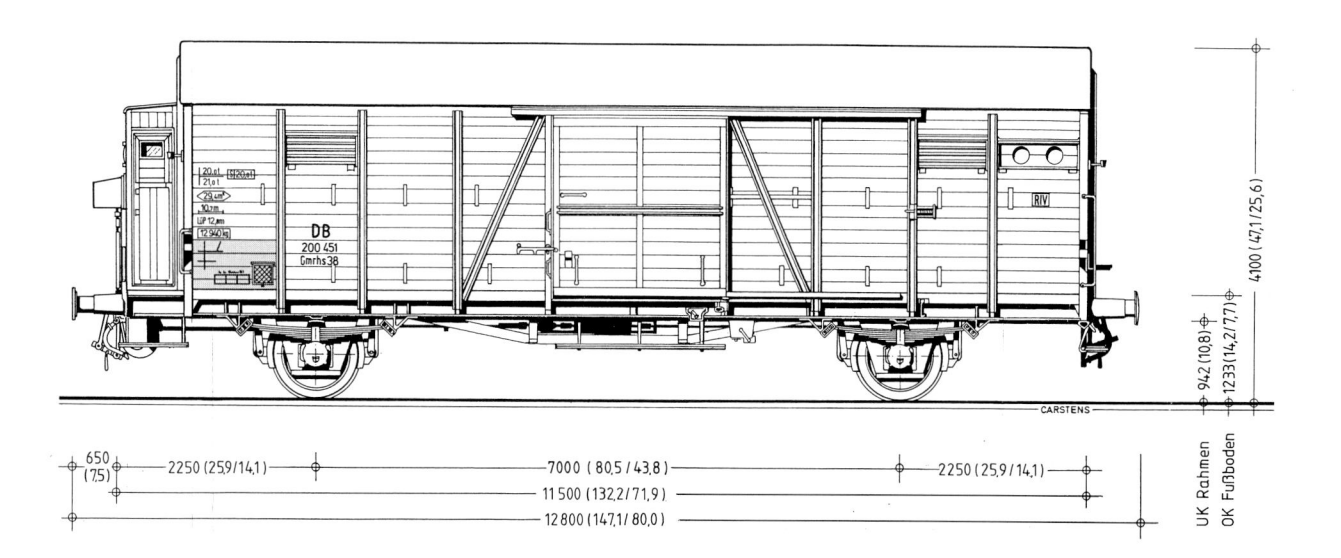

Gls Dresden   Gls 33   Glms 38   Gbls 244

Als großräumige Wagen entstanden die geschweißten Gls, die, wie seinerzeit üblich, sowohl mit als auch ohne Handbremse gebaut wurden. Die Wagen erhielten die nunmehr serienreife HiK-GP-Bremse, wodurch sie als schnellaufähig vielseitig einsetzbar wurden. Die langen (1400 mm oder 1650 mm) Federn sorgten für weichen Wagenlauf auch im unbelasteten Zustand.

1951 erhielten die geschweißten Dresden ohne Stirntüren die neue Gattungsbezeichnung Gls 33 bzw. Glms 38. Allerdings dürfte die Bezeichnung Gls 33 theoretisch nur auf dem Papier existiert haben, denn alle Dresden mit 1400 mm bzw. 1650 mm langen, 7- bzw. 9lagigen Tragfedern sollten das Nebengattungszeichen „m" erhalten. Da dies für alle geschweißten Wagen zutraf, dürfte es eigentlich keine Gls 33 gegeben haben.

War das Blechdach schon ungewöhnlich, so war die Anschrift Glmes 33 nicht den Vorschriften entsprechend (die Wagen mit dem Nebengattungszeichen m sollten die Gattungsnummer 38 bekommen, Wagen mit der Gattungsnummer 33 hätte es nicht geben dürfen).

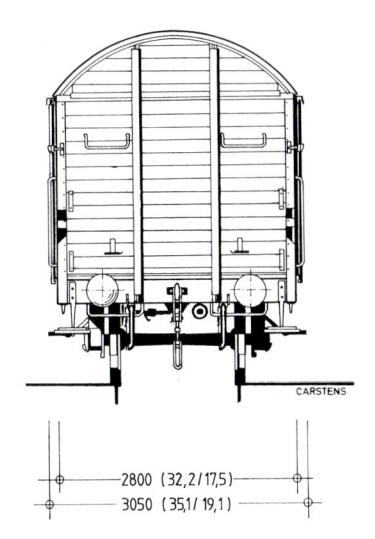

Seiten- und Stirnansicht eines Glmhs 38 ohne Handbremse.

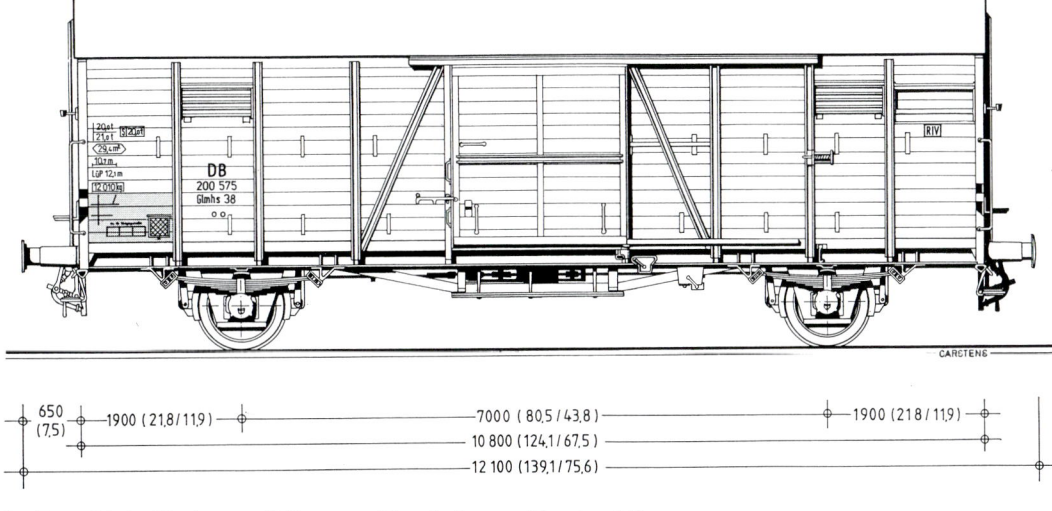

Der Roco-Glmhs 38 mit neuen Griffstangen, Signalhaltern und Rangierertritten.

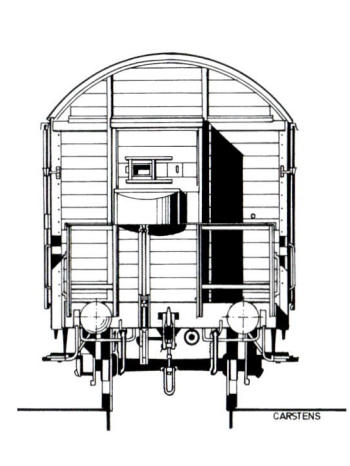

Seiten- und Stirnansicht eines Glmrhs 38 mit Bremserhaus.

Gls Dresden Gls 33 Glms 38 Gbls 244   Glt Dresden (Ö) Glt 19 Hbck 290

Die nicht im Umbauprogramm Glmms 61/Gltmms 62 verwendeten Wagen wurden bis Anfang der 70er Jahre, nun als Gbl(s)244 bezeichnet, eingesetzt. Einige überlebten als Dienstgüter- bzw. Bahnhofswagen bis in die Gegenwart.

Modell

An dem Modell des geschweißten Glhs Dresden von Roco sind nur wenige Verbesserungen erforderlich. Hierzu zählen die Montage neuer Rangierertritte und der am Modell fehlenden Trittstufen an den Stirnwänden sowie eingesetzte Griffstangen aus Ms-Draht und Signalhalter.

Der Glmhs 38 200 082 stand am 23. 4. 1958 in Lörrach.

Bei der Untersuchung am 9. 5. 1952 wurde anscheinend auch die Gewebedachdecke dieses ehemals österreichischen Glt geflickt. Wie die ersten Glt 23 besaßen die Glt 19 nur an einem Ende Stirntüren.

Glt Dresden (ö)
Glt 19
Hbck 290

Erstes Baujahr	1929
Letztes Einsatzj.	1967
Länge über Puffer	14 900 mm
Ladelänge	13 450 mm
Ladebreite	2 700 mm
Ladefläche	36,3 m²
Laderaum	76,7 m³
Ladegewicht	15,0 t
Tragfähigkeit	17,5 t
Lastgrenze A/B/C	17,5 t
Eigengewicht	13 100 kg
Achslager	Gleitlager
Höchstgeschw.	65 km/h
Federblattanz./-länge	13/1170 mm
Pufferteller-Ø	370 mm

Bei den Glt 19 handelt es sich um ursprünglich aus Österreich stammende Wagen, die nach dem Zweiten Weltkrieg auf dem Gebiet der späteren Bundesrepublik verblieben. Die Wagen besaßen außenliegende Langträger und Diagonalaussteifungen der Seitenwände. Wegen ihrer Ladelänge, die mit 13,45 m deutlich über der Ladelänge der deutschen Bauarten (10,72 m) lag, blieben die Wagen als Splittergattung bis Mitte der sechziger Jahre im Einsatz und erhielten noch die neue Typenbezeichnung Hbck 290.

Das leider nicht mehr erhältliche Liliput-Modell eines Glt 19 in der Ausführung als Privatwagen der Firma Züchner, von Rolf Michael Haugg gesupert.

Gltrhs Dresden   Gltrhs 34   Gltmrhs 46   Hbcs 296

Dieser geschweißte Dresden mit Stirntüren gehört zum Museumsbestand der DB und ist leider – wie so mancher Museumswagen – in einigen Details verkehrt: Hierzu zählen das weiß gestrichene Feld unter dem 15 t-Zeichen und die falsche Wagennummer, die zu einem genieteten Wagen gehört.

Gltrhs Dresden   Gltrhs 34   Gltmrhs 46   Hbcs 296

Erstes Baujahr	1937
Letztes Einsatzj.	1977
Länge über Puffer	12 100 mm
Achsstand	7 000 mm
Ladelänge	10 720 mm
Ladebreite	2 740 mm
Ladefläche	29,4 m²
Laderaum	62,5 (75,8) m³
Ladegewicht	20,0 (15,0) t
Tragfähigkeit	21,0 (17,5) t
Lastgrenze A	18,0 t
B/C	21,0 t
S max.	20,0 t
Eigengewicht	13 500 kg
Achslager	Gleitlager
Höchstgeschw.	100 km/h
Bremsbauart	Hik-GP
Federgehänge	Einfachschaken
Federblattanz./-länge	9/1650 mm
Pufferlänge	650 mm
Pufferteller-Ø	370 mm

Ab 1937 wurden die Glt-Wagen der Austauschbauart in der geschweißten Ausführung weitergebaut. Diese Wagen unterschieden sich von der letzten Ausführung der Glt 23 nur durch die Hikp-Bremse (gegenüber Kkg bei den genieteten Wagen) und durch den Fortfall der Knotenbleche. Bis 1942 wurden 1.238 Wagen gebaut, alle ohne Handbremse und beidseitig mit Stirnwandtüren, wobei es drei verschiedene Türformen gab. Während bei den ersten Wagen die Türform der genieteten Wagen übernommen wurde, erhielten die späteren Lieferungen zwei- bzw. vierflügelige Türen, die über die gesamte Ladebreite reichten. Hierdurch wurde es erforderlich, die Eckrungen der Wagen zu verstärken.

Von der ersten, 331 Wagen umfassenden Serie mit zweiflügeligen Türen wurden 31 Wagen versuchsweise mit einem Blechdach ausgerüstet, ein Weiterbau dieser Blechdächer unterblieb jedoch. Analog zu den gleichzeitig beschafften Gl-Wagen ohne Stirnwandtüren erhielten die ab 1942 gebauten Wagen nicht mehr die bis dahin verwendeten 1.650 mm langen, 9-lagigen Blatttragfedern, sondern nur noch 7-lagige Federn von 1.400 mm Länge, die zuvor bereits bei den Gs Oppeln ver-

Anfang der fünfziger Jahre besaß dieser geschweißte Gltrhs Dresden der ersten Ausführung zwar noch die schmalen Eckrungen, dafür aber Endfeldverstärkungen und eine zusätzliche Ladeluke in der linken Wandhälfte.

Gltmrhs 46

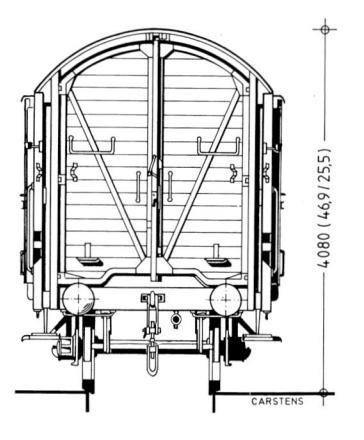

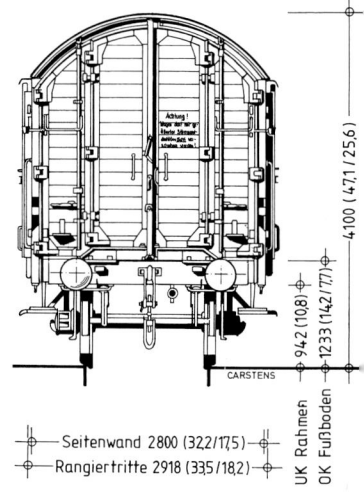

Seitenwand 2800 (32,2/17,5)
Trittstufen 3050 (35,1/19,1)
4080 (46,9/25,5)

Seitenwand 2800 (32,2/17,5)
Rangiertritte 2918 (33,5/18,2)
4100 (47,1/25,6)
942 (10,8)
1233 (14,2/17,7)
UK Rahmen
OK Fußboden

Oben: Der Gltmrhs 46 210 237 ist ein Wagen der ersten Ausführung mit normalen zweiflügeligen Türen (und fehlender Ladeluke).

Mitte: Der Gltmrhs 46 210 129 besitzt überbreite zweiflügelige Türen.

Unten: Der Gltmrhs 46 210 242 hat vierflügelige Türen und trotz der breiten Eckrungen Endfeldverstärkungen bekommen.

wendet worden waren und dort zufriedenstellende Betriebseigenschaften zeigten. Der Grund für beide Maßnahmen dürfte in der zunehmenden Rohstoffknappheit zu suchen sein.

Nach dem Zweiten Weltkrieg erhielt ein Teil der Wagen ein Blechdach und/oder zusätzliche Endfeldversteifungen, letzteres vorwiegend um die Kräfte, die bei geöffneten Türen ausschließlich die Ecksäulen belasteten, besser aufnehmen zu können. Aus dem gleichen Grund wurden auch bei Wagen der ersten Serie z.T. die Ecksäulen verstärkt.

Gltrhs Dresden   Gltmrhs 46

Bei der DB bekamen die Wagen die Gattungsbezeichnung Glts 34 bzw. Gltms 46. Allerdings erscheint die Bezeichnung Glts 34 sehr fraglich, da alle Dresden mit 1400 mm bzw. 1650 mm langen, 7- bzw. 9-lagigen Federn bei der Umzeichnung das Nebengattungszeichen „m" erhalten sollten und somit zwangsläufig Gltms 46 gewesen wären. Sie waren bis Mitte der siebziger Jahre im Einsatz, wobei sie ab 1964 die neue Bezeichnung Hbcs 296 trugen.

Modell

Das Modell des geschweißten Dresden mit Stirntüren ist von Haus aus genauso gut detailliert wie das Pendant ohne Stirntüren, so daß an diesem Wagen kaum noch Verbesserungen vorgenommen zu werden brauchen.

Auch hier werden die Rangierertritte gegen Weinert-Tritte getauscht und die fehlenden Trittstufen, Signalhalter und Griffstangen an den Stirnwandtüren angebracht. Darüber hinaus kann noch das Dach glatt geschliffen oder gegen ein Dach des Glmhs 38 getauscht werden, um die üblichere Form des Wagens mit Gewebedachdecke nachzubilden.

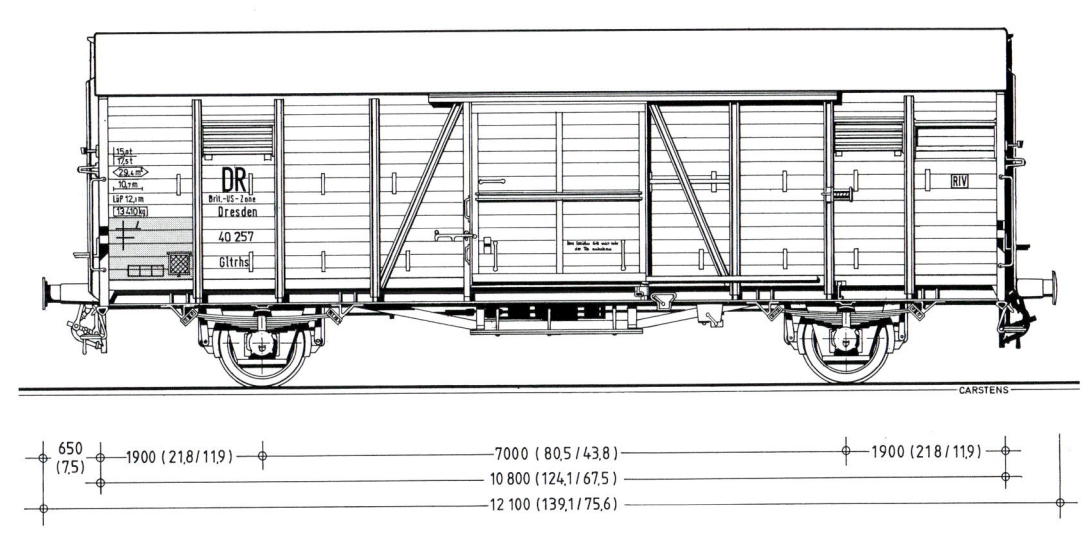

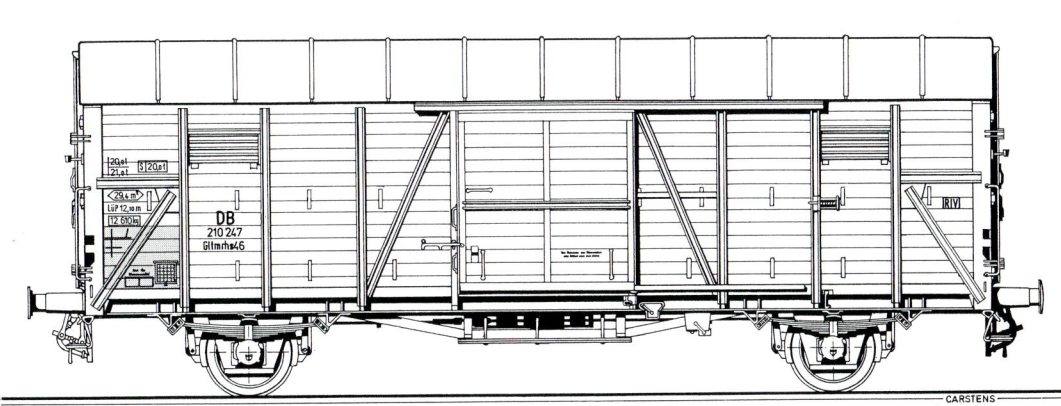

Gegenüberstellung eines Gltrhs Dresden mit normalen zweiflügeligen Stirntüren im Ursprungszustand und eines Gltmrhs 46 mit vierflügeligen Türen, der zusätzlich Endfeldverstärkungen und ein Blech-Dach bekommen hat. Weitere Unterscheidungsmerkmale zwischen beiden Wagen sind die unterschiedlichen Eckrungen und die beim unteren Wagen verschlossene Ladeöffnung.

Das Roco-Modell des Gltmrhs 46 (noch mit der falschen Wagennummer) hat neue Rangierertritte, Rangierergriffe, Bremsschläuche, Federpuffer, Griffstangen, Trittstufen in den Stirnwänden und Signalhalter bekommen.

Glm(e)hs 50   Gbs, Gbrs-v 245   Gos(-uv) 245

Der Gos 245   140 0 337 stand im Oktober 1987 im Gbf Hmb-Rothenburgsort.

Glm(e)hs 50

Glmehs 50 mit Bretterwänden

	m. Hbr/o. Hbr
Erstes Baujahr	1953
Länge über Puffer	13 000/12 500 mm
Achsstand	6 800 mm
Ladelänge	11 180 mm
Ladebreite	2 712 mm
Ladefläche	30,3 m²
Laderaum	63,5 (73,5) m³
Ladegewicht	20,0 t
Tragfähigkeit	20,2 t
Lastgrenze A	19,5 t
B/C	21,0 t
S max.	20,0 t

Eigengewicht	12 300/12 000 kg
Achslager	Rollenlager
Höchstgeschw.	100 km/h
Bremsbauart	Hik-GP
Federgehänge	Doppelschaken
Federblattanz./-länge	7/1400 mm
Pufferlänge	620 mm
Pufferteller-Ø	370 mm
Lastgrenzen für Glmms 50:	
A	19,5/20,5 t
B	23,5/24,0 t
C	26,5 t
S max.	23,5/24,0 t

Gbs, Gbrs-v 245

Glmehs 50 mit Plattenwänden

	m. Hbr/o. Hbr
Erstes Baujahr	1954
Länge über Puffer	13 000/12 500 mm
Achsstand	6 800 mm
Ladelänge	11 210 mm
Ladebreite	2 720 mm
Ladefläche	30,5 m²
Laderaum	64,0 (74,0) m³
Ladegewicht	20,0 t
Tragfähigkeit	20,2 t
Lastgrenze A	19,5 t
B/C	21,0 t
S max.	20,0 t

Gos(-uv) 245

(SS max.	16,0 t)
Eigengewicht	12 600/12 200 kg
Achslager	Rollenlager
Höchstgeschw.	100 (120) km/h
Bremsbauart	Hik-GP
Federgehänge	Doppelschaken
Federblattanz./-länge	7-9/1 400 mm
Pufferlänge	620 mm
Pufferteller-Ø	370 mm
Lastgrenzen für Glmmehs 50:	
A	19,5/20,5 t
B	23,5/24,0 t
C	26,5 t
S max.	23,5/24,0 t

Seiten- und Stirnansicht eines Glmhs 50 mit Plattenwänden (unten), mit Bretterwänden und Blechbremserhaus und eines Gos 245 mit Handbremsbühne, der sich durch die andere Plazierung der Seilanker von den beiden anderen Wagen unterscheidet (rechte Seite).

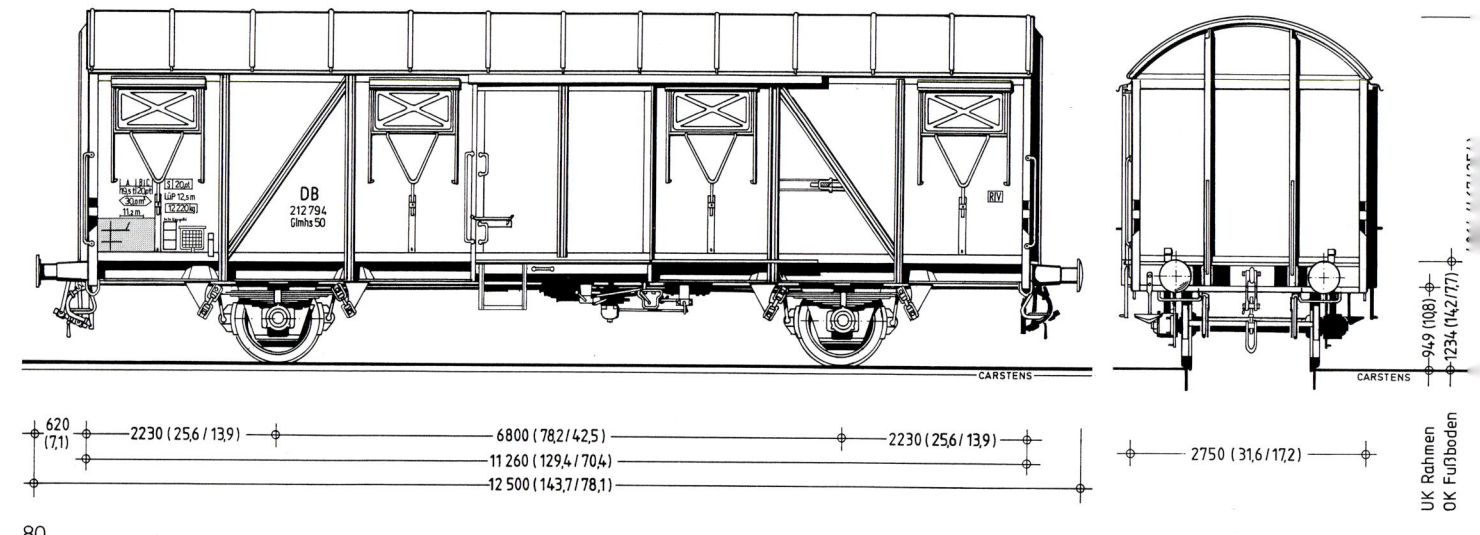

Glm(e)hs 50   Gbs, Bgrs-v 245   Gos(-uv) 245

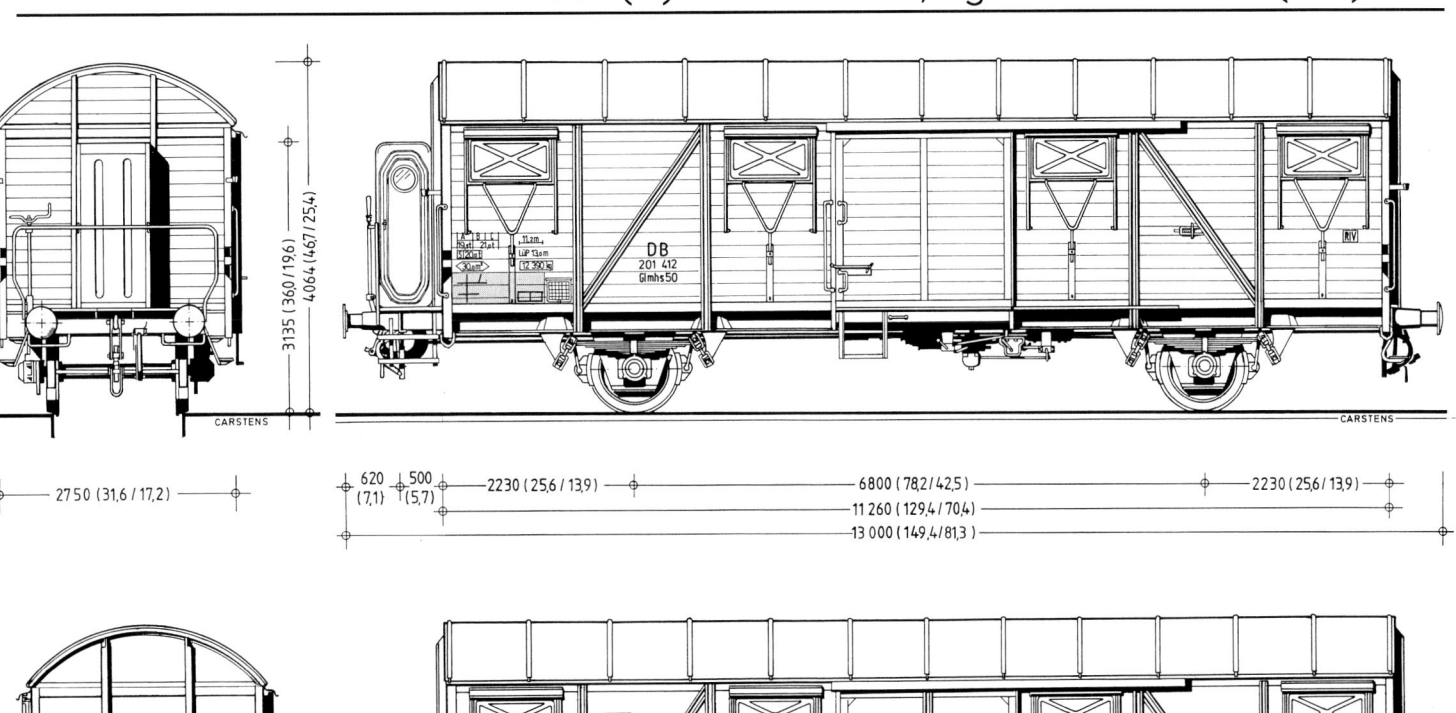

Diese Wagenfamilie stellt die erste Gl-Wagen-Neuentwicklung der DB, die in Serie gebaut wurde, dar. Unter Berücksichtigung der internationalen Vereinbarungen entstanden Wagen, deren modernes Äußeres seinerzeit sofort auffiel: Der (gegenüber den Vorkriegswagen nur geringfügig größere) Wagenkasten erhielt auf jeder Seite vier Lade- und Lüftungsöffnungen und war mit dem neuentwickelten Aluminiumdach mit charakteristischen Rippen gedeckt. Das Untergestell war eine sprengwerkfreie Konstruktion mit überkritischem Laufwerk (20 t-Rollenlagerradsätze) und s-fähiger Bremsausrüstung. Die

Am 19. 9. 1957 gehörte dieser im Gbf Hamburg-Süd fotografierte Glmhs 50 mit Bretterwänden noch zu den modernen Fahrzeugen der DB.

81

Glm(e)hs 50   Gbs, Gbrs-v 245   Gos(-uv) 245

ersten Bauserien erhielten noch die überkommenen Bretterwände, die ab 1954 durch Sperrholzwände abgelöst wurden. Die seinerzeit teilweise kontrovers geführten Diskussionen – den einen war der Wagen nicht lang genug, den anderen zu weit von den UIC-Standardmaßen entfernt – konnten nicht verhindern, daß der Wagen bis 1958 in mehr als 12.000 Exemplaren gebaut wurde – eine Zahl, von der die Waggonindustrie heute nur noch träumen kann. Etwa 1/4 der Wagen erhielt den Einheitshandbremsstand, anfangs mit dem Sardinenbüchsen-Bremserhaus. Die in einer Vielzahl äußerlich nicht unterscheidbarer Varianten gebauten Wagen erhielten nach 1965 die Bezeichnung Gbs 245 und werden seit 1980 als Gos 245 geführt.

Während die Bretterwandwagen Mitte der 70er Jahre verschwanden bzw. Plattenverkleidungen erhielten, werden die Plattenwandwagen noch immer eingesetzt. Allerdings werden seit einigen Jahren zunehmend Wagen ausgemustert und im Innendienst aufgebraucht. Ein Teil der ausgemusterten Wagen wurde von der DR übernommen und weiter eingesetzt.

Modell

Leider ist das Modell des Glmhs 50 von Märklin, das inzwischen auch in der Version mit Plattenwänden erhältlich ist, in den Proportionen etwas mißglückt, so daß die Verbesserungen, die an dem Wagen vorgenommen werden können, nur Kosmetik bleiben. Die zu große Breite des Wagens und das als Folge daraus zu weit heruntergezogene Dach lassen sich ebensowenig beheben wie die im falschen Winkel verlaufenden Diagonalstreben oder die falschen Federpakete.

Die möglichen Verbesserungen beschränken sich auf die Anbringung neuer zierlicher Rangierertritte, richtiger Puffer (anstelle der angespritzten Stummelpuffer) und richtiger Bremsumstellhebel.

Oben und Mitte: Blechbremserhäuser gab es in den fünfziger Jahren sowohl an Wagen mit Bretter- als auch mit Plattenbekleidung. Ungewohnt wirkt das hell lackierte Fahrwerk des Glmhs 50 202 828.

Das dem auf der Vorseite abgebildeten Glmhs 50 201 855 nachempfundene Märklin-Modell mit den im Text beschriebenen Verbesserungen.

Glmm(e)hs(s) 57   Gbs, Gbrs(s)-v 253   Gos(s-uv) 253

Im Oktober 1988 war dieser im Gbf Hmb-Altona aufgenommene Gos-uv 253 ein Flickenteppich, wobei die Anschriften anscheinend recht neu waren.

Glmm(e)hs(s) 57

	m. Hbr/o. Hbr
Erstes Baujahr	1960
Länge über Puffer	13 000/12 500 mm
Achsstand	6 800 mm
Ladelänge	11 210 mm
Ladebreite	2 720 mm
Ladefläche	30,5 m²
Laderaum	64,0 (74,0) m³
Lastgrenze* A	19,0 (18,5) t
B	23,0 (22,5) t
C	26,5 (25,5) t
S max.	23,0 (22,5) t
(SS	18,5 t)

Eigengewicht	12 500/12 800 kg
	(13 500/13 300 kg)
Achslager	Rollenlager
Höchstgeschw.	100 (120) km/h
Bremsbauart	KE-GP
Federgehänge	Doppelschaken
Federblattanz./-länge	9/1400 mm
Pufferlänge	620 mm
Pufferteller-Ø	370 mm

* (Klammerwerte gelten für Glmmehss 57 mit selbst. Lastabbremsung)

Gbs, Gbrs(s)-v 253   Gos(s-uv) 253

Der Glmmhs 57 ist eine Weiterentwicklung des Glm(m)hs 50. Die Wagen unterscheiden sich äußerlich nur geringfügig von ihrer Vorgängerbauart. Der einzige markante Unterschied besteht in der Ausführung der Spillösen: Der Glmmhs 57 hat UIC-Seilanker (Bauart 57), während der Glmhs 50 UIC-Seilösen (Bauart 50) besitzt. Allerdings werden heute auch Gos 245 mit Seilankern (z. T. auf neuen Konsolen) ausgerüstet, so daß dieses Unterscheidungskriterium entfällt.

Die Glmmhs 57 wurden ab 1960 in rund 1.300 Exemplaren beschafft. Die Wagen, die ab 1965 als Gbs 253 und ab 1980 als Gos 253 bezeichnet sind, gehören nach wie vor zum Einsatzbestand der DB.

1:87-Ansichten eines Glmmhs 57 mit den Übergangsanschriften der frühen sechziger Jahre und der ursprünglich vorgesehenen Gattungsbezeichnung Hbrs.

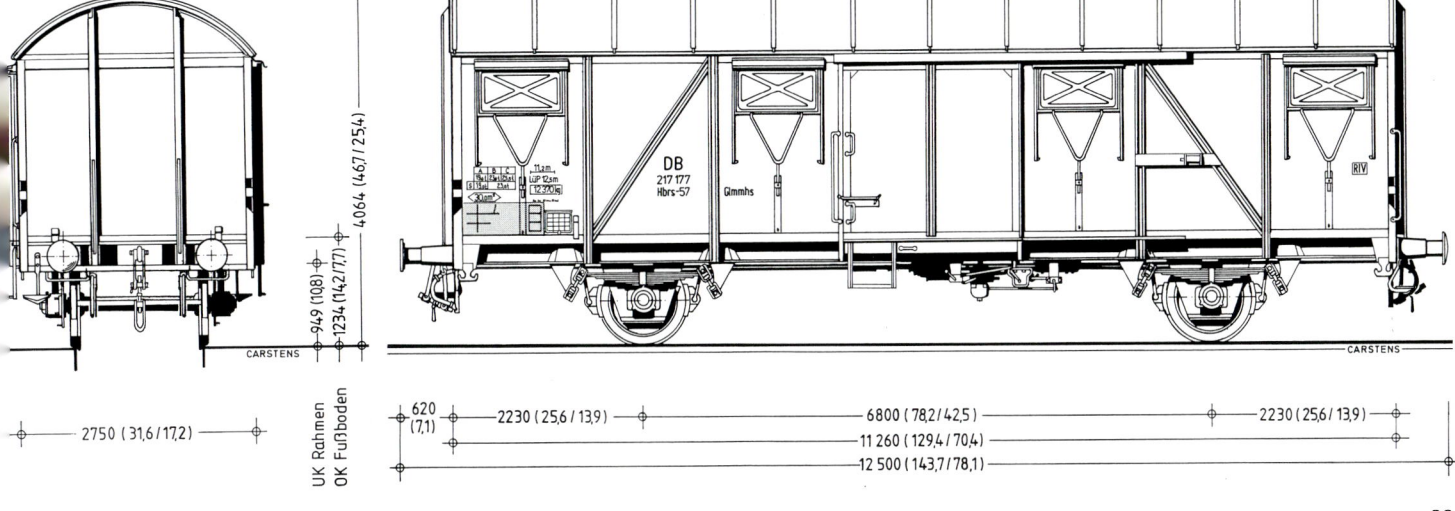

Glmm(eh)s 61 Gbs, Gbrs(s)-v 254 Gbs(s-uv) 254

Ein Gbs 254 mit Blech-Dach und einteiligem Seitenwandobergurt im Oktober 1988 im Gbf Hamburg-Altona.

Glmm(eh)s 61

	m. Hbr/o. Hbr
Erstes Baujahr	1961
Länge über Puffer	14 520/14 020 mm
Achsstand	8 000 mm
Ladelänge	12 700 mm
Ladebreite	2 600 mm
Ladefläche	33,0 m²
Laderaum	75,0 (86,0) m³
Lastgrenze A	18,0 t
B	22,0 t
C	26,0 t
S max.	22,0 t
Eigengewicht	13 800/13 000 kg
Achslager	Rollenlager
Höchstgeschw.	100 km/h
Bremsbauart	KE-GP
Federgehänge	Doppelschaken
Federblattanz./-länge	9/1 400 mm
Pufferlänge	620 mm
Pufferteller-Ø	450 mm

Gbs, Gbrs-v 254

Als Ende der vierziger, Anfang der 50er Jahre die Neukonstruktion von Güterwagen wieder aufgenommen werden konnte, stand die Forderung nach einem modernen großräumigen G-Wagen ganz obenan. Der Verkehrsdienst der jungen DB forderte bereits damals einen Wagen mit einer Ladelänge von mindestens 12,5 m, konnte sich mit dieser Forderung aber damals noch nicht durchsetzen. Dies änderte sich erst um 1960, nachdem die NS und die ÖBB die Standardisierung der Gl-Wagen innerhalb der UIC forciert hatten. Die Wünsche des Verkehrsdienstes und die Auflagen der nationalen (EBO) und internationalen Vorschriften führten zu einem Wagen mit 14 m LüP (Handbremswagen 14,5 m), einem Achsstand von 8 m und je Wagenseite 4 Lade- und Lüftungsöffnungen.

Die DB besaß zu jener Zeit einen relativ großen Bestand an Gl-Wagen, die zur Vollaufarbeitung anstanden. Diese etwa 4.000 Gl- und Glt-Wagen wurden nun zerlegt, die brauchbaren Teile verwendet und unbrauch-

Gbs(-uv) 254

bare verschrottet. Unter erheblichem Einsatz von Neumaterial (Untergestell, Laufwerk, Bremse) wurden einige Tausend Glmm(eh)s 61 in Ausbesserungswerken aufgebaut. Alle Wagen erhielten ein Trapezsprengwerk und bis auf wenige eine PVC-Dachdecke auf Holzverschalung.

Die gleichzeitig von der Industrie gelieferten Glmm(eh)s 61 wurden fast ausschließlich mit einem spritzkorkisolierten Stahlsteckdach geliefert, dessen Einbau bei den Umbauwagen nur versuchsweise erfolgte.

Seiten- und Stirnansicht eines Gbs 254 mit zweiteiligem Seitenwandobergurt und PVC-Dach im Maßstab 1:87.

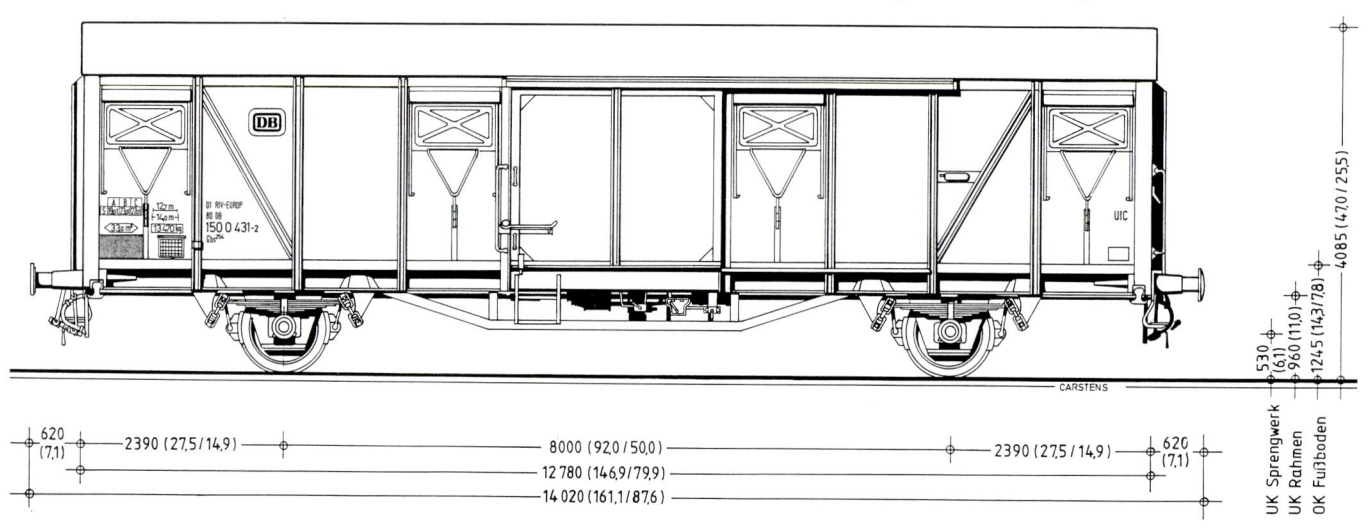

Glmm(eh)s 61 Gbs, Gbrs(s)-v 254 Gbs(s-uv) 254

Ebenfalls versuchsweise wurden einige Wagen mit einem als Haube aufgesetzten Kunststoffdach und Kunststofftür ausgerüstet. Die Wagen wurden nach 1965 als Gbs 254 bezeichnet und sind seit 1972 im EUROP-Park enthalten. Einige Handbremswagen erhielten Mitte der 70er Jahre statt der 500 mm-Handbremsbühne eine 300 mm-Bühne, um den Wagenüberhang im Hinblick auf die Einführung der automatischen Mittelpuffer-Kupplung zu reduzieren.

Modell

Rocos Gbs 254-Modell besitzt die Nachbildung einer PVC-Dachdecke und die für Stahlblechdach-Wagen typische Obergurt-Form, so daß eines der beiden Bauteile geändert werden sollte. Die Änderung des Daches erfordert – im Gegensatz zu der Änderung des Obergurtes – nur wenig Arbeit und kann ohne Bedenken auch Anfängern empfohlen werden.

Zunächst wird der Überhang des für eine Stahldachnachbildung zu langen Daches vorsichtig abgeschliffen. Damit später im Übergang Dach – Stirnwand keine Spalten entstehen, ist es empfehlenswert, das Dach und den Wagenkasten zu verkleben. Anschließend können die störenden Lücken an den seitlichen Enden der Stirnwandsegmente mit Kunststoffspachtel verschlossen werden. Sind diese Arbeiten erledigt, werden die kompletten Dachhauben (Dach und Stirnwandsegment sind beim Vorbild ein Bauteil) hellgrau bzw. für die 60er Jahre umbra- oder silbergrau gestrichen.

Sinngemäß gelten diese Änderungen auch für das Roco-Modell des Gbs 252, der sich im Wagenkasten nicht vom Gbs 254 unterscheidet.

Ein Glmms 61 mit der ursprünglich vorgesehenen Gattungsbezeichnung Hbs (wegen der Daberkow-Transportschutzeinrichtungen) Anfang der sechziger Jahre.

Der Gbs 61 165 668 gehörte zu den Wagen mit Kunststoffdach und Kunststofftür (Bebra 15. 6. 1965).

Bei diesem Glmms 61-Modell mit der Nachbildung eines Blechdachs wurden die waagerechten Stege der Stirnwandobergurte entfernt. Um den störenden Spalt in den Seitenwandobergurten zumindest abzumindern, wurden die oberen Wagenkastenränder an den Seiten- und Stirnwänden rechtwinklig geschliffen. Das Sprengwerk wurde um 180° gedreht (ohne die überflüssigen Abstützungen an den Enden) in korrekter Lage eingebaut.

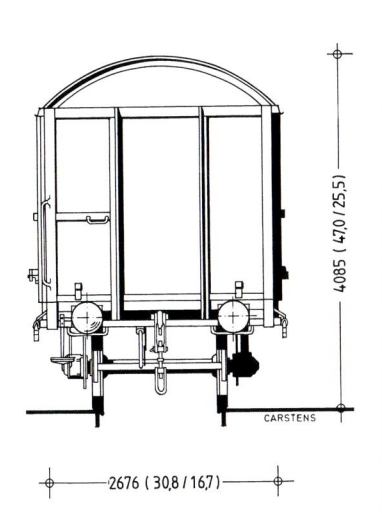

Gbs 252

Ein Gbs 252 im Zugverband, im September 1988 in Helmstedt aufgenommen.

Gbs 252

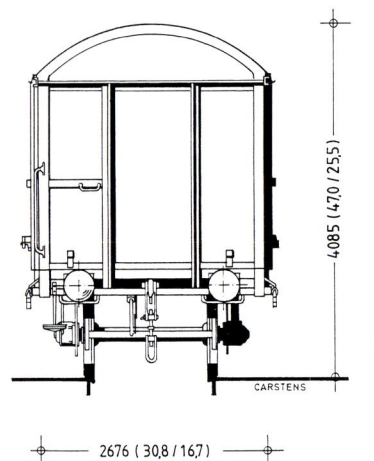

Erstes Baujahr	1966
Länge über Puffer	14 020 mm
Achsstand	8 000 mm
Ladelänge	12 700 mm
Ladebreite	2 600 mm
Ladefläche	33,0 m²
Laderaum	75,0 (86,0) m³
Lastgrenze A	18,5 t
B	22,5 t
C	26,5 t
S max.	22,5 t
Eigengewicht	13 400 kg
Achslager	Rollenlager
Höchstgeschw.	100 km/h
Bremsbauart	KE-GP
Federgehänge	Doppelschaken
Federblattanz./-länge	9/1 400 mm
Pufferlänge	620 mm
Pufferteller-Ø	450 mm

Diese 1966 entstandenen Wagen bildeten den Abschluß der Entwicklung großräumiger Güterwagen der Standardbauarten bei der DB.

Gbs 252

Von ihren Vorgängern, den Glmms 61, unterscheiden sie sich äußerlich durch das fehlende Sprengwerk. Die Änderungen im Untergestell für die Aufnahme der automatischen Mittelpufferkupplung erschließen sich aus der seitlichen Betrachtung dagegen nicht.

Alle Wagen, ausgerüstet mit Stahlblechdach, gehören seit 1972 zum EUROP-Park und sind noch nahezu vollständig vorhanden.

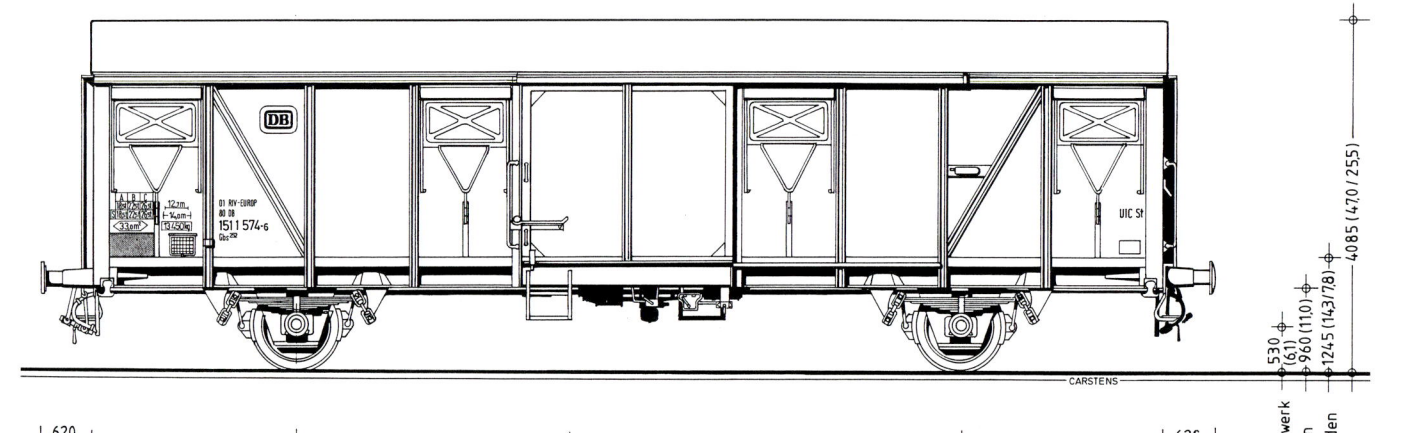

Seiten- und Stirnansicht eines Gbs 252 im Maßstab 1:87.

Gltmms 62   Hbcs 300

Ein Hbcs-uv 300 am 7. 5. 1988 im Hamburger Hafen aufgenommen.

Gltmms 62

Erstes Baujahr	1960
Länge über Puffer	14 020 mm
Achsstand	8 000 mm
Ladelänge	12 680 mm
Ladebreite	2 600 mm
Ladefläche	33,0 m²
Laderaum	74,2 (86,0) m³
Lastgrenze A	18,0 t
B	22,0 t
C	25,5 t
S max.	22,0 t
Eigengewicht	14 000 kg
Achslager	Rollenlager
Höchstgeschw.	100 km/h
Bremsbauart	KE-GP
Federgehänge	Doppelschaken
Federblattanz./-länge	9/1 400 mm
Pufferlänge	620 mm
Pufferteller-Ø	450 mm

Gleichzeitig mit den Umbauserien des Glmms 61 entstanden ebenfalls und ausschließlich als Umbauwagen 600 Wagen mit Stirnwandtüren, die als Gltmms 62 bezeichnet wurden.

Alle Wagen besitzen ein PVC-Dach und an beiden Wagenenden dreiflügelige Falttüren, die allerdings nur bis zum Dachaufsatz reichen.

Da die Bedeutung der Stirnwandtürwagen in den letzten

Hbcs 300

Jahren ständig zurückging, findet man sie heute meist neben normalen Gbs-Wagen an allen Verladestellen, wo großräumige Wagen benötigt werden.

Hbcs 300

Die Wagen, seit 1965 als Hbcs 300 bezeichnet, sind nach wie vor im Bestand, es ist aber nicht anzunehmen, daß sie die nächsten 10 Jahre überleben.

Das Foto des Hbcs 300 (Melsungen 1987) zeigt noch einmal deutlich die dreiflügelige Falttür.

Für die Ausstellung anläßlich der 150-Jahr-Feier wurde dieser Gbs 256 im Jahr 1985 im Aw Hmb-Harburg aufgearbeitet.

Glmms 64
Gbs 256
Gbs 256

Erstes Baujahr	1964
Länge über Puffer	14 020 mm
Achsstand	8 000 mm
Ladelänge	12 730 mm
Ladebreite	2 600 mm
Ladefläche	33,1 m²
Laderaum	75,0 (86,0) m³
Lastgrenze A	18,5 t
B	22,5 t
C	26,5 t
S max.	22,5 t
Eigengewicht	13 100 kg
Achslager	Rollenlager
Höchstgeschw.	100 km/h
Bremsbauart	KE-GP
Federgehänge	Doppelschaken
Federblattanz./-länge	9/1 400 mm
Pufferlänge	620 mm
Pufferteller-Ø	450 mm

So betrachtet ist es fast schon erstaunlich, daß die DB immerhin die Serie von 300 bei der Waggonfabrik Uerdingen entstandenen Glmms 64 übernahm. Die Wagen mit ihren spritzkorkisolierten Wellblechwänden haben sich, seit 1965 als Gbs 256 bezeichnet, offenbar bewährt – Ausmusterungen gab es lediglich bei Gewaltschäden.

Außer einigen Versuchswagen hat sich bei Reichsbahn und DB ein Ganzstahl-G-Wagen nicht im Normaleinsatz durchsetzen lassen. Die Vorteile (höhere Widerstandsfähigkeit und damit auch höhere Lade-Kapazität) wurden aufgewogen durch höhere Reparatur- und Unterhaltungskosten sowie die eingeschränkte Verwendungsfähigkeit, etwa für Tiertransporte.

Glmms 65
Gbs 257
Gbs 257

Erstes Baujahr	1964
Länge über Puffer	14 020 mm
Achsstand	8 000 mm
Ladelänge	12 730 mm
Ladebreite	2 620 mm
Ladefläche	33,4 m²
Laderaum	75,0 (86,0) m³
Lastgrenze A	18,5 t
B	22,5 t
C	26,5 t
S max.	22,5 t
Eigengewicht	13 500 kg
Achslager	Rollenlager
Höchstgeschw.	100 km/h
Bremsbauart	KE-GP
Federgehänge	Doppelschaken
Federblattanz./-länge	9/1 400 mm
Pufferlänge	620 mm
Pufferteller-Ø	450 mm

Wie die Glmms 64 entstanden die Glmms 65 1964 bei der Waggonfabrik Uerdingen. Alle ladetechnischen Eigenschaften und der konventionelle Rungen-/Plattenaufbau entsprachen den Glmms 61, die Seitenwände waren aber anders aufgeteilt. Dabei fällt vor allem die andersartige Anordnung der Lade- und Lüftungsöffnungen sowie die zusätzlichen Diagonalstreben und das Fehlen des Sprengwerks auf.

Die 60 seit 1965 als Gbs 257 bezeichneten Wagen sind noch vorhanden. Wie die Gbs 254 und 252 gehören sie dem EUROP-Park an.

Der Gbs 256 unterscheidet sich durch die abweichende Anordnung der Lüftungsschieber und der Diagonalstreben augenfällig von den Standard Gbs-Wagen der DB (Kassel-Eilgutbahnhof, April 1988).

Gltmehks 55 Tbcrs-v 840

Einer von 10 Gltmehks 55, die 1953 von der DB beschafft wurden, am 2. 4. 1960 in Mainz-Bischofsheim.

Gltmehks 55   Tbcrs-v 840

Erstes Baujahr	1953	Tragfähigkeit	20,2 t	Federblattanz./-länge	7/1 400 mm
Letztes Einsatzj.	1980	Lastgrenze A	18,5 t	Pufferlänge	620 mm
Länge über Puffer	12 500 mm	B/C	21,0 t	Pufferteller-Ø	370 mm
Achsstand	6 800 mm	S max.	18,5 t		
Ladelänge	11 210 mm	Eigengewicht	13 300 t		
Ladebreite	2 710 mm	Achslager	Rollenlager		
Ladfläche	30,4 m²	Höchstgeschw.	100 km/h		
Laderaum	64,0 (74,0) m³	Bremsbauart	Hik-GP		
Ladegewicht	20,0 t	Federgehänge	Doppelschaken		

1953 wurde eine Probeserie von 10 Schiebedachwagen gebaut, die in ihrem grundsätzlichen Aufbau den gedeckten Wagen entsprachen. Die Wagen, die aus den Glmehs 50 entwickelt wurden, entsprachen diesen in ihrem Aufbau (jedoch ohne Diagonalstreben) und den Hauptabmessungen. Zusätzlich besaßen sie dreiteilige Stirnwanddrehtüren.

Der letzte Tbcrs-v 840 wurde 1980 ausgemustert.

Gl 90

Die Gl 90 kamen während des Zweiten Weltkriegs zur Deutschen Reichsbahn. Bei ihnen handelt es sich um ehemals polnische Wagen, die als besonderes Merkmal eine Westinghouse-Bremse besaßen. Wegen ihrer großen Ladelänge von 13,0 m blieben die Wagen, die nachträglich Endfeldverstärkungen in ähnlicher Form wie bei den Verbandsbauartwagen erhielten, bei der DB als Splittergattung noch bis 1968 im Einsatz.

Ein ehemals polnischer Gl Wagen mit 7stelliger Wagennummer und ohne Gattungsnummer oder -namen.

Gl 92

Die nach dem Zweiten Weltkrieg auf dem späteren Bundesgebiet verbliebenen Gl-Wagen rumänischer Herkunft erhielten bei der DB die Gattungsbezeichnung Gl 92. Wie viele Wagen osteuropäischer Eisenbahnverwaltungen besaßen sie mit 13,0 m eine relativ große Ladelänge und waren dadurch für die DB recht interessant, da keine Gl-Wagen ähnlicher Länge deutschen Ursprungs existierten.

Dieser Gl 92 mit Handbremse war Mitte der fünfziger Jahre an die Firma Miele vermietet.

Gl 93

Mit nur 11,5 m Ladelänge lagen die ehemals tschechischen Gl 93 zwar unter der Länge anderer osteuropäischer Gl-Wagen, waren aber immer noch länger als die in der Regel 10,72 m langen deutschen Wagen. Dies dürfte mit ein Grund gewesen sein, daß die Wagen etwa bis Ende der fünfziger Jahre im Einsatzbestand blieben.

1957 war dieser Gl 93 mit neuen Lade- und Lüftungsklappen im Einsatz.

Glt 93

Die ehemals tschechischen Glt 93 besaßen – ähnlich wie die ersten Austauschbau-Glt-Wagen – nur einseitig eine rechteckige Stirnwandtür, waren aber erheblich länger als diese. Ebenso wie die meisten anderen Wagen ausländischer Herkunft dürften sie bis Ende der fünfziger Jahre ausgemustert worden sein.

Wie viele ältere Glt-Wagen besaß der ehemals tschechische Glt 93 nur auf einer Stirnseite rechteckige Türen.

Gbh Saarbrücken   Gbh 21   Hfk 310

Der Gbh 21 180 065 besaß zwar Mitte der fünfziger Jahre noch sein Bremserhaus (bereits mit runden Türfenstern), hatte aber neue Lade- und Lüftungsklappen bekommen ...

Gbh Saarbrücken

Erstes Baujahr	1926
Letztes Einsatzj.	1968
Länge über Puffer	12 800 mm
Achsstand	7 000 mm
Ladelänge	10 720 mm
Ladebreite	2 140 mm
Ladefläche	22,9 m²
Laderaum	48,6 (54,3) m³
Ladegewicht	15,0 t
Tragfähigkeit	17,5 t
Lastgrenze A/B/C	17,5 t
Eigengewicht	13 300 kg
Achslager	Gleitlager
Höchstgeschw.	65 km/h
Bremsbauart	Kk-G
Federgehänge	Laschen
Federblattanz./-länge	11/1 100 mm
Pufferlänge	650 mm
Pufferteller-Ø	370 mm

Zwischen 1926 und 1928 beschaffte die Deutsche Reichsbahn für den Fährbootverkehr zwischen Großbritannien und dem Festland insgesamt 300 Wagen, die nach den Austauschbaurichtlinien gebaut wurden. Die Wagen, deren auffälligstes Merkmal das für Fährbootwagen erforderliche kleine Profil der Britischen Eisenbahnen war, besaßen neben der normalen Kkg-Bremse und der Handbremse zusätzlich eine Saugluftleitung und die britische Handhebel-Rangierbremse.

Gbh 21

Um trotz der eingeschränkten Breite eine ausreichende Ladefläche zur Verfügung zu stellen, entsprach das Fahrgestell und der Wagenaufbau in der Länge den Gl-Wagen. Da durch die geringe Fahrzeugbreite der Bewegungsraum im Wageninnern eingeschränkt war, erhielten die Wagen beidseitig doppelte, gegenläufige Schiebetüren.

Hfk 310

Ein großer Teil der Wagen kam nach dem Zweiten Weltkrieg noch zur DB und wurde hier unter der Gattungsbezeichnung Cb(h) 21 eingesetzt. Ab 1964 erhielten die noch vorhandenen Wagen, inzwischen alle ohne Bremserhaus, die Typenbezeichnung Hfk 310. Der letzte Wagen wurde 1968 ausgemustert.

... während der Gb 180 106 kein Bremserhaus mehr hatte, dafür aber die alten Lade- und Lüftungsklappen (Passau 8. 5. 1963).

Gbmhs 51   Hfrs 312   Hfs-u 312

Wenige Tage nach der Ablieferung am 2. 9. 1953 entstand dieses Foto des Gbmhs 51   212 078 (unten: die dazu gehörende Seiten- und Stirnansicht).

Gbmhs 51   Hfrs 312   Hfs-u 312

Erstes Baujahr	1953
Länge über Puffer	12 500 mm
Achsstand	6 800 mm
Ladelänge	11 180 mm
Ladebreite	2 240 mm
Ladefläche	25,0 m²
Laderaum	51,5 (56,5) m³
Lastgrenze A	19,5 t
B/C	21,0 t
S max.	21,0 t
Eigengewicht	12 400 kg
Achslager	Rollenlager
Höchstgeschw.	100 km/h
Bremsbauart	Hik-GP oder KE-GP
Federgehänge	Doppelschaken
Federblattanz./-länge	7/8/1 400 mm
Pufferlänge	620 mm
Pufferteller-Ø	370 mm

1953 wurde von der DB eine Serie von 100 gedeckten Fährbootwagen beschafft, die aus dem Gmhs 53 entwickelt waren. Da die Höhe und Breite der Fährbootwagen wegen des kleineren britischen Fahrzeugumgrenzungsprofils nur rund 3,70 m bzw. 2,30 m betrug (normale Wagen können rund 4,10 m hoch und 3,00 m breit sein), wurden die Längenabmessungen des Glmhs 50 zugrunde gelegt, um ausreichend Laderaum zur Verfügung stellen zu können. Wie auch die älteren Fährbootwagen erhielt der Gbmhs 51 eine 4,00 m breite Seitenwandtüröffnung und zwei gegenläufige Türflügel. Für den Einsatz in Großbritannien wurden die Wagen mit einer Handhebelbremse und einer Vakuumbremsleitung ausgerüstet.

Ab 1961 wurde nochmals eine Serie von 150 Wagen nachbeschafft, die sich von der ersten Serie durch die KE-GP-Bremse unterscheiden (bei der ersten Serie wurde noch die Hik-GP-Bremse eingebaut). Hingegen wurde die Wandbekleidung aus Kiefern- bzw. Fichtenbrettern beibehalten (obwohl sonst bei G-Wagen ausnahmslos nur noch Kunstharzholzplatten verwendet wurden).

Die Wagen, die seit 1980 die Bezeichnung Hfs-u 312 tragen, sind zum großen Teil noch im Einsatz.

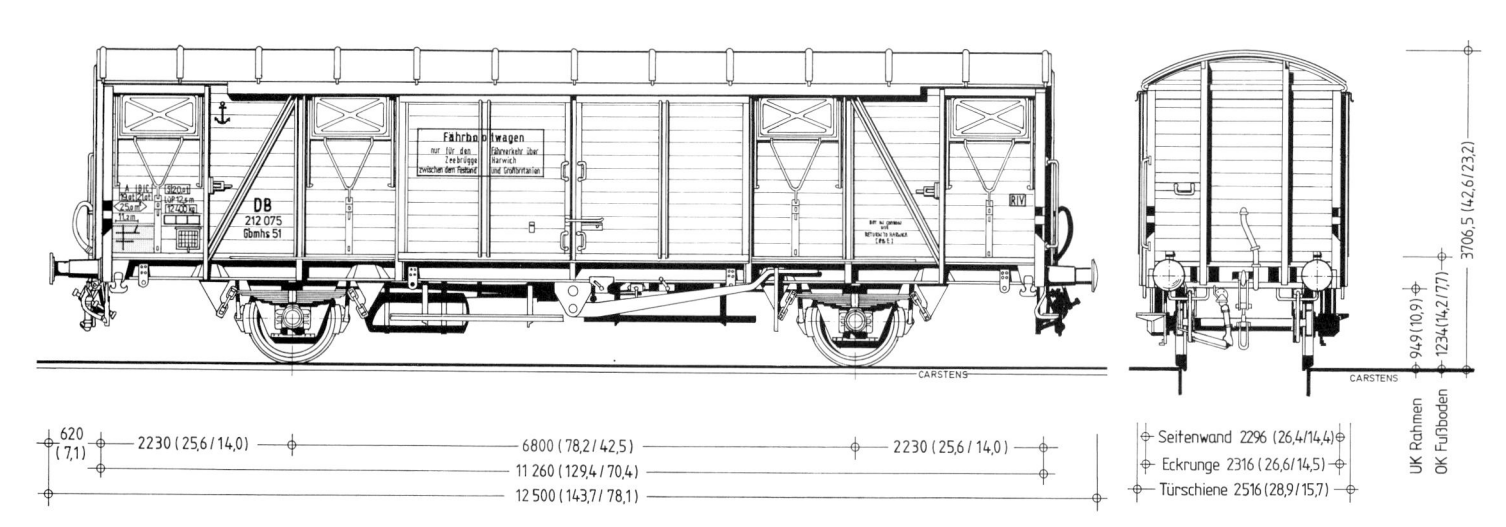

Obwohl nur vier Wagen gebaut wurden, existierten 1962 noch 3 Gbmrhs 32. Das Bild zeigt einen der Wagen Mitte der fünfziger Jahre.

Gbmhs Saarbrücken Gbmrhs 32

Erstes Baujahr	1940
Letztes Einsatzj.	1964
Länge über Puffer	12 800 mm
Achsstand	7 000 mm
Ladelänge	10 720 mm
Ladebreite	2 140 mm
Ladefläche	22,9 m²
Laderaum	48,6 (54,3) m³
Ladegewicht	15,0 (20,0) t
Tragfähigkeit	17,5 (21,0) t
Eigengewicht	13 450 kg
Achslager	Gleitlager
Höchstgeschw.	100 km/h
Bremsbauart	Hik-GP
Federgehänge	Schaken
Federblattanz./-länge	7/1 400 mm
Pufferlänge	650 mm
Pufferteller-Ø	370 mm

Als Versuchsserie wurden im Jahr 1940 vier geschweißte Fährbootwagen beschafft, ein Weiterbau unterblieb wegen des beginnenden Krieges mit England jedoch. Nach Kriegsende kamen die Wagen zur DB und erhielten das Nebenzeichen „m", da das Ladegewicht von 15,0 t auf 20,0 t heraufgesetzt worden war. 3 Wagen blieben bis 1962 im Bestand der DB.

Gbtmks 66

Erstes Baujahr	1964
Länge über Puffer	12 500 mm
Achsstand	6 800 mm
Ladelänge	11 160 mm
Ladebreite	2 300 mm
Ladefläche	25,7 m²
Laderaum	52,0 (57,0) m³
Lastgrenze A	17,5 t
B/C	21,5 t

Tcefs 845

Lastgrenze S max.	21,5 t
Eigengewicht	13 100 t
Achslager	Rollenlager
Höchstgeschw.	100 km/h
Bremsbauart	KE-GP
Federgehänge	Doppelschaken
Federblattanz./-länge	8/1 400 mm
Pufferlänge	620 mm
Pufferteller-Ø	370 mm

Der Tcefs 845 579 5 045 am 26. 10. 1985 in Liondern.

Tcefs 845

Während der aus dem Glmhs 50 entwickelte Gltmehks 55 nur in einer Probeserie beschafft wurde, wurden von dem nach den gleichen Grundsätzen für den Fährbootverkehr gebauten Gbtmks 66 ab 1964 100 Wagen gebaut, die zum großen Teil heute noch im Einsatz sind.

GGvwehs Dresden GGvwehs 44 Hakrs-v 346

Der GGvwehs 44 185 002 und ein weiterer Wagen dieser Gattung waren bei der DB bis 1967 im Einsatz. Heimatbahnhof war München-Dagolfing. Unten die Zeichnung des Wagens mit der Reichsbahn-Beschriftung.

GGvwehs Dresden

Erstes Baujahr	1936
Letztes Einsatzj.	1968
Länge über Puffer	11 940 mm
Drehgestellachsst.	2 600 mm
Drehzapfenabstand	6 000 mm
Ladelänge	2 × 3 400 mm
Ladebreite	2 × 1 350 mm
Ladefläche	18,4 m²
Ladehöhe	2 090/2 843 mm
Ladegewicht	3,5 t
Tragfähigkeit	4,0 t
Lastgrenze A/B/C	4,0 t
S	3,5 t
SS	3,5 t
Eigengewicht	22 000 kg
Achslager	Gleitlager
Höchstgeschw.	100 (120) km/h
Bremsbauart	Hik-GP
Federblattanz./-länge	4/900 mm
Wiegefedern	4/1 360 mm
Pufferlänge	650 mm
Pufferteller-Ø	450 mm

GGvwehs 44 Hakrs-v 346

1935 beschaffte die Deutsche Reichsbahn als Nachfolgebauart für die dreiachsigen ehem. preußischen Stallungswagen fünf Drehgestellwagen für die Beförderung von Reit- und Turnierpferden in Schnellzügen. Die Wagen besaßen vier Pferdeabteile und ein Begleiterabteil in Wagenmitte. Sie liefen auf kurzen Drehgestellen der Bauart Görlitz und waren für eine Höchstgeschwindigkeit von 120 km/h zugelassen.

Obwohl es sich stets um eine Splittergattung handelte, blieben die Wagen bei der DB bis 1967 im Einsatz, wobei allerdings die zulässige Höchstgeschwindigkeit zum Schluß auf 100 km/h herabgesetzt wurde.

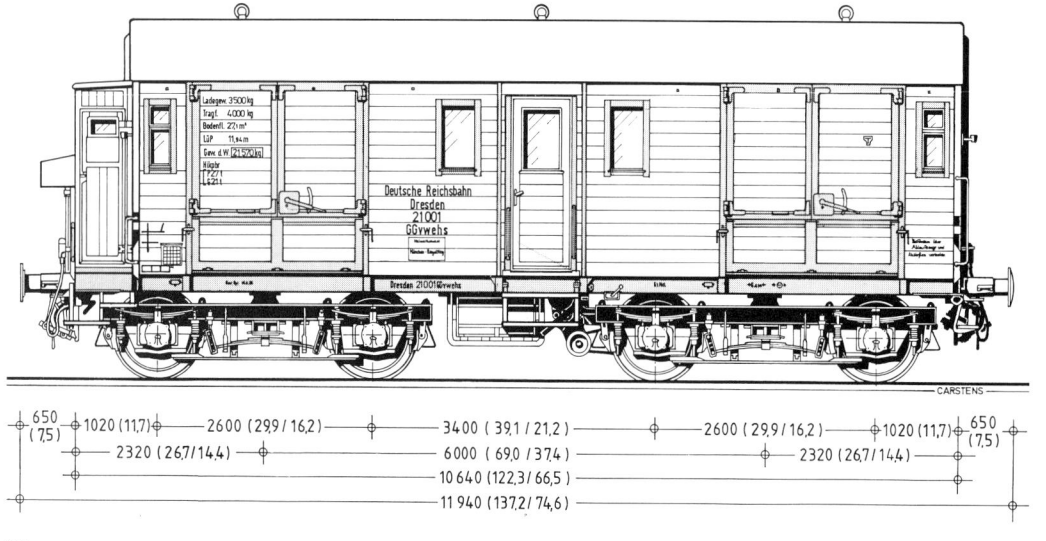

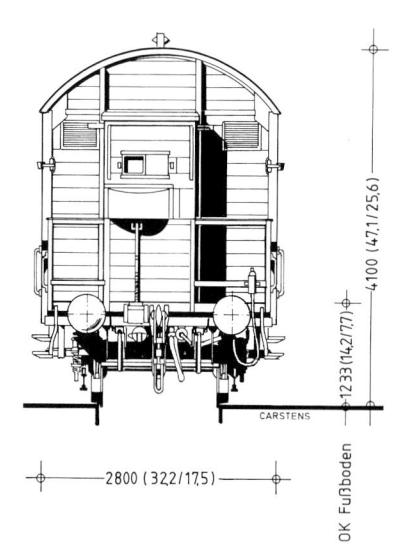

GG 19

Bei den meisten GG 19 handelt es sich um gedeckte Drehgestellwagen russischer Bauart. Diese Wagen, die bereits vom äußeren Erscheinungsbild Fremdkörper im Wagenpark der DB waren, wurden Anfang der fünfziger Jahre ausgemustert.

GG 90

Die GG 90 ähnelten in ihrem grundsätzlichen Aufbau den GGhs 41. Von diesen ehemals polnischen Wagen kam eine recht beträchtliche Zahl nach dem Zweiten Weltkrieg in den Bestand der DB. Da die DB kaum gedeckte Drehgestellwagen besaß (und im Gegensatz zu anderen Bahnverwaltungen auch nicht beschafft hat), blieben die Wagen bis Mitte der sechziger Jahre im Einsatz.

GGlh Dresden
GGhs 41

Erstes Baujahr	1934
Letztes Einsatzj.	ca. 1952
Länge über Puffer	17 600 mm
Drehgestellachsst.	2 600 mm
Drehzapfenabstand	11 000 mm
Ladelänge	15 520 mm
Ladebreite	2 690 mm
Ladefläche	41,7 m²
Ladegewicht	15,0 t
Tragfähigkeit	15,75 t
Eigengewicht	22 550 kg
Achslager	Gleitlager
Höchstgeschw.	100 km/h
Bremsbauart	Hik-GP

1934/35 wurden von der Deutschen Reichsbahn drei Drehgestell-Expreßgutwagen beschafft. Mit diesen Wagen, die auch der Erprobung der Schweißtechnik im Güterwagenbau dienten, sollte ein Wagen geschaffen werden, der auch in schnellfahrenden Zügen eingesetzt werden konnte. Um den Wagen für hohe Geschwindigkeiten weich abfedern zu können, wurde das Ladegewicht trotz des großen Laderaums auf nur 15,0 t festgelegt. Da der außerordentlich hohe Materialeinsatz hierfür jedoch zu unwirtschaftlich war, unterblieb ein Weiterbau. Die Wagen wurden bis Anfang der fünfziger Jahre ausgemustert.

Anfang der fünfziger Jahre waren bei der DB noch ehemals russische GG 19 im Einsatz.

Der GG 19 185 006 (Anfang der fünfziger Jahre fotografiert) ist ein falsch eingereihter GG 90.

Der GGhs Dresden 20 003 im Jahr 1935 auf einem Wumag-Werkfoto.

GGths Bromberg GGths 43 Hacrs-v 340

Der GGths 43 185 033 am 19. 09. 1957 im Rbf Hamburg-Süd. Eineinhalb Jahre später besaß derselbe Wagen Anschriften, die in der Anordnung der auf der nächsten Seite abgebildeten Zeichnung entsprechen.

GGths Bromberg

Erstes Baujahr	1941	Lastgrenze A		41,0 t
Letztes Einsatzj.	1979	B/C		49,0 t
Länge über Puffer	18 000 mm	S max.		49,0 t
Drehgestellachsst.	2 000 mm	Eigengewicht		23 500 kg
Drehzapfenabstand	12 000 mm	Achslager	Gleit- od. Rollenlager	
Ladelänge	16 480 mm	Höchstgeschw.		100 km/h
Ladebreite	2 706 mm	Bremsbauart		Hik-GP
Ladefläche	44,6 m²	Federblattanz./-länge		7/1 200 mm
Laderaum	93,6 (113,7) m³	Pufferlänge		650 mm
Ladegewicht	51,0 t	Pufferteller-Ø		450 mm
Tragfähigkeit	53,0 t			

GGths 43

Nachdem die Deutsche Reichsbahn im Jahr 1942 vier verschiedene gedeckte, großräumige Drehgestellwagen als Versuchswagen in Auftrag gegeben hatte, begann 1944 der Serienbau der aus diesen Wagen entwickelten GGths Bromberg. Bis zum Kriegsende konnten allerdings nur noch 77 Wagen abgeliefert werden, von denen zwei Versuchswagen ohne Stirnwandtüren (als GGhs Bromberg) gebaut wurden.

Mit dem Bromberg war erstmals ein gedeckter Güterwagen für große Lasten geschaffen worden. Der Wagen, der auf Preßblech-Güterwagendrehgestellen lief, hatte eine Ladelänge von 16,6 m und ein Ladegewicht von 51,0 t, so daß er verkehrlich den meisten Belangen gerecht werden konnte.

Hacrs-v 340

Während die Deutsche Reichsbahn der DDR nach dem Zweiten Weltkrieg den Bromberg weiter entwickelte und zahlreiche gedeckte Drehgestellwagen beschaffte, unterblieb ein Weiterbau bzw. eine Weiterentwicklung bei der DB völlig. Die nach dem Krieg übernommenen Wagen wurden als GGths 43 (bzw. die beiden Versuchswagen als GGhs 42) eingereiht. Die letzten GGths 43 wurden, inzwischen als Hacrs-v 340 bezeichnet, in den siebziger Jahren ausgemustert.

Der GGths 43 als etwas überarbeitetes Roco-Modell.

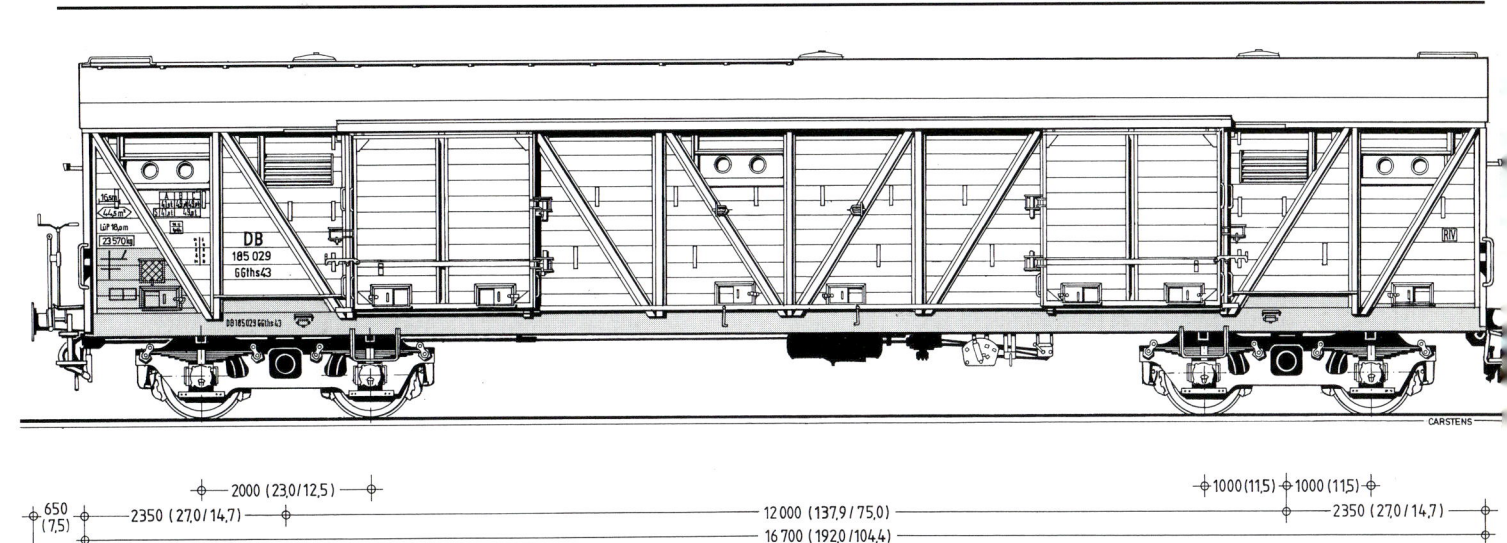

GGths Bromberg   GGths 43   Hacrs-v 340

2000 (23,0/12,5)
650 (7,5) 2350 (27,0/14,7)
12 000 (137,9/75,0)
16 700 (192,0/104,4)
18 000 (206,9/112,5)
1000 (11,5) 1000 (11,5)
2350 (27,0/14,7)

Wieder in den Ursprungszustand zurückversetzt: der Museums-Bromberg der DB am 8. 10. 1985 in Bochum-Dahlhausen.

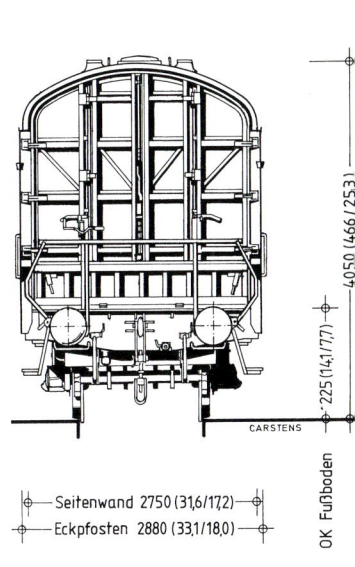

4050 (46,6/25,3)
225 (14,1/7,7)
OK Fußboden
Seitenwand 2750 (31,6/17,2)
Eckpfosten 2880 (33,1/18,0)

Seiten- und Stirnansicht eines GGths 43 im Maßstab 1:87.

Gllvwhh 08   198 305 und Gllh 12   198 306

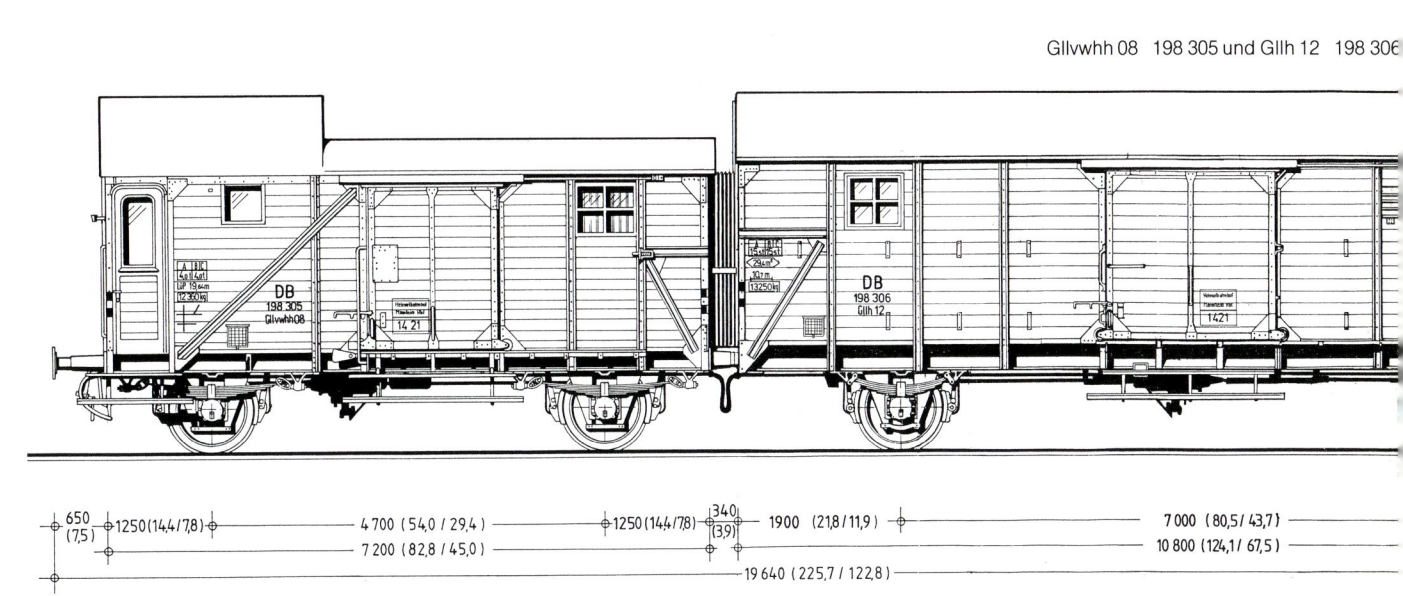

650 (7,5) 1250 (14,4/7,8)   4 700 (54,0/29,4)   1250 (14,4/7,8) 340 (3,9) 1900 (21,8/11,9)   7 000 (80,5/43,7)
7 200 (82,8/45,0)   10 800 (124,1/67,5)
19 640 (225,7/122,8)

97

Gllh Dresden   Gllh 24

Die Gllh 12-Einheit 198 114/15 am 20. 10. 1963 in Darmstadt. Ebenso wie die links abgebildeten Wagen haben auch diese beiden Gllh 12 1800 mm lange Blattfedern. Die Wagen unterscheiden sich jedoch in der Anordnung des Batteriekastens, der Toilette (erkennbar am Fallrohr), der Fenster und die bis zum Dach reichenden Endfelddiagonalen.

Gemischte Leig-Einheit aus einem Gllh 11 und einem Gllrh 22 Ende der fünfziger Jahre. Bis 1964 gab es in gemischten Einheiten Gll 06, Gllvwh 08, Gll 11, Gll 19, Gll 22, Gll 25, Gll 30, Gll 34, Gll 38 und Gll 46, also nicht nur alle Bauarten der ehemaligen Dresden, sondern auch kürzere Wagen, wie ehemalige Pwg und Oppeln.

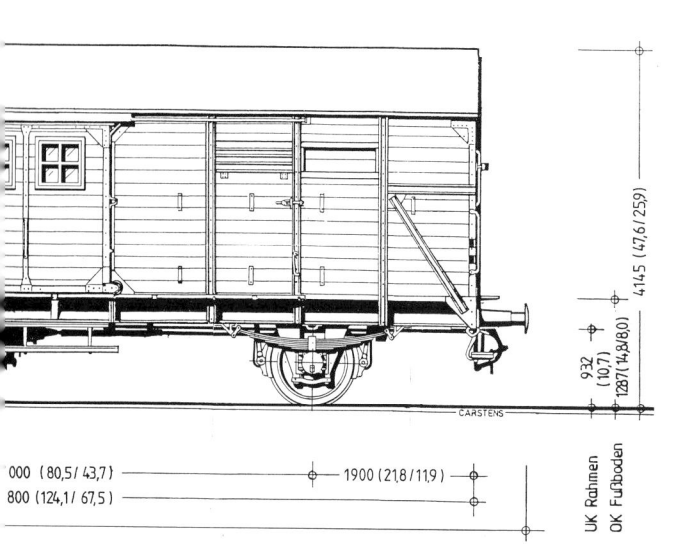

Gllh Dresden   Gllh 24

	m. Hbr/o. Hbr
Erstes Baujahr	1933
Letztes Einsatzj.	1965
Länge über Puffer	24 140 mm
Achsstand	7 700/19 390 mm
Ladelänge	8 637 u. 10 710 mm
Ladebreite	2 740 mm
Ladefläche	23,7 u. 29,3 m²
Laderaum	112,8 (136,8) m³
Ladegewicht	15,0 t
Tragfähigkeit	15,75 t
Eigengewicht	31 000 kg
Achslager	Gleitlager
Höchstgeschw.	65 km/h
Bremsbauart	Kk-P
Federblattanz./-länge	9/1 800 mm
Pufferlänge	650 mm
Pufferteller-⌀	370 mm

Analog zu den Verbandsbauartwagen wurden auch Gl-Wagen der Austauschbauart mit 7,7 m Achsstand ab 1933 zu Leig-Einheiten kurzgekuppelt. Hierbei wurde bei einem Wagen die Bremserbühne abgebaut, so daß dieser einen asymmetrischen Achsstand erhielt. Die letzte Gll 24-Leig-Einheit wurde 1965 ausgemustert.

Gllh Dresden   Gllh 12   Hkr-z 321

Die Glleh 12-Einheit 198 045/46 trug 1959 als eine der letzten noch den Schriftzug „Stückgut Schnellverkehr". Das beim Umbau zur Leig-Einheit eingebaute Fenster über dem Bremserhaus besaßen nicht alle Gll(e)h 12 (Garmisch-Partenkirchen, 19. 9. 1959). Unten die 1:87-Zeichnung einer ähnlichen Einheit ohne elektrische Heizleitung.

Gllh Dresden

	m. Hbr/o. Hbr
Erstes Baujahr	1933
Letztes Einsatzj.	1968
Länge über Puffer	24 140 mm
Achsstand	7 000 / 18 690 mm
Ladelänge	8 670 u. 10 720 mm
Ladebreite	2 690 mm
Ladefläche	23,3 u. 28,8 m²
Laderaum	106,2 (135,0) m³
Ladegewicht	15,5 t
Tragfähigkeit	15,75 t
Lastgrenze A/B/C	15,5 t
Eigengewicht	28 700 kg

Achslager	Gleitlager
Höchstgeschw.	65 km/h
Bremsbauart	Kk-G oder Kk-GP
Federgehänge	Laschen
Federblattanz./-länge	9 / 1 800 mm
Pufferlänge	650 mm
Pufferteller-Ø	370 mm

1933 ließ die Deutsche Reichsbahn eine Anzahl Gl-Wagen für den Stückgut-Schnellverkehr kurzkuppeln und mit Faltenbalgübergängen versehen. Hierzu zählten auch etliche Gl-Wagen der Verbandsbauart, wobei die Wagen mit Handbremse zusätzlich ein Zugführerabteil und eine Toilette bekamen. Außerdem wurden die Wagen weicher abgefedert und erhielten 9-lagige 1800 mm lange Blatt-Tragfedern anstelle der ursprünglich vorhandenen 11-lagigen 1100 mm langen Federn.

Gllh 12

Hkr-z 321

Die Wagen, die in der Regel in den vierziger Jahren Endfeldverstärkungen erhielten, unterschieden sich in der Ausführung und Anordnung der Fenster, so daß der Eindruck entstehen kann, sie wären nicht nach einheitlichen Zeichnungen umgebaut worden.

Die letzten Hkr-z 321-Einheiten wurden bei der DB erst 1968 ausgemustert.

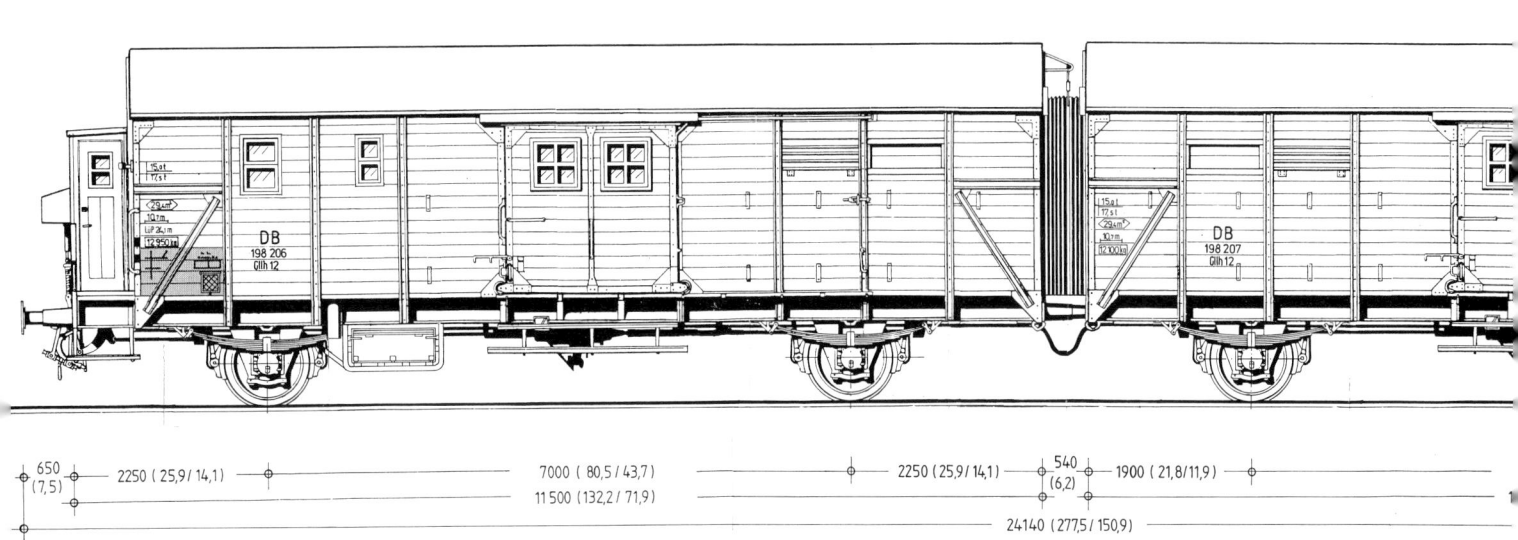

Gllh Dresden   Gllvwh 08 / Gllh 12

Direkt nach der Fertigstellung präsentiert sich diese Leig-Einheit der Deutschen Reichsbahn (in einer Zeile angeschrieben!), die aus einem Gelh Dresden und einem Pwg besteht. Der Verbandsbauart-Dresden ist bis auf den Einbau des Stirnwandübergangs und der Beleuchtung nebst Gaskessel äußerlich nahezu unverändert (Anordnung der Lade- und Lüftungsöffnungen, keine Fenster in den Seitenwänden und noch kurze Blatttragfedern). Der Pwg besitzt noch einen Teil der durchgehenden Trittstufe und die seitliche Griffstange.

Gllh Dresden

Gllvwh 08 / Gllh 12

	m. Hbr/o.Hbr Gllvwh 08/Gllh 12
Erstes Baujahr	1929
Letztes Einsatzj.	1966
Länge über Puffer	19 840 mm
Achsstand	4 700 u. 7 000 mm
Ladelänge	3 940 u. 10 720 mm
Ladebreite	2 550/2 690 mm
Ladefläche	10,0 u. 28,8 m²
Ladegewicht	4,0/15,0 t
Tragfähigkeit	4,2/17,5 t
Lastgrenze A/B/C	4,0/15,5 t
Eigengewicht	23 600 kg
Achslager	Gleitlager
Höchstgeschw.	65 km/h
Bremsbauart	Kk-G oder W-P/Kk-G
Federgehänge	Laschen
Federblattanz./-länge	8/9/1 600 mm
bzw.	11/1 100 oder 9/1 800 mm
Pufferlänge	650 mm
Pufferteller-Ø	370 mm

Für den Stückgutschnellverkehr wurden bei der Deutschen Reichsbahn ab 1929/30 Einheiten aus einem Gl-Wagen der Verbandsbauart und einem (preußischen) Pwg kurzgekuppelt und mit Faltenbalgübergängen versehen. (Erst ab 1933 ging man dazu über, anstelle des Pwg einen zweiten Gl-Wagen mit einem Abteil für den Fahrladeschaffner und einer Toilette auszurüsten und die Leig-Einheiten aus zwei Gl-Wagen zu bilden.) In den vierziger Jahren erhielten die Wagen Eckfeldversteifungen unterschiedlicher Bauform. Etliche Einheiten gelangten noch zur DB und wurden hier als Gllvwh 08 / Gllh 12 eingereiht, wobei die zwei Wagen einer Einheit grundsätzlich fortlaufende Nummern besaßen

Wohl kaum eine Leig-Einheit gab es in so vielen unterschiedlichen Erscheinungsformen wie diese. Nicht nur die Ausführung der Endfeldversteifungen, die zumindest bei den Pwg nicht immer vollständig ausgeführt wurde, war unterschiedlich, sondern auch die Anordnung und Ausführung der Fenster in den Wagen. Darüber hinaus sind sogar Einheiten mit Blechwänden, Blechdächern und umgebauter Fahrwerken bekannt.

Die letzte Gllvwh 08 / Gllh 12-Einheit wurde erst 1966 ausgemustert.

haben in genau dieser Form bei der DB existiert.

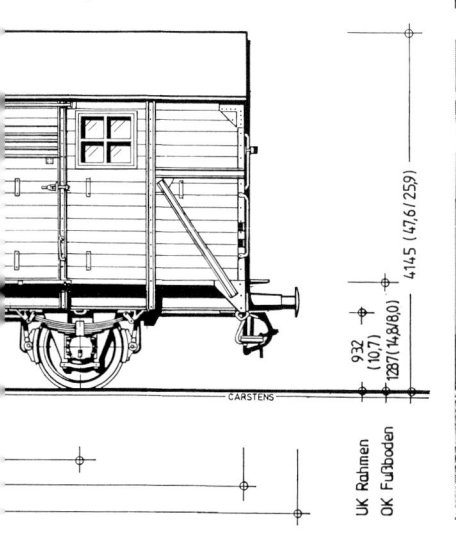

Typisch für die unterschiedlichen Ausführungen der Leig-Einheiten ist diese Kombination aus dem Glleh 12 198 289 mit langen Federn, asymmetrischer Fensteranordnung und einem Blech-Dach sowie dem Gllevwh 08 198 288, der sogar 1962 noch einen Teil der durchgehenden Griffstange und die Türen der Signalmittelschränke besaß (Passau Hbf, 18. 5. 1962).

Gllmhs 01/Gllmhs 50   Hs-vz 333/Hrs-vz 331   Hks-vz 333

Leider ist das einzige Modell einer Leig-Einheit heute nicht mehr erhältlich. An dem Roco-Modell der Gllmghs 37-Einheit, das recht gut detailliert ist, wurden folgende kleinere Verbesserungen vorgenommen: Einbau eines Batteriekastens (aus einem ausgeschlachteten Personenwagen-Fahrgestell), eines Abzugsrohrs für den Ofen (auf einer Bohrmaschine zurechtgedrehter Plastikrest), Montage von Griffstangen und Signalhaltern und schließlich eine komplette Neubeschriftung mit Gaßner-Beschriftungen.

Gllmhs 01 / Gllmhs 50   Hs-vz 333 / Hrs-vz 331   Hks-vz 333

	Gllmhs 01/Gllmhs 50
Erstes Baujahr	1953/1953
Letztes Einsatzj.	/1970
Länge über Puffer	24 520/12 500 mm
Achsstand	2 × 8 360/6 800 mm
Ladelänge	8 300 u. 11 000/11 180 mm
Ladebreite	2 712/2 710 mm
Ladefläche	22,5 u. 29,8/30,3 m²
Laderaum	111,0 (135,4)/63,6 (73,5) m³
Lastgrenze A	18,0/19,5 t
B/C	21,0/21,0 t
Smax.	20,0/20,0 t
Eigengewicht	24 000/13 000 kg
Achslager	Rollenlager
Höchstgeschw.	100 km/h
Bremsbauart	Hik-GP
Federgehänge	Doppelschaken
Federblattanz./-länge	7/1400 mm
Pufferlänge	650/620 mm
Pufferteller-Ø	370 mm

1953 beschaffte die DB als Versuchsbauart eine dreiachsige Leig-Einheit, die im Kastenaufbau den in Serie beschafften Gllmehs 52 glich (und zeitweise auch diese Gattungsnummer trug). Im Gegensatz zu den normalen Leig-Einheiten besaß sie neben der radial einstellbaren Mittelachse an einer Stirnseite eine vierteilige Leichtmetallfalttür und einen Gummiwulstübergang, so daß sie mit einem weiteren, extra zu diesem Zweck beschafften Wagen gekuppelt werden konnte. Bei diesem Wagen handelte es sich um einen mit einem Stirnwandübergang versehenen Glmhs 50, der die Bezeichnung Gllmhs 50 trug und als Zubringer zu der o.g. Leig-Einheit eingesetzt werden konnte. Während die inzwischen als Hks-vz 333 bezeichnete Einheit am 31.12.87 noch im Bestand war, ist der Einzelwagen bereits ausgemustert.

Die Versuchs-Leig-Einheit Gllmhs 01 (hier schon mit der neuen Gattungsbezeichnung Hbrs) trug anfangs noch die Gattungsbezeichnung Gllmhs 52 (mit der beibehaltenen Versuchswagennummer 149).

Gllm(g)hs Leipzig   Gllm(g)hs 37   Hrs-z 330

Ein großer Teil der Gllmhs 37-Einheiten besaß Blechdächer, wie diese am 12. 9. 1966 in Gießen aufgenommenen 218 002/03.

etwas größere Serie dieser Wagen von der Eisenbahnverwaltung in der französisch besetzten Zone in Auftrag gegeben. In den Jahren 1949/50 wurden insgesamt 240 dieser Wagen, die alle Bodentrichter zur Getreideentladung besaßen, zu Leig-Einheiten zusammengekuppelt. Die Wagen erhielten die Gattungskennzeichen Gllmghs 37 (wobei das g bei vielen Wagen trotz der weiterhin vorhandenen Bodentrichter entfiel). Gleichzeitg erhielten die Wagen – wie alle Leig-Einheiten – in dem Handbremswagen ein Abteil für den Fahrladeschaffner sowie eine Toilette und in beiden Wagen Fenster in den Seitenwänden, die im Aussehen z.T. erheblich voneinander abwichen. Schließlich bekam ein Teil der Wagen in den fünfziger Jahren Blechdächer und/oder Gummiwülste anstelle der üblichen Gewebedachdecken und Faltenbälge.

Die Gllm(g)hs 37, die wie alle Leig-Einheiten nicht für den internationalen Verkehr zugelassen waren, blieben bis 1978 im Einsatz, wobei in der Regel bis Ende der fünfziger Jahre die Aufschrift „Stückgut Schnellverkehr" entfiel.

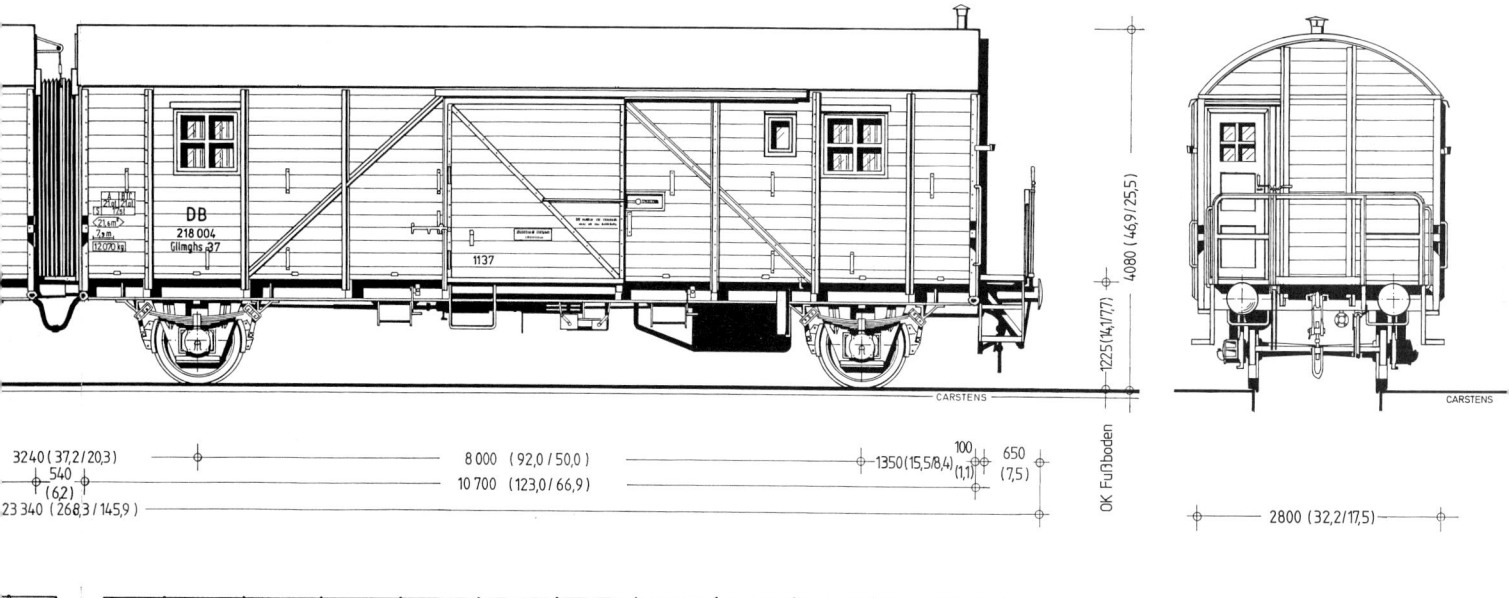

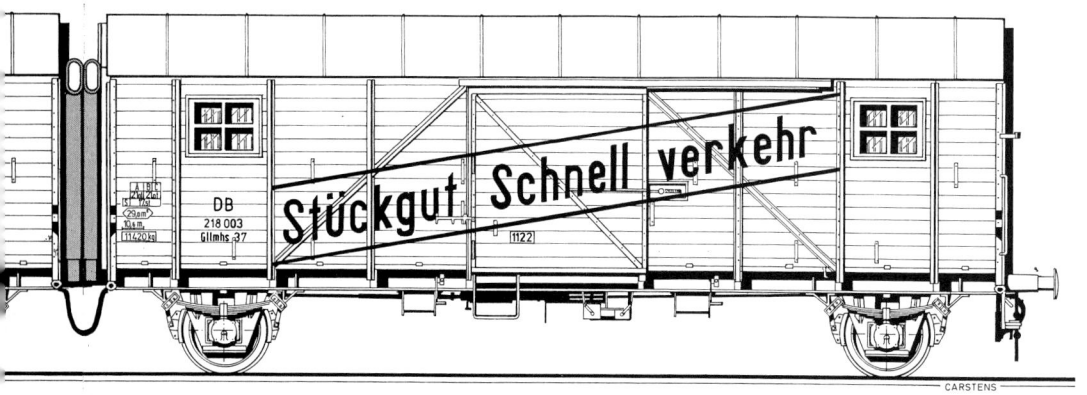

Obwohl die Bodenentleerungstrichter nicht ausgebaut wurden, trugen nicht alle Gllmhs 37-Einheiten das Nebengattungszeichen g. Unterscheidungsmerkmale der beiden gezeichneten Leig-Einheiten sind neben den Anschriften die Ausführung des Daches (oben Gewebedachdecke, unten Blech-Dach), des Übergangs mit Faltenbalg bzw. Gummiwulst und der Fenster.

Gllh Dresden Gllh 24/22 Gllh 12/38

Leig-Einheit aus einem geschweißten Dresden und einem ehemaligen Verbandsbauart-Wagen mit Handbremse, Blechdach und langen Federn.

Gllm(g)hs Leipzig
Gllm(g)hs 37
Hrs-z 330

	m. Hbr/o. Hbr
Erstes Baujahr	1942
Letztes Einsatzj.	1979
Länge über Puffer	23 340 mm
Achsstand	8 000/19 240 mm
Ladelänge	7 860 u. 10 620 mm
Ladebreite	2 744 mm
Ladefläche	21,6 u. 29,1 m²
Laderaum	106,7 (135,0) m³
Ladegewicht	26,0 t
Tragfähigkeit	21,0 t
Lastgrenze A/B/C	21,0 t
S	17,5 t
Eigengewicht	23 500 kg
Achslager	Gleitlager
Höchstgeschw.	100 km/h
Bremsbauart	Hik-GP
Federgehänge	Einfachschaken
Federblattanz./-länge	6/1 200 mm
Pufferlänge	650 mm
Pufferteller-Ø	370 mm

Während der Glmhs Leipzig als Einzelwagen von der Deutschen Reichsbahn nur in wenigen Exemplaren beschafft worden ist, wurde nach dem Zweiten Weltkrieg noch einmal eine

Gllh Dresden
Gllh 12 / 22
Gllh 12 / 38

Relativ häufig gab es Gll-Einheiten, die aus unterschiedlichen Wagen gebildet waren, wobei jedoch davon ausgegangen werden kann, daß in der Regel ein Gl-Wagen der Verbandsbauart beteiligt war (da dies die häufigsten Gl-Wagen waren). Dies konnte sowohl der Wagen mit Handbremse, als auch der handbremslose Teil der Leig-Einheit sein.

Während die Wagen bei der Deutschen Reichsbahn anfangs ihre alten (Einzelwagen-)Nummern behielten, wurden die beiden Wagen einer Einheit später grundsätzlich fortlaufend numeriert. Interessant ist in diesem Zusammenhang auch, daß die Verbandsbauartwagen die Gattungsziffer der Leig-Einheitswagen, also 12 erhielten, während die anderen Wagen die Gattungsziffer der Ursprungsgattung behielten. Die letzten kombinierten Leig-Einheiten sind bis 1965 ausgemustert worden.

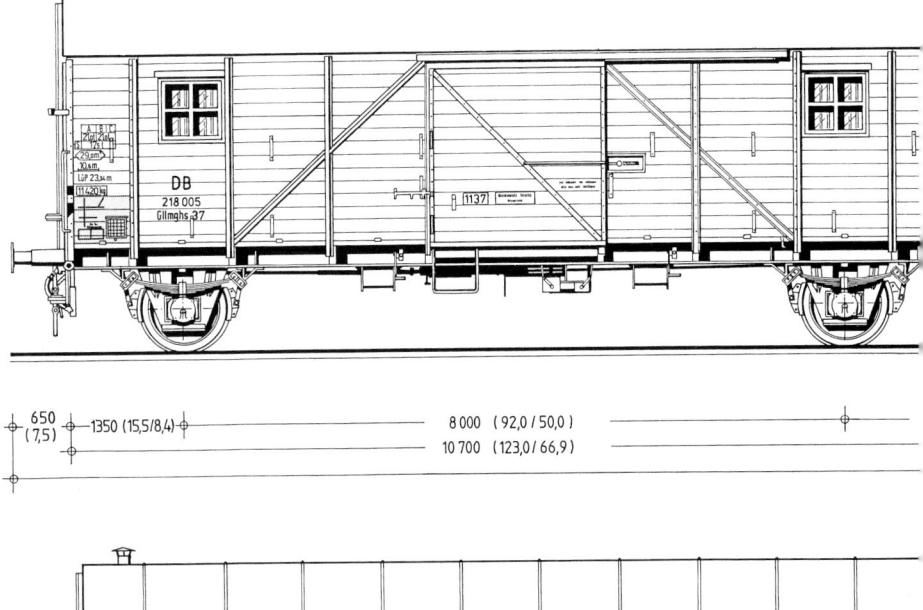

Gllmehs 52   Hrs-vz 332   Hkks-uvz 332

Wie bei dieser im Sommer 1985 im AW Hamburg-Harburg fotografierten Museums-Leig-Einheit reichte der Schriftzug „Stückgut Schnellverkehr" in den fünfziger Jahren grundsätzlich vom dritten bis zum drittletzten Seitenwandfeld. Was auf manchen Schwarzweiß-Fotos nicht zu erkennen ist, hier aber ganz deutlich wird: Das weiße Feld war grundsätzlich schwarz umrandet.

Gllmehs 52   Hrs-vz 332   Hkks-uvz 332

	m. Hbr/o. Hbr		
Erstes Baujahr	1953	Tragfähigkeit	19,4/20,2 t
Länge über Puffer	24 860 mm	Lastgrenze A	18,0 t
Achsstand	6 800/18 600 mm	B/C	21,0 t
Ladelänge	8 300 u. 11 200 mm	S max.	20,0 t
Ladebreite	2 712 mm	Eigengewicht	26 100 kg
Ladefläche	22,5 u. 30,4 m²	Achslager	Rollenlager
Laderaum	111,0 (136,8) m³	Höchstgeschw.	100 km/h
Ladegewicht	19,4/20,0 t	Bremsbauart	Hik-GP
		Federgehänge	Doppelschaken
		Federblattanz./-länge	7/1 400 mm
		Pufferlänge	620 mm
		Pufferteller-Ø	370 mm

Die Deutsche Bundesbahn beschaffte 1953/54 einhundert aus Glmhs 50 abgeleitete Leig-Einheiten. Diese Wagen waren in erster Linie als Ersatz für die unterschiedlichen Leig-Einheiten der Vorkriegsbauarten gedacht, die mit zulässigen Höchstgeschwindigkeiten von 65 km/h für den Expressgutverkehr nicht mehr geeignet waren. Die kurzgekuppelten Einheiten, die mit Übergangsbrücken und Faltenbälgen ausgerüstet sind, besaßen Wandbekleidungen aus Kiefern- und Fichtenholz. Erst in den sechziger und siebziger Jahren wurde ein Teil der Wagen umgebaut und erhielt – wie die anderen G- und Gl-Wagen auch – Wandbekleidungen aus unverdichteten Kunstharzholzplatten.

Die letzten Hrs-vz 332 sind nach wie vor im Expreßgutverkehr im Einsatz, wobei der Bestand inzwischen auf 32 Einheiten (Stand 31. 12. 87) gesunken ist.

Gllmehs 52   218 362/63 am 27. 3. 1968 in Frankfurt/M. Hbf zwischen 2 Leig-Einheiten gleicher Bauart.

Anschriften an Güterwagen

Vorbemerkungen

Die Kennzeichnung von Eisenbahnfahrzeugen ist so alt wie die Eisenbahn selbst. Die ersten Lokomotiven trugen große Namensschilder und an den Personenwagen (Güterwagen gab es zunächst noch nicht – ein Zustand, den manche Museumsbahn schon wieder erreicht hat) standen zumindest die Wagenklassen angeschrieben.

Später kamen bei wachsenden Streckenlängen, die einhergingen mit dem Zusammenwachsen der einzelnen Strecken zu Netzen, und steigenden Wagenzahlen noch der Name des Eigentümers, eine Wagennummer und weitere, bestimmte Eigenschaften beschreibende Zeichen und Anschriften hinzu.

Auf die Entwicklung der Anschriften bis zur Gründung des Deutschen Staatsbahn-Wagenverbandes im Jahre 1909 soll nicht weiter eingegangen werden, da dies den Rahmen dieses Buches sprengen würde.

Zusammensetzung der Anschriften

Die Anschriften an Güterwagen bestehen aus folgenden Angaben:
- dem Eigentumsmerkmal
- der Wagennummer (Inventarnummer)
- der Bauartkennzeichnung
- wichtigen Angaben für die Verwender, z. B. Ladegewicht, den Betriebsdienst, z. B. Bremsbauart, und den Unterhaltungsdienst, z. B. Revisionsdaten
- und zusätzlichen Angaben, z. B. Bedienungshinweise.

Bei einem Wechsel der Verwaltung, z. B. beim Übergang von den Staatsbahnen zur Deutschen Reichsbahn ab 1920, änderten sich zwar Eigentumsmerkmal und Wagennummer, nicht jedoch die übrigen Anschriften.

Aus diesem Grund sollen die Anschriften in zwei Gruppen betrachtet werden. Dies sind zum einen das Eigentumsmerkmal und die Wagennummer mit der Bauartkennzeichnung sowie zum anderen die technischen Anschriften.

Eigentumsmerkmal und Wagennummer/ Bauartkennzeichnung

Staatsbahnen bis 1920

Mit der Gründung des Deutschen Staatsbahnwagenverbandes im Jahr 1909 wurde die gemeinsame Bewirtschaftung des Güterwagenparks eingeführt. Gemeinsame Bewirtschaftung heißt:

– Die Wagen wurden freizügig eingesetzt (d. h. dort in beliebiger Richtung neu beladen, wo sie entladen wurden, im Gegensatz zur vorher geübten Praxis, bei der die Wagen nach Entladung leer oder neu beladen wieder in Richtung Heimatbahn gefahren werden mußten).
– Bedarfsreparaturen und einfache Wartungsarbeiten (Schmieren, Untersuchungsarbeiten) wurden von der Bahn ausgeführt, bei der sich der Wagen zum Fälligkeitszeitpunkt gerade aufhielt.

Lediglich große Reparaturen oder die Hauptuntersuchungen wurden weiter von der Heimatbahn ausgeführt.

Dem Staatsbahnwagenverband gehörten die Bahnen von Preußen, Bayern, Mecklenburg, Oldenburg, Sachsen, Baden und Württemberg sowie die Reichseisenbahnen in Elsaß-Lothringen an.

Damit der Einsatz der Güterwagen innerhalb des Verbandsgebietes möglichst reibungslos funktionieren konnte, wurden u.a. einheitlich angewandte Anschriften an den Wagen erforderlich. Die zu diesem Zweck entwickelten Anschriftenvorschriften des Staatsbahnwagenverbandes entstanden nun aber nicht völlig neu. Sie wurden (wie auch die neuen Wagenkonstruktionen) aus den vorhandenen Vorschriften weiterentwickelt.

Das **Eigentumsmerkmal** bestand aus
– Hoheitszeichen (Wappen, Krone o. ä.),
– Name der Staatsbahn oder des Staates,
– ggf. Eigentumsdirektion

Größe, Ausführung und Anbringungsort wurden festgelegt und in Anschriftenzeichnungen dargestellt.

Die Farbe aller Anschriften war
– weiß auf dunklem und
– schwarz auf hellem Grund.

Eine Ausnahme bildete die gelbe Farbe für die badische Staatsbahn beim Eigentumsmerkmal „Baden", wenn es in Verbindung mit dem Wappen vorkam. Dies war bei den bahneigenen Wagen immer der Fall. Lediglich bei Privatwagen, eingestellt bei der badischen Staatsbahn, wurde das Wort „Baden" weiß angeschrieben.

Bei der größten, der preußischen Staatsbahn, beschafften die einzelnen **Direktionen** die Wagen selbständig. Hier wurde neben dem Wappen der Name der besitzenden Direktion angeschrieben. Bei den übrigen Staatsbahnen wurden dagegen die Fahrzeuge zentral beschafft und numeriert.

1913 änderte die bayerische Staatsbahn ihre Anschriften derart, daß anstelle des Kürzels K.Bay.Sts.B. eine der Direktionen angeschrieben wurde. Diese Änderung hatte allerdings einen

Gm Münster 11926, ein G-Wagen der Verbandsbauart, mit den Anschriften der Preußischen Staatsbahn.

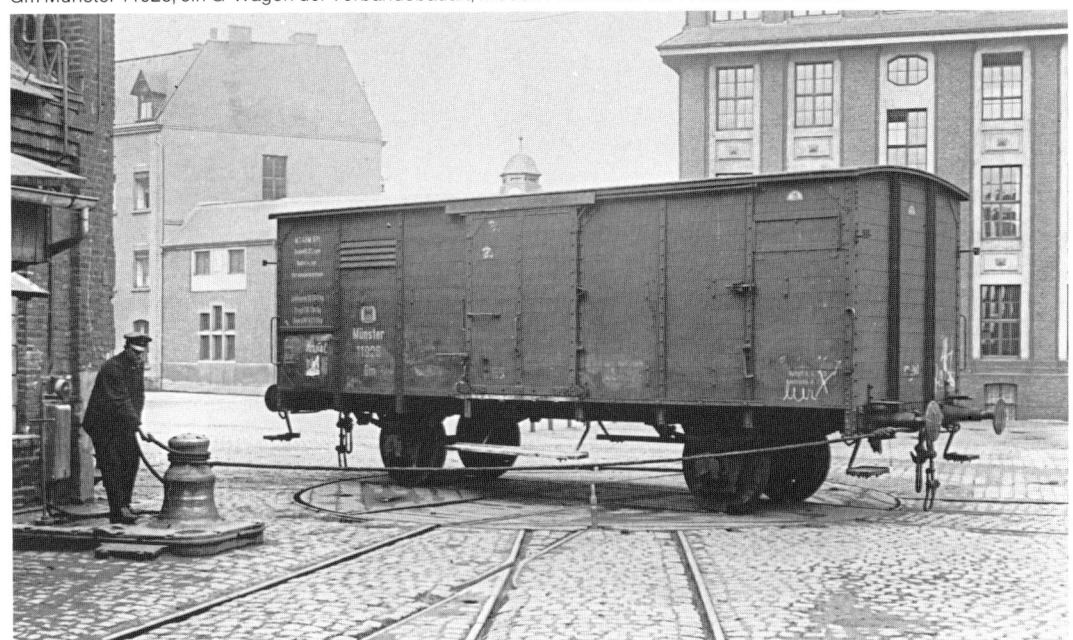

Anschriften an Güterwagen

(nach Alter und Verwendung) sortierenden Charakter und bedeutete nicht, daß Wagen nun den angeschriebenen Direktionen gehörten. Sie stellt also gewissermaßen einen Vorläufer des späteren Gattungsbezirks dar.

Die **Wagennummern** waren mindestens dreistellig.

Eigentumsmerkmal und Wagennummer wurden unter- oder nebeneinander angebracht und sowohl am Wagenkasten als auch am Langträger plaziert.

Die **Bauartkennzeichnung**, erfolgte durch die Gattungszeichen, die entweder nur aus dem Hauptgattungszeichen oder dem Hauptgattungszeichen in Verbindung mit einem oder mehreren Nebengattungszeichen bestand und unter der Wagennummer angeordnet war.

Privatwagen wurden analog beschriftet. Das Wappen allerdings fiel fort (Eigentümer war ja nicht die Staatsbahn), stattdessen wurden Name und Sitz des Einstellers auf einem separaten Anschriftenfeld angeschrieben. Die Wagennummern der Privatwagen waren durchweg 6stellig und durch ein nachgestelltes P (wie auch heute noch) hervorgehoben.

Deutsche Reichsbahn 1920–1945

Als die Deutsche Reichsbahn 1920 durch Zusammenschluß der Staatsbahnen entstand, hatte sie andere Sorgen, als die Umbeschriftung aller rund 700 000 Eisenbahnfahrzeuge vorzunehmen.

Politische Wirren der Nachkriegszeit, ungeklärte Reparationsbelastungen (die Reichsbahn war Pfand für die zu erbringenden Reparationen), ein heruntergewirtschafteter Fahrzeugpark und – nicht zuletzt – erhebliche wirtschaftliche Not ließen das Aussehen der Anschriften reichlich nebensächlich erscheinen.

Es dauerte dann auch bis etwa 1925, ehe die letzten Länderbahnanschriften verschwunden und durch die der Reichsbahn ersetzt waren.

Augenfälligster Unterschied zu früher war der Wegfall der Wappen und der Länderbahnkurzzeichen. Sie wurden durch das neue **Eigentumsmerkmal** „Deutsche Reichsbahn" (unter- oder nebeneinander geschrieben) ersetzt.

Die **Wagennummern** waren wie bisher 3–5stellig, lediglich Privat- und Bahndienst- bzw. Dienstgüterwagen erhielten 6stellige Wagennummern.

Der Direktionsname, bisher nur bei den preußischen Direktionen als Eigentumsmerkmal und den bayerischen als „Sortiermerkmal" angeschrieben, wurde nun bei allen Güterwagen verwendet. Seine Bedeutung hatte sich jedoch geändert. Er war nun zusammen mit dem Gattungszeichen eine **Bauartkennzeichnung**, da die Direktionsnamen als „Gattungsbezirke" fungierten und somit zur Unterscheidung innerhalb der Gattungen herangezogen wurden (s. unten).

Diese, in den zwanziger Jahren eingeführten Anschriften für Eigentumsmerkmal und Wagennummer blieben bis 1945 im Prinzip unverändert und konnten bis Mitte der 50er Jahre angetroffen werden.

Erst im Verlauf des Zweiten Weltkrieges wurde das ausgeschriebene Eigentumsmerkmal „Deutsche Reichsbahn" durch die Abkürzung „DR" ersetzt.

Bei den Privatwagen änderten sich die Anschriften nur insoweit, als anstelle der Staatsbahnen nun die einstellende Reichsbahndirektion erschien, die unter der Anschrift „Deutsche Reichsbahn" angeschrieben wurde. Die Wagennummern blieben, wie schon erwähnt, 6stellig unter Zusatz des umrandeten „P".

Der Glm 42977 der K.Bay.Sts.B. (ein späterer G02) auf einem MAN-Werkfoto aus dem Jahr 1907. Damals trugen diese Wagen noch die Nebengattungszeichen l und m (s. S. 110).

Der 18133 der K.Sächs.Sts.E.B. im Ablieferungszustand. Auf dem Schwarzweiß-Foto ist ein Teil der hellen Anschriften kaum lesbar.

Anschriften an Güterwagen

Die Zeit zwischen 1945 und 1955

Dieser Zeitraum, insbesondere die Jahre bis 1950, waren in jeder Beziehung noch schwieriger als die Jahre nach dem Ersten Weltkrieg.

Auf dem europäischen Kontinent waren Zerstörungen in einem heute nicht mehr vorstellbaren Ausmaß angerichtet worden, von denen besonders auch die Eisenbahnanlagen und Fahrzeuge betroffen waren.

Es verdient aber festgehalten zu werden, daß die Eisenbahnfahrzeuge nach Kriegsende zunächst dort blieben, wo sie angetroffen wurden. Sie wurden von den „ortsansässigen" Eisenbahnen wie eigene benutzt. Damit sichergestellt war, daß die Wagen (um die soll es hier nur gehen), auch dann zurückkamen, wenn sie die Netzgrenzen verließen, wurden an den Fremdwagen besondere Anschriften angebracht:

Zusätzlich zu den an den Fahrzeugen vorhandenen Anschriften der Eigentumsbahn wurden ein Pfeil und das dahintergesetzte Kennzeichen der benutzenden Bahn angebracht.

Bei den Wagen der Besatzungszonen, die ja zumindest formell alle zur Deutschen Reichsbahn gehörten, wurde unter der Eigentumsbezeichnung die Zonenbezeichnung (Zone franc., Brit.-US-Zone, USSR-Zone) angeschrieben.

Wagen, die bereits während des Krieges ihre alten Anschriften verloren hatten (das betraf vor allem Wagen der polnischen, österreichischen, tschechischen, jugoslawischen und sowjetischen Staatsbahnen) wurden, soweit dies erkannt wurde, zurückgegeben oder getauscht. In größerem Umfang unterblieb dies bei den Wagen der PKP. Diese Wagen behielten bis etwa 1955 die alte Kennzeichnung, bestehend aus DR und dem in Klammern geschriebenen Zusatz (Pl) für Polen.

In der sowjetischen Besatzungszone wurden die alten Gattungsbezirke der Städte, die nun in den besetzten deutschen Ostgebieten lagen, durch neue, innerhalb der Zonengrenzen liegende Städte(namen) ersetzt.

1922 trug der Gln Dresden 5012 bei der Ablieferung noch das Nebengattungszeichen für einen Wagen mit Luftdruckbremse oder Leitung (sowie die entsprechenden Anschriften), das ...

... bei dem rund zehn Jahre später aufgenommenen Glt Dresden 81745 ebenso entfallen war wie die M.T.-Anschrift, Anschrift und Zeichen für Lenkachsen und die Angabe des Radstandes.

Der Pfeilwagen (fremder Wagen im Wagenpark der DR) Gl 751 077 der PKP.

Anschriften an Güterwagen

Der 2205798 mit DR-A-Beschriftung 1951 oder 1952 im Hamburger Hafengebiet fotografiert.

1952 trug dieser Gm-Wagen tschechischer Bauart (ein späterer Gm 39) noch die Anschrift DR, Brit-US-Zone und den Gattungsnamen Bremen.

Nach Gründung der Deutschen Bundesbahn (1949) änderte sich zunächst nichts. Allerdings wurden bereits 1950 Überlegungen angestellt, die Städtenamen als Gattungsbezeichnung durch neue Kennzeichen zu ersetzen. Da dies natürlich nicht so aussehen durfte, als ob die Bundesrepublik die Teilung Deutschlands und die anderen Gebietsänderungen (sie sollten ja nur vorübergehend sein) als endgültig ansehen würde, war ein einfacher Ersatz der unpassenden Städtenamen durch andere nicht durchführbar.

Erst die Gründung des EUROP-Parks 1951, der zunächst nur aus SNCF- und DB-Wagen (G- und O-Wagen mit mindestens 20 t Ladegewicht) bestand, bot die Gelegenheit, die Wagen der DB nach neuen, politisch neutralen Gesichtspunkten zu kennzeichnen, und zwar durch eine Kombination der bisherigen Gattungszeichen mit einer neuen Bauartnummer.

Die neuen Anschriften waren innerhalb kurzer Zeit (bis Oktober 1951) zumindest an den für den EUROP-Park vorgesehenen Wagen anzubringen. Die übrigen Wagen sollten die neue Kennzeichnung im Rahmen üblicher AW-Aufenthalte erhalten, so daß planmäßig die letzten alten Anschriften 1954 ersetzt worden wären. Die Realitäten sahen dann doch etwas anders aus als die Planung, und so dürften die letzten alten Anschriften im Lauf des Jahres 1955 endgültig verschwunden sein.

In diesem Zeitraum (1951 – 1955) gab es einige, heute verwirrend anmutende Kombinationen aus Eigentumsbezeichnung, Wagennummer und Bauart. Da es einfacher ist, das zu zeigen als zu beschreiben, sei hier auf die Bilder und ihre Erläuterungen verwiesen. Einige der weiter vorn gezeigten Wagen tragen Anschriften-Kombinationen, die eigentlich den Vorschriften widersprechen. Auch wenn sie hier wiedergegeben sind, sollen sie doch als das betrachtet werden, was sie sind: Ausnahmen, die das Jahr 1955 kaum überdauert haben dürften.

Möglich, aber (noch) nicht belegt ist, daß sie im Hinblick auf den Berlin-Verkehr so beschriftet wurden.

Deutsche Bundesbahn 1951–1967

Wie bereits erwähnt, war der Anlaß für die Neufestsetzung der Anschriften die Bildung des EUROP-Parks aus Wagen der DB und der SNCF im Jahr 1951.

Zuerst wurden im Sommer 1951 die 50 000 für diesen Park bestimmten Wagen der DB umgezeichnet. Dabei handelte es sich um 40 000 offene Wagen der bisherigen Gattungsbezirke Duisburg (Omm 37), Villach (Omm 33), Essen, Breslau (Om 12, 30, 31) und Königsberg (Om 21) sowie um 10 000 gedeckte 20 t-Wagen der ehemaligen Gattungsbezirke Oppeln (Gms 30) und Bremen (Gmhs 35 und Gm/Gms 39).

Sie erhielten, um sie aus dem allgemeinen Park hervorzuheben, den bekannten EUROP-Rahmen, der aber kein Eigentumsmerkmal war, sondern lediglich auf die besonderen Verwendungseigenschaften in den Netzen von (zunächst nur) DB und SNCF hinwies.

Anschließend erfolgte die Umzeichnung der übrigen Wagen. Die neuen Anschriften bestanden aus dem neuen **Eigentumsmerkmal** DB sowie einer 3–7stelligen **Wagennummer** (keine 5stellige Nummern, die für Reisezugwagen vorgesehen blieben).

Dabei waren 3stellige Nummern für die Versuchswagen des BZA Minden (damals noch EZA), 4stellige für die Dienstgüter- und Bahndienstwagen und 6stellige für die Güterwagen des öffentlichen Parks vorgesehen. Privatgüterwagen erhielten fast immer 6stellige Nummern aus der 500 000er Reihe, es war aber vorgesehen (und wurde auch praktiziert), daß hier auch 7stellige Nummern, beginnend mit 55, angeschrieben werden konnten.

Die **Bauartkennzeichnung,** erfolgte nun nicht mehr durch das Gattungszeichen in Verbindung mit einem Städtenamen, sondern durch ein (in der Regel unverändertes) Gattungskennzeichen in Verbindung mit einer zweistelligen Bauartnummer, wobei sich diese Bauartnummern bei verschiedenen Hauptgattungen wiederholen konnten.

Die Umzeichnung erfolgte ausschließlich in den Ausbesserungswerken anläßlich plan- oder außerplanmäßiger Untersuchungen. Politische Querelen (bei einer politisch als neutral angesehenen Kennzeichnung) verzögerten die schnelle Einführung zusätzlich. So bestand die DR der DDR zunächst darauf,

Anschriften an Güterwagen

daß im Berlin-Verkehr ausschließlich Wagen mit DR-Kennzeichnung (unter Zusatz des Zonenkennzeichens) einzusetzen waren.

Die Einordnung der Wagen in die Nummernreihen erfolgte nach Gattungen und innerhalb der Gattungen nach weiteren Gesichtspunkten (s. Tabellen).

Jeder Wagen war nun allein durch seine Nummer eindeutig bestimmbar, da im Gegensatz zu früher jede Nummer nur einmal vorkam. Auch für zu erwartende und dringend notwendige Neubauten war, planmäßige Ausmusterung vorausgesetzt, genug Platz vorhanden, so daß davon auszugehen war, daß diese neuen Anschriften für lange Zeit Bestand haben würden.

Anscheinend auf seiner ersten Fahrt nach dem Umbau ist dieser im EUROP-Park eingereihte Gmms 44 bei Fulda fotografiert (9. 9. 1959). Auf dem Bild ist deutlich zu erkennen, daß die Betätigungsgestänge der Lüfterschieber schwarz waren, ebenso wie die Signalstützen.

Die UIC-Kennzeichnung ab 1965

Tatsächlich blieb dieses (zwischenzeitlich mehrfach geringfügig abgeänderte) System aber nur rund 15 Jahre in Gebrauch.

Bereits zu Beginn der 50er Jahre wurde innerhalb der UIC diskutiert, die vielen nationalen Kennzeichnungen, die einer Ausnutzung bei Rücksendung eines Wagens sehr hinderlich waren, durch international einheitliche Bezeichnungen zu ersetzen. Aber erst der internationale Durchbruch der elektronischen Datenverarbeitung in den 60er Jahren ließ diese Pläne in neuer Form Wirklichkeit werden.

Die UIC-Kennzeichnung trat zum Jahreswechsel 1968/1969 in Kraft, nachdem ab 1964 bereits alte und neue Gattungskennzeichnung nebeneinander angeschrieben wurden. Sie verschlüsselt rein numerisch, also ohne die Verwendung von Buchstaben, Angaben über
– die internationale Verwendungsfähigkeit unter Einbeziehung der Abrechnungsbesonderheiten (Austauschverfahren, Stellen 1 und 2 der neuen Wagennummer)
– die Eigentums- bzw. Registrierungsbahn bei P-Wagen (Stellen 3 und 4)
– die Haupteigenschaften der Wagen (Stellen 5 und 6/7) und die
– die eigentliche Wagennummer (Stellen 7/8 bis 11 – bei Wagenbauarten mit mehr als 10 000 Wagen reichen die 4 Ziffern 8–11 nicht aus. Aus diesem Grund wird dann die 7. Ziffer hier mit dazugenommen).

Damit änderte sich das Anschriftenfeld aber gravierend. Die vielen Stellen (inklusive Kontrollziffer 12 in mehreren, untereinander bzw. mit Zwischenräumen nebeneinanderzuschreibenden Ziffern) lassen große Wagennummern schon platzmäßig gar nicht zu.

Zugleich wurden auch, wenn auch noch nicht verbindlich, international gleichartige Haupt- und Nebengattungszeichen in Form von leichter einzuprägenden Buchstabengruppen eingeführt, obwohl die Wageneigenschaften ja nun in den Wagennummern verschlüsselt bereits enthalten sind.

Diese Anschriften sind im Prinzip auch heute noch gültig. Allerdings wurden von 1980 bis 1985 (Untersuchungsfrist bis 6 Jahre!) teilweise neue Wagennummern vergeben, die bei der DB immerhin rund die Hälfte des Wagenparks betrafen.

Soweit die kurze Übersicht über das Aussehen der Anschriften in den verschiedenen Epochen. Die gemachten Angaben können und sollen in diesem Rahmen nicht vollständig sein, hier ist eine detaillierte Veröffentlichung erforderlich, der wir nicht vorgreifen wollen. In den nachstehenden Tabellen werden jedoch die meisten Abkürzungen erläutert und die Einordnung der Wagen in Nummernkreise (zu bestimmten Stichtagen) dargestellt.

Am 22. 10. 1961 trug dieser Glmmhs 57 bereits zusätzlich die neue Gattungsbezeichnung Hbrs, die allerdings bei der endgültigen Umzeichnung nicht beibehalten wurde.

Gattungszeichen

Das Gattungszeichen kennzeichnet die Grundeigenschaften eines Güterwagens. Nur bei einigen Standardgüterwagen besteht es nur aus dem Hauptgattungszeichen (Gruppenzeichen). Bei der überwiegenden Zahl der Bauarten besteht es aus dem Haupt- und einem oder mehreren Nebengattungszeichen.

Bei Gründung des Deutschen Staatsbahnwagenverbandes gab es zunächst 12 Hauptgattungszeichen (s. Tabelle). Sie bestanden bei 2- und 3achsigen Wagen aus einem, bei 4- und mehrachsigen Wagen aus zwei gleichen Großbuchstaben. Lediglich die hochbordigen, für Großviehtransporte vorgesehenen offenen Wagen erhielten davon abweichend das Hauptgattungszeichen „VO".

In den Tabellen sind die Hauptgattungszeichen und ihre Bedeutung für den Zeitraum von 1909 bis 1964 (Übergang auf UIC-Kodierung) nebeneinandergestellt. Dabei fällt auf, daß einige Zeichen (N, VO) bereits in den 20er Jahren nicht mehr verwendet wurden. Die Wagen selbst waren natürlich noch vorhanden und überlebten noch bis in die 50er Jahre; lediglich ihre bisherigen Grundeigenschaften wurden nun als Nebeneigenschaft angesehen.

Umgekehrt verlief (parallel zur technischen Entwicklung) die Einstufung der Kühlwagen: Aus den frühen, technisch noch unbefriedigenden Gk-Wagen wurden 1943 die T-Wagen (Thermoswagen).

In jeder der Hauptgattungen gab es unterschiedliche Bauarten. Zur Unterscheidung und feineren Kennzeichnung innerhalb dieser Gruppen verwendete man die Nebengattungszeichen. Sie wurden bis auf eine Ausnahme in Kleinbuchstaben ausgeführt und an die Hauptgattungszeichen angehängt. Die Ausnahme war die Kennzeichnung von S- und H-Wagen mit (hölzernen) Rungen durch das Nebengattungszeichen „Ru". Diese Ausnahme verschwand aber bereits 1914 mit Einführung des neuen Hauptgattungszeichens „R" für die Rungenwagen.

Eine zweite Besonderheit der Verbands-Nebengattungszeichen war das in Klammern gesetzte „[u]". Seine, die Verwendung für Militärfahrzeuge ausschließende Bedeutung verschwand bei Gründung der Reichsbahn und taucht, nun als „u" (ohne Einklammerung), bei den Ommr-Wagen Villach und Klagenfurt zu Beginn des Zweiten Weltkriegs wieder auf. In den Tabellen sind die Nebenzeichen von 1909 bis 1964 zusammengefaßt dargestellt.

Bedeutung der Hauptgattungszeichen der Länder- und Staatsbahnen ab 1909

Gattung	Zeitraum	Bedeutung
G		2- oder 3achsige bedeckte Güterwagen
GG		4- und mehrachsige bedeckte Güterwagen
H	ab 1911	Holzwagen (einzeln)
HH	bis 1911	ein Langholzwagenpaar
K		Kalk- oder Salzwagen mit Satteldach und Deckklappen
N	1911–1921	Bedeckte Güterwagen mit Luftdruckbremse oder -leitung
	1911–1914	… zur Benutzung in schnellfahrenden Zügen geeignet.
N für Sz	1914–1921	wie vor
O		Offener Güterwagen mit Wänden von mehr als 0,40 m Höhe
OO		4achsige offene Güterwagen mit Wänden von mehr als 0,40 m Höhe
P		Gepäckwagen
R	ab 1914	Offene Wagen mit mindestens 9,9 m Ladelänge mit oder ohne Seitenwände mit langen hölzernen Rungen (Rungenwagen)
S		2- oder 3achsige offene Güterwagen mit Wänden bis 0,40 m Höhe oder ohne Wände (Schienenwagen)
SS		4- und mehrachsige offene Güterwagen mit Wänden bis 0,40 m Höhe oder ohne Wände (Schienenwagen)
V		Bedeckte Viehwagen, die wegen großer Seitenöffnungen zur Viehversendung besonders geeignet sind
VO	bis 1921	Offene, hochwandige Wagen
X		Arbeitswagen
	bis 1911	… mit elastischen Puffern

Bedeutung der Nebengattungszeichen der Länder- und Staatsbahnen ab 1909

Nebengattungszeichen	in Verbindung mit Hauptgattungszeich.	Zeitraum	Bedeutung
c	O		nicht mehr als 15 t Ladegewicht mit hölzernen Wänden von mindestens 1,30 m aber weniger als 1,90 m Höhe (Kokswagen)
e	V	bis 1911	mit Etagen versehen
		1911–1921	mit Lattenwänden und 2 Böden
f	G, V	bis 1921	mit Ständen für Luxuspferde
g	P	bis 1921	nur für Güterzüge geeignet
	V (e)	ab 1911	mit Zwischenböden für Gänsebeförderung (Gänsewagen)
	Ol	ab 1911	mit hohen festen Gatterwänden (Gatterwagen)
i	G	1911–1921	für den Personenverkehr geeignet mit Plattformen an den Stirnwänden
k	O	bis 1921	mit Kopfwänden, die um einen oberen Zapfen drehbar sind und ein Abstürzen der Ladung auf Kippvorrichtungen gestatten
l	alle außer SS	bis 1911	mindestens 7 m Länge und 17 m² Ladefläche
		1911–1914	mindestens 8 m Ladelänge, G: mindestens 24 m² Ladefläche
		1914–1921	mindestens 9 m Ladelänge, G und N: mindestens 24 m² Ladefläche
	R	1914–1921	über 12 m Ladelänge
	SS	bis 1921	über 12 m Ladelänge
m	2- und 3achs. Wagen	bis 1921	mindestens 15 t aber weniger als 20 t Ladegewicht
	4achs. Wagen	bis 1921	mindestens 30 t Ladegewicht
mm		1911–1921	2- und 3achs. Wagen mit mindestens 20 t Ladegewicht
n	G, V	bis 1911	mit Luftbremse oder -leitung, Dampfleitung oder sonstigen Einrichtungen, durch die der Wagen zur Benutzung als Gepäckwagen oder in Schnell- und Personenzügen besonders geeignet erscheint
		1911–1921	entfallen (s. Hauptgattungszeich. N)
	V, VO, Privatwg.	1911–1921	mit Luftdruckbremse oder -leitung (zur Benutzung in schnellfahrenden Zügen geeignet)
q	O und OO	bis 1914	mit aushebbaren Kopfwänden
	O	1914–1921	soweit nicht mit k bezeichnet: mit aushebbaren Kopfwänden
r	alle	bis 1911	für Personenzüge nicht zu verwenden wegen zu kurzen Radstandes oder zu geringer Achsstärke, oder weil der Wagen Flußstahlscheibenräder ohne besonders aufgezogene Reifen oder Schalengußräder hat
		1911–1914	in Zügen mit Personenbeförderung und in Güterzügen mit mehr als 45 km/h Höchstgeschwindigkeit nicht zu verwenden (s.o.)
	H	1914–1921	mit eisernen Seitenrungen
Ru	Sl und Ol	1911–1914	mindestens 10 m Länge mit hohen hölzernen Rungen
	H	1911–1914	mit mehreren eisernen Seitenrungen
		1914	entfallen (s. Hauptgattungszeichen R bzw. Nebengattungszeichen r)
s	HH bzw. H		mit Kuppelstangen ausgerüstet

Gattungszeichen

Neben-gattungs-zeichen	in Verbindung mit Haupt-gattungszeich.	Zeitraum	Bedeutung
s	G und Sl Ru bzw. R	1911–1921	Umsetzwagen mit auswechselbaren Radsätzen für Übergang auf die russische Breitspur
t	O, OO, X	ab 1914	mit Trichtern, Bodenklappen oder geneigten Bodenflächen zur Selbstentladung
u	X	bis 1914	untauglich zur Verwendung in Zügen des öffentlichen Verkehrs
[u]	O, S, SS, HH, X	bis 1921	unbrauchbar für den Transport von Militärfahrzeugen
w	2- und 3achs. Wagen	bis 1921	weniger als 10 t Ladegewicht
	4achs. Wagen	bis 1921	weniger als 20 t Ladegewicht
y	X	nach 1914–1921	nur zur Verwendung für Sendungen innerhalb des Heimatbezirks
z	O und VO ab 1911 auch G	bis 1921	mit gedichteten Seitenwänden und Bodenflächen, oder mit dicht schließenden Klappen vor den Luken, durch die der Wagen für Torfstreu-Sendungen und dergleichen geeignet gemacht ist
	Vel	1891–1921	mit Einrichtungen zur Veränderung der Ladefläche
	HH, H	1891–1921	mit Zinken an den Wendeschemeln

Bedeutung der Hauptgattungszeichen der Deutschen Reichsbahn ab 1921

Die in den Tabellen aufgelisteten Haupt- und Nebengattungszeichen (später Gruppen- und Nebenzeichen) entstammen dem Merkbuch 1928 bzw. den folgenden Ausgaben aus den Jahren 1933, 1939/40 sowie 1948, wobei Änderungen der Formulierungen, die den Sinn nicht verändern, vernachlässigt wurden. Teilweise wurden erläuternde Angaben gemacht – diese stehen in eckigen Klammern.

Gattung	Zeitraum	Bedeutung
G		2- oder 3achsige bedeckte Güterwagen mit 15 t Ladegewicht
GG		4- und mehrachsige bedeckte Güterwagen mit 30 t Ladegewicht
	ab 1928	im Merkbuch nicht enthalten
	ab 1939	4achsigen gedeckte Wagen
H		Holzwagen mit 15 t Ladegewicht, eisernen Seitenrungen und Wendeschemeln mit Zinken
	ab 1928	offener 15 t-Wagen mit Drehschemel und eisernen Seitenrungen
K		Kalkwagen oder Salzwagen mit 15 t-Ladegewicht mit Satteldach und Deckklappen
	ab 1928	15 t-Wagen mit Klappdeckeln
KK	ab 1933	4achsiger Klappdeckelwagen, Ladegewicht mindestens 30 t
O		2achsiger offener Güterwagen mit 15 t Ladegewicht, Wänden von über 40 cm Höhe und Einrichtung zum Kippen (Kohlenwagen).
OO		4- und mehrachsige Kohlenwagen mit mind. 30 t Ladegewicht, Wänden von mehr als 40 cm Höhe und Einrichtung zum Kippen
	ab 1933	Offener Wagen mit Bordwänden höher als 40 cm, mind. 30 t Ladegewicht und Einrichtung zur Selbstentladung
R		Rungenwagen (großräumiger offener Güterwagen) mit 15 t Ladegewicht, mindestens 10 m Ladelänge, 40 cm hohen Wänden und langen hölzernen Rungen
	ab 1928	… mindestens 9,9 m Ladelänge …
S		2- oder 3achsige Schienenwagen mit 15 t Ladegewicht, aushebbaren Stirnwänden bis 40 cm Höhe, eisernen Seitenrungen und 13 m Ladelänge (langer offener Güterwagen)
SS		4- oder mehrachsiger Schienenwagen mit mindestens 35 t Ladegewicht, eisernen Seitenrungen und 15 m Ladelänge
T	ab 1948	gegen Wärme und Kälte abgedichtete 2achsige 15 t-Wagen
TT	ab 1948	gegen Wärme und Kälte abgedichtete 4achsige 36 t-Wagen
V		Bedeckte Güterwagen mit 15 t Ladegewicht, Lattenwänden und 2 Böden mit Einrichtungen zur Veränderung der Ladefläche (Kleinviehwagen) [bewegliche Trennwände]
X		Arbeitswagen mit 15 t Ladegewicht, ohne Einrichtung zum Kippen

Bedeutung der Nebengattungszeichen der Deutschen Reichsbahn ab 1921

Neben-gattungs-zeichen	in Verbindung mit Haupt-gattungszeich.	Zeitraum	Bedeutung
a	SS	ab 1939	offener Bremserstand, umlegbares Geländer
b	alle	ab 1948	Wagen für deutsch-englischen Fährbootverkehr [ersetzt Nebenzeichen f]
c	O		nicht mehr als 15 t Ladegewicht mit hölzernen Wänden von 1,30 m bis 1,90 m Höhe (Kokswagen)
e	G	ab 1928	mit elektrischer Heizung
	alle	ab 1939	mit elektrischer Heizleitung oder Heizung
f	G, R	ab 1928	Wagen für deutsch-englischen Fährbootverkehr
	O	ab 1948	dreh- und kippbare Kopfklappen für Fahrzeugbeförderung
	T, TT	ab 1948	nur für Seefischbeförderung
g	G	ab 1948	Bodenklappen für Schüttgutentladung
	O	bis 1939	mit hohen festen Gatterwänden (Gatterwagen)
	T, TT	ab 1948	nur für Gefriergut
	V		mit Zwischenböden für Gänsebeförderung (Gänsewagen)
h	G, V	ab 1928	mit (Dampf-)Heizleitung
		ab 1939	mit Dampfheizleitung
i	G		mit Plattformen an den Stirnwänden [und von dort Zugang zum Wageninnern]
k	G		mit Kühleinrichtung (Kühlwagen) [blieb auch 1948 noch gültig!]
	O	ab 1939	mit 2 oder 3 Kübeln für Kohle, Koks oder Erz ausgerüstet
	S		Ladelänge unter 13 m
	SS		Ladelänge unter 15 m
	T, TT	ab 1948	Kühlmaschinenwagen
l	G	bis 1937	mindestens 24 m² Ladefläche
	G	ab 1937	mindestens 26 m² Ladefläche
	SS	bis 1928	über 18 m Ladelänge
		1928–1939	über 15 m Ladelänge
		ab 1939	18 m Ladelänge
ll	G	ab 1939	zwei zur Leigeinheit kurzgekuppelte Wagen [Wagen für Leigeinheiten]
m	alle		2- und 3achs. Wagen mit 20 t Ladegewicht
mm	alle	ab 1948	2achsige Wagen mit mehr als 20 t Ladegewicht
n	alle	bis 1928	mit Luftbremse oder Luftleitung
	T	ab 1949	nicht für Gefriergut geeignet
o	H	bis 1939	ohne eiserne Seitenrungen, nur paarweise verwendbar
	SS	ab 1948	Ladegewicht 49 t, Ladelänge 17,95 m, Bordwände 60 cm hoch, umklappbar, offener Bremserstand mit umlegbaren Bühnengeländer
	T, TT	ab 1948	ohne Fleischhaken
	X		Arbeitswagen mit Wänden von mehr als 40 cm Höhe
p	G	ab 1948	3achsiger Wagen mit 16 t Eigengewicht [ehemalige Gepäckbeiwagen]
	O	bis 1939	mit mindestens 15 t Ladegewicht und Wänden bis 190 cm Höhe, ohne Einrichtung zum Kippen
		ab 1939	nicht kippbar

Gattungszeichen

Neben-gattungs-zeichen	in Verbindung mit Haupt-gattungszeich.	Zeitraum	Bedeutung
	V	bis 1939	ohne Einrichtung zur Veränderung der Ladefläche [die Wagen blieben jedoch im Bestand]
r	alle	ab 1928	mit auswechselbaren Radsätzen zum Übergang auf russische Breitspur [ersetzt Nebenzeichen s]
s	G	ab 1939	geeignet für Züge bis 90 km/h
	GG	ab 1939	geeignet für Züge bis 120 km/h
	H	bis 1939	mit Kuppelstangen ausgerüstet [nur paarweise einsetzbare alte Wagen]
	alle außer H	bis 1928	Umsetzwagen mit auswechselbaren Radsätzen für Übergang auf die russische Breitspur
	SS	ab 1948	geeignet für Züge bis 120 km/h
t	G	ab 1928	mit Stirnwandtüren in (fast) ganzer Wagenbreite
	K, KK	ab 1933	mit Trichtern, Bodenklappen oder geneigten Bodenflächen zur Selbstentladung, nicht kippbar
	O, OO, X		mit Trichtern, Bodenklappen oder geneigten Bodenflächen zur Selbstentladung
	S, SS	ab 1928	wie vor, nicht kippbar für Tiefladung
trieb	G	ab 1939	Gütertriebwagen
u	alle	1939–1948	ungeeignet für Militärtransporte (Fahrzeuge und Mannschaften)
	G	ab 1948	nicht für Personenbeförderung geeignet [man beachte die Entmilitarisierung!]
	O	ab 1948	nicht abbordbar
v	G	bis 1939	mit Türen an den Stirnwänden und besonderer Lüftung zur Viehbeförderung
	O	ab 1939	Stallungswagen mit Begleiterabteil
		bis 1928	mit hölzernen Wänden von mehr als 190 cm Höhe, ohne Einrichtung zum Kippen (ersetzt Hauptgattungsz. VO) [und was passierte in der Zwischenzeit mit den Wagen?]
		ab 1933	
	T, TT	ab 1948	elektrische Ventilatoren
w	2- und 3achs. Wagen		Ladegewicht unter 15 t ohne Einrichtung zum Kippen
	GG	bis 1928	Ladegewicht unter 30 t
	OO		Ladegewicht unter 30 t
	SS		Ladegewicht unter 35 t
y	SS	ab 1948	Ladegewicht 50 t, Ladelänge 8,8 m, bei Handbremswagen 9,5 m, Bühnengeländer umklappbar, Umsetzwagen [!]
ym	SS	ab 1948	Ladegewicht über 50 t, Ladelänge 11,2 m, bei Handbremswagen 11,9 m, Bühnengeländer umklappbar, Umsetzwagen [!]

Gattungszeichen 1952

Vorbemerkung

Obwohl seit der letzten Reichsbahn-Ausgabe des Merkbuchs erst 4 Jahre vergangen waren, enthielt das Merkbuch des Jahres 1952 erneut eine ganze Anzahl von Änderungen. Zurückzuführen ist dies auf die Auswirkungen der ersten Nachkriegsneukonstruktionen, z. B. Schiebedachwagen. Die 1951 begonnene Umzeichnung des Wagenparks und die Einführung des neuen Eigentumsmerkmals DB lassen es sinnvoll erscheinen, die 1952er Tabelle komplett wiederzugeben.

Gruppenzeichen 1952

Gruppen-zeichen	Ladegewicht	Achszahl	Besonderheiten bzw. Grundeigenschaften
G	15 t	2 oder 3	flaches oder Tonnendach
GG	mind. 30 t	4	Tonnendach
T	15 t	2 oder 3	gegen Wärme und Kälte abgedichtet
TT	mind. 30 t	4	wie vor
K	15 t	2	Schiebedach, kippfähig oder Klappdeckeldach
KK	mind. 30 t	4	Klappdeckeldach
V	15 t	2	Lattenwände
O	15 t	2	kippfähig, Wandhöhe mind. 80 cm (ab 1956: Bordwandhöhe mind. 1 m)
OO	mind. 30 t	4	nicht kippfähig
R	15 t	2	Rungen, Stirn- und Seitenborde aushebbar oder abklappbar, Ladelänge mind. 9,9 m
S	15 t	2	eiserne Rungen, Stirnwände bis 40 cm, aushebbar, Ladelänge 13 m
SS	mind. 35 t	4 oder mehr	eiserne Rungen, Ladelänge 15 m
H	15 t	2	Drehschemel, eiserne Seitenrungen
X	15 t	2	Wände bis 80 cm Höhe (ab 1956: Bordwandhöhe kleiner als 1 m)
XX	mind. 25 t	4	wie X
BT	18 t	2	Tragwagen mit je 3 abnehmbaren Großbehältern (ab 1956: 15 t Ladegewicht, besonders eingerichtet für den Transport von Großbehältern)
EKW	36 m³, 36 t	4	Kesselwagen (vorübergehend im Wagenpark des öffentlichen Verkehrs vorhanden – 1956 entfallen)

Gruppenzeichen 1960

Gruppen-zeichen	Lastgrenze der Streckenklasse B	Achszahl	Besonderheiten bzw. Grundeigenschaften
G	15,5–24,5 t	2	flaches oder Tonnendach
GG	31,0–49,0 t	4	Tonnendach
T	15,0–21,0 t	2	gegen Wärme und Kälte abgedichtet
TT		4	z.Z. keine einsatzfähigen Wagen vorhanden
K	15,5–25,0 t	2	Klappdeckel-, Schiebe- oder Schwenkdach z.T. Selbstentlade- oder Druckluftentladeeinrichtung, z.T. auch Schiebewand
KK	31,0–53,5 t	4 oder 5	wie vor
V	21,0–21,5 t	2	Lattenwände, zweibödig, Tonnendach
O	15,5–27,5 t	2	stirnkippfähig oder mit Selbstentladeeinrichtung, Wände mindestens 80 cm hoch
	die Angaben beziehen sich nicht auf Off-Wagen		
OO	38,5–52,0 t	4 oder 5	nicht kippfähig, zum Teil mit Selbstentladeeinrichtung
R	15,5–25,5 t	2	Rungen, Stirn- und Seitenwände aushebbar oder umklappbar, Ladelänge mindestens 10,1 m
S	15,5–21,0 t	2	eiserne Rungen, aushebbare Stirnwände bis 40 cm hoch, Ladelänge 13 m
SS	36,5 t	4 oder mehr	eiserne Rungen, Ladelänge 15 m
H	15,5–17,5 t	2	eiserne Seitenrungen, Drehschemel
X	15,5–27,5 t	2	Wände weniger als 80 cm hoch
XX	25,0–50,5 t	4	wie vor
BT	20,0–40,0 t	2 oder 4	Tragwagen mit abnehmbaren, kippfähigen Großbehältern

Gattungszeichen

Nebenzeichen ab 1952

Nebenzeichen	in Verbindung mit Gruppenz.	Zeitraum	Bedeutung
a	SS		offener Bremserstand, Bühnengeländer umklappbar
b	G, R, T		Fährbootwagen (ab 1957 auch BT)
c	O	bis 1960	hölzerne Wände, 130–190 cm hoch bei Wagen bis 15 t Ladegewicht
d	K, KK	ab 1953	für Druckluftentladung eingerichtet
e	allgemein		Leitung für elektrische Heizung
ee	allgemein	1956–1960	elektr. Heizung und Heizleitung
f	K	ab 1954	mit dreiteiliger Stirnwandtür
	K, KK	ab 1956	Stirnwandtüren (ab 1960 nur K)
	T	bis 1960	nur für Seefische (s. ff)
	X, XX	bis 1960	Flachwagen (s. ff)
ff	O	ab 1953	Wageneinheit für doppelstöckige Autoverladung
	T	ab 1960	nur für Seefische (s. f)
	X, XX	ab 1960	ohne Bordwände (s. f)
g	G	bis 1960	Bodenklappen zur Entladung von Schüttgütern
	K	ab 1957	schiebbare Seitenwände
		ab 1960	Schiebewände, öffnungsfähige Seitenwände, Jalousien
	T		nur für Gefriergut
	V	bis 1960	4 Böden (Gänsewagen)
gg	T		nur für Trockeneis oder Gefriergut
h	allgemein		Dampfheizleitung
hh	G, GG, T		Dampfheizleitung und -einrichtung
i	O, (OO)	ab 1953	Muldenkippwagen
	SS	ab 1960	Niederflureinrichtung für den Huckepackverkehr; Ladelänge und Lastgrenze werden durch Nebenzeichen nicht ausgedrückt
k	K		mit Schiebedach (kranbeladbar)
	G, KK	ab 1953	Schiebedach
	O		Kübelwagen (2 oder 3 abnehmbare Kübel, Ladegewicht mindestens 25 t)
	OO	bis 1960	Kübelwagen (4 oder 5 abnehmbare Kübel)
	S		Ladelänge kürzer als 13 m
	SS		Ladelänge kürzer als 15 m
	T, TT	bis 1960	kleiner Isolierwert (nicht geeignet für Gefriergut)
kk	T	ab 1952	isolierter Kessel für Flüssigkeiten, kleiner Isolierwert (Milchbeförderungswagen)
l	G		Ladefläche mindestens 26 m² und Tonnendach
	K	ab 1960	Ladefläche 33 m²
	O	bis 1960	Ladelänge mindestens 10 m
	SS	bis 1960	Ladelänge 18 m (nicht bei SSyl; vgl. Nebenzeichen yl)
		ab 1960	Ladelänge mindestens 18 m (vgl. jedoch Nebenzeichen yl)
	V	ab 1960	Ladefläche 30,5 m² je Boden
	X		Ladelänge mindestens 8 m
ll	G		2 zur Leigeinheit kurzgekuppelte Wagen (Wagen für Leigeinheiten)
m	G, K, O, R, S, BT und X		Ladegewicht 20 t
	G, K, O, R, S, X	ab 1960	Lastgrenze 21 t
	BT	ab 1960	Lastgrenze 26,5 t
	SS		Ladegewicht mehr als 35 t
	T	ab 1960	Lastgrenze 20–21 t
	SS	ab 1960	Lastgrenze mehr als 36,5 t (vgl. jedoch Nebenzeichen ym)
mm	G, K, O, R, X		Ladegewicht mehr als 20 t
	G, K, V, O, R, X	ab 1960	Lastgrenze mehr als 21 t
	BT	ab 1960	Lastgrenze mehr als 26,5 t
n	T, TT		nicht geeignet für Gefriergut
o	H	ab 1956	ohne Rungen, nur paarweise verwendbar
	R		ohne Rungen (vorübergehend) [Das Nebengattungszeichen wurde auch bei Wagen beibehalten, bei denen die Rungentaschen entfernt wurden]
	SSkm	ab 1960	ohne Rungen (vorübergehend)
	T, TT		ohne Fleischhaken
	X und XX		feste Wände, höher als 40 cm
p	O		nicht kippfähig
		ab 1960	nicht stirnkippfähig
r	G, T, V, O, R, S		Umsetzwagen (zum Übergang auf Breitspur)
s	G, GG, T, TT, K, R, BT	bis 1956	im innerdeutschen Verkehr geeignet für Züge bis 100 km/h, wenn die letzte Untersuchung nicht länger als 1½ Jahre zurückliegt (vorübergehend)
	wie vor	ab 1956	S, SS als S̄-Wagen geeignet
S̄...t	wie vor		geeignet für Züge bis 100 km/h
SS...t	GG		geeignet für Züge bis 120 km/h
s	allgemein	ab 1960	geeignet für Züge bis 100 km/h, wenn der Lastgrenzraster das Zeichen „S" enthält
ss	allgemein	ab 1960	geeignet für Züge bis 120 km/h, wenn der Lastgrenzraster das Zeichen „SS" enthält
t	G und GG		Stirnwandtüren
	KK		Selbstentladewagen, Trichter oder Sattel
	O		Selbstentladewagen, geneigte Bodenfläche, Trichter oder Sattel, Bodenklappen, nicht kippfähig
	OO		Selbstentladewagen, Bodenklappen oder geneigte Bodenflächen und Seitenklappen
	K, KK, O, OO	ab 1960	Selbstentladeeinrichtung (Trichter oder Sattel), Boden- oder Seitenklappen, nicht kippfähig
	S, SS		Tiefladewagen; Länge und Ladegewicht werden durch Nebenzeichen nicht ausgedrückt
	X		Bodenklappen, ein Teil auch Trichter, herabklappbare Seitenwände, aushebbare Stirnwände
	XX	ab 1956	wie vor
trieb	GG	bis 1960	Gütertriebwagen
u	O	ab 1955	hub- und seitenkippfähig
		ab 1960	elektro-hydraulische Hub- und Kippvorrichtung
v	G, GG	bis 1960	Stallungswagen, Begleiterabteil
	K	ab 1960	Innenanstrich für Lebensmittel
	O	bis 1956	hölzerne Wände, höher als 190 cm
		ab 1960	Mittenselbstentladeeinrichtung
	T		mit elektrischen Ventilatoren
w	G, T, V, O, S, X, H	bis 1960	Ladegewicht weniger als 15 t
	GG und OO	bis 1960	Ladegewicht weniger als 30 t
	SS	bis 1960	Ladegewicht weniger als 35 t
y	SS	bis 1960	Ladegewicht 50 t bei einer Ladebreite von mindestens 2,83 m, Ladelänge 8,8 m (bei umgeklappten Bühnengeländer 9,5 m), offener Bremserstand, Bühnengeländer umklappbar, Umsetzwagen
		ab 1960	Lastgrenze 52 t, Ladebreite 3,15 m (zwischen den Rungen 2,735 m) sonst wie vor
yl	SS	bis 1960	wie y, jedoch Ladelänge mehr als 8,8 m (9,5 m)
		ab 1960	Lastgrenze 50 t, Ladebreite 2,83 m, Ladelänge 12,30 m (bei umgeklapptem Bühnengeländer 13,00 m)
ym	SS	bis 1960	Schwerlastwagen, Ladegewicht 80 t, Ladelänge 11,2 m (11,9 m), offener Bremserstand, Bühnengeländer umklappbar, Umsetzwagen
		ab 1960	Lastgrenze 82 t, Ladebreite 3,15 m (zwischen den Rungen 2,735 m) sonst wie vor
z	OO		für Erzbeförderung
	O	ab 1956	wie vor

Die Gattungsbezirke

Zuordnung der Gattungsbezirke zu den Güterwagen-Bauarten

1922 (vorgesehene Nummern gemäß Nummernplan vom 1. 4. 1920)

Gattungsbezirk	Gattung	Bemerkung	Nummern
Altona	V	(ab 1937 Hamburg)	101– 5386
Augsburg	S		101– 5854
Berlin	Gk	Kühlwagen	101– 852
Breslau	Om	Verbandsbauart	101–50000
Dresden	Gl		101– 3874
Elberfeld	K	(ab 1930 Wuppertal)	101–12395
Erfurt	X		101–48274
Essen	Om	Verbandsbauart	101–54065
Frankfurt	O	Länderbahn	101–50000
Halle	O	Verbandsbauart	101–53839
Hannover	G	Länderbahn	101–50000
Karlsruhe	Ow	Länderbahn	101–45367
Kassel	G	Verbandsbauart	101–50000
Kattowitz	Om	geplant, jedoch wegen Gebietsabtretung an Polen (1921) nicht belegt	
Köln	SS		101–10822
Königsberg	Gs	geplant für umspurbare G-Wagen, diese wurden jedoch bei den G-Wagen eingereiht; Königsberg wurde später mit Om-Wagen belegt	101– 360
Ludwigshafen	Om	Länderbahn	101–25314
Magdeburg	Gw	Länderbahn	101–38096
Mainz	Ot		101– 1671
München	G	Verbandsbauart	101–60403
Münster	Oc	Länderbahn	101–21942
Nürnberg	O	Verband (Eisenwände)	101–24095
Oldenburg	OO	(ab 1935 Saarbrücken)	101– 225
Regensburg	H		101–14609
Schwerin	O	Länderbahn (Eisenwände)	101–63093
Stettin	G	Länderbahn	101–54829
Stuttgart	R		101–35332
Trier	GG	geplant, jedoch im Gattungsbezirk Dresden eingereiht. Trier wurde später mit Fährbootwagen belegt.	101– 116
Würzburg	O	Länderbahn	101–46941

Als die Reichsbahn 1920 gegründet wurde, bestand ihr Wagenpark aus mehr als 600 000 Güterwagen. Die standardisierten Verbandsbauarten waren dabei noch der kleinere Teil, der überwiegende Teil bestand aus den technisch längst überholten Länderbahnbauarten.

Die daraus resultierende Vielzahl der Güterwagenbauarten erforderte eine Sortierung, wenn der Betrieb und die Erhaltung (und rechtzeitige Ausmusterung) nicht unnötig erschwert werden sollten.

Die sachlich gebotene zentrale Numerierung konnte sich noch nicht durchsetzen (bei den Reisezugwagen gelang dies auch erst 1930), eine Verteilung der Wagen auf die Direktionen kam aber ebenfalls nicht in Frage. Gefunden wurde schließlich ein Zwischenweg: die Einführung des Gattungsbezirks. Die zahlenmäßig „kleinen" Hauptgattungen OO(t), S, SS, H, R, K, V und X wurden in jeweils einem Gattungsbezirk zusammengefaßt. Die beiden größten Hauptgattungen, die O- und die G-Wagen wurden, getrennt nach Ladegewicht (O und Om) bzw. Ladefläche (G und Gl) auf verschiedene Gattungsbezirke verteilt. Dabei reichte für alle Gl-Bauarten ein Gattungsbezirk (Dresden) aus. Sowohl bei den G- und O-Wagen als auch bei den Om-Wagen waren aber so viele Wagen vorhanden, daß eine Zusammenfassung in jeweils einem Gattungsbezirk nicht möglich war, wenn 6stellige Wagennummern vermieden werden sollten. Bei diesen drei Bauartgruppen wurde eine zusätzliche Aufteilung nach Alter vorgenommen: Alle Länderbahn-Wagen für Ladegewichte unter 15 t wurden als Ow Karlsruhe bzw. Gw Magdeburg, Länderbahnkonstruktionen mit 15 t als O Frankfurt und Würzburg bzw. G Hannover und Stettin, Verbandsbauarten mit 15 t Ladegewicht als O Halle bzw. G Kassel und München bezeichnet. Die Wagen mit 20 t Ladegewicht, hier gab es nur Om-Wagen, wurden so verteilt, daß Länderbahnbauarten zu Om Ludwigshafen, Verbandsbauarten zu Om Essen und Breslau wurden.

Die in den zwanziger Jahren entwickelten Austauschbauwagen wurden entweder bereits vorhandenen Gattungsbezirken zugeteilt oder es wurden neue Gattungsbezirke festgelegt. Dieses Spiel setzte sich in den dreißiger Jahren und im Krieg fort, ja selbst 1948 wurden noch neue Gattungsbezirksnamen gesucht und gefunden. Die Tabellen enthalten die Gattungsbezirke, die bei DR und DB verwendet wurden und listen auch, soweit bekannt, die dazugehörigen Wagennummern auf.

nach 1922 eingeführte Gattungsbezirke

Gattungsbezirk	Gattung	Bemerkung	ab
Königsberg	Om	Austauschbauart	1924
Wuppertal	K	ehem. Elberfeld	1930
Oppeln	Gs	Neubau	1934
Saarbrücken	OOt, KKt	ehem. Oldenburg	1935
	Fährbootwagen	ehem. Trier	
Hamburg	V	ehem. Altona	1937
Karlsruhe	G	Verbandsbauart	1938
Wien	O, Olm	österreichische Bauart	1938
Danzig	Om	polnische Bauart	1939
Posen	G	polnische Bauart	1939
Linz	Omm	Neubau	1939
Villach	Ommu	Neubau	1941
Bromberg	GG	Neubau	1942
Kattowitz	OOfs	Neubau	1942 (2 Wagen)
Ulm	Rmm	Neubau	1942
Klagenfurt	Ommu	Kriegsbauart	1942
Heilbronn	SSos	Kriegsbauart	1943
Bremen	Gm	Kriegsbauart	1943
Leipzig	Glm	Kriegsbauart	1943
Graz	Ommuf	Kriegsbauart	1944 (2 Wagen)
Göttingen		Versuchsbauarten	1948
Duisburg	Ommu	Nachkriegsbauarten	1948
Düsseldorf	Kmm	Nachkriegsbauarten	1948
Offenbach	BT	DB-Neubau	1951

Nummernzuordnung zu den Gattungsbezirken

Altona	V	101–	2000	Länderbauarten
	V	2001–	6200	Verbandsbauart
	V	6201–	6233	geschweißte Bauart
	V	80001–	80654	Austauschbau
Augsburg	S	101–	5854	Länderbauarten
	S	6001–	6200	Verbandsbauart
	Smr	7001–	7020	geschweißte Bauart
	Sm			geschweißte Bauart
	Sm	80001–	80155	Austauschbau
Berlin	Gk(w)	101–	1721	ältere Kühlwagen
	Tno	1729–	1928	Behelfskühlwagen
	Gk	2001–	2845	ältere Kühlwagen
	Tn(o)	3001–	3040	Kühlw. für Milch, Fette, Obst, Bier, Fleisch etc.
	GGkhs	4001–	4022	Universalkühlwagen
	Gkhs	6001–	8000	Fleischkühlwagen
	Gkhhs	8001–	10000	Seefischkühlwagen
	Gfkhs	10001–	10004	Fährbootkühlwagen
	Gfkhs	11001–	11046	Fährbootkühlwagen
	T(T)k	12001–	12401	Kühlmaschinenwagen
	Tg	13001–	13192	Tiefkühlwagen
	Gk	13193–	13307	Kühlw. für Lazarettzüge
	Tg(g)	13308–	13360	Tiefkühlwagen

Gattungsbezirke

Bezirk	Gattung	Nummernkreis	Bemerkung
Berlin	Tnhs	16001 – 16671	Fleischkühlwagen
	Ths	26001 – 27696	Universalkühlwagen
	To	33001 – 34000	Ukraine-Kühlwagen
	Gk	90001 – 90500	Kühlwagen ex BBö
	Gk	90501 – 90999	Kühlwagen ex PKP
Bremen	Gmhs	101 – 7330	Kriegsbauart
	Gms	8101 – 9030	tschechische Bauart
	Gm	9031 – 10430	tschechische Bauart
	Gmhs	30001 – 36190	Nachkriegsbauart
Breslau	Om	101 – 97500	Verbandsbauart
	Om	97501 – 98000	geschweißte Bauart
	Om	98001 – 99999	Verbandsbauart
Bromberg	GGths	10001 – 10077	geschweißte Bauart
Danzig	Om		Om-Wagen ex PKP
Dresden	Gl	101 – 3874	Länderbauarten
	Gl	4001 – 8600	Verbandsbauart
	Gll	11001 – 12000	Leig-Einheiten
	Glhs	15001	geschw. Versuchswagen
	GGhs	20001 – 20003	geschw. Versuchsbauart
	GGvwehs	21001 – 21005	Stallungswagen
	Glhs	30001 – 30...	geschw. („lange Oppeln")
	Glhs	32001 – 34000	geschweißte Bauart
	Glths	40001 – 42000	geschweißte Bauart
	Glhs	79001 – 79650	Austauschbau, 7,7 m Achsst.
	Gl(t)r	80001 – 83945	Austauschbau
	Glt	90001 – 90...	Glt-Wagen ex BBö
	Gl	92001 – 92...	Gl-Wagen ex PKP
	GG	93001 – 93...	GG-Wagen ex BBö und PKP
Düsseldorf	Kmm	101 –	Nachkriegsbauart
Duisburg	Ommu	101 – 13700	Nachkriegsbauart
	Omm	13701 – 14850	tschechische Bauart
	Ommu	14851 – 18100	Nachkriegsbauart
	Omm	18101 – 19400	genietet (Gregg)
	Ommu	19401 – 20280	Nachkriegsbauart
	Omm	20281 – 20380	tschechische Bauart
	Ommu	20401 – 21000	Nachkriegsbauart
Elberfeld	K	101 – 12395	Länderbauart
	K	13001 – 16700	Verbandsbauart
	K	80001 – 80991	Austauschbau
Erfurt	X	101 – 5400	Länder- und Verbandsb.
	XXo	90001 – 9....	ausländische Bauarten
Essen	Om	101 – 54065	Verbandsbauart
	Om	60001 – 63370	geschweißte Bauart
Frankfurt	O	101 – 50000	Länderbauarten
	O	90001 – 9....	O-Wagen ex PKP
Göttingen			DB-Versuchswagen
Graz	Ommuf		Versuchsbauart
Halle	O	101 – 46200	Verbandsb. ohne Handbremse
	O	54001 – 63500	Verbandsb. mit Handbremse
	O	65001 –	Länderb. mit 17,5 t Tragf.
	O	80001 – 80026	Austauschbau
Hamburg	V	101 – 2000	Länderbauarten
	V	2001 – 6200	Verbandsbauart
	V	6201 – 6233	geschweißte Bauart
	V	80001 – 80654	Austauschbau
Hannover	G	101 – 50000	Länderbauarten, Milchwagen
Heilbronn	SSos		Kriegs- und Nachkriegsb.
Karlsruhe	Ow	101 – 45367	Länderbauarten
	G	101 – 50000	Verbandsb. für Personenbeförderung vorbereitet
Kassel	G	101 – 80000	Verbandsbauart
	G	80001 – 88263	Austauschbau
Kattowitz	OOfs		Versuchsbauart
Klagenfurt	Ommu	101 – 30000	Kriegsbauart
Köln	SS(k)	101 – 10822	Länderbauarten
	SS	11001 – 12749	Verbandsbauart
	SSl	12786 – 12855	Verbandsbauart
	SS(kw, yl)	12856 – 12950	Verbandsbauart
	SS(ym, la)	13001 –	geschweißte Bauarten
	SSl	80001 – 80229	Austauschbau
Königsberg	Om	301 – 19879	Austauschbau
Leipzig	Glm(g)hs	101 –	Kriegs- u. Nachkriegsb.
	Gllmghs		Leig-Einheit
Linz	Omm	101 – 24835	geschweißte Bauart
Ludwigshafen	Om	101 – 25314	Länderbauarten
	Om	100001 – 100163	Om-Wagen ausländ. Ursprungs
Magdeburg	Gw	101 – 38096	Länderbauarten
Mainz	Ot(m)	101 – 1671	Länderbauarten
	Otmm		geschweißte Bauart
München	G	101 – 60403	Verbandsbauart
	G	90001 – 95000	G-Wagen ex PKP
Münster	O(c)	101 – 21942	Länderbauarten
Nürnberg	O	101 – 26600	Verbandsbauart
	Ok	26601 – 26804	geschweißte Bauart
	OOk	26805 – 26913	geschweißte Bauart
	Ok	26914 – 27183	geschweißte Bauart
	OOk	30001 –	geschweißte Bauart
Offenbach	BT	101 –	DB-Umbauwagen
Oldenburg	OOt(z)	101 – 3512	Selbstentladewagen
	KKt	421 –	Selbstentladewagen
Oppeln	Ghs	101 – 29000	geschw., 6 m Achsst.
	Gmhs	29001 – 30000	spätere Bremen
	Ghs	30001 – 31663	geschw., 7 m Achsst.
	Glhs	31717 – 31...	spätere Leipzig
Posen	G		G-Wagen ex PKP
Regensburg	H	101 – 14609	Länderbauarten
	H	15001 – 25850	Verbandsbauart
	H	22501 – 22502	geschweißte Bauart
	H	80001 – 80026	Austauschbau
Saarbrücken	Rbh	101 – 301	Austauschbau und geschw.
	OOt, KKt	301 – 5000	Selbstentladewagen
	Gfkhs	10001 – 11046	Fährbootkühlwagen
	Gfkhs	11001 – 11046	Fährbootkühlwagen
	Gbh	29001 – 29300	Austauschbau
	Gbh	29501 – 29800	geschweißte Bauart
Schwerin	O	101 – 63093	Länderbauarten
	O	90001 – 95000	O-Wagen ex PKP
Stettin	G	101 –	Länderbauarten
	G	33401 – 35000	Länderb., ehem. Ghwps u. Gl
	Gu	35001 – 35900	französische Bauart
	G	90001 – 99999	ausländische Ursprungs
Stuttgart	R	101 – 20000	Länderbauarten
	R	20001 – 49...	Verbandbauart
	R	49... – 52...	geschweißte Bauart
	Rms	60001 – 72...	geschweißte Bauart
	R	80001 – 82030	Austauschbau
	R	90001 – 95000	ausländischen Ursprungs
		101 – 116	Fährbootwagen
Trier			Kriegsbauart
Ulm	Rmms		
Villach	Ommu	101 – 49215	geschweißte Bauart
Wien	O(l)m		O-Wagen ex BBö
Würzburg	O(c)p	101 – 46941	Länderbauarten
Wuppertal	K	101 – 12395	Länderbauart
	K	13001 – 16700	Verbandsbauart
	K	16701 – 16702	geschw. Versuchswagen
	Km	20001 – 20008	geschweißte Bauart
	K	80001 – 80991	Austauschbau

Da sich bis heute keine amtlichen Unterlagen über die Nummernkreise innerhalb der Gattungsbezirke auffinden ließen, basiert diese Aufstellung auf der Auswertung von Fotos (und nicht auf offiziellen Unterlagen, wie z. B. Umzeichnungsplänen). Ist die Abgrenzung der Nummernkreise nicht eindeutig, wurden die unklaren Bereiche durch Punkte angedeutet, ließen sich anhand der vorliegenden Fotos keine Nummernkreise festlegen, blieben die Bereiche frei.

Neben den angegebenen Nummernkreisen wurden auch durch Ausmusterung älterer Wagen freigewordenen (Einzel-)Nummern neu belegt. So wurden z. B. die Nummern Dresden 4475 und 8635 mit geschweißten Wagen neu belegt.

Bauart- und Wagennummern ab 1951

Bauartnummern

Die ab 1951 bei der DB eingeführten zweistelligen Bauartnummern wurden nicht willkürlich vergeben. In ihnen sollten Alter, aber auch Herkunft der Wagen kenntlich gemacht werden: die erste Ziffer drückte annähernd das Entstehungsjahrzehnt aus, während die Endziffer 9 aber auch teilweise 7 und 8 auf Wagen fremder Herkunft verwies – soweit die Wagen auf normalem Weg (Kauf, Übernahme der Bahn) zur DR bzw. DB gelangten. Für die im Bereich der DB stehengebliebenen Fremdwagen aus Osteuropa waren zunächst keine Bauart-Nummern vorgesehen, da die Wagen an sich zurückgetauscht werden sollten. Als sich dies nicht realisieren ließ, erhielten diese Wagen Bauartnummern, die mit 9 begannen. Später wurde dieses System teilweise durchlöchert, da durch Um- und Neubauten zu viele Bauartnummern benötigt wurden.

01 – 08	nicht genormte Länderbahnwagen
09	zweiachsige US-Kriegsgüterwagen
10 – 17	Verbandsbauarten sowie von 1910 bis 1925 beschaffte Länderbahnwagen mit genormten Verschleißteilen
18 – 19	Wagen österreichischer (tw. russischer) Herkunft
20 – 28	Austauschbauarten und nach Austauschbaugrundsätzen gebaute Wagen
29	genietete Wagen französischer und belgischer Herkunft (während bzw. nach dem 2. Weltkrieg beschafft)
30 – 38	geschweißte Wagen der DR (Baujahre 1933–1945)
39	geschweißte tschechische Wagen (nach dem 2. Weltkrieg beschafft) und ehemals russische Flachwagen
40 – 48	Großgüterwagen der Kriegsjahre und geschweißte Wagen der ersten Nachkriegsjahre, später DB-Umbauwagen in Anlehnung an die UIC-Richtlinien
49	vierachsige US-Kriegsgüterwagen (später auch DB-Umbauwagen)
50 – 79	Neu- und Umbauwagen der DB (die Endziffer 9 hat dabei die ursprüngliche Bedeutung verloren)
90	ehemals polnische Wagen
91	ehemals bulgarische Wagen
92	ehemals rumänische Wagen
93	ehemals tschechische Wagen
94	Wagen unbekannter Herkunft
95 – 99	nicht belegt (ursprünglich, ebenso wie die Bauartnummern 90 – 94, für Neubauwagen vorgesehen)

Güterwagennummern   Stand 1958

Die folgende Auflistung der Bauarten und der ihnen zugeordneten Nummernkreise zeigt, daß die notwendige und auch durchgeführte Bereinigung des Wagenparks von Uralt- und Fremdfahrzeugen zwar 1958 weit fortgeschritten, aber immer noch nicht abgeschlossen war. Auffällig ist auch, daß die im ursprünglichen Nummernplan 1952 vorhandenen Lücken (die für Neubeschaffungen vorgesehen waren) bereits 1958 nicht mehr ausreichten, um alle Umbauwagen bei den G-, Omm- und Off-Wagen in die ihnen eigentlich zustehenden Nummernbereiche einzureihen. Diese Durchmischung wurde in den Folgejahren durch weitere Umbauprogramme weiter verstärkt, so daß in den frühen 60er Jahren die erste Ziffer in den Nummern der G- und O-Wagen ihre ursprüngliche Bedeutung weitgehend verloren hatte.

Gruppennummer 1, G-Wagen bis 15 t Ladegewicht, GG-Wagen

Wagennummern	Gattung	Bemerkung
100 000 – 100 099	Gw 01	
100 100 – 109 999	G 02, Gh 02	
	Gh 03	
	G 19	österreichische Bauart
	G 29	französische Bauart
110 000 – 139 999	G 10, Gh 10, G 19	
140 000 – 149 999	G 10, Gh 10	nur Wagen mit Handbremse
	Gh 19	österreichische Bauart
150 000 – 154 999	G 19	österreichische Bauart
	Gr 20	
155 000 – 159 999	Gs 19	österreichische Bauart
	Ghs 31	
160 000 – 169 999	G 09	amerikanische Bauart
170 000 – 175 999		
176 000 – 179 999	G, GG, Gl 90	polnische Bauart
	G, Gl 91	bulgarische Bauart
	G, Gl 92	rumänische Bauart
	G, Gl, Glt 93	tschechische Bauart
	Gl 94	unbekannte Bauart
180 000 – 184 999	Gbh 21	Fährbootwagen
185 000 – 189 999	GG 19	russische Bauart
	GGths 43	
	GGvwehs 44	Stallungswagen für Rennpferde
	GG 49	amerikanische Bauart
190 000 – 194 999	Gl 06	
	Gl 11	
	Gl 19	österreichische Bauart
	Glr 22	
	Glhs 25	
	Glrhs 33	
195 000 – 197 999	Glt 19	österreichische Bauart
	Glt 23	
	Glt 34	
198 000 – 199 999	Gllh 06, Gllvh 08	Wagen für Leigeinheiten
	Gllh 11, Gll 12, Gll 19	
	Gllr 22, Gll 24, Gllrhs 25, Gllh 28, Gll 30, Gllrh 33	
	Gllltrhs 34, Gllh 38	
	Gllltrhs 46	

Gruppennummer 2, G-Wagen über 15 t Ladegewicht

Wagennummern	Gattung	Bemerkung
200 000 – 200 029	Glmghs 36	
200 030 – 200 999	Glmhs 19	österreichische Bauart
	Glm 28, Glms 33	
	Glmr 38	
201 000 – 209 999	Glmhs 50, Glmehs 50	
210 000 – 210 499	Gltmrhs 26	
210 500 – 210 509	Gltmrhs 46	
210 510 – 211 999	Gltmehks 55	
212 000 – 212 199	Gbmhs 32	Fährbootwagen
	Gbmhs 51	Fährbootwagen
212 200 – 215 699	Glmhs 50, Glmehs 50	
215 700 – 217 999	–	
218 000 – 218 399	Gllmhs 37	
	Gllmhs 52	Wagen für Leigeinheiten
218 400 – 219 999	–	
220 000 – 228 499	Gms 19	österreichische Bauart
	Gmhs 30	
228 500 – 229 999	Gms 45	Umbau aus KPwgs/Gmhs 35
230 000 – 233 099	Gmhs 35	z. T. EUROP
	Gm 39, Gms 39	z. T. EUROP
233 100 – 234 999	–	
235 000 – 236 499	Gmhs 30	EUROP
236 500 – 240 999	–	
241 000 – 249 999	Gmhs 35	z. T. EUROP
	Gm 39, Gms 39	z. T. EUROP
250 000 – 254 799	Gmhs 53	z. T. EUROP
254 800 – 254 999	Gmhs 55	z. T. EUROP, ex SAAR-Eisenbahnen
255 000 – 269 999	Gms 54	
270 000 – 279 999	Gmms 44	Umbau aus G 10
280 000 – 289 999	–	
290 000 – 299 799	Glmmhs 56	EUROP
299 800 – 299 999	Glm 90	polnische Bauart
	Gm 91	bulgarische Bauart
	Gm, Gmm 93	tschechische Bauart

Bauart- und Wagennummern ab 1951

Gruppennummer 3, T-, V- und K-Wagen

Wagennummern	Gattung	Bemerkung
300 000 – 300 199	Tkwoh 01	Wagen ausgemustert
300 200 – 300 699	Tkoh 02	
300 700 – 301 399	TTko 49	amerikanische Behelfskühlwagen
301 400 – 301 549	Tnohs 39	Bier-Kühlwagen
301 550 – 301 599	–	Wagen ausgemustert
301 600 – 303 409	Tnhs 31	Fleisch-Kühlwagen
303 410 – 303 499	Tbnhs 30	Fährboot-Kühlwagen
303 500 – 304 499	Tnfhs 32	Seefisch-Kühlwagen
304 500 – 304 899	Tnfhs 38	Seefisch-Kühlwagen
	Tnfms 64	Seefisch-Kühlwagen (Umbau)
304 900 – 305 299	Tgehs 40	Tiefkühlwagen
305 300 – 305 399	Tgghs 41	Tiefkühlwagen für Trockeneis
305 400 – 308 099	Ths 42	Universal-Kühlwagen
308 100 – 308 199	TThs 43	Universal-Kühlwagen
308 200 – 308 999	Tehs 50	Universal-Kühlwagen
	Tmehs 50	Universal-Kühlwagen
309 000 – 328 899	–	
328 900 – 329 899	Tnomehs 59	Behelfskühlwagen für Bananen
329 900 – 329 919	Tkkmhs 53	Milchkesselwagen
329 920 – 329 999	–	
330 000 – 339 999	Vh 04, V 14, V 18 V 23, V 33	
340 000 – 347 999	K 06, K 15, K 25	
348 000 – 349 999	KK 06, KK 15	je zwei fest gekuppelte Wagen
350 000 – 350 999	Kmr 35, Kmm 36	
351 000 – 354 999	Ktmm 60	
355 000 – 355 010	KKt 26	Sattelwagen für Koks (Schaku)
355 011 – 355 022	–	
355 023 – 355 103	KKt 45	Sattelwagen für Koks (Schaku)
355 104 – 355 153	KKt 27	Trichterwagen für Getreide
355 154 – 355 178	KKt 46	Sattelwagen für Getreide (ex Kondenstender)
355 179	KKt 26	Sattelwagen für Koks (Schaku)
355 180 – 355 204	KKt 46	Sattelwagen für Getreide (ex Kondenstender)
355 205 – 355 216	KKt 44	Sattelwagen für Stückkalk (ex Kondenstender)
355 217 – 355 321	KKt 57	Sattelwagen mit Klappdeckel (Neubau)
355 322 – 355 331	KKt 44	Sattelwagen für Stückkalk (ex Kondenstender)
355 332 – 355 361	KKt 61	Sattelw. m. 2tlg. Schwenkdach
355 362 – 355 399	KKt 62	Sattelw. m. 1tlg. Schwenkdach
355 400 – 357 999	–	
358 000 – 358 023	KKds 55	
358 024 – 358 999	–	
359 000 – 359 199	KKd 49	Zementwagen, ehem. US-Kesselwagen
359 200 – 359 360	Kd 54, Kds 54	
359 361 – 359 460	Kds 56	
359 461 – 359 560	Kds 54	
359 561 – 359 999	Kds 56	
360 000 – 364 999	Kmmks 51	
365 000 – 365 999	Kmmfks 52	
366 000 – 369 899		
369 900 – 369 909	KKfk 47, KKk 48	umgebaut aus OO-Wagen
369 910 – 369 999	–	
370 000 – 370 999	Kmmgks 58	
371 000 – 399 599	–	
399 600 – 399 799	V 90	polnische Bauart
399 800 – 399 999	K 90	polnische Bauart

Gruppennummer 4, R- und X-Wagen

Wagennummern	Gattung	Bemerkung
400 000 – 419 999	R 02, R 10	
	R 18	österreichische Bauart
	R 20	
	Rbh 21	Fährbootwagen
	R 30	
420 000 – 429 999	Rms 31	
430 000 – 433 999	Rmms 33	
434 000 – 434 029	Rmms/BTms 33	als R-, S- oder BT-Wagen verwendbar
434 030 – 434 149	Rmmso/BTms 33	als BT- oder Flachwagen verwendbar
434 150 – 434 999	–	
435 000 – 435 024	Rbmms 55	Fährbootwagen
435 025 – 435 999	–	
436 000 – 439 999	Rlmms 56	
440 000 – 444 999	–	
445 000 – 449 999		ab 1959 Rlmms 58
450 000 – 459 999	–	
460 000 – 474 999	X, Xo, Xw, Xt, Xl 05	Länderbauart
	Xm, Xlm, Xltm 06	
	X, Xo 09	amerikanische Bauart
	X, Xo, Xl, Xlt 19	
	Xltm, Xlw 19	
	X, Xl, Xts, Xro 35	
	Xlm, Xtm 36	Umbau aus K 15, K 25, X 05
	Xlmm 37	geschweißt
	Xlm 57	Umbau aus K 15, K 25, X 05
475 000 – 479 999	Xflm 07, Xf, Xfl, Xfm 08	Länderbauart
	Xf 09	amerikanische Bauart
	Xf, Xfl, Xfm 19	Verbandsbauart
	Xfm, Xflm 36	geschweißt
	Xflmm 37, Xf, Xfl 38	geschweißt
480 000 – 484 999	Xltmm 59	
485 000 – 489 999	–	
490 000 – 497 999	XX, XXt, XXto 19	
	XXo, XXto 39	russischer Herkunft
	XXo 49	amerikanische Bauart
498 000 – 498 799	R, Ro 90	polnische Bauart
498 800 – 499 999	X, Xo, Xl, Xm 90	polnische Bauart
	Xlto 91	bulgarische Bauart
	Xtw, Xlw 92	rumänische Bauart
	XXt, Xlm, Xl, Xtm 93	tschechische Bauart
	Xt 94	unbekannte Herkunft
	Xf, Xfl, Xflm 90	polnische Bauart
	Xfl 91	bulgarische Bauart
	Xf, Xfl, Xflm 92	rumänische Bauart
	Xf, Xfl, Xflm 93	tschechische Bauart
	Xfl, Xflm 94	unbekannte Herkunft
	XXo, XXto, XXf 90	polnische Bauart

Gruppennummer 5, Privatgüterwagen

Wagennummern	Gattung	Bemerkung
500 000 – 599 999	Privatgüterwagen	
5 500 000 – 5 599 999	Privatgüterwagen	(bundeseigen)

Gruppennummer 6, O-Wagen Sonderbauarten, O-Wagen bis 15 t Ladegewicht

Wagennummern	Gattung	Bemerkung
600 000 – 600 150	Ot 03	
600 151 – 600 250	Otm 07, Otm 19	
600 251 – 600 260	Otmm 13, Otmm 36	Trichterwagen
600 261 – 600 357	–	Wagen ausgemustert
600 358 – 600 532	Okmm 19	Hafenbetrieb GmbH
600 533 – 600 999	Okmm 38	Kübelwagen
601 000 – 601 582	Otmm 52	
601 583 – 602 999	Otmm 57, Otmmz 57	
603 000 – 603 021	Otmm 54	
603 022 – 603 799	Otmm 57	
603 800 – 603 899	Okmm 58	Kübelwagen
603 900 – 603 999	–	
604 000 – 606 129	Ommi 51	Muldenkippwagen
606 130 – 606 999	–	
607 000 – 607 497	Otmm 57	
607 498 – 609 999	–	
610 000 – 611 211	OOt 22	
	OOtz 23	Sattelwagen für Kohle, Erz (tw. Schaku)
	OOt 24	Sattelwagen für Koks (Schaku)
	OOtz 25	Sattelwagen für Erz
	OOtz 41	Sattelwagen für Kohle, Erz (tw. Schaku)
	OOt 42	Sattelwagen für Koks (tw. Schaku)
	OOtz 43	Sattelwagen für Erz (tw. Schaku)

Bauart- und Wagennummern ab 1951

Wagennummern	Gattung	Bemerkung
	OOtz 44	Sattelwagen für Erz (Donawitz)
	OOtz 48	Sattelwagen für Erz (Reichswerke)
611 212 – 611 609	–	
611 610	OOk 45	
611 611 – 611 699	–	
611 700 – 613 999	OOtz 50	Sattelwagen für Erz, Kohle, Koks
	OOt 53	Sattelwagen für Kalkstein (ex Kondenstender)
614 000 – 619 699	–	
619 700 – 619 999	OOt 19	
620 000 – 624 999	–	ab 1959 Otmm 64
625 000 – 625 067	Ommu 56	Hubkippwagen
625 068 – 629 999	–	
630 000 – 630 399	OO 19, OO 40	Willison-Mittelpufferkupplung
630 400 – 630 999	–	
631 000 – 632 999	Offs 55	dreiachs. Autotransporteinheit
633 000 – 633 639	Offs 59	zweitlg. Autotransporteinheit
633 640 – 649 999	–	
650 000 – 654 999	O 01	
655 000 – 659 999	O, Oc, Ol, Op 01	
	O, Oc, Ocp 19	
660 000 – 664 999	O 02	
665 000 – 669 999	Ol 01	
670 000 – 679 999	O 10, O 20	
680 000 – 689 999	O 11	
690 000 – 697 999	Owp 09	amerikanische Bauart
698 000 – 699 999	O, Op, OO 90	polnische Bauart
	O, Ol 92	rumänische Bauart
	Oc, Ol 93	tschechische Bauart

Gruppennummer 7, O-Wagen mit 20 t Ladegewicht (Om)

Wagennummern	Gattung	Bemerkung
700 000 – 704 999	Om, Omp 04	
	Om, Omp 19	österreichische Bauart
705 000 – 709 999	Olm 06	tschechische Bauart
710 000 – 749 836	Om 12	z. T. EUROP
	Om 19	
	Om 30	z. T. EUROP
	Om 31	z. T. EUROP, tw, Blechaufbau
749 837 – 749 999	Om 19	
750 000 – 759 999	Om 19	
	Om 21	z. T. EUROP
760 000 – 760 999	Om 53	
761 000 – 795 499	–	
795 500 – 799 999	Om, Omp 90	polnische Bauart
	Om, Omp 91	bulgarische Bauart
	Olm, Om 93	tschechische Bauart

Gruppennummer 8, O-Wagen über 20 t Ladegewicht (Omm)

Wagennummern	Gattung	Bemerkung
800 000 – 806 099	Omm, Ommr 32	
	Omm 42	Umbau aus Omm 32 (alte Wagennummer)
806 100 – 806 799	Omm 53	(Omm 54 mit UIC-Radsätzen)
	Omm 54	Umbau aus Om 12 und Om 21
806 800 – 807 999	–	
808 000 – 821 699	Omm 33	z. T. EUROP
	Ommr 33	
	Omm 43	Umbau aus Omm 33 (alte Wagennummer)
821 700 – 823 999	Omm 55	Umbau aus Om 12 und Om 21
824 000 – 833 999	Omm 34	
	Omm 44	Umbau aus Omm 34 (alte Wagennummer)
	Omm 35	
834 000 – 861 999	Omm 29	EUROP
	Omm 37	z. T. EUROP
	Omm 39	
	Omm 49	Umbau aus Omm 39 (alte Wagennummer)
862 000 – 868 999	Omm 52	z.T. EUROP
869 000 – 869 299	Off 52	als Autotransporteinheit abgelieferte Omm 52
869 300 – 869 999	Omm 52	
870 000 – 879 999	Omm 53	(Omm 54 mit UIC-Radsätzen)
	Omm 54	Umbau aus Om 12 und Om 21
880 000 – 889 999	Omm 55	Umbau aus Om 12 und Om 21
890 000 – 899 799	Omm 52	
899 800 – 899 999	Omm 90	polnische Bauart
	Omm 93	tschechische Bauart

Gruppennummer 9, S- und H-Wagen

Wagennummern	Gattung	Bemerkung
900 000 – 904 999	Sk 04, S 05	
	S 14, Sm 14	
	S 19, Sk 19	
905 000 – 909 999	Sm 19, Sm 24	
	Sm 34, Smr 35	
910 000 – 914 999	SSk 07, SSkw 07	
	SS 08, SSk 08, SS 15	
	SSk 19, SSkw 19	
915 000 – 917 999	SSl 16, SSlm 16	
	SSlm 19, SSlm 25	
918 000 – 919 999	SSlma 44, SSlma 47	
	SSlma 48	
920 000 – 921 999	SSlmas 53	
922 000 – 924 999	–	
925 000 – 925 299	SSlmas 54	
925 300 – 959 999	–	
960 000 – 964 999	SSyl 19	russische Bauart
	SSy 45	
965 000 – 969 999	SSym 46	
970 000 – 979 999	SSkm 49	amerikanische Bauart
980 000 – 980 010	Stm	
980 011 – 980 040	SSt 4 Achsen	
980 041 – 980 185	SSt 6 Achsen	
980 186 – 980 200	SSt 8 Achsen	
980 201 – 980 399	St, Stm	
980 400 – 980 600	SSt 4 Achsen	
980 601 – 980 799	SSt 6 Achsen	
980 801 – 980 999	SSt 8 Achsen	
981 000 – 981 199	SSt 10 Achsen	
981 200 – 981 399	SSt 12 Achsen	
981 400 – 981 600	SSt 14 Achsen	
981 601 – 989 999	–	
990 000 – 998 499	H 02, H 10, H 18, H 20	
998 500 – 999 599	S, Sk, Sr, Smk 90	polnische Bauart
	S, Sk 92	rumänische Bauart
	S, Sk, Sm 93	tschechische Bauart
	SS, SSkm, SSlm 90	polnische Bauart
	SSkm, SSlm 92	rumänische Bauart
	SSlma 93	tschechische Bauart
999 600 – 999 999	H 90	polnische Bauart
	H 93	tschechische Bauart

Gruppennummer 0, BT- und Einheitskesselwagen

Wagennummern	Gattung	Bemerkung
000 001 – 009 999	–	
010 000 – 010 999	BT 10	Umbau aus G 10, Gr 20 u.a.
	BT 30	Umbau aus Omm 34, Gs 31, Gms 30
	BTs, BThs 30	Umbau aus Gms 35
011 000 – 012 999	BTs 50	
013 000 – 013 499	–	
013 500 – 014 899	BTmms 51	zwei festgekuppelte BTs 50
014 900 – 014 999	BTbhs 56	Fährbootwagen
015 000 – 017 999	BTms 55	
018 000 – 099 999	–	
099 000 – 099 999	EKW 49	amerikanische Bauart

UIC-Codierung

Die UIC-Gattungszeichen sind streng alphabetisch aufgebaut und stellen in Klarschrift die in den ersten 4 Ziffern der eigentlichen Wagennummer verschlüsselten Eigenschaften der Wagen dar. Die Zuordnung der Ziffergruppe zu den Gattungszeichen ist international festgelegt. Zur Kennzeichnung der nach dem jeweils gültigen UIC-Merkblatt 438-2 gebildeten Gattungszeichen diente – einschließlich Übergangsfrist – bis 31. 12. 1984 ein 25 mm dicker Punkt vor dem Gattungszeichen. Seit 1980 ist die Anwendung des Gattungszeichens verbindlich, der Punkt entfällt daher seit diesem Zeitpunkt bei Anwendung des neuen Gattungszeichens.

Die Bedeutung der Zeichen ist der nachfolgenden Tabelle zu entnehmen. Bei den sog. Kennbuchstaben a–s ist die Bedeutung international, bei den Kennbuchstaben t–z national festgelegt.

Gattungsbuchstaben nach den UIC-Grundsätzen
Stand 1. 1. 1969

Gattungsbuchstabe	Bedeutung
E	Offene Wagen in Regelbauart, stirn- und seitenkippbar mit 2 Achsen: Ladelänge 7,7 m, Lastgrenze 20 t mit Drehgestellen: Ladelänge 12 m, Lastgrenze 40 t
F	Offene Wagen in Sonderbauart mit 2 Achsen: Lastgrenze 20 t, mit Drehgestellen: Lastgrenze 40 t
G	Gedeckte Wagen in Regelbauart mit 8 oder mehr Lüftungsöffnungen mit 2 Achsen: Ladelänge 9 m, Lastgrenze 20 t mit Drehgestellen: Ladelänge 15 m, Lastgrenze 40 t
H	Gedeckte Wagen in Sonderbauart mit 2 Achsen: Lastgrenze 20 t, mit Drehgestellen: Lastgrenze 40 t
I	Kühlwagen mit mittlerer Isolierung, Fußbodenrosten und Eiskästen von 3,5 m^3 Inhalt oder mehr, mit 2 Achsen: Ladefläche 19 m^2, Lastgrenze 15 t, mit Drehgestellen: Lastgrenze 30 t
K	2achsige Flachwagen in Regelbauart mit beweglichen Wänden und kurzen Rungen, Ladelänge über 12 m, Lastgrenze 20 t
L	2achsige Flachwagen in Sonderbauart, Lastgrenze 20 t
O	Offener/Flach-Mehrzweckwagen in Regelbauart mit umklappbaren Wänden und Rungen, mit 2 Achsen: Ladelänge über 12 m, Lastgrenze 20 t
R	Drehgestellflachwagen in Regelbauart mit umklappbaren Stirnwänden und Rungen, Ladelänge über 18 m, Lastgrenze 40 t
S	Drehgestellflachwagen in Sonderbauart, Lastgrenze 40 t
T	Wagen mit öffnungsfähigem Dach und Türhöhen bis zu 1,90 m, mit 2 Achsen: Lastgrenze 20 t, mit Drehgestellen: Lastgrenze 40 t
U	Sonstige Wagen und insbesondere Wagen in Sonderbauart für die Beförderung flüssiger, gasförmiger oder pulverförmiger Güter, die nicht unter die Gattung F, H, L oder S fallen mit 2 Achsen: Lastgrenze 20 t, mit Drehgestellen: Lastgrenze 40 t

Änderungen der Bedeutung der Gattungsbuchstaben ab 1. 1. 1980

Die Lastgrenzen der zwei- und dreiachsigen Wagen wurden allgemein von 20 t auf 25 t heraufgesetzt, die Lastgrenzen der Drehgestellwagen wurden von 40 t auf 50 t (vierachsige Wagen) bzw. 60 t (sechsachsige Wagen) heraufgesetzt.
Die Lastgrenzen der Kühlwagen blieben unverändert (15/30 t).

Offene Selbstentladewagen werden seit dem 1. 1. 1980 nicht mehr als Regelbauart eingereiht, sondern als Sonderbauart, die Bezeichnung ändert sich daher von Ed in Fc. Offene Wagen der Regelbauart müssen einen ebenen Wagenboden haben.

Die Mindestladefläche für vierachsige Kühlwagen wurde auf 39 m^2 festgelegt, die Mindestladelänge für Flachwagen der Sonderbauart auf 12 m, bzw. bei Fahrzeugen mit 3 oder 4 Achsen auf 22 m.

Außerdem wurde die Gattung Z für Kesselwagen mit Behältern aus Metall, für flüssige oder gasförmige Stoffe neu eingeführt. Diese Wagen waren bisher in die Gattung U eingereiht.

Kennbuchstaben nach den UIC-Grundsätzen sowie Kennbuchstaben der DB
Stand 1. 1. 1969

Kennbuchstabe	in Verbindung mit Gattungsbuchstabe	Bedeutung
a	E, F, G, H, I, T, U	mit Drehgestellen
	L, O	mit 3 Achsen
	S	mit 6 Achsen
aa	L	mit 4 Achsen
	S	mit 8 oder mehr Achsen
b	F	über 45 m^3 Laderaum und Einzelachsen
	G, H	über 70 m^3 Laderaum und Einzelachsen
	I	mindestens 22 m^2 Ladefläche und Einzelachsen
	K	mit langen Rungen
	L, S	Großbehälter-Tragwagen (pa)
	T	über 60 m^3 Laderaum und Einzelachsen
bb	I	über 27 m^2 Ladefläche und Einzelachsen
c	H, T	mit Stirnwandtüren
	I	mit Fleischhaken
	L, S	mit Drehschemel
	U	mit Entladung durch Druckluft oder Luftstöße
cc	H	mit Stirnwandtüren und Inneneinrichtung (für Kfz-Beförderung)
d	E, F, T, U	mit Selbstentladung durch Schwerkraft – nur bei Wagen, die keinen flachen Boden haben und die weder stirn- noch seitenkippbar sind –
	H	mit Bodenklappen
	I	für Seefische
e	H	mit 2 Böden
	I	mit elektrischer Luftumwälzung
	L, S	Doppelstockwagen für Kfz
	T	mit Türhöhe über 1,90 m (nicht bei Kennbuchst. b, d oder i angebracht)
	U	für Zement
ee	H	mit mehr als 2 Böden
f	F, H, I, L, O, S, T, U	für den Fährbootverkehr mit Großbritannien geeignet
g	G, H, T, U	für Getreide
	I	Maschinenkühlwagen (beinhaltet Kennbuchstabe l)
h	G, H	für Frühgemüse (nur für Wagen mit zusätzlichen Lüftungsöffnungen in Fußbodenhöhe)
	I	mit starker Isolierung
	U	für flüssige oder gasförmige Güter
i	H, T	mit öffnungsfähigen Seitenwänden
	U	mit Tiefladebühne
k	E, F, G, H, K, L, O, R, S, T, U	Lastgrenze bei zweiachsigen Wagen unter 20 t, bei Drehgestellwagen unter 40 t
	I	Lastgrenze unter 15 t bei Wagen mit Einzelachsen, unter 30 t bei Drehgestellwagen
l	E	nicht seitenkippbar
	G	mit weniger als 8 Lüftungsöffnungen
	I	Wärmeschutzwagen ohne Eiskästen (nicht bei Kennbuchstabe g)
	K, L, O, R, S	ohne Rungen (bei L und S nicht bindend vorgeschrieben)
m	E	Ladelänge unter 7,7 m bei zweiachsigen Wagen bzw. 12 m bei Drehgestellwagen
	G	Ladelänge unter 9 m bei zweiachsigen Wagen bzw. 15 m bei Drehgestellwagen
	I	Ladefläche unter 19 m^2 bei Wagen mit Einzelachsen
	K, O	Ladelänge von 9 bis 12 m
	R	Ladelänge von 15 bis 18 m
mm	K, O	Ladelänge unter 9 m
	R	Ladelänge unter 15 m
o	E	nicht stirnkippbar
	I	mit Eiskästen unter 3,5 m^3 Inhalt (nicht bei Wagen mit Kennbuchstaben l)
	K	mit festen Wänden
	R	mit festen Stirnwänden
p	I	ohne Fußbodenroste
	K, L, S	ohne Wände (bei L und S nicht bindend vorgeschrieben)
	R	ohne Stirnwand

UIC-Codierung

Kennbuchstabe	in Verbindung mit Gattungsbuchstabe	Bedeutung
q	allgemein	mit elektrischer Heizleitung für alle zugelassenen Stromarten
qq	allgemein	mit elektrischer Heizleitung und Heizeinrichtung für alle zugelassenen Stromarten
r	allgemein	mit Dampfheizleitung
rr	allgemein	mit Dampfheizleitung und Dampfheizeinrichtung
s	allgemein	S-fähig, geeignet für Züge bis 100 km/h
ss	allgemein	SS-fähig, geeignet für Züge bis 120 km/h

nationale Kennzeichen:

Kennbuchstabe	in Verbindung mit Gattungsbuchstabe	Bedeutung
t	K, L, R, S	stirnseitige lichte Beladebreite unter 2,45 m
u	E, F	mit elektro-hydraulischer Kippeinrichtung
	R	mit festen Seitenwänden
	T	mit Klappdeckeldach
v	allgemein	mit elektrischer Heizleitung für 1000 bzw. 1500 V
vv	allgemein	mit elektrischer Heizleitung und Heizeinrichtung für 1000 bzw. 1500 V
y	L, S	Container-Tragwagen
z	F	Muldenkippwagen
	H	Wagen für Leig-Einheiten
	L, S	Niederflurwagen
zz	F	Kübelwagen

Änderung der Kennbuchstaben ab 1. 1. 1980

Kennbuchstabe	in Verbindung mit Gattungsbuchstabe	Bedeutung
a	E, F, G, H, I, T, U, Z	mit 2 zweiachsigen Drehgestellen
aa	E, F, G, H, T, U, Z	mit 6 oder mehr Achsen, Lastgrenze mindestens 60 t
	I	mit 6 oder mehr Achsen
	L	mit 4 Einzelachsen
b	G	Ladelänge mindestens 12 m, Laderaum mindestens 70 m³ bei Wagen mit Einzelachsen bzw. Ladelänge mindestens 18 m bei Drehgestellwagen
	H	Wagen mit Einzelachsen: Ladelänge 12 m bis unter 14 m, Laderaum mindestens 70 m³, bei Wagen mit Kennbuchstaben f ggf. geringer. Drehgestellwagen: Ladelänge 18 m bis unter 22 m
	T	Wagen mit Einzelachsen mindestens 12 m Ladelänge, Drehgestellwagen mindestens 18 m Ladelänge
bb	H	Ladelänge mindestens 14 m und Einzelachsen bzw. bei Drehgestellwagen mindestens 22 m Ladelänge
c	E	mit Entladeklappen im Wagenboden (nur bei Wagen mit flachem Boden)
	F	mit regelbarer Selbstentladung durch Schwerkraft. Die untere Kante liegt mindestens 70 cm über SO. (löst Gattungsbezeichnung Ed ab)
c	Z	mit Entladung durch Druckluft oder Luftstöße
cc	F	mit regelbarer Selbstentladung durch Schwerkraft. Die untere Kante der Entladeöffnung liegt so tief, daß die Verwendung von Fördereinrichtungen zur Aufnahme des Gutes nicht möglich ist. Nur bei Wagen ohne Flachboden, die nicht kippbar sind.
d	E, F	entfällt (siehe Fc)
	L, S	für den Transport von Straßenfahrzeugen eingerichtet, jedoch nur eine Ladeebene
dd	T, U	mit regelbarer Selbstentladung durch Schwerkraft. Die untere Kante der Entladeöffnung liegt so tief, daß die Verwendung von Fördereinrichtungen zur Aufnahme des Gutes nicht möglich ist. Nur bei Wagen ohne Flachboden, die nicht kippbar sind.
e	R	mit abklappbaren Seitenborden
	U	entfällt
	Z	mit Heizeinrichtung
f	Z	für den Fährbootverkehr mit Großbritannien geeignet
g	K, L, R	für Container-Beförderung eingerichtet
	S	für Beförderung von Containern bis 60 Fuß
	Z	für den Transport verdichteter, verflüssigter oder unter Druck gelöster Gase
gg	I	Kühlwagen mit Flüssiggas gekühlt
	S	für Beförderung von Containern bis 80 Fuß
h	L, R, S, T	für den Transport von Blechrollen, Achse horizontal gelagert
h	U	entfällt (durch Gattungsbuchstaben Z ersetzt)
hh	L, R, S, T	für den Transport von Blechrollen, Achse vertikal gelagert
i	I	von Kältemaschinen eines technischen Begleitwagens gespeiste Kühlwagen
	K, L, R, S	mit bewegl. Abdeckung und festen Stirnwänden
	Z	mit nichtmetallischem Behälter
ii	I	technischer Begleitwagen
j	K, L, R, S, T, Z	mit Stoßdämpfer
k	E, F, G, H, K, L, O, R, S, T, U, Z	Lastgrenze bei zwei- und dreiachsigen Wagen unter 20 t, bei Wagen mit 4 Achsen unter 40 t, bei Wagen mit 6 oder mehr Achsen unter 50 t
kk	E, F, G, H, K, L, O, R, S, T, U, Z	Lastgrenze bei zwei- und dreiachsigen Wagen 20 t bis unter 25 t, bei Wagen mit 4 Achsen 40 t bis unter 50 t, bei Wagen mit 6 oder mehr Achsen 50 t bis unter 60 t (Kennbuchstaben mit Heraufsetzung der allgemeinen Lastgrenzen eingeführt)
l	F, T, U	mit schlagartiger, gleichzeitig zweiseitiger Selbstentladung durch Schwerkraft. Die untere Kante der Entladeöffnung liegt mindestens 70 cm über SO.
ll	F, T, U	mit schlagartiger, gleichzeitig zweiseitiger Selbstentladung durch Schwerkraft. Die untere Kante der Entladeöffnung liegt so tief, daß die Verwendung von Fördereinrichtungen zur Aufnahme des Gutes nicht möglich ist
m	H, T	Ladelänge unter 9 m bei zweiachsigen Wagen bzw. unter 15 m bei Drehgestellwagen
	I	Ladefläche unter 19 m² bei Wagen mit Einzelachsen bzw. unter 39 m² bei Drehgestellwagen
	L	Ladelänge 9 m bis unter 12 m bei Wagen mit 2 Achsen bzw. 18 m bis unter 22 m bei Wagen mit 3 oder 4 Achsen
	S	Ladelänge 15 m bis unter 18 m bei Wagen mit 4 Achsen bzw. 18 m bis unter 22 m bei Wagen mit 6 Achsen
mm	L	Ladelänge unter 9 m bei Wagen mit 2 Achsen bzw. unter 18 m bei Wagen mit 3 oder 4 Achsen
	S	Ladelänge unter 15 m bei Wagen mit 4 Achsen bzw. unter 18 m bei Wagen mit 6 oder mehr Achsen
o	F, T, U	mit schlagartiger Selbstentladung zwischen den Gleisen durch Schwerkraft. Die untere Kante der Entladeöffnung liegt mindestens 70 cm über SO. Nur bei Wagen ohne Flachboden, die nicht kippbar sind
	G, H	Ladelänge unter 12 m und Laderaum mindestens 70 m³ (bei zweiachsigen Wagen)
	R	mit festen Stirnwänden unter 2 m Höhe
	S	Gelenkwagen mit 3 zweiachsigen Drehgestellen
oo	F, T, U	mit schlagartiger Selbstentladung zwischen den Gleisen durch Schwerkraft. Die untere Kante der Entladeöffnung liegt so tief, daß die Verwendung von Fördereinrichtungen zur Aufnahme des Gutes nicht möglich ist. Nur bei Wagen ohne Flachboden, die nicht kippbar sind
	R	mit festen Stirnwänden von mindestens 2 m Höhe
p	F, T, U	mit regelbarer Selbstentladung zwischen den Gleisen durch Schwerkraft. Die untere Kante der Entladeöffnung liegt mindestens 70 cm über SO. Nur bei Wagen ohne Flachboden, die nicht kippbar sind
pp	F, T, U	mit regelbarer Selbstentladung zwischen den Gleisen durch Schwerkraft. Die untere Kante der Entladeöffnung liegt so tief, daß die Verwendung von Fördereinrichtungen zur Aufnahme des Gutes nicht möglich ist. Nur bei Wagen ohne Flachboden, die nicht kippbar sind
	K, R	mit abnehmbaren Borden
r	allgemein	entfällt (s. Kennbuchstabe u)
rr	allgemein	entfällt

nationale Kennzeichen:

Kennbuchstabe	in Verbindung mit Gattungsbuchstabe	Bedeutung
t	H	mit Daberkow-Transportschutzeinrichtung
t	K, R, S	entfällt
tt	H	mit verriegelbaren Trennwänden
u	G, H, I, K, L, T	mit Dampfheizleitung
	R	entfällt
	S	mit hydraulischer Kippeinrichtung
	T	entfällt in der Bedeutung „mit Klappdeckeldach"
w	G, H, S	durchgehende Funkenschutzabdeckung
ww	allgemein	Funkenschutzblech UIC-Merkblatt 543
y	L, S	entfällt
z	L, S	entfällt
	T	Wagen wird als Td oder Tdg eingesetzt

UIC-Codierung/Güterwagennummern 1969

Kennzeichen für das Austausch-Verfahren und Spurweiten Stand 1.1.1969

01 – 06	Gemeinschaftlich betriebener Wagenpark, normaler Mietsatz (RIV-EUROP, RIV-POOL, RIV-OPW)
11 – 16	Gemeinschaftlich betriebener Wagenpark, Sondermiete (RIV-INTERFRIGO, RIV-OPW)
20 – 26	Normaler RIV-Verkehr
30 – 36	Sondermiete

dabei bedeutet die zweite Ziffer:

0	Wagen nur für den Binnenverkehr (20 = Wagen für den öffentlichen Verkehr, 30 = Bahndienst- und Dienstgüterwagen für nichtöffentlichen Verkehr)
1	Spurweite 1435 mm
2	Spurweite 1435/1524 mm durch Achswechsel
3	Spurweite 1435/1524 mm durch Spurwechselradsatz
4	Spurweite 1435/1672 mm durch Achswechsel
5	Spurweite 1435/1672 mm durch Spurwechselradsatz
6	Spurweite 1435/1524/1672 mm

Kennzeichen für das Austausch-Verfahren und Spurweiten Stand 1.1.1980

01 – 06	Gemeinschaftlich betriebener Wagenpark RIV-EUROP und RIV/OPW mit Einzelachsen
10	Werkwagen im Gemeinschaftsbetrieb (ab 1.1.1985)
11 – 16	Gemeinschaftlich betriebener Wagenpark RIV-EUROP und RIV/OPW mit Drehgestellen
21 – 26	Nicht gemeinschaftlich betriebener Wagenpark RIV und RIV/PPW mit Einzelachsen
31 – 36	Nicht gemeinschaftlich betriebener Wagenpark RIV und RIV/PPW mit Drehgestellen
40 – 46	Nicht RIV und PPW mit Einzelachsen
80 – 86	Nicht RIV und PPW mit Drehgestellen

dabei bedeutet die zweite Ziffer:

0	Dienstwagen mit fester Spurweite (40, 80)
1	Bahneigene Wagen mit fester Spurweite EUROP, OPW, INTERFRIGO (01, 11), RIV, PPW (21, 31) Internationaler Verkehr durch Sondervereinbarung, Wagen mit fester oder verschiedener Spurweite (41, 81)
2	Bahneigene Wagen mit verschiedener Spurweite OPW, INTERFRIGO (02, 12), RIV, PPW (22, 32) Binnenverkehr, auch Wagen mit fester Spurweite (42, 82)
3	P-Wagen (Privat-Wagen) mit fester Spurweite
4	P-Wagen (Privat-Wagen) mit verschiedener Spurweite
5	Vermietete P-Wagen mit fester Spurweite
6	Vermietete P-Wagen mit verschiedener Spurweite INTERFRIGO (03, 04, 05, 06, 13, 14, 15, 16) RIV, PPW (23, 24, 25, 26, 33, 34, 35, 36)
3	Internationaler Verkehr durch Sondervereinbarung (43, 83)
4	Binnenverkehr (44, 84)
5	Internationaler Verkehr durch Sondervereinbarung (45, 85)
6	Binnenverkehr (46, 86)

Verschlüsselung der Eigentumsmerkmale

1		UIC-Verwaltung mit 1524 mm Breitspur (nicht RIV)
10	VR	Finnische Staatsbahn
2		Europäische OSShD-Mitgliedsverwaltungen
20	SZD	Eisenbahnen der UdSSR
21	ALB	Eisenbahnen der VR Albanien
3		Asiatische OSShD-Mitgliedsverwaltungen
30	KRZ	Eisenbahnen der demokrat. VR Korea
31	MTZ	Eisenbahnen der Mongolischen VR
32	DSVN	Eisenbahnen der Vietnamesischen demokrat. VR
33	KZD	Eisenbahnen der Chinesischen VR
4		Privatbahnen, Mitglieder der OSShD und UIC
43	GySEV	Raab-Oedenburg-Ebenfurter Eisenbahn
44	BHEVV	Budapester Verkehrsunternehmen
45	GKB	Graz-Köflacher-Eisenbahn
5		Mitgliedsverwaltungen der OSShD und UIC
50	DR	Deutsche Reichsbahn
51	PKP	Polnische Staatsbahnen
52	BDZ	Bulgarische Staatsbahnen
53	CFR	Rumänische Staatsbahnen
54	CSD	Tschechoslowakische Staatsbahnen
55	MAV	Ungarische Staatsbahnen
6		Privatbahnen, Mitglieder der UIC
(61	ANZ	Anzin-Eisenbahnen)
62	SP	Schweizerische Privatbahn-Güterwagen-Vereinigung
(63	BLS	Bern-Lötschberg-Simplon-Eisenbahn)
64	FNM	Eisenbahn Nord-Milano
65	RJK	Rjukan-Eisenbahn
(66	ISG	Internationale Schlafwagen-Gesellschaft)
7		Mitgliedsverwaltungen der UIC
70	BR	Britische Eisenbahnen
71	RENFE	Spanische Staatsbahnen
72	JZ	Jugoslawische Eisenbahnen
73	CEH	Griechische Staatsbahnen
74	SJ	Schwedische Staatsbahnen
75	TCDD	Türkische Staatsbahnen
76	NSB	Norwegische Staatsbahnen
8		Mitgliedsverwaltungen der UIC und des EUROP-Abkommens
80	DB	Deutsche Bundesbahn
81	ÖBB	Österreichische Bundesbahn
82	CFL	Luxemburgische Eisenbahnen
83	FS	Italienische Staatsbahnen
84	NS	Niederländische Eisenbahnen
85	SBB/CFF	Schweizerische Bundesbahnen
86	DSB	Dänische Staatsbahnen
87	SNCF	Französische Eisenbahnen
88	SNCB	Belgische Eisenbahnen
9		UIC-Verwaltungen, die nicht dem RIV angehören, sowie IRAK
94	CCFP	Portugiesische Eisenbahnen
96	RAI	Iranische Staatsbahnen
97	CFS	Syrische Eisenbahnen
98	CEL	Libanesische Eisenbahnen
99	IRR	Irakische Eisenbahnen

Güterwagennummern Stand 1.1.1969

Wagennummer	Gattung	alte Nummer und Gattungsbezeichnung	
100 0 000 – 100 0 009	G 206	254 800 – 254 999	Gm 55
103 0 000 – 103 0 069	Glm 200	220 000 – 228 499	Gm 30
		235 000 – 236 499	Gm 30
103 0 100 – 103 0 519	Glm 201	230 000 – 233 099	Gm 35
		241 000 – 249 999	Gm 35
103 0 600 – 103 1 999	Glm 202	230 000 – 233 099	Gm 39
		241 000 – 249 999	Gm 39
108 5 000 – 108 5 099	Gbl 242	200 030 – 200 999	Glm 28
108 5 100 – 108 5 199	Gbl 244	200 030 – 200 999	Glm 38
111 6 000 – 113 0 189	Gklm 191	110 000 – 149 999	G 10
113 1 400 – 113 1 579	Gklm 192	150 000 – 154 999	G 19
113 1 600 – 113 2 999	Gklm 193	150 000 – 154 999	G 20
113 3 300 – 113 3 309	Gklm 195	155 000 – 155 999	G 31
118 5 100 – 118 5 579	Gbkl 236	190 000 – 192 999	Gl 11
118 6 000 – 118 6 379	Gbkl 238	190 000 – 192 999	Gl 22
118 6 500 – 118 6 509	Gbkl 240	176 000 – 179 999	Gl 90
120 0 000 – 120 0 169	Gs 206	254 800 – 254 999	Gms 55
120 1 000 – 120 4 519	Gs 204	EUROP 250 000 – 253 965	Gms 53
120 5 000 – 120 9 759	Gs 210	EUROP 280 000 – 289 999	Gmms 40
123 0 000 – 123 1 139	Gs 211	EUROP 270 000 – 279 999	Gms 44
123 2 000 – 123 6 559	Gs 213	EUROP 156 000 – 164 999	Gmms 60
124 2 045 – 124 9 999	Gs 216	EUROP	Gmms
125 0 000 – 125 1 649	Gs 213	EUROP 174 450 – 175 999	Gmms 60
125 0 501	Gbs 262	329	Glmms
125 2 000 – 125 4 439	Gs 212	EUROP 290 000 – 293 999	Gmms 56
129 9 989 – 129 9 999	Gs 216		Gmms
131 0 000 – 131 0 079	Grs 206	254 800 – 254 999	Gmhs 55
131 1 000	Grs 214	110	Gmmhs 01
131 2 000 – 131 2 220	Grs-v 212	290 000 – 293 999	Gmmehs 56

Güterwagennummern 1969

Wagennummer	Gattung	alte Nummer und Gattungsbezeichnung		Wagennummer	Gattung	alte Nummer und Gattungsbezeichnung	
131 2 300 – 131 6 039	Grs-v 213		156 000 – 164 999 Gmmehs 60	327 3 000 – 327 3 169	Kklmmp 511	475 000 – 479 999	Xf(m) 08
132 1 000 – 132 4 519	Grs 204	EUROP	250 000 – 254 799 Gmhs 53	327 3 300 – 327 3 339	Kklmmp 513	475 000 – 479 999	Xf(m) 19
132 4 600 – 132 7 039	Grs 212	EUROP	290 000 – 293 999 Gmmhs 56	327 3 390 – 327 3 409	Kklmmp 515	498 800 – 499 999	Xf(m) 90
132 7 100 – 132 8 319	Grs 213	EUROP	156 000 – 164 999 Gmmhs 60	333 0 000 – 333 6 589	Kbs 443	445 000 – 453 999	Rlmms 58
133 0 000 – 133 1 099	Gls 203		228 500 – 229 999 Gms 45	333 7 000 – 334 8 149	Kbs 442	436 000 – 444 999	Rlmms 56
133 1 100 – 134 5 009	Gls 205		255 000 – 269 999 Gms 54			455 000 – 457 159	Rlmms 56
135 0 000 – 135 6 609	Glms 201		230 000 – 233 099 Gms 35	335 0 650 – 335 0 999	Kbs 442	436 000 – 444 999	Rlmms 56
			241 000 – 249 999 Gms 35			455 000 – 457 159	Rlmms 56
135 7 000 – 135 7 909	Glms 202		230 000 – 233 099 Gms 39	335 1 000 – 335 1 199	Kbs 443	445 000 – 453 999	Rlmms 58
			241 000 – 249 999 Gms 39	336 0 000 – 336 3 279	Kls 443	445 000 – 453 999	Rlmmso 58
138 8 000 – 138 8 419	Gklms 195		155 000 – 155 999 Gs 31	336 4 000 – 336 4 099	Kls 443	445 000 – 453 999	Rlmmso 58
143 0 000 – 143 3 509	Glms 207		230 000 – 233 099 Gms 35	336 5 000 – 336 8 849	Kls 442	457 160 – 459 999	Rlmmso 56
			241 000 – 249 999 Gms 35			480 000 – 481 999	Rlmmso 56
145 0 000 – 145 5 709	Glms 200		220 000 – 228 499 Gms 30	336 9 999	Kls 445	320	Rlmmso 01
			235 000 – 236 499 Gms 30	337 0 000	Kbs 444	314	Rlmms 01
150 0 000 – 151 0 439	Gbs 254		165 000 – 169 999 Glmms 61	337 0 001	Kbs 447	323	Rlmms 01
			186 000 – 189 999 Glmms 61	337 0 002	Kls 448		Rlmmso
			193 000 – 194 999 Glmms 61	337 0 006 – 337 0 050	Kls 448		Rlmmso
151 0 502	Gbs 379		Glmms	338 9 900 – 338 9 939	Klrs 443	445 000 – 453 999	Rlmmhso 58
151 0 503 – 151 0 504	Gbrs 261		257 – 258 Glmmhs 01	339 0 000 – 339 0 359	Klps 562	454 000 – 454 399	Rlmmso 60
151 0 997 – 151 2 429	Gbs 252		Glmms	339 0 400 – 339 0 540	Klps 563	454 400 – 454 599	Rlmmso 61
151 5 000 – 151 5 300	Gbs 256		294 000 – 294 999 Glmms 64	339 2 000 – 339 2 099	Klqrss 443	445 000 – 453 999	Rlmmehsso 58
151 7 000 – 151 7 059	Gbs 257		298 000 – 299 999 Glmms 65	342 0 000 – 342 0 349	Kbms 440	420 000 – 429 999	Rms 31
151 7 100 – 152 7 199	Gbs 245		201 000 – 209 999 Glmms 50	343 0 000 – 343 5 509	Klms 440	420 000 – 429 999	Rmso 31
			212 200 – 215 999 Glmms 50	343 6 000 – 343 6 039	Klmrs 440	420 000 – 429 999	Rmhso 31
152 8 000 – 152 8 719	Gbs 253		216 000 – 219 999 Glmms 57	380 0 000 – 380 1 179	R 672	918 000 – 919 799	SSlma 44
154 5 000 – 155 5 099	Gbrs 245		201 000 – 209 999 Glmhs 50	380 1 200 – 380 1 259	R 673	919 800 – 919 999	SSlma 47
			212 200 – 215 999 Glmhs 50	380 1 300 – 380 1 349	R 674	919 800 – 919 999	SSlma 48
155 5 100 – 155 5 819	Gbrs 253		216 000 – 217 999 Glmmhs 57	380 1 400 – 380 1 409	R 675	998 500 – 999 599	SSlma 93
155 6 000 – 155 7 959	Gbrs-v 245		201 000 – 209 999 Glmehs 50	382 0 000 – 382 0 559	Rp 668	915 000 – 917 999	SSlm 16
			212 200 – 215 999 Glmehs 50	382 0 800 – 382 0 909	Rp 670	915 000 – 917 999	SSlm 25
155 8 000 – 155 8 399	Gbrs-v 253		216 000 – 217 999 Glmmehs 57	382 0 950 – 382 0 959	Rp 671	998 500 – 999 599	SSlm 90
155 8 400 – 155 9 339	Gbrs-v 254		165 000 – 169 999 Glmmehs 61	384 6 100 – 384 6 609	Rkmp 653	910 000 – 914 999	SS 15
			186 000 – 189 999 Glmmehs 61	387 0 000 – 387 2 329	Rmmp 660	970 000 – 973 349	SSkm 49
			193 000 – 194 999 Glmmehs 61	388 0 006 – 388 0 010	Rlmm-u 695	490 000 – 497 999	XXto 39
156 3 100 – 156 3 220	Gbls 242		200 030 – 200 999 Glms 28	389 0 000 – 389 0 359	Rlmmp 693	960 000 – 964 999	SSyl 19
156 3 300 – 156 3 319	Gbls 243		200 000 – 200 029 Glms 36	389 0 400 – 389 0 860	Rlmmp 700	960 000 – 964 999	SSy 45
156 3 400 – 156 3 809	Gbls 244		200 030 – 200 999 Glms 38	389 0 900 – 389 1 879	Rlmmp 660	970 000 – 973 349	SSkm 49
158 5 000 – 158 5 100	Gbkls 239		190 000 – 192 999 Gls 25	390 0 000 – 390 0 249	Rs 681	925 000 – 925 299	SSlmas 54
174 5 000 – 174 5 009	Gbrss-v 245		201 000 – 209 999 Glmehss 50	390 0 300 – 390 5 849	Rs 680	920 000 – 924 999	SSlmas 53
			212 200 – 215 999 Glmehss 50	390 6 000 – 390 6 420	Rs 683		SSlmas
174 5 100 – 174 5 299	Gbrss-v 253		216 000 – 217 999 Glmmehss 57	395 0 000 – 395 0 359	Rmms 663		SSkms
208 3 100 – 208 3 319	Hbck 291		195 000 – 195 699 Glt 23	396 8 000 – 396 8 700	Rmms 661		SSkms
210 3 000 – 210 3 199	Hrs-z 330		218 000 – 219 999 Gllmhs 37	397 0 000 – 397 1 999	Rmmps 661		SSkms
210 3 200 – 210 3 209	Hrs-z 331		218 000 – 219 999 Gllmhs 50	401 0 000 – 401 0 099	Lb 576	010 000 – 012 999	BT 10
210 3 300 – 210 3 329	Hrs-z 332		218 000 – 219 999 Gllmhs 52	401 0 100 – 401 0 109	Lb 577	010 000 – 012 999	BT 30
210 3 400 – 210 3 419	Hrs-vz 330		218 000 – 219 999 Gllmehs 37	405 7 000 – 405 7 089	Lck 530	990 000 – 998 499	H 02
210 3 500	Hrs-vz 331		218 000 – 219 999 Gllmehs 50	405 7 100 – 405 8 309	Lck 531	990 000 – 998 499	H 10
210 3 600 – 210 3 679	Hrs-vz 332		218 000 – 219 999 Gllmehs 52	405 8 800 – 405 8 869	Lck 532	990 000 – 998 499	H 18
210 9 000	Hbrs-z 333		149 Gllmhs 01	405 9 000 – 405 9 159	Lck 534	999 600 – 999 999	H 90
211 3 000 – 211 3 651	Hbes 358		323 000 – 332 999 Vlmms 63	410 0 000	Ls-y 575		BTmms
211 4 000 – 211 4 270	Hbers 358		332 000 – 332 999 Vlmhs 63	411 0 000 – 411 0 259	Lbs 577	010 000 – 012 999	BTs 30
211 5 000 – 211 6 759	Hbis 299		Klmmgs	411 0 300 – 411 0 379	Lbs 578	010 000 – 012 999	BTs 50
211 9 998 – 211 9 999	Hbis 298		Klmmgs	411 0 400 – 411 2 819	Lbs 584	015 000 – 017 999	BTms 55
212 3 100 – 212 3 279	Hbcs 296		210 000 – 210 499 Gltms 46	411 3 000 – 411 5 119	Lbs 589	020 000 – 022 999	BTmms 58
212 3 400 – 212 3 799	Hbcs 300		195 700 – 196 299 Gltmms 62	411 6 800 – 411 6 949	Lbs 583	434 000 – 434 149	Rms(o)/BTms 33
213 5 000 – 213 5 199	Hbcrs-v 300		195 700 – 196 299 Gltmmehs 62	411 7 000 – 411 7 179	Lbs 591	023 000 – 023 049	BTmms 59
214 0 000 – 214 0 249	Hfrs 312		211 850 – 212 199 Gbmhs 51	411 7 196	Lbs 592	231	BTmms 01
272 0 000 – 272 0 039	Hacs 340		185 000 – 185 999 GGts 43	411 7 197	Lbs 593	296	BTmms 01
272 7 000 – 272 7 029	Hacrs 340		185 000 – 185 999 GGths 43	411 7 198	Lbs 595	321	BTmms 01
272 7 100 – 272 7 109	Hacrs-v 340		185 000 – 185 999 GGtehs 43	411 7 199	Lbs 596	326	BTmms 01
305 5 000 – 305 6 799	Kp 471		900 000 – 904 999 Sm 14	411 7 200 – 411 7 219	Lbs 597		BTmms
305 7 100 – 305 7 189	Kp 473		905 000 – 909 999 Sm 34	411 7 669 – 411 7 999	Lbs 598		BTmms
313 0 400 – 313 3 409	Klm 505		460 000 – 474 999 Xlm 57	411 9 000 – 411 9 019	Lbrs 577	010 000 – 012 999	BThs 30
313 3 500 – 313 7 060	Klm 441		430 000 – 433 999 Rmmo 33	411 9 100 – 411 9 109	Lbrs 578	010 000 – 012 999	BThs 50
313 3 500 – 313 7 060	Klm 506		430 000 – 433 999 Xltmm 33	411 9 200 – 411 9 209	Lbrs 584	015 000 – 017 999	BTmhs 55
313 7 300 – 313 7 319	Klm 440		420 000 – 429 999 Rmo 31				
323 0 100 – 323 0 579	Kklm 431		400 000 – 419 999 Ro 10	412 9 000 – 412 9 099	Laeqrs 550	632 201 – 632 210	Offehss 55
327 0 000 – 327 0 859	Kklmmo 490		460 000 – 474 999 X(t) 05	412 9 100 – 412 9 299	Laeqrs 545	634 500 – 634 599	Offehss 68
327 1 030 – 327 1 059	Kklmmo 493		460 000 – 474 999 X(t) 35	412 9 500 – 412 9 599	Laeqrs 548	661 001 – 661 005	Offehss

Güterwagennummern 1969

Wagennummer	Gattung	alte Nummer und Gattungsbezeichnung		Wagennummer	Gattung	alte Nummer und Gattungsbezeichnung	
413 0000 – 413 1 189	Laes 542	631 000 – 632 200	Offs 55	540 6 960 – 540 6 989	Ed 088	607 060 – 607 089	Otmm 63
413 2 000 – 413 4 000	Laes 543	635 000 – 636 899	Offs 60	540 7 000 – 541 1 569	Ed 089	607 598 – 609 999	Otmm 64
		639 000 – 639 099	Offs 60			620 000 – 623 999	Otmm 64
413 5 000 – 413 5 999	Laes 551		Offs				
413 7 000 – 413 7 009	Laes 547	660 003 – 660 005	Offs	541 1 999	Ed 091	265	Otmm 01
413 9 900 – 413 9 909	Laers 543	635 000 – 636 899	Offhs 60	541 2 000 – 542 7 879	Ed 090	645 000 – 654 999	Otmm 70
414 0 000 – 414 0 159	Lfs-t 569	435 000 – 435 999	Rbmms 55	560 0 100 – 560 0 109	T-u 905	350 000 – 350 199	Kmm 36
414 4 000 – 414 4 009	Lbfs 579	014 900 – 014 999	BTbs 56				
418 0 000 – 418 0 099	Les 544	636 900 – 636 914	Offs 66	563 0 000 – 563 0 409	Td 925	351 000 – 354 999	Ktmm 60
418 0 500 – 418 0 520	Lers 544	636 900 – 636 914	Offhs 66	563 0 500 – 563 3 999	Td 928	350 400 – 354 999	Ktmm 65
				563 4 000 – 563 4 429	Td 931	351 000 – 354 999	Ktmm 72
430 5 002	Sas-z 610	229	SSis 01	563 4 500 – 563 5 009	Td 933	351 000 – 354 999	Ktmm 73
430 5 003	Sas-z 613	297 – 298	SSis 01	564 0 000 – 564 0 019	Tdg 927	351 000 – 354 999	Ktmmv 60
430 5 004 – 430 5 005	Saas-z 614	310 – 313	SSis 01	564 0 100 – 564 0 109	Tdg 929	351 000 – 354 999	Ktmmv 65
430 5 100 – 430 5 219	Laas-z 608	930 000 – 930 999	SSis 60	564 0 200 – 564 0 389	Tdg 932	351 000 – 354 999	Ktmmv 72
430 5 250 – 430 5 959	Laas 607			564 0 600 – 564 0 749	Tdg 934	351 000 – 354 999	Ktmmv 73
431 7 000 – 431 7 199	Laabs 585		BTmms	570 0 000 – 570 4 579	Ts 851	360 000 – 364 999	Kmmks 51
431 9 000 – 431 9 719	Laabs 588	013 500 – 014 899	BTmms 51	570 5 000	Ts 852	316	Kmmks 01
433 2 000 – 433 3 539	Laaes 541	632 500 – 634 499	Offs 59	571 5 000 – 571 6 059	Tbis 871	376 000 – 377 099	Klmmgks 68
433 3 990 – 433 3 999	Laaes 549	660 001 – 660 002	Offs	571 6 061 – 571 6 062	Tbis 864	251 – 252	Glmmgks 01
434 0 000 – 434 0 600	Sss-y 716		Sss-y	571 6 063	Tbis 873	307	Klmmgks 01
440 0 000 – 440 0 499	Lss-y 573			571 6 064	Tbis 874	322	Klmmgks 01
				571 6 100 – 571 8 579	Tbis 870	373 000 – 374 999	Klmmgks 66
480 0 000 – 480 0 269	Sa 705	965 000 – 965 999	SSym 46	571 8 580 – 571 9 899	Tbis 869		Klmmgks
485 0 000 – 485 1 499	Sas 710	966 000 – 967 999	SSylms				
				572 0 000 – 572 0 009	Tbcrs-v 840	210 500 – 210 509	Gltmehks 55
500 0 001 – 500 1 179	E 016	710 000 – 749 836	Om 12	572 5 000 – 572 5 609	Tcs 850	365 000 – 365 999	Kmmfks 52
500 1 250 – 500 2 779	E 021	710 000 – 749 836	Om 31	572 9 000 – 572 9 099	Tcefs 845	210 550 – 210 649	Gbtmks 66
500 2 810 – 500 2 889	E 019	750 000 – 759 999	Om 21				
500 3 000 – 500 8 519	E 028	808 000 – 821 699	Omm 33	573 0 000 – 573 0 849	Tds 928	351 000 – 354 999	Ktmms 65
500 8 650 – 500 9 909	E 029	825 250 – 833 999	Omm 34	573 4 900 – 573 4 909	Tds 933	351 000 – 354 999	Ktmms 73
500 9 996 – 500 9 998	E 041	209 – 211	Omm 01	574 0 000 – 574 0 149	Tdgs 929	351 000 – 354 999	Ktmmvs 65
				574 0 200 – 574 1 729	Tdgs 930	350 200 – 350 399	Ktmmvs 69
501 0 000 – 501 1 920	E 032	800 000 – 806 099	Omm 42			351 000 – 354 999	Ktmmvs 69
501 2 000 – 501 7 349	E 033	808 000 – 821 699	Omm 43	577 0 000 – 577 4 009	Tis 858	370 000 – 372 999	Kmmgks 58
501 7 400 – 501 9 959	E 034	825 250 – 833 999	Omm 44			378 000 – 378 999	Kmmgks 58
502 0 000 – 502 1 149	E 036	834 000 – 861 999	Omm 49	580 0 000 – 580 0 001	Ta 886	369 900 – 369 909	KKk 48
502 1 200 – 502 2 109	E 026	834 000 – 861 999	Omm 29	582 5 000 – 582 5 009	Tac 885	369 900 – 369 909	KKfk 47
502 2 300 – 502 6 979	E 031	834 000 – 861 999	Omm 37				
502 7 994 – 502 7 999	E 015	825 451 – 825 456	Omm 46 Untergest.	583 0 010 – 583 0 029	Tad-u 958	355 000 – 355 999	KKt 45
				583 0 030 – 583 0 139	Tad-u 961	355 000 – 355 999	KKt 57
503 0 000 – 504 0 999	E 031	EUROP 834 000 – 861 999	Omm 37	583 1 000 – 583 1 029	Tad 962	355 000 – 355 999	KKt 61
504 1 000 – 505 5 699	E 037	EUROP 862 000 – 868 999	Omm 52	583 1 100 – 583 1 329	Tad 963	355 000 – 355 999	KKt 62
		EUROP 869 300 – 869 999	Omm 52	583 1 900 – 583 1 949	Tad 964	355 000 – 355 999	KKt 70
		EUROP 890 000 – 899 799	Omm 52	584 0 050 – 584 0 099	Tadg-u 960	355 000 – 355 999	KKt 46
505 6 000 – 506 6 589	E 039	EUROP 806 100 – 806 799	Omm 53	585 3 001 – 585 3 050	Taes 887	369 000 – 369 050	KKks 01
		EUROP 870 000 – 879 999	Omm 53	585 4 000 – 585 4 281	Taes 888		KKks 01
506 6 600 – 508 0 860	E 040	EUROP 760 000 – 769 999	Omm 55	585 4 300 – 585 5 029	Taes 890		KKks
		EUROP 821 700 – 823 999	Omm 55				
		EUROP 880 000 – 889 999	Omm 55	600 0 000 – 600 3 909	F-z 120	604 000 – 606 759	Ommi 51
508 1 000 – 508 7 519	E 035	EUROP 825 250 – 825 450	Omm 46			606 785 – 606 999	Ommi 51
		EUROP 825 457 – 861 999				618 000 – 618 999	Ommi 51
508 8 000 – 508 9 489	E 037	862 000 – 868 999	Omm 52	601 0 000 – 601 0 024	F-uz 121	606 760 – 606 784	Ommi 65
		890 000 – 899 799	Omm 52	601 4 000 – 601 4 099	F-zz 130	600 358 – 600 532	Okmm 19
508 9 500 – 509 1 389	E 039	806 100 – 806 799	Omm 53	601 4 100 – 601 4 229	F-zz 131	600 533 – 600 999	Okmm 38
		870 000 – 879 999	Omm 53	601 8 000 – 601 8 239	Fb-zz 131	600 533 – 600 999	Okmm 38
509 1 400 – 509 2 929	E 040	880 000 – 889 999	Omm 55	601 8 300	Fb-zz 130	600 358 – 600 532	Okmm 19
509 8 987 – 509 8 999	E 044		Omm	601 8 400 – 601 8 479	Fb-zz 132	603 800 – 603 899	Okmm 58
509 9 000 – 509 9 050	E-u 060	637 000 – 637 050	Ommv 62	670 0 000	Fa-zz 138	611 610	OOk 45
509 9 051 – 509 9 489	E-u 061	637 051 – 637 999	Ommv 72				
510 0 000 – 510 1 249	El 027	800 000 – 806 099	Omm 32	676 0 000 – 676 0 069	Fad 146	610 000 – 611 600	OOt 23
510 2 000 – 510 2 440	El-u 061	637 051 – 637 999	Ommr 72			619 500 – 619 599	OOt 23
510 2 450 – 510 2 485	El-u 060	637 000 – 637 050	Ommr 62	676 0 070 – 676 0 158	Fad 150	610 000 – 611 600	OOt 24
514 0 000 – 514 0 069	Eo-u 071	625 000 – 625 999	Ommu 56			619 500 – 619 599	OOt 24
514 0 100	Eo-u 072	237	Ommu 01	676 0 160 – 676 0 229	Fad 155	610 000 – 611 600	OOt 41
514 1 018 – 514 1 020	E(o) 041	209 – 211	Omm 01			619 500 – 619 599	OOt 41
				676 0 230 – 676 0 309	Fad 159	610 000 – 611 600	OOt 42
540 0 110 – 540 0 579	Ed 084	601 000 – 601 582	Otmm 52			619 500 – 619 599	OOt 42
540 0 700 – 540 0 729	Ed 085	603 000 – 603 021	Otmm 54	676 0 310 – 676 0 450	Fad 163	610 000 – 611 600	OOt 43
540 0 730 – 540 3 389	Ed 086	601 583 – 602 999	Otmm 57			619 500 – 619 599	OOt 43
		603 022 – 603 799	Otmm 57	676 0 460 – 676 0 489	Fad 165	610 000 – 611 600	OOt 44
		607 000 – 607 059	Otmm 57			619 500 – 619 599	OOt 44
		607 090 – 607 597	Otmm 57	676 0 500 – 676 0 539	Fad 166	610 000 – 611 600	OOt 48
540 3 400 – 540 6 949	Ed 087	640 000 – 643 999	Otmm 61			619 500 – 619 599	OOt 48

Güterwagennummern 1969/1984

Wagennummer	Gattung	alte Nummer und Gattungsbezeichnung	
676 0 550 – 676 0 559	Fad 169	611 700 – 616 999	OOt 53
676 0 900 – 676 0 959	Fad 171	611 700 – 616 999	OOt 71
676 1 000 – 676 5 209	Fad 167	611 700 – 616 999	OOt 50
676 6 000 – 676 7 489	Fad 168	611 700 – 616 999	OOt
677 5 000 – 677 5 099	Fad 172	611 700 – 616 999	OOt 74
678 0 000 – 678 0 330	Fad 173		OOt
801 4 001	Ibcos 363	301 550 – 303 409	Tn(eh)s 31
802 4 000 – 802 4 669	Ibdlps(-v) 382	303 500 – 304 499	Tnf(eh)s 32
802 4 670 – 802 4 948	Ibdlps 383	304 500 – 304 899	Tnf(eh)s 38
802 4 949	Ibdlps-v 383	304 500 – 304 899	Tnfs 38
802 4 950 – 802 4 999	Ibdlps 386	304 500 – 304 899	Tnfm(eh)s 64
802 5 000 – 802 5 059	Ibdlprs-v 382	303 500 – 304 499	Tnfe(h)s 32
802 5 100 – 802 5 199	Ibdlprs-v 383	304 500 – 304 899	Tnfehs 38
805 0 000 – 805 0 199	Ibs 394	301 001 – 301 200	Tno(m)s 35
805 1 000 – 805 1 039	Ibhlqrs 409	308 200 – 308 999	Tgmmehs 50
805 1 100 – 805 1 129	Ibhlpqrs 407		Tgmmehs
805 3 000 – 805 3 059	Iblps 390	300 500 – 300 699	Tno(eh)s 34
805 3 100 – 805 3 239	Iblps 382		Tn(f)s 32
805 3 300 – 805 3 329	Iblps 383		Tn(f)s 38
805 3 400 – 805 3 409	Iblps 386		Tn(f)ms 64
805 8 000 – 805 8 175	Ibblps 393	328 900 – 329 599	Tnoehs 59
805 8 176 – 805 8 649	Ibblps 395	328 900 – 329 599	Tnomehs 59
805 8 900 – 805 8 909	Ibblps 379		Tnomms
806 1 000 – 806 1 099	Ices 373	301 550 – 303 409	Tnevhs 31
806 2 000 – 806 2 169	Ichqrs 369	308 200 – 308 999	Tehs 50
806 2 174 – 806 2 311	Ichqrs 376	308 200 – 308 999	Tmehs 50
806 2 313 – 806 2 471	Ichqrs 377	308 200 – 308 999	Tmmehs 50
806 3 000 – 806 3 029	Ichqrss 377	308 200 – 308 999	Tmmehss 50
806 4 000 – 806 4 299	Ichrs-v 366	305 400 – 308 099	Tehs 42
807 5 000 – 807 5 029	Icrs-v 373	301 550 – 303 409	Tnehs 31
807 7 000 – 807 7 039	Ics 373	301 550 – 303 409	Tns 31
811 4 000 – 811 4 049	Idrs-v 367	305 400 – 308 099	To(eh)s 42
812 1 000 – 812 1 099	Ihrs-v 367	305 400 – 308 099	Toehs 42
812 3 000 – 812 3 129	Ihs 367	305 400 – 308 099	Tos 42
812 3 500 – 812 3 599	Ihs-v 367	305 400 – 308 099	Toes 42
812 6 000	Ilprs 392	301 400 – 301 549	Tnohs 39
815 9 000 – 815 9 249	Ibbhs 396		Tmmos
816 1 000 – 816 1 619	Ichs 366	305 400 – 308 099	T(n)s 42
816 2 000 – 816 2 099	Ichs-v 366	305 400 – 308 099	Tes 42
819 6 000 – 819 6 019	Icfs 400	303 410 – 303 499	Tbn(h)s 30
836 3 000 – 836 3 009	Iachrs 417	308 100 – 308 199	TThs 43
836 3 100	Iachs 417	308 100 – 308 199	TTs 43
900 5 000 – 900 5 099	Uc 908	356 000 – 356 599	Kd 54
909 0 000 – 909 0 049	Ui 631–635	980 000 – 989 999	Stm (versch.)
909 7 000 – 909 7 009	Uik 630	980 000 – 989 999	St 309
910 5 000 – 910 6 229	Ucs 908	356 100 – 356 599	Kds 54
		357 800 – 357 811	Kds 54
		357 817 – 357 899	Kds 54
		359 461 – 359 560	Kds 54
		359 708 – 359 860	Kds 54
		359 878 – 359 999	Kds 54
910 8 000 – 910 8 004	Ucs 909 (27 m³)	356 000 – 356 099	Kds 56
		359 211 – 359 460	Kds 56
		359 561 – 359 707	Kds 56
		359 861 – 359 865	Kds 56
910 8 005 – 910 8 609	Ucs 909 (34 m³)	359 908 – 359 999	Kds 56
910 8 800 – 910 8 806	Ucs 910 (Alu)	359 866 – 359 872	Kds 67
910 8 807 – 910 8 815	Ucs 911 (Alu)	359 873 – 359 877	Kds 67
910 8 862 – 910 8 866	Ucs 912 (Stahl)	357 812 – 357 816	Kds 67
920 5 000 – 920 5 169	Uac 945	359 000 – 359 199	KKd 49
920 5 170 – 920 5 172	Uac 946	359 000 – 359 199	KKd 55
929 0 000 – 929 0 129	Uai 725–739	980 000 – 989 999	SSt (versch.)
929 7 000 – 929 7 039	Uaik 721–724	980 000 – 989 999	SSt (versch.)
930 5 000 – 930 5 029	Uacs 946	358 000 – 358 999	KKds 55
989 0 000 – 989 0 059	Uai 745–763	980 000 – 989 999	SSt (versch.)
999 0 000 – 999 0 999	Uai 772–836	980 000 – 989 999	SSt (versch.)

Güterwagennummern und Gattungen der DB Stand 1984

Die Weiterentwicklung der Wagen führt zwangsläufig zu Bauarten mit neuen Eigenschaften (oder zu neuen Kombinationen bereits bekannter Eigenschaften), die von Zeit zu Zeit in Ergänzungen bzw. Berichtigungen berücksichtigt werden. Der Wagenpark wurde, 1980 beginnend, in großen Teilen umgezeichnet, neue Nummernbereiche und Gattungszeichen festgelegt.

Die 1984, also fast am Ende der Umzeichnungsfrist, immer noch vorhandenen Doppelnennungen, z.B. Gos/Gbs 245, Ed/Fc-Bauarten u.a., geben direkte Hinweise auf überzählige Wagen. Bei den Wagen des EUROP-Parks kann die noch nicht erfolgte Umzeichnung aber auch darauf zurückzuführen sein, daß sich die betreffenden Wagen noch immer im EUROP-Ausland aufhalten.

Wagennummern	Gattung
120 1 000 – 120 4 519	Gs 204
120 5 000 – 120 9 759	Gs 210
123 0 000 – 123 1 139	Gs 211
123 2 000 – 124 0 286	Gs 213
124 1 000 – 124 9 999	Gs 216
125 0 000 – 125 1 649	Gs 213
125 2 000 – 125 4 749	Gs 212
131 2 000 – 131 2 220	Grs-v 212, Grs-uv 212
131 2 300 – 131 6 039	Grs-v 213
132 0 000 – 132 0 899	Gs-uv 213
133 0 000 – 133 1 099	Gls 203
133 1 100 – 134 5 799	Gls 205
134 5 800 – 134 5 999	Gls-w 208
134 7 000 – 134 8 299	Gls-w 208
138 5 000 – 138 7 499	Gkklms 207
140 0 000 – 141 1 599	Gos 245
141 1 600 – 141 3 399	Gos-uv 245
141 3 400 – 141 4 399	Gos 253
141 4 400 – 141 4 799	Gos-uv 253
150 0 000 – 151 0 439	Gbs 254
151 0 501	Gbs 262
151 0 503 – 151 0 504	Gbs 261
151 1 000 – 151 2 429	Gbs 252
151 2 500 – 151 2 569	Gbs 254
151 5 000 – 151 5 300	Gbs 256
151 7 000 – 151 7 059	Gbs 257
151 7 100 – 152 7 999	Gbs 245
152 9 000 – 152 9 199	Gbs 245
152 9 200 – 153 0 199	Gbs-uv 254
155 6 000 – 155 7 959	Gbrs-v 245
155 8 000 – 155 8 399	Gbrs-v 253
155 8 400 – 155 9 339	Gbrs-v 254
171 6 000 – 171 6 199	Goss-uv 253
172 0 000 – 172 0 009	Gkkoss-uv 245
201 5 000 – 201 6 220	Hbis 299
201 9 400 – 201 9 999	Hbis 299
202 4 000 – 202 4 199	Hbis 294
210 4 000 – 210 4 099	Hes 358
211 5 000 – 211 7 958	Hbis 299
211 7 959 – 211 9 989	Hbis 297
211 9 995 – 211 9 997	Hbis 298
212 3 400 – 212 3 999	Hbcs 300

Wagennummern	Gattung
214 0 000 – 214 0 249	Hfs 312
215 0 000 – 215 0 001	Hks-vz 333
216 3 069 – 216 5 999	Hbis 299
216 7 000	Hbis 295
216 7 039 – 216 7 438	Hbis 299
216 7 441 – 216 7 790	Hbis 299
216 7 791 – 216 7 999	Hbis 297
217 7 000 – 217 7 099	Hkks-uvz 332
219 1 000 – 219 1 249	Hfkks 312
225 0 000 – 225 0 099	Hbis 294
225 0 100 – 225 1 519	Hbis 295
225 1 550 – 225 1 555	Hbis-v 297
225 1 600 – 225 3 499	Hbis 297
225 3 500	Hbis 298
225 3 504	Hbis 298
225 3 510 – 225 3 514	Hbis-w 299
225 3 600 – 225 8 349	Hbis 299
233 0 000 – 233 0 444	Hbcs 300
233 0 600 – 233 0 799	Hbcs-uv 300
235 0 000 – 235 0 399	Hbis-t 294
235 0 400 – 235 0 669	Hbis-t 297
235 0 800 – 235 5 649	Hbis-t 299
236 8 000 – 236 9 099	Hbis-tt 302
237 2 000 – 237 3 549	Hbikks-tt 302
237 4 500 – 237 4 749	Hbikks-tt 304
237 4 750 – 237 5 849	Hbikks-tt 303
237 5 990 – 237 5 998	Hbikks-tt 295
237 5 999	Hbikks-tt 298
237 6 000 – 237 6 099	Hbikks-t 295
237 6 101 – 237 6 105	Hbikks-t 298
237 8 000 – 237 8 002	Hbikks 298
237 8 010 – 237 8 012	Hbikks 302
237 9 000 – 237 9 399	Hbikks-tt 294
237 9 400 – 237 9 499	Hbikks-tt 295
245 0 000 – 245 0 011	Hbiss 297
246 0 000 – 246 0 004	Hbbikks-tt 305
247 9 000 – 247 9 029	Hbiqss 297
313 0 400 – 313 3 409	Klm 505
313 3 500 – 313 7 060	Klm 506
313 7 300 – 313 7 319	Klm 440
313 8 000 – 313 9 499	Klm 505
323 1 000 – 323 3 496	Klm 505
323 9 000 – 323 9 099	Kkklm 440
324 6 000 – 324 6 134	Kkklmpp 505
333 0 000 – 333 6 785	Kbs 443
333 7 000 – 334 8 599	Kbs 442
335 0 650 – 335 0 999	Kbs 442
335 1 000 – 335 1 199	Kbs 443
335 5 000 – 335 5 099	Kbgs 443
335 5 100 – 335 5 599	Kbgs 442
336 0 000 – 336 6 399	Kls 443
336 5 000 – 336 9 144	Kls 442
336 9 999	Kls 445
337 0 001	Kls 447
337 0 003 – 337 0 050	Kls 448
343 0 000 – 343 5 999	Klms 440
343 6 038 – 343 6 999	Klms 440
343 9 000 – 344 3 499	Kkklms 440
344 3 500 – 344 3 599	Kkklms-u 440
380 0 000 – 380 1 179	R 672
381 0 000 – 381 1 099	Rkk 672
389 0 400 – 389 0 860	Rlmmp 700
389 1 000 – 389 1 237	Rlmmp 700
390 0 000 – 390 0 249	Rs 681
390 0 300 – 390 5 849	Rs 680
390 6 000 – 390 6 855	Rs 683
390 6 856 – 390 9 570	Rs 684
391 3 000 – 391 3 429	Rs 685
391 4 197 – 391 4 999	Rs 689
393 6 200 – 393 6 750	Res 686
393 6 950 – 393 6 988	Res 682
393 7 000 – 394 1 349	Res 687
394 8 000 – 394 8 659	Remms 665
395 0 000 – 395 0 359	Rmms 663
395 0 360 – 395 2 119	Rmms 664

Güterwagennummern 1984

Wagennummern	Gattung	Wagennummern	Gattung	Wagennummern	Gattung	Wagennummern	Gattung
395 2 300 – 395 2 874	Rmms 663	479 3 200 – 479 3 900	Sdkms 707	573 2 000 – 573 3 899	Tds 926	802 5 200 – 802 5 329	Ibdlps 394
395 9 000 – 395 9 999	Rmms 661	479 4 000 – 479 4 003	Sdkmmss 692	573 5 000 – 573 5 425	Tds 931	802 5 400 – 802 5 429	Ibdlps 407
396 0 000 – 396 0 935	Rmms 663	482 1 000 – 482 1 259	Sammp 705	574 0 200 – 574 2 229	Tdgs 930	805 2 000 – 805 2 039	Ibhls 409
396 1 000 – 396 2 759	Rmms 664	485 0 000 – 485 3 179	Sas 110	574 2 230 – 574 2 842	Tdgs-z 930	805 4 100 – 805 4 159	Ibhlps 407
396 8 000 – 396 9 938	Rmms 661	485 4 099 – 485 4 999	Sas 709	574 2 843 – 574 2 942	Tdgs 930	812 3 600 – 812 3 840	Ihs 377
397 0 000 – 397 0 499	Rmmps 661	486 0 000 – 486 0 999	Samms 709	574 2 943 – 574 3 837	Tdgs-z 930	815 9 000 – 815 9 099	Ibbhs 396
397 1 000 – 397 1 749	Rmmps 661	486 1 000 – 486 3 999	Samms 710	574 4 000 – 574 5 499	Tdgs-z 932	815 9 100 – 815 9 249	Ibbhs 397
397 5 000 – 397 6 999	Rhmmps 661	486 4 000 – 486 4 516	Samms 709	575 6 000 – 575 9 999	Tms 851	815 9 300 – 815 9 799	Ibbhs 398
399 4 000 – 399 4 134	Rlmmps 650	486 5 000 – 486 5 099	Samms 710	576 3 000 – 576 3 599	Tms 851	822 2 000 – 822 2 079	Ibbdhs 399
		486 9 000 – 486 9 155	Sanmms 711	576 3 600	Tms 852	822 2 100	Ibbdhs 400
411 0 000 – 411 0 349	Lbms 584	486 9 800 – 486 9 882	Sahmms 709	576 6 000 – 576 6 039	Th(m)s 851	822 2 200 – 822 2 229	Ibbdhs 397
411 0 400 – 411 2 499	Lbms 589	487 0 000 – 487 0 959	Sah(mm)s 710	577 0 000 – 577 4 009	Ti(m)s 858	825 4 400 – 825 4 429	Ibbhlps-t 399
411 2 500 – 411 2 679	Lbms 591	487 1 803 – 487 1 955	Sahs 711	577 6 000 – 577 6 499	Tims-ww 858	825 4 500 – 825 4 550	Ibbhlps-tz 410
411 2 699	Lbms 596	487 6 001 – 487 6 306	Sahimms 900	578 0 000 – 578 0 499	Tbis 869	825 4 600 – 825 4 601	Ibbhlps-tz 411
411 2 700 – 411 2 719	Lbms 597	487 6 998	Sahimms 899	578 0 500 – 578 1 299	Tbis 875	825 6 000 – 825 6 089	Ibblps 379
411 3 000 – 411 5 119	Lbs 589	491 1 000 – 491 1 059	Saads 703	578 1 300 – 578 1 499	Tbis 869	826 6 000 – 826 6 099	Ibbhs 396
411 7 000 – 411 7 179	Lbs 591	491 1 100 – 491 1 199	Saads 704	578 2 000	Tbikks 864	826 6 100 – 826 6 249	Ibbhs 397
411 7 200 – 411 7 219	Lbs 597	498 6 000 – 498 6 064	Saadkmms 702	578 2 270	Tbikks 874	826 6 300 – 826 6 799	Ibbhs 398
413 0 000 – 413 1 206	Laes 542			579 4 000 – 579 4 005	Tcefhkks 845	841 3 000 – 841 3 202	Ichs 377
413 2 000 – 413 4 000	Lae 543	500 5 000 – 500 5 399	E 050	583 1 000 – 583 1 029	Tad 962	846 6 000 – 846 6 204	Ihs 377
413 4 500 – 413 4 514	Laes 550	500 9 999	E 042	583 1 100 – 583 1 541	Tad 963	910 0 000 – 910 0 052	Us 999
413 5 000 – 413 5 999	Laes 551	501 0 000 – 501 1 920	E 032	583 5 070 – 583 5 145	Tads 967	910 5 000 – 910 6 229	Ucs 908
413 7 000 – 413 8 062	Laes 547	501 2 000 – 501 7 349	E 033	584 3 800 – 584 4 985	Tadgs 959	910 7 470 – 910 8 766	Ucs 909
413 9 000 – 413 9 200	Laes 552	501 7 400 – 501 9 959	E 034	584 4 999	Tadgs 965	920 5 170 – 920 5 172	Uac 946
414 2 000 – 414 2 159	Lfms-t 569	502 0 000 – 502 1 149	E 036	584 7 000 – 584 7 058	Taems 887	930 5 000 – 930 5 029	Uacs 946
415 4 000 – 415 4 029	Lbkkmms 578	502 7 800 – 503 5 999	E 037	584 7 060 – 584 7 079	Taems 888	990 3 900 – 990 3 914	Uikk 631
418 8 000 – 418 8 029	Lekks-u 544	504 1 000 – 505 5 999	E 037	584 7 350 – 584 7 999	Taems 889	990 3 920 – 990 3 939	Uikk 633
425 3 000 – 425 3 999	Laekks 543	505 6 000 – 506 6 589	E 039	585 1 000 – 585 1 839	Taems 890	990 9 900 – 990 9 924	Uis 632
425 4 000 – 425 5 099	Laekks 547	506 6 600 – 508 0 860	E 040	585 1 840 – 585 1 939	Taems 891	990 9 950 – 990 9 954	Uis 634
425 5 100 – 425 6 099	Laekks 551	508 1 000 – 508 7 519	E 035	585 2 000 – 585 2 849	Taems 891	990 9 960 – 990 9 969	Uis 636
425 6 100 – 425 6 300	Laekks 552	508 8 000 – 508 9 489	E 037	585 3 600 – 585 3 979	Taems 892	991 3 900 – 991 3 927	Uiks 635
425 7 000 – 425 7 499	Laekks 546	508 9 500 – 509 1 389	E 039	585 4 299 – 585 5 129	Taes 890	991 3 930 – 991 3 939	Uiks 637
426 1 000 – 426 1 024	Laekkqs 547	509 1 400 – 509 2 929	E 040	585 5 280 – 585 6 268	Taes 891	991 5 900 – 991 5 906	Uai 725
426 5 000 – 426 6 199	Laekkms 542	509 3 000 – 509 5 999	E 039	585 7 000 – 585 7 379	Taes 892	991 5 910 – 991 5 915	Uai 730
426 6 200 – 426 6 214	Laekkms 550	509 8 987 – 509 8 999	E 044	586 6 000 – 586 6 050	Taeh(m)s 887	991 5 930 – 991 5 931	Uai 736
430 5 240 – 430 5 291	Laas 608	510 2 000 – 510 2 440	El-u 061	586 6 100 – 586 6 381	Taeh(m)s 888	991 5 940 – 991 5 971	Uai 737
430 5 300 – 430 5 449	Laas 540	514 0 100 – 514 4 999	Eo 017	586 6 400 – 586 7 289	Taeh(m)s 891	991 7 900 – 991 7 909	Uaikk 726
432 5 000 – 432 5 399	Laabkkmms 588	514 5 000 – 514 5 499	Eo 019	586 7 300 – 586 7 399	Taehms 889	991 7 910 – 991 7 919	Uaikk 727
433 2 000 – 433 3 539	Laaes 541	514 8 000 – 514 8 099	Eo 016			991 7 930 – 991 7 935	Uaikk 728
433 4 000 – 433 4 207	Laadks 540	514 9 000 – 514 9 199	Eo 012	600 0 000 – 600 3 605	F-z 120	991 9 900 – 991 9 913	Uaik 721
433 9 000 – 433 9 003	Laakklps 608	514 9 300 – 514 9 599	Eo 013	601 4 100 – 601 4 229	F-zz 131	992 3 900 – 992 3 915	Uais 732
433 9 010 – 433 9 049	Laakklps 608	514 9 600 – 514 9 799	Eo 014	601 8 000 – 601 8 241	Fb-zz 131	992 4 900 – 992 4 909	Uaikks 720
435 0 400 – 435 0 800	Sks-z 707	532 0 000 – 532 2 249	Eaos 106	601 8 400 – 601 8 479	Fb-zz 132	992 6 900 – 992 6 905	Uaiks 733
435 2 000 – 435 2 011	Laaes 549	534 1 000 – 534 7 799	Eaos 106	605 1 000 – 605 1 299	Fs-z 120	993 0 900 – 993 0 902	Uaai 753
436 6 000 – 436 6 001	Laaeks 553	534 7 900 – 534 7 999	Eaos 106	610 0 000 – 610 0 299	Fs-z 120	993 0 910 – 993 0 911	Uaai 754
436 8 000 – 436 9 539	Laaekms 541	535 7 000 – 535 7 749	Eaos 106	634 0 000 – 634 0 499	Fc 084	993 0 920 – 993 0 921	Uaai 755
440 4 000 – 440 4 510	Lgjs 573	540 0 110 – 540 0 579	Ed 084	634 0 500 – 634 0 799	Fc 086	993 1 900 – 993 1 905	Uaaikk 762
440 4 511 – 440 4 952	Lgjs 571	540 0 730 – 540 3 389	Ed 086	634 0 800 – 634 2 499	Fc 087	993 2 900 – 993 2 917	Uaaik 761
440 5 000 – 440 6 155	Lgjs 575	540 3 400 – 540 6 949	Ed 087	634 2 500 – 634 5 199	Fc 089	993 5 900 – 993 5 901	Uaais 756
440 6 200 – 440 6 699	Lgjs 598	540 7 000 – 541 1 569	Ed 089	634 6 000 – 636 0 799	Fc 090	993 6 900 – 993 6 901	Uaaikks 758
440 6 700 – 440 6 809	Lgjs 599	541 2 000 – 542 7 877	Ed 090	645 0 000 – 645 1 799	Fcs 086	994 0 920 – 994 0 925	Uaai 778
440 6 841 – 440 6 990	Lgjs 571	551 5 000 – 551 6 742	Eds 086	645 2 000 – 645 2 629	Fcs 090	994 0 930 – 994 0 932	Uaai 784
440 6 998	Lgjs 572	552 0 000 – 552 4 999	Es 040	655 0 000 – 655 4 259	Fal 167	994 0 950 – 994 0 951	Uaai 786
440 6 999	Lgjs 574	552 5 000 – 552 5 099	Es 045	655 4 400 – 655 4 419	Fal 169	994 0 960 – 994 0 961	Uaai 792
441 1 000 – 441 1 024	Lg 570	553 2 000 – 553 6 499	Es 049	655 4 500 – 655 5 599	Fal 168	994 0 980 – 994 0 981	Uaai 794
443 4 000 – 443 4 099	Lgjs 571	554 2 000 – 554 5 999	Es 050	655 5 600 – 655 5 659	Fal 171	994 1 910 – 994 1 911	Uaaikk 783
443 4 100 – 443 4 999	Lgjs 575	555 6 200 – 555 6 979	Es 035	655 5 700 – 655 5 799	Fal 172	994 2 900 – 994 2 901	Uaaik 787
443 6 000 – 443 6 399	Sgjs 712	563 0 000 – 563 0 409	Td 925	655 5 800 – 655 6 030	Fal 173	994 5 900	Uaais 779
443 7 000 – 443 9 000	Sgjs 716	563 0 500 – 563 3 999	Td 928	655 6 200 – 655 7 199	Fal 181	995 0 900	Uaai 805
451 5 000 – 451 6 207	Sgjkkmms 699	563 4 000 – 563 4 429	Td 931	665 0 100 – 665 2 199	Fals 175	995 0 910 – 995 0 912	Uaai 806
453 2 990 – 453 2 992	Sgjss 716	563 4 500 – 563 5 009	Td 933	665 2 200 – 665 2 764	Fals 176	995 0 920	Uaai 808
453 6 000 – 453 6 799	Sgjs 712	566 3 030 – 566 3 471	Tal 963	665 2 800 – 665 2 899	Fals 177	995 0 930	Uaai 812
453 6 998	Sgjs 712	566 3 500 – 566 3 539	Tal 964	665 3 100 – 665 3 155	Fals 178	995 2 900 – 995 2 901	Uaai 815
453 6 999	Sgjs 715	566 7 000 – 566 7 069	Tals 966	665 3 400	Fals 179	995 2 910	Uaai 820
453 7 000 – 453 8 999	Sgjs 716	566 7 070 – 566 7 145	Tals 967	665 3 800 – 665 4 186	Fals 180	995 2 920	Uaai 821
453 9 000 – 453 9 069	Sgjs-w 718	566 7 200 – 566 7 342	Tals 968	665 4 300 – 665 4 599	Fals 182	995 4 900	Uaai 822
454 0 000 – 454 0 001	Sgs 713	570 0 000 – 570 4 580	Ts 851	665 5 000 – 665 6 596	Fals 183	996 0 900	Uaai 836
454 0 002	Sgs 717	570 7 000 – 570 7 261	Ts 851	665 7 998	Fals 184	996 4 900	Uaai 838
456 5 000 – 456 5 001	Sggos 714	571 5 000 – 571 6 059	Tbis 871	666 4 000 – 666 4 362	Faals 150	997 2 900 – 997 2 901	Uaai 839
459 0 000 – 459 0 002	Sgmmss 697	571 6 061 – 571 6 062	Tbis 864	676 1 000 – 676 5 305	Fad 167		
459 5 000 – 459 5 707	Sgjkkmmss 699	571 6 100 – 571 8 579	Tbis 870	676 6 000 – 676 7 489	Fad 168		
459 7 994 – 459 7 995	Sgjkkmmss 698	571 8 580 – 571 9 999	Tbis 869	677 5 000 – 677 5 099	Fad 172		
471 7 000 – 471 8 999	Sps 719	572 5 000 – 572 5 609	Tc(m)s 850	694 0 000	Facs 105		
475 3 000 – 475 3 005	Sdkms 701	572 9 000 – 572 9 099	Tcefs 845	696 0 000 – 696 0 564	Fads 176		
475 3 200 – 475 3 900	Sdkms 707	573 0 000 – 573 0 849	Tds 928	696 1 000 – 696 3 117	Fads 175		
476 8 000 – 476 9 320	Shimms 708	573 0 850 – 573 1 999	Tds 925	696 5 000 – 696 5 055	Fads 178		

125

Die technischen Anschriften

Jeder Güterwagen trägt neben den in den vorhergehenden Abschnitten behandelten Anschriften noch eine Vielzahl an Zeichen und ausgeschriebenen Texten. Alle zusammengenommen stellen die technischen Anschriften dar. Mit ihrer Hilfe lassen sich die Eigenschaften und Besonderheiten der Ausrüstung und Behandlung eines Güterwagens beschreiben.

Das Aussehen dieser Anschriften hat sich in den letzten Jahrzehnten mehrfach geändert: Wurden zunächst ausgeschriebene Worte, dann Abkürzungen verwendet, so werden seit etwa 1950 nahezu ausschließlich graphische Symbole verwendet. Lediglich Bedienungsanleitungen (und Warnhinweise) werden heute noch in Form ausgeschriebener Texte angebracht, bei international einsetzbaren Wagen gleich mehrsprachig.

Der Wechsel in der Anschriftenform ist auch hier immer mit mehrjährigen Übergangszeiten verbunden gewesen; und da der Wechsel bei diesen Anschriften nicht notwendigerweise mit anderen Anschriftenänderungen zusammenfallen muß, können hier die verschiedensten Kombinationen vorkommen. Da die an Güterwagen möglichen Anschriften von Gattung zu Gattung variieren, ergibt sich eine Vielzahl z. T. sehr spezieller Anschriften. Sie alle zu behandeln ist in diesem Rahmen weder möglich noch notwendig. Anhand von Fotos aus den verschiedenen Epochen soll aber der Versuch gemacht werden, die wichtigsten Anschriften und ihre Plazierung vorzustellen. Wer dann die Fotos von Vorbildwagen mit den Vorschriften vergleicht, dem werden sicher z. T. erhebliche Abweichungen auffallen. Das ist (fast) normal: Die Anschriftenzeichnungen entstehen am Zeichenbrett – die Anschrift wird aber mit Schablone, Pinsel oder Spritzpistole in einer Werkstatt am Wagen angebracht. Und nicht immer treffen Änderungsverfügungen rechtzeitig bei den Schablonenmachern ein, so daß noch eine gewisse Zeit die alten Schablonen weiterverwendet werden. Da zu keinem Zeitpunkt **alle** Anschriften auf einmal geändert werden, sind solche Zwischenstufen im Verkehr nicht allzu störend: Die Bedeutung der alten Anschriften ist bekannter als die der neu eingeführten. Etwas übertrieben gesagt: Es gab (und gibt) fast nichts, was sich nicht doch eines Tages auf einem Foto zeigen ließe.

Vorbemerkungen zu den Tabellen

Die Umstellung der in Klarschrift angeschriebenen Eigenschaften auf die rein bildliche Darstellung begann in den dreißiger Jahren und ist noch heute nicht völlig abgeschlossen: Noch immer gibt es die ausgeschriebenen Begriffe „Ladegewicht" und „Eigengewicht" an den Kübelwagen. Die textlichen Erläuterungen zur Bedienung bestimmter Wagen werden andererseits seit einigen Jahren zunehmend von Skizzen ergänzt.

Bei diesem Bestandteil der Wagenanschriften ist es hilfreich, nicht nur die Tabellen, sondern auch die Zeichnungen und Vorbildfotos immer wieder zu vergleichen. Da die überwiegende Mehrzahl der Fotos recht genau datiert ist, stellt sich so sehr schnell ein Gefühl für das Erscheinungsbild der Wagen in einer bestimmten Zeit ein. Ein Beispiel aus der Gegenwart mag dies erläutern: Seit etwa 1978 ist die Verwendung der sog. „Bremsecken" beschränkt auf Wagen ohne Druckluftbremse. Die bis dahin üblichen Kennzeichnungen wurden in der Folgezeit gezielt gelöscht. Achtet man auf dieses Detail, lassen sich Aufnahmen aus den Jahren 1978 und 1983 mit sehr großer Sicherheit auch ohne Kenntnis weiterer Details sofort auseinanderhalten. Ein ähnlich markanter Einschnitt war zwischen 1957 und 1960: nach 1960 mußten alle Lastraster (international verwendeter Wagen) geschlossene Rahmen aufweisen, während davor noch viele Ausführungen (darunter die aus den 30er Jahren stammende erste bildliche Darstellung von Ladegewicht und Tragfähigkeit) anzutreffen waren.

Die technischen Anschriften bei der Deutschen Reichsbahn

M.T. 48 M. 6 Pf.	Für Militärtransport geeignet, 48 Mann oder 6 Pferde (bis etwa 1925)
Bodenfl. 21,3 qm	Bodenfläche des Wagens
Radst. 4,5 m	Radstand (bis etwa 1925)
Achsst. 7,0 m	Achsstand (ab etwa 1925)
Vereinslenkachsen	Vereinslenkachsen (bis etwa 1935)
—⊖—	Zeichen für Lenkachsen (etwa 1922–1932)
LüP 9,10 m	Länge über Puffer (etwa 1935–1943)
Ladegew. 15 000 kg	Ladegewicht
Tragf 15 750 kg	Tragfähigkeit
Gew. d. W. 9 250 kg / Gew d W 12 350 kg	Eigengewicht bis ca. 1930 ohne Kasten (nach 1930 mit Umrandung)
(Gitter-Symbole)	auf schwarzem Grund: Gitter für Übergangszettel links oben: Länderbahn rechts: nach Einführung der Zettelhalter (1921) unten: Deutsche Reichsbahn
(Kreuz-Symbole)	auf schwarzer Schreibfläche: Gitter für Kreideanschriften links: Länderbahn rechts: Deutsche Reichsbahn
(Bremskennzeichen)	Bremskennzeichen v.l.n.r. Druckluftleitung Druckluftbremse Kunze-Knorr G Druckluftbremse Kunze-Knorr P Druckluftbremse Knorr oder Westinghouse mit G-P Wechsel (ab 1921)
Luftdruckbremse [Kunze Knorr G]	Anschrift an Wagen mit Druckluftbremse bzw. Bremsleitung (ca. 1910–1927)
Luftdruckleitung	
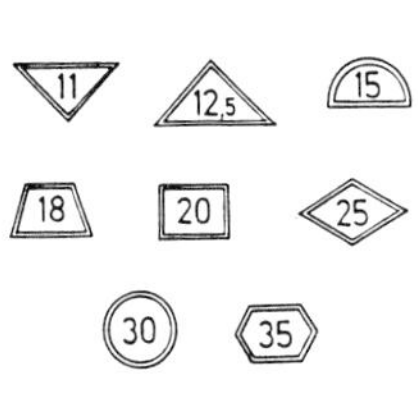 ▽11 ⬡12,5 ⬠15 ⬜18 ⬜20 ⬡25 ○30 ⬡35	Ladegewicht in t
+	Unter dem Ladegewichtszeichen Tragfähigkeit mehr als 5 Prozent über dem Ladegewicht (ca. 1917–1927)
▽	Transitwagen (Fahrzeugumgrenzung entspricht den internationalen Bestimmungen)
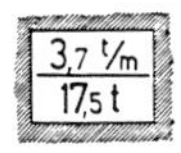 3,7 t/m / 17,5 t	Metergewicht und Achsdruck bei voller Auslastung
 4,8 t/m / 19,2 t	Schwerwagen (Metergewicht über 4,5 t oder Achsdruck bei voller Auslastung über 18 t)
Weißer Anstrich der Pufferhülsen	Für den Umsetzverkehr geeignet

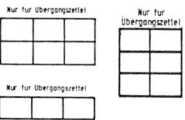

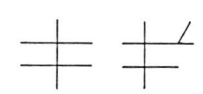

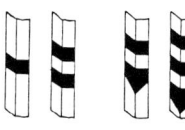

Die technischen Anschriften

Die technischen Anschriften der Deutschen Bundesbahn

15,0 t	
17,0 t	Ladegewicht / Tragfähigkeit (ca. bis 1960)

20,0 t	S 20,0 t	Schnelläuferzeichen mit Angabe des zulässigen Ladegewichts bis 100 km/h (z.T. geringer als das bis 80 km/h zulässige Ladegewicht)
21,0 t		

SS 18,0 t — dito bis 120 km/h

A	B	C
21,5t	25,5t	29,0t

Ladegewicht bei:
16 t Achslast = A   (ca. ab 1950
18 t Achslast = B   international nur
20 t Achslast = C   bis 1. 1. 1960 zugelassen)

A	B	C
21,0t	21,0t	

Lastgrenzen (ca. ab 1957) (Wagenbauart läßt bis 16 t Achsdruck zu)

A	B	C
20,5t	24,5t	

... (Wagenbauart läßt bis 18 t Achsdruck zu)

A	B	C
20,5t	24,5t	28,5t
S 20,5t	24,5t	

... (Wagenbauart läßt bis 20 t Achsdruck zu und ist Schnelläufer bis 100 km/h)

A	B	C
20,5t	20,5t	
S	20,5t	
SS	15,5t	

... Schnelläufer bis 120 km/h

	A	B	C	D
90	15,5t	19,5t	23,5t	28,5t
S	15,5t	19,5t	23,5t	
120	00,0t			

Lastgrenzen (ca. ab 1980) (Wagen darf nur leer mit 120 km/h befördert werden)

	DB	C	D
	100	26,0t	28,5t

Lastgrenzen im Verkehr nur auf DB-Strecken

⟨23,2 m²⟩ — Bodenfläche bei den zur Viehbeförderung geeigneten Wagen

12,0 m — Nutzlänge, Ladelänge

LüP 11,20 m — Länge über Puffer

⊢ 15,50 m ⊣ — Länge über Puffer (zusammen mit UIC-Beschriftung eingeführt)

10 320 kg — Eigengewicht

46 270 kg
18 t

Eigengewicht / Bremsgewicht der Handbremse bei Wagen, bei denen der Klotzdruck kleiner als 60 Prozent des Gesamtgewichtes ist.

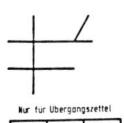

Schriftgitter für Kreideanschriften

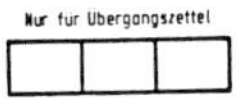

Gitter für Übergangszettel (bei beschränkten Platzverhältnissen 2 Felder oder Felder übereinander)

Ⓑ — Bereitschaftswagen (beschränkt verkehrstüchtig) (ca. bis 1960)

○ — gedichteter Wagen

○○ — einwandfrei gedichteter Wagen (ca. 1951–1960)

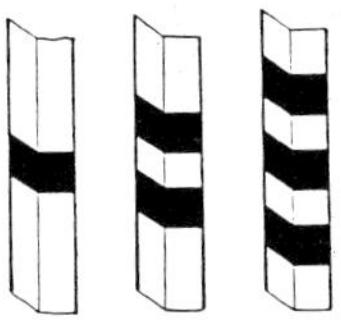

v.l.n.r. Wagen hat:
– nur Hauptluftleitung
– international zugelassene Gz-Bremse
– Gz-Bremse, die den Bedingungen im internationalen Verkehr nicht voll entspricht

– international zugelassene Pz-Bremse
– international zugelassene Gz-Bremse mit Bremsartwechsel G-P
– Gz-Bremse mit Zugartwechsel, die den Bedingungen im internationalen Verkehr nicht voll entspricht.

(gelb mit schwarzer Schrift)
Elektrische Heizleistung
1 Streifen für 1000 Volt
2 Streifen für 1500 Volt
3 Streifen für 3000 Volt
mit Zahl 50:... und 50 Hertz

RIV — Wagen entspricht allen Übergangsbestimmungen des RIV

RIV St — ...und ist nach UIC-Richtlinien gebaut

RIV St UIC — ...und ist nach UIC-Zeichnungen gebaut (UIC-Standardwagen)

Bezeichnung der losen Wagenbestandteile nach RIV
12 A/1   12 = Anzahl   A = loser Bestandteil
                        1   Codierung

Bedeutung der Codierung der losen Wagenbestandteile (Auszug)

1	Rungen
2	abnehmbarer Seitenbord bei Flachwagen
3	abnehmbarer Stirnbord bei Flachwagen
4	abnehmbare Seitenwandklappe
6	Rungenkette
9	Drehschemel mit Rungen
10	Zwischenboden (für Kleinvieh, Geflügel usw.)
13	Türvorsetzgitter (für Obst, Gemüse usw.)
14	Türvorsetzwand für Stückgüter (lose verladenes Getreide usw.)
16	Sitzstange im Geflügelwagen
17	Futtertrog
22	Halfter für Pferdewagen
23	Klappstuhl für Pferdewagen
24	Kuppelstange
42	Radvorleger für Kraftfahrzeuge (für Spezialwagen zur Beförderung von Kraftfahrzeugen)
43	Auffahrmulden, Überfahrmulden (wie vor)
46	Bremsspindel

	m	t
a-a	2	66
b-b	3	77
c-c	5	82

Tragfähigkeit bei schweren Mittellasten für verschiedene Längen

5,2 t/m
19,2 t

Schwerwagen (Meterlast größer als 4,5 t/m oder Achslast größer als 18 t)

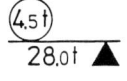

(4,5 t) / 28,0 t ▲ — die Räder sind nicht zu unterlegen, wenn die Radlast kleiner als 4,5 t ist. Abstützungen bei der Beladung bei weniger als 28 t Achsdruck nicht erforderlich

▽ — grünes V auf weißem Grund: Vorsichtwagen

Die technischen Anschriften

⚓	Fährbootwagen (auch ohne Umrandung)
Gewährleistung CC u. CO / Stoff und Bau b. 01.04.59 / Anstrich (WU) b. 01.01.60 / Dachdecke (WOB-Oppa) b. 01.01.60	Gewährleistungsanschrift
4M 1 2 3 4 5 6 7 8 9 10 11 12 / Bk	Schmierraster an Fremdwagen mit Zeitschmierung
Versuchswagen / Jede Beschädigung / fmdl. BZA Mdn Dez / 28 melden. Wagen / spätestens am 1.8.59 / dem AW Paderborn / zuführen	Versuchswagen Schadmeldung
⚡	(gelb) Warnzeichen Lebensgefahr unter elektrischer Fahrleitung
(Handbremsrad-Symbol)	Handbremsrad bei Doppelstockwagen
(12 300 l)	Fassungsraum bei Behälter- und Kesselwagen in l, hl oder m³
(Schwallblech-Symbol)	Kessel hat Schwallblech
✻——✻	Befahren von Ablaufbergen verboten
✻—300—✻	...mit Ausrundungsradius unter 300 m
TALBOT / ○195⁷ 700.000○ / WAGGONFABRIK TALBOT	Fabrikschild
Gew Knd 1.7.58	Gewogen (Bw Köln-Kalk-Nord 1. 7. 1958)
Kunze-Knorr-Bremse [G] / Kkg-Bremse	Bremsbauart (oben ca. bis 1953) (unten ca. ab 1953)
←⊖→	Wagen hat radial einstellbare Achsen
→7,0 m←	Achsstand (bzw. Drehzapfenabstand)
Ⓤ	Wagen hat international austauschbare Ersatzteile

▲	Zeichen zum Ansetzen der Hebevorrichtung beim Anheben beladener Wagen
Unt. Kns. 21.1.51	Untersuchungsanschriften bis ca. 1958 oben: Untersuchung (AW Köln-Nippes 21. 1. 1951)
Unt. Kns. 1.1.51 / Nächste Zw. Br. Unt. 1.4.53 - 1.10.53	Untersuchungsanschrift, nächste Zwischenbremsuntersuchung durchzuführen im Zeitraum...
Unt. Kns. 7.1.52 / Zw. Br. Unt. Gmb. 1.9.53	Zwischenbremsuntersuchung ausgeführt.
Unt. Kns. 4.10.49 / Achs. Unt. Knd. 1.6.51 / Nächste Unt. verl. bis 4.10.53 AW Kns.	Untersuchung und Achslageruntersuchung vorgenommen. Untersuchungsfrist verlängert (Wagen dürfen nicht international eingesetzt werden)
[REV] Kns. 23.11.58 Br. 3 / Nächste Br. 2 23.2.60-23.8.60	Untersuchungsanschriften ab 1955: Revisionsanschriften für Wagen mit Druckluftbremse Nächste Br. 2 steht noch bevor
[REV] Kns. 23.11.58 Br. 3 / Br. 2 Lu. 10.7.60	... Br. 2 bereits ausgeführt
[REV] Kns. 23.11.58 / Achs. Unt. Knd. 23.9.59	Leitungswagen mit bereits ausgeführter Achslageruntersuchung
㉟	Ringfederpuffer (max. 35 t Pufferdruck) (bis ca. 1955)

Bedeutung der Abkürzungen für die Bremsbauart am Langträger

Einlösige Bremsen:

W-G	Westinghouse-Bremse für Güterzüge
K-G	Knorr-Bremse für Güterzüge
W-P	Westinghouse-Bremse für Personenzüge mit Beschleunigungsorgan
W-GP	Westinghouse-Bremse für Güter- und Personenzüge mit oder ohne Beschleunigungsorgan

Mehrlösige Bremsen:

Kk-G	Kunze-Knorr-Bremse für Güterzüge
Hik-G	Hildebrand-Knorr-Bremse für Güterzüge
KE-G	Knorr-Bremse KE für Güterzüge
Kk-GP	Kunze-Knorr-Bremse für Güter- und Personenzüge
Hik-GP	Hildebrand-Knorr-Bremse für Güter- und Personenzüge
KE-GP	Knorr-Bremse KE für Güter- und Personenzüge
KE-GP-A	wie vor mit selbsttätiger Lastabbremsung

Internationale Organisationen und Abkommen

UIC =	Union Internationale des Chemins de Fer, Internationaler Eisenbahn-Verband, im Oktober 1922 in Paris gegründet
RIV =	Regolamento Internazionale Vehicoli, Übereinkommen über die gegenseitige Benutzung der Güterwagen im internationalen Verkehr, im Januar 1922 in Kraft getreten
EUROP =	Abkommen über die gemeinschaftliche, freizügige Benutzung von Güterwagen, am 1. 1. 1951 zunächst zwischen SNCF und DB getroffen, am 2. 3. 1953 um die damaligen EdS (Eisenbahnen des Saarlandes) und die auf S. 121 genannten Bahnverwaltungen ergänzt
OSShd =	Organisazija Sotrudnitschestwa Shelesnych Dovog, Organisation für Zusammenarbeit der Eisenbahnen der sozialistischen Länder, 1957 in Peking gegründet
OPW =	Obstschij Park Grusowych, gemeinsamer Güterwagenpark der BDZ, MAV, DR, PKP, CFR, SZD, CSD
PPW =	Prawila Polzowanij Wagonami, gemeinsame Nutzung der Wagen im internationalen Personen- und Güterverkehr zwischen den sozialistischen Staaten
INTERFRIGO =	Beteiligungsgesellschaft der europäischen Eisenbahnen zur Abdeckung des internationalen Kühlverkehrs auf der Schiene

Modellbautips

Umbauten und Verbesserungen an Güterwagenmodellen

Allgemeine Bastelhinweise

Auf den vorangegangenen Seiten haben wir versucht, Ihnen einige Möglichkeiten aufzuzeigen, zu vorbildnäheren Güterwagenmodellen zu kommen. Selbstverständlich konnten wir dabei nicht jeden Handgriff schildern. Um aber auch den weniger versierten Bastlern Mut zu machen, einmal einen Güterwagen zu verbessern, hier einige Tips, die in dieser oder ähnlicher Form für den Umbau bzw. die Verbesserung aller Wagen gelten.

Selbstverständlich sollten Sie nicht gerade als erstes versuchen, einen Ghs 31 oder das Bremserhaus für den Gms 39 zu bauen; und auch der Gms 45 dürfte nicht gerade ein ideales Anfangsobjekt sein. Aber es gibt genug Wagen, die mit neuen Griffstangen, Signalhaltern und Rangierertritten schon beträchtlich an Aussehen gewinnen, wie z. B. der G 10 und Gr 20 von Fleischmann, der Gmhs 30 von Liliput oder Glms 38 und Gltmrs 46 von Roco (um nur einige zu nennen).

Wichtigste Voraussetzung für einwandfreies Gelingen der Arbeiten ist, daß Sie sich Zeit nehmen und den Wagen mit geeignetem Werkzeug zu Leibe rücken. Dabei werden in der Regel folgende Werkzeuge benötigt:

- eine Schieblehre,
- Stiftenklöbchen mit 0,4 mm-, 0,5 mm-, 0,7 mm-, 1,0 mm- und ggf. 2,3 mm Bohrern,
- ein Satz Reibahlen,
- eine kleine Flachzange und möglichst auch eine Spitzzange,
- ein sehr guter kleiner Seitenschneider, der ausschließlich zum Abkneifen von Messingdraht und dünnen Messingteilen benutzt werden darf (da er andernfalls Kerben bekommt und unbrauchbar wird),
- eine spitze Pinzette (gerade oder gebogen),
- ein scharfes Bastelmesser (besser verschiedene kleine Skalpelle),
- ein Satz Schlüsselfeilen,
- Uhrmacherschraubendreher,
- eine Reißnadel und
- feine Pinsel (Haarpinsel Größen 000 bis 1).

Sollen an den Wagen größere Umbauten vorgenommen werden sind zusätzlich noch

- eine feine scharfe Metallsäge (z. B. von Roco),
- ein Anschlagwinkel und ggf.
- ein Geo-Dreieck

erforderlich.

Die inzwischen in fast jeder Modellbahnwerkstatt zu findende Minibohrmaschine ist zwar nicht unbedingt Voraussetzung für das Gelingen der Arbeiten, bei einigen Umbauten kann ihr Einsatz jedoch sinnvoll sein, da sich manche Sägeschnitte an schlecht zugänglichen Stellen am besten mit einem kleinen Kreissägeblatt durchführen lassen. Als Zubehör für die Minibohrmaschine empfiehlt sich:

- Kreissägeblätter,
- Trennscheiben und
- Hartgummischeiben.

Für alle aufgezählten Werkzeuge gilt: lieber ein paar Mark mehr für gutes Werkzeug ausgeben und sich damit die Arbeit erleichtern, als mit stumpfem, schartigem oder ungeeignetem Werkzeug einen Wagen zu demolieren.

An Materialien werden benötigt:

- Sekunden-Kleber,
- Kunststoff-Kleber, am besten Essigsäureethylester (in Apotheken unter der Bezeichnung Essigester oder Ethylacetat erhältlich),
- ggf. einen Zweikomponenten-Kleber oder Pattex compact,
- verschiedene Farben (Tiefschwarz RAL 9005, Rotbraun RAL 8012, Eisengrau RAL 7011, Chromoxidgrün RAL 6020, Weißaluminium RAL 9006, verschiedene Grautöne) mit Verdünnung/Lösungsmittel,
- Messing- oder Neusilberdraht in den Stärken 0,3 bis 0,5 mm und 0,8 mm,
- ggf. verschiedene kleine Messingprofile,
- Kunststoffplatten in verschiedenen Stärken und
- Schmirgelpapier.

Abschaben von Teilen

Bevor ein Wagen mit neuen Messing-Griffstangen versehen werden kann, müssen in der Regel erst die angespritzten Griffstangen abgeschabt werden. Ähnliches gilt für andere Bauteile; auch hier müssen oft erst angespritzte, zu mickrig ausgeführte Bauteile abgeschnitten werden.

Wie kommt man nun am schnellsten zu einem vernünftigen Ergebnis? Als praktikable Lösung empfiehlt sich, zuerst weit vorstehende Teile mit einem Seitenschneider abzukneifen. Anschließend werden mit einem Skalpell so lange flache Späne abgehobelt, bis die Kontur der angespritzten Teile nicht mehr oder nur noch schwach zu erkennen ist. Anschließend können bei schmalen Teilen (wie z. B. Griffstangen) die letzten Reste mit der „Klinge" eines kleinen Uhrmacherschraubendrehers abgeschabt werden. Wichtig ist, daß zu keinem Zeitpunkt zu dicke Späne abgehoben werden, weil dies leicht zu einer Beschädigung der umliegenden Flächen führen kann.

Nachritzen von Bretterfugen

Beim Umbau älterer Güterwagentypen kommt man bisweilen in die Verlegenheit, Bretterfugen nachritzen zu müssen. Diese Fugen sollen sich nach Möglichkeit von den bereits vorhandenen Bretterfugen nicht unterscheiden. Aus diesem Grund muß gerade solchen Arbeiten ganz besondere Sorgfalt gewidmet werden. Nachdem die Fläche, in die die Fugen eingeritzt werden sollen, mit feinem Schmirgelpapier geglättet ist, werden die Fugen zuerst mit einer Reißnadel, an einem Geodreieck entlang, mit nur wenig Druck angerissen. Anschließend wird mit der Reißnadel noch mehrmals in der Fuge entlanggefahren, so daß diese etwas vertieft wird. Nachdem das dabei herausgequetschte Material abgeschmirgelt ist, wird die Fuge mit der Reißnadel, einer spitzen Pinzette oder mit einer Spitze eines Schraubendrehers so weit vertieft und verbreitert (wobei zwischen den Arbeitsgängen immer wieder vorsichtig geschmirgelt werden muß), bis das Aussehen der bereits vorhandenen Fugen erreicht wird.

Anstelle von Schmirgelpapier kann zum Glätten übrigens auch ein Glashaarpinsel verwendet werden, der normalerweise zum Radieren von Transparentzeichnungen verwendet wird. Aber Vorsicht! Da der Abrieb extrem fein ist, sollten sie mit einem Mundschutz arbeiten, damit Sie den Staub nicht inhalieren. Und außerdem können die Glashaarsplitter in den Fingern ganz schön pieken. Bevor man also die geglättete Fläche anfaßt, sollte sie mit einem weichen Pinsel abgewischt oder noch besser: abgewaschen werden.

Modellbautips

Der Fleischmann-Verschlagwagen (Umbau zu einem V 90 s. Band 2) in noch unlackiertem Zustand. Auf dem Foto sind deutlich die neuen Profile, Griffstangen, Rangierertritte, Signalstützen, Zettelhalter und Puffer zu erkennen.

Bohren

Zum Anbringen der Zurüstteile sind am Wagenkasten und am Fahrwerk etliche Bohrungen mit Durchmessern zwischen 0,4 mm und 1,0 mm erforderlich (zwar könnten genau genommen einige Löcher auch mit einem 0,3 mm-Bohrer gebohrt werden, aber da diese gegenüber einem 0,4 mm-Bohrer nur einen etwa halb so großen Querschnitt haben und entsprechend leichter zum Abbrechen neigen, können Sie auf diese Bohrerstärke getrost verzichten).

Mit Ausnahme der 2,3 mm-Bohrungen für das Einsetzen der Federpuffer, bei denen die Verwendung einer Minibohrmaschine sinnvoll ist, werden alle Löcher in Kunststoff, nachdem sie mit einer Reißnadel angekörnt sind, am besten mit einem Stiftenklöbchen gebohrt. Hierfür gibt es zwei Gründe. Erstens kann man – sofern das Werkstück nicht eingespannt ist – mit einem Stiftenklöbchen genauer arbeiten und zweitens erhitzt sich bei der normalen Umdrehungszahl der meisten Minibohrmaschinen der Kunststoff bis zum Schmelzpunkt. Das Ergebnis sind ausgeschmolzene, zu große Bohrlöcher oder festgefressene Bohrer.

Die Größe der Bohrlöcher richtet sich nach der gewählten Befestigungsmethode. Bei nicht verquetschten Drahtenden (oder Befestigungszapfen) ist ein Loch im Drahtdurchmesser ausreichend. Dies hat den Vorteil, daß die Drähte, sofern sie nicht unter (Feder-)Spannung stehen, nicht festgeklebt zu werden brauchen, zumal sie beim Lackieren durch den Lack zusätzlich fixiert werden.

Sind die Drahtenden verquetscht, sollte das Bohrloch 0,1 mm größer sein als der Drahtdurchmesser, so daß der Draht problemlos mit Sekunden-Kleber eingeklebt werden kann.

Kleben

Die meisten Zurüstteile werden mit Sekunden-Kleber fixiert. Dabei hat die Pipette des Klebstoff-Fläschchens grundsätzlich nichts in Wagennähe verloren, da auf diese Weise nicht fein genug dosiert werden kann. Am besten bewährt hat sich folgende Methode: Ein kleiner Klebstofftropfen wird auf eine Stecknadelspitze geträufelt (bzw. mit der Nadelspitze von dem Flaschenhals abgenommen) und mit der Stecknadel wird der Klebstoff auf den Zapfen des zu befestigenden Teils gestrichen.

Kunststoffteile untereinander lassen sich in der Regel mit Essigsäureethylester besser verkleben, da dieser die Kunststoffe anlöst und es so zu einer vollständigen Verschweißung der Teile kommt. Hierzu werden die Teile aneinander gelegt und mit einem feinen Pinsel etwas Essigsäureethylester an die Klebefuge gebracht. Durch die Kapillarwirkung kriecht das Lösungsmittel schlagartig zwischen die zu verklebenden Teile. Wenn die zu verklebenden Teile anschließend aneinander gepreßt werden, erhält man innerhalb weniger Minuten eine dauerhafte Verbindung.

Der Vorteil dieser Methode besteht darin, daß Essigester nur den Kunststoff verklebt, sich ansonsten als Lösungsmittel aber sehr schnell verflüchtigt, so daß kein Werkzeug gereinigt werden muß oder Flecken auf Kleidungsstücken entstehen können. Allerdings sollte Essigester – wie alle Lösungsmittel – nur in gut belüfteten Räumen verwendet werden.

Auf diese Weise lassen sich fast alle Kunststoffe miteinander (z. T. sogar mit porösen Holzoberflächen) verbinden. Nur der von Roco für manche Güterwagenfahrgestelle verwendete Kunststoff läßt sich nicht anlösen und muß daher ggf. mit einem Zweikomponentenkleber oder Pattex-compact (o. ä.) verklebt werden (dies gilt auch für die Verklebung mit anderen Materialien, wie z. B. Metall oder anlösbaren Kunststoffen). Nur zum Fixieren nicht belasteter Klebestellen reicht Sekundenkleber aus (z. B. zum Befestigen von Sprengwerken am Rahmenlängsträger).

Lackieren

Je nach Umfang der zu lackierenden Flächen sollten diese gespritzt oder mit dem Pinsel lackiert werden. Während einzelne Bauteile wie Griffstangen, Signalhalter oder Rangierertritte etc. selbstverständlich nicht mit dem Pinsel gestrichen zu werden brauchen, sollten größere Bauteile, wie komplette Dächer oder Fahrgestelle, grundsätzlich gespritzt werden. Am umweltfreundlichsten ist natürlich die Verwendung einer Spritzpistole mit Kompressor. Daneben sind jedoch auch einige Autolacke aus der Sprühdose für die Lackierung von Güterwagen geeignet. Im einzelnen handelt es sich dabei um folgende Farbtöne:

- Mattschwarz/Ralleyschwarz verschiedener Hersteller für die Fahrgestelle,
- rotbraune Grundierung von Ducolux für die Wagenkästen (der Farbton ist nur geringfügig rötlicher als RAL 8012),
- Felgensilber für die Dächer sauberer Güterwagen und
- mattgrauer Lack für Kunststoffstoßstangen etc. (der Farbton entspricht ziemlich genau RAL 7022 Umbragrau).

Wichtig ist bei allen vier Farben, daß nacheinander mehrere dünne Farbschichten aufgesprüht werden, da die eigentlich matten Farben sonst zu glänzen beginnen. Übrigens können bei richtig ausgeführten Spritzlackierungen ruhig Federpuffer oder Kadee-Kupplungen mit eingesprüht werden, eine dünne Lackschicht beeinträchtigt die Funktionsfähigkeit nicht.

Beschriften

Ein großer Teil der in dieser Broschüre abgebildeten Güterwagen ist mit Schiebebildern von Gaßner neu oder umbeschriftet. Zwar bietet Gaßner für die gängigsten Typen Beschriftungen an, aber ein Teil der Wagenaufschriften mußte mittels Anschriften verschiedener Wagentypen zusammengestückelt werden. Dies ist zwar eine zeitraubende Tätigkeit, aber mit einem Skalpell lassen sich auch einzelne Ziffern aus den Bögen trennen.

Entgegen der üblichen Gebrauchsanweisung lassen sich die Schiebebilder erfahrungsgemäß am besten aufbringen, wenn sie nach dem Einweichen mit einer spitzen Pinzette von dem Trägerpapier genommen und auf den Wagen gelegt werden. Hierdurch wird verhindert, daß von dem Papier unnötig viel Wasser auf den Wagen läuft; der unter dem Schiebebild befindliche Wasserfilm reicht zum endgültigen Justieren völlig aus.

Nachdem die Schiebeschilder angetrocknet sind (überschüssiges Wasser kann mit einem Papiertaschentuch abgetupft werden), können sie nochmal mit Weichmacher bestrichen und ggf. in die Bretterfugen gedrückt werden.

Bei der um die Eckpfosten der Wagen reichenden Kennzeichnung der Bremsart ist die Behandlung mit Weichmacher

Modellbautips

Der Dresden (mit und ohne Stirntüren) mit Griffstangen, Signalstützen, Rangierertritten und Bremsschläuchen gesupert.

schon während des Aufbringens der Schiebebilder erforderlich, da sich die Trägerfolie sonst nicht um die Ecke biegen läßt.

Wichtig bei der Arbeit mit Weichmacher ist, daß während des Auftrocknens die Schiebebilder keinesfalls bewegt oder berührt werden dürfen, da sie sonst unweigerlich zerstört werden.

Sollten die neuen Anschriften nach dem Auftrocknen noch zu sehr glänzen, kann abschließend der ganze Wagen noch einmal mit einem matten oder seidenmatten Lack (z. B. Schutzlack von Letra oder Marabu) eingenebelt werden.

Altern/Verschmutzen

Zwar gibt es genug Veröffentlichungen über das Altern und Verschmutzen von Fahrzeugen, aber da gerade Güterwagen durch die entsprechende Nachbehandlung erst ein vorbildsprechendes Aussehen erhalten, sollen hier einige wichtige Tips kurz angesprochen werden.

Wo welche Schmutzspuren hingehören, zeigen die Bilder auf den vorangegangenen Seiten, so daß es hier nicht vieler Worte bedarf. Hier geht es vielmehr um das „wie" oder genauer gesagt, welche Methoden der Verschmutzung sich wofür eignen.

Ebenso unterschiedlich wie die Verschmutzungen und Alterungsspuren des Vorbilds sind auch die Möglichkeiten, diese im Modell anzudeuten. Die Palette reicht dabei von der Verwendung von Pastellkreiden und Pigmentfarben, über Tusche und Plakafarbe bis hin zu terpentinlöslichen Farben (Humbrol, Schreiber, Mo-Lak – letzterer ist nicht terpentinlöslich, sondern erfordert die Verwendung des speziellen Mo-Lak-Lösungsmittels), die z. T. mit dem Pinsel aufgebracht und z. T. gespritzt werden.

Die allgemeinen Alterungsspuren (Staub und Flugrost im Fahrwerksbereich, Schmutz und Staub am Wagenkasten) können am besten durch sehr dünne Sprühnebel mit der Spritzpistole oder mit Pastellkreiden und Pigmentfarben angedeutet werden. Bei der letztgenannten Methode, die erstens umweltfreundlicher ist, da keine Lösungsmittel verwendet werden und zweitens auch leichter korrigierbar ist, wird die Farbe auf eine rauhe Pappe aufgetragen und von dort mit einem Pinsel abgenommen und auf den Wagen getupft bzw. gewischt. Wichtig ist dabei, daß der Pinsel zum einen weich ist (bei großflächigen Verschmutzungen sollte auch mindestens ein Pinsel der Stärke 6 verwendet werden) und zum anderen nur wenig Farbpartikel am Pinsel haften, da sonst die Verschmutzung leicht zu kräftig ausfällt. Ein weiterer Vorteil dieser Methode besteht darin, daß Farbschattierungen einfach zu mischen sind und auch kleinere Flächen abweichende Schmutzspuren bekommen können (z. B. Getreidestaub unter den Ladeluken eines G-Wagens). Allerdings muß zu der Verwendung bzw. Nichtverwendung von Lösungsmitteln eine Einschränkung gemacht werden: wird der Wagen häufiger angefaßt, sollte er nach der Verschmutzung mit Pigmentfarben oder Pastellkreiden mit Mattlack (Letra-Schutzlack oder Marabu) eingenebelt werden, damit die Schmutzspuren nicht im Lauf der Zeit abgegriffen werden.

Schmutz in den Bretterfugen von Wagenkästen kann durch sehr stark verdünnte Farbe (Tusche, die mit viel Wasser über den Wagenkasten gewischt wird, oder Terpentin mit wenig Farbe) angedeutet werden. Allerdings stellt diese häufig propagierte Methode nicht immer das Optimum der vorbildgerechten Verschmutzung dar, denn die zum Teil zu groben Bretterfugen können dadurch leicht überbetont werden; in den meisten Fällen läßt sich durch die Verwendung von Pigmentfarben ein ähnlich gutes Ergebnis erreichen. Wichtig bei der Verwendung von Tusche oder terpentinlöslichen Farben ist, daß die zu verschmutzende Fläche waagrecht liegt (damit nicht aller „Schmutz" gleich nach unten läuft) und überflüssiges Wasser bzw. Terpentin mit einem Pinsel oder einem Papiertaschentuch aufgetupft wird, damit sich nicht außerhalb der Bretterfugen unkontrolliert Schmutzlachen bilden.

Ölspuren an Achslagern und Scharnieren können mit einem kleinen Pinsel mit glänzender schwarzer Farbe angedeutet werden, ebenso wie einzelne ausgebesserte Bretter mit einem Pinsel rotbraun gestrichen werden (und ggf. anschließend noch einmal zusammen mit dem ganzen Wagen eine neue Schmutzschicht erhalten). Diese Anstriche sollten ausschließlich mit Mo-Lak oder Schreiber- bzw. Humbrol-Farben erfolgen.

Sofern bei der Verschmutzung der Wagen nicht ausschließlich Pigmentfarben oder Pastellkreiden verwendet werden, sollten Wagen, die vorher mit Schiebebildern neu beschriftet worden sind, vor der abschließenden Verschmutzung unbedingt mit Mattlack eingesprüht werden, da andernfalls die Gefahr besteht, daß die Schiebebilder wieder angelöst und verschoben werden. Dies gilt insbesondere dann, wenn ein Teil der Verschmutzungen mit wasserlöslichen Farben erfolgen soll; obendrein bietet die ganz leicht rauhe Oberfläche des aufgetrockneten Mattlacks den Vorteil, daß sich die Wagen viel besser mit Wasserfarben

Der Roco/Piko-G 10 von S. 23 vor der Lackierung. Deutlich sind auf dem Foto die neuen Profile, Trittstufen und Griffstangen sowie diverse Zurüstteile (Zettelhalter, Bremsumstellhebel, Signalstützen etc.) zu erkennen.

Modellbautips

bearbeiten lassen, so daß z. B. heruntergewaschene Kalkspuren mit weißer Tusche (unter Beimengung von wenig Schwarz und Ocker) und viel Wasser hervorragend nachgestaltet werden können.

Griffstangen

Bei fast allen Wagen läßt sich das Aussehen durch eingesetzte Messing- oder Neusilbergriffstangen erheblich verbessern. Ob nur die Griffstangen an den Wagenecken oder auch die Türgriffe etc. erneuert werden sollen, ist eine Entscheidung, die jeder für sich selbst treffen muß und die man auch davon abhängig machen sollte, ob nur ein paar Wagen für ein Diorama gesupert werden sollen oder ob der gesamte Wagenpark zur Überarbeitung ansteht.

Maßstäbliche Griffstangen haben umgerechnet einen Durchmesser von etwa 0,3 mm. Erhält nun ein Modell diese maßstäblich dünnen Griffstangen, wirken diese zwar sehr schön zierlich, nur die angespritzten Wagenteile wie z. B. die Türverschlüsse wirken auf einmal viel klobiger. Bei den meisten Modellgüterwagen ist es daher sinnvoll, auch die Griffstangen etwas dicker auszuführen, um die Proportionen innerhalb der Bauteile zu wahren. Als beste Kompromißlösung hat sich dabei ein Drahtdurchmesser von 0,4 mm (bei einigen Wagen auch 0,5 mm) herausgestellt. Nur bei sehr kleinen Griffen sollte der Durchmesser von 0,3 mm unbedingt beibehalten werden.

Die Griffstangen werden vor dem Einbau mit einer kleinen Flachzange zurechtgebogen. Als Arbeitshilfe (um gleich lange Griffstangen zu erhalten) kann man sich auf den leicht konisch zulaufenden Backen der Zange kleine Kerben an den Stellen einritzen, an denen die Drähte eingespannt werden müssen.

Viele Griffstangen sind an der Befestigungsstelle dicht nebeneinander zweimal gebogen. Zwar kann man diese Winkel auch mit der Zange biegen; man tut sich jedoch leichter, wenn man die Griffstange so biegt und abläangt, daß sie senkrecht in die Bohrlöcher gesteckt werden kann und die Griffstange erst anschließend umbiegt (bei Griffstangen an Wagenecken geht dies am leichtesten, wenn der Wagenkasten bzw. die Wagenecke auf der Arbeitsplatte entsprechend „abgerollt" wird).

Kupplungen

Sofern bei Güterwagenumbauten die Fahrgestelle unverändert bleiben bzw. unverändert übernommen werden können, stellt sich das Kupplungsproblem nicht (sofern nicht ein Wagen von herkömmlicher Kupplung auf eine Kurzkupplung oder Kadee-Kupplung umgerüstet werden soll). Erst wenn der Achsstand geändert oder der Wagenüberhang gekürzt werden muß, meistens auch eine neue Kupplung angefertigt werden. Die beste (und wohl leider auch teuerste) Möglichkeit ist, sämtliche Fahrzeuge mit Kadee-Kupplungen auszurüsten. Die Wagen können dann zwar nicht mehr kurzgekuppelt werden (wenn man einmal den gegenüber einer normalen Kupplung verkürzten Kuppelabstand vernachlässigt), aber zum Rangieren ist die Kadee-Kupplung unübertroffen, da sie butterweich einkuppelt.

Wer nur die umgebauten Wagen mit einer neuen Kupplung ausrüsten will, kann entweder eine Kurzkupplung einbauen, wobei in der Regel die Kulisse selbst angefertigt werden muß (sofern nicht die Ribu-KK-Kulisse eingebaut werden kann) oder eine Roco-Standardkupplung einbauen. Letzteres ist die am wenigsten aufwendige Lösung, da die Kupplung nur mit einer passenden Schraube und Unterlegscheibe am Wagenboden angeschraubt zu werden braucht (alternativ dazu kann auch eine 2mm-Schraube oder Gewindestange von oben in den Wagenboden eingelassen werden. Durch Hülsen aus Ms-Rohr und Unterlegscheiben wird diese Kupplungsaufnahme komplettiert). Allerdings muß dieser zuvor glattgeschliffen bzw. mit einer ebenen Auflagefläche versehen werden. Zur Führung des Rückstellarms wird ein u-förmig gebogenes Messingdrahtstück in zwei entsprechende Bohrungen im Wagenboden geklebt.

Der Drehpunkt der Kupplung, der ein möglichst eng gekuppeltes Fahren der Wagen ermöglicht, muß durch Versuche ermittelt werden, wobei durch die Verwendung von Federpuffern der Kuppelabstand deutlich verringert werden kann.

Kadee-Kupplungen

Wie bereits erwähnt, ist die Ausrüstung sämtlicher Fahrzeuge mit Kadee-Kupplungen ein nicht gerade billiges Vergnügen. Da sich jedoch mit keiner anderen Kupplung so gut rangieren läßt, sollten zumindest die Güterwagen und Lokomotiven eine Kadee-Kupplung erhalten (Reisezuggarnituren, die im Betrieb ohnehin nicht getrennt werden, bekommen nur am Ende Kadee-Kupplungen, untereinander werden die Wagen kurzgekuppelt). Bis auf ganz wenige Ausnahmen wird ausschließlich die Mk 16 benötigt, die so unter den Wagenboden geklebt oder geschraubt wird, daß die Kupplungsklaue die Pufferebene etwas überragt (das genaue Maß richtet sich nach den zu befahrenden Mindestradien). Dabei ist auf eine möglichst genaue Einhaltung der Einbauhöhe zu achten, da es bei unterschiedlicher Höhenlage der Kupplungen sonst leicht zu Zugtrennungen kommen kann. Die Einbauhöhe der Kupplungen wird am besten mit einer Kupplungslehre überprüft; als Richtwert kann jedoch angenommen werden, daß die Oberkante der Kupplungsklaue etwa auf Puffermitte liegen muß.

Fahrzeuge, die mit Kadee-Kupplungen ausgerüstet sind, können auch bei engen Radien relativ eng gekuppelt werden. Wichtig ist jedoch, daß sich auch in engen Bögen starre Puffer nur leicht berühren dürfen, da es sonst zu Entgleisungen kommt. Das bedeutet, daß bei Fahrzeugen mit starren Puffern in Abhängigkeit von der Fahrzeuglänge und dem zu befahrenden Mindestradius der Pufferabstand etwa 2 bis 4 mm betragen muß. Bei Verwendung von Federpuffern kann dieser Abstand auf 1 bis 2 mm eingeschränkt werden. Allerdings ist dabei zu beachten, daß die Kupplungsklauen einkuppeln, bevor sich die Federpuffer berühren, da die Federkraft der Puffer so groß ist, daß die Wagen nicht mehr einwandfrei kuppeln.

Während bei langen Fahrzeugen mit großen Überhängen an den Wagenenden die Kupplung bei Kurvenfahrt relativ weit ausschlagen und daher so befestigt werden muß, daß sie die Pufferebene überragt (dies gilt z. B. für Lokomotiven, die Glrs Dresden / Glmrs 38, Gltmrs 46 und den Rlmms 56 / 58), kann sie bei Wagen mit kurzen Überhängen starr angebracht werden (z. B. beim Gs Oppeln / Gms 30 oder Ommr Linz / Ommr 32). Schließlich besteht auch noch die Möglichkeit, die Kupplung bei einigen Drehgestellwagen direkt an das Drehgestell zu kleben, so daß sie durch die Drehbewegung automatisch angelenkt wird (diese Möglichkeit bietet sich z. B. beim SSy 45 an).

Änderungen des Achsstandes / Fahrgestellumbauten

Leider haben einige Modellgüterwagen falsche Achslagerausführungen und/oder falsche Achsstände. Hier kommt man leider um Sägearbeiten im Fahrwerksbereich nicht herum. Diese Arbeiten lassen sich am besten mit der Roco-Säge ausführen, wobei man – sofern dies möglich ist – die Sägeschnitte so legen sollte, daß die Schnittstellen anschließend noch mit Schmirgelpapier geglättet werden können.

Um einen einwandfreien Fahrzeuglauf nach dem Zusammenbau zu gewährleisten, müssen die Schnittflächen (zwischen den Achsen) möglichst genau senkrecht zur Fahrzeuglängsachse verlaufen. Vor dem Zusammenbau der Teile sollten diese auf einer ebenen Auflagefläche zur Überprüfung der Maßgenauigkeit probeweise zusammengelegt werden. Anschließend werden die einzelnen Fahrgestellteile stumpf zusammengeklebt und zur Erzielung einer größeren Stabilität mit der (ggf. angepaßten) Beschwerungsplatte verklebt. Bei den meisten Wagen geht dieser Umbau problemlos vonstatten, die Fahrgestellteile lassen sich mit Essigester untereinander bzw. mit Sekundenkleber mit der Beschwerungsplatte verkleben. Einzige Ausnahme sind die Fahrgestelle vieler Roco-Wagen, die auch von stärkeren Lösungsmitteln nicht angegriffen werden, so daß hier herkömmliche Kunststoffkleber versagen. Diese Teile lassen sich nur mit Zweikomponenten-Klebern oder mit Pattex compact (o. ä.) miteinander verkleben.

Bevor man sich jedoch daran macht, ein Fahrgestell zu zerschneiden, sollte man erstmal versuchen, durch Fahrgestelltausch mit einem anderen Wagen zu einem geeigneten Untergestell zu kommen. Wichtig dabei ist, daß sowohl die Abmessungen als auch die Ausführung der Achslager und Federaufhängungen mit dem Vorbild übereinstimmen und auch die Federlänge nicht völlig verkehrt ist (obwohl man hier in etlichen Fällen Kompromisse eingehen muß).

Ein falsches Loch gebohrt

Nobody ist perfect – und Fehler sind dazu da, daß sie gemacht werden. Es wird den meisten von uns daher sicherlich irgendwann einmal passieren, daß wir an der falschen Stelle im Wagenkasten ein Loch gebohrt haben. Also werfen wir den Wagenkasten weg, kaufen einen neuen Wagen und fangen wieder von vorn an ... Es geht allerdings auch billiger: in das Loch wird ein Stück Draht (bei Wenzel und Heidemann gibt es Polystyroldrähte in passenden Durchmessern) gesteckt, das genau den Lochdurchmesser hat und mit einem Seitenschneider direkt am Loch abgekniffen. Nach dem Lackieren ist das falsche Loch nicht mehr zu sehen.

Schwierigkeitsgrade der Umbauten und Verbesserungen

Schwierigkeitsstufe 1 = Anbringen von Griffstangen und sonstigen Bauteilen wie Rangierertritte und Signalhalter

Schwierigkeitsstufe 2 = Anbringen von zusätzlichen Profilen und Knotenblechen

Schwierigkeitsstufe 3 = Abschaben von Profilen, Austausch von Pufferbohlen oder Achslagern (ohne Umbau von Achshaltern)

Schwierigkeitsstufe 4 = Austausch von Fahrgestellteilen, Änderung des Achsstandes

Schwierigkeitsstufe 5 = Umfangreiche Umbauten, tw. mit Neuanfertigung von Teilen

G 02 Piko (2)
G 02 Piko mit Trix-Fahrwerk (3)
G 10 Fleischmann (1)
G 10 Roco (3)
G 19 Roco (5)
Gr 20 Fleischmann/Trix (1)
Gms 30 Liliput (1), mit Bremserhaus (4)
Gs 31 (5)
Gm 39 Roco (4)
Gms 39 Roco (5)
Gms 44 Roco (1)
Gms 45 Roco (5)
Gms 54 Roco (1), ohne Handbremse (3)
Gmmhs 56 Roco (1)
G 90 Piko (1)
Glms 38 Roco (1)
Gltms 46 Roco (1)
Glmehs 50 Märklin (1)
Glmms 61 Roco (3)
GGths 43 Roco (1)
Gllms 37 Roco (1)

„Ausschlachten" – welche Wagen eignen sich?

Häufig benötigt man beim Umbau von Güterwagen ganz bestimmte Bauteile, die einzeln nicht erhältlich sind. Dies sind in erster Linie Achslager und Achshalter mit den Federpaketen, also Fahrgestellteile. Da diese Wagen zum Ausschlachten natürlich nicht gerade teurer als das eigentliche Modell sein sollten, empfiehlt es sich in der Regel, auf preiswerte Roco-Wagen und Wagen der Fleischmann-Start-Serie zurückzugreifen, zumal es hier schon etliche verschiedene Achslager zur Auswahl gibt. Daneben besteht aber auch die Möglichkeit des Fahrgestelltauschs. So ist das Doppelschakenlaufwerk des Roco-Gm 39 gut für einen Om 31 mit Blechaufbau zu gebrauchen, der auf der Basis des Roco Omm 37 entsteht und somit die Achslager für den Gm 39 besteuern kann. Allerdings müssen die Fahrgestelle beider Wagen zersägt und neu zusammengeklebt werden.

Die wichtigsten Achslagertypen für den Umbau sind an den Fahrwerken folgender Wagen zu finden:
– Gleitlager, Federlaschen, kurze Tragfedern: Roco 0 10;
– Gleitlager, Federschaken, kurze Tragfedern: Roco G 10, Om 21, Omm 37 (die Tür kann gleichzeitig für den Umbau verschiedener O-Wagen verwendet werden), Fleischmann Gr 20, V 23, R 10;
– Gleitlager, Federschaken, mittellange Tragfedern: Piko G 02, Gr 20, Om 21;
– Gleitlager, Rechteckschaken, lange Tragfedern: Roco Gltmrhs 46, Glrs Dresden;
– Rollenlager, kurze Tragfedern, Doppelschaken: Roco Gm 39, Gmhs 53, Rr 20;
– Rollenlager, kurze Tragfedern, Rechteckschaken: Fleischmann H 10, X 05.

Zurüstteile für Güterwagen

Pufferbohlen (geätzt)	Weinert 9254
Puffer: Federpuffer ⌀ 4,3 mm	Weinert 8614/15
feste Puffer ⌀ 4,3 mm	Weinert 8618
Federpuffer ⌀ 5,2 mm	Weinert 8600, Günther 1028
Originalkupplungen:	
einfache Kupplungen	Weinert 8630/31, Günther 1002, Brawa 0560
Doppelhakenkupplungen	Weinert 8636/37
Bremsschläuche: Kunststoff	Bemo, Günther 1001, Roco 40014
Messing (speziell für Güterw.)	Weinert 8293
Rangierergriffe	Weinert 8512, Günther 1235
Rangierertritte (geätzt)	Weinert 8712
Rangierertritte (gegossen)	Weinert 8718
Elektrokupplungen	Roco 40014
Kkg-Bremszylinder	Ersatzteil Roco 46100
Kkg-Bremsanlage	Weinert 9257
Bremsdreiecke (mit Bremsklötzen)	Ersatzteil Roco 46259
Bremsumstellhebel (geätzt)	Weinert 9254
Bremsklötze	Weinert 8936
Zettelhalter, Zurrösen, Spillösen etc.	Weinert 9254
Bremserhäuser:	
Verbandsbauart	Märklin, Fleischmann, Schuhmacher
Austauschbauart	(Piko), Schuhmacher
geschweißte Bauart	(Trix), Schuhmacher
Blechbremserhaus DRG	Liliput, Schuhmacher
Blechbremserhaus DB	(Märklin), Schuhmacher
Vorbaubremserbühne DB-Einheitsbauform	Weinert 9256
Schlußsignalhalter	Weinert 8261
Schlußsignalhalter gelocht	Weinert 8264, Günther 1208
DB- und DRG-Beschriftungen	Gaßner, z. T. Spieth

Bildautoren

Vorbildfotos:

Stefan Carstens	22, 30 o., 35 o., 41, 48, 53, 54, 55 o., 56 o., 58, 77 o., 80, 83, 84, 88 o., 104 o.
Joachim Claus	15, 21 u., 24 u., 25, 28 u., 30 u., 31, 35 u., 36 u., 40, 42 o., 44, 46, 47 u., 49 o., 51, 55 m., 65 u., 67 u., 68 u., 70 u., 73, 76 o., 85 m., 89 u., 91 u., 98 u., 99, 100, 102, 104 u.
DB, BZA Minden	9, 21 m., 47 m., 49 u., 52, 92, 109
DB, BD Hamburg	6, 7, 21 o., 32 u., 36 o., 36 m., 37, 38, 81, 85 u., 96, 108
DB, Verkehrsarchiv	64, 105, 107 o., 107 m.
Slg. Joachim Deppmeyer	14, 95 u.
Guy R. Driffield	19 m., 20, 28 m., 93 u.
Rolf Michael Haugg	55 u., 87 o., 97
Slg. Hermann Hoyer	13 o., 16 m., 32 o., 106 u.
Wolfgang Illenseer	71
MAN-Werkfoto	18 u., 106 o.
Gerd Neumann	26
Rudolf Ossig	42 u., 56 u., 86, 87 u., 88 u.
Günter Schablin	67 o.
Jean-Pierre Steffen	57
Slg. J.-P. Steffen	12, 18 o.
Werkfoto O & K	66
Wilke (†), Slg. Klaus Heidt	13 u., 17, 18 m., 19 o., 19 u., 24 o., 27, 28 o., 29, 33, 34, 50 m., 50 u., 59, 63, 65 m., 68 u., 69, 70 u., 72, 74, 75, 76 m., 77 u., 78, 82, 89 u., 90, 91 o., 93 o., 94, 95 o., 98 o., 100 m., 101, 103, 107 u.

Modellfotos:

Rolf Michael Haugg	53, 73, 76
Thomas Hey'l	16 ul.
Modell R. Ossig, Foto sc	25 u., 34, 85, 96
Modell Dr. A. Prange, Foto sc	23 u., 31 m.
alle übrigen: Modell und Foto Stefan Carstens	

Literaturverzeichnis

1. Dienstvorschriften, Unterlagen der DB etc.

Merkbuch für die Fahrzeuge der Deutschen Reichsbahn, DV 939d: Wagen Regelspur. Ausgaben 1928, 1933, Berichtigungsblatt 2 (1939) und 3 (1940), Nachtrag 1 (1944): Umgespurte russische Beutewagen, Ausgabe 1948/50.

Merkbuch für die Fahrzeuge der Deutschen Bundesbahn, DV 939d: Wagen Regelspur. Ausgabe 1952, 1967 mit fortlaufenden Berichtigungsblättern (seit 1976: DS 939/5: Güterwagen und Container)

Güterwagenvorschrift, DV 754. Ausgabe 1938

Auszug aus der Güterwagenvorschrift I, DV 753, Ausgabe 1969

Bremsvorschrift – Bedienen, Prüfen und Warten der Bremsen im Betrieb, DV 915/1. Ausgabe 1975

UIC-Merkblatt 438

Erweitertes Bauartverzeichnis – Güterwagen – Stand 31. 12. 1985, 1986, 1987 und 6. 7. 1988

EZA Minden, Dez 28: Handbuch für die Umzeichnung der Güterwagen (1951)

Jahresabschluß Fahrzeuge 31. 12. 1962 fortlaufend bis 31. 12. 1984

Niederschriften des Güterwagenbauausschusses des Deutschen Staatsbahnwagen-Verbands und der Deutschen Bundesbahn

DIN-Taschenbücher 103, 104, 184: Schienenfahrzeuge I, II, III. Beuth, Berlin

2. Lehrbücher und Werbeveröffentlichungen der DRG und DB etc.

Wagenkunde. Eisenbahn-Lehrbücherei Band 170, 1. Auflage. Josef Keller Verlag Starnberg 1954

Zeichen und Anschriften an Schienenfahrzeugen. Eisenbahn-Lehrbücherei Band 121, 1. Auflage. Josef Keller Verlag Starnberg 1961, 2. überarbeitete Auflage 1965

Die Güterwagen der Deutschen Reichsbahn. Ihre Bauart, Bestellung und Verwendung und die gebräuchlichsten Lademaße. Herausgeben im Auftrage des Reichsbahnzentralamtes in Berlin, 3. Auflage. V.D.J. Verlag, Berlin 1928

Druckschriften des DB Werbeamtes: DB-Güterwagen (1956, 1961, 1965 ...)

Die Güterwagen im Maßstab 1 : 100 Stand 1950. Nachdruck der DB ZT Produktion, Mainz 1985

Dr. Dr. O. Messer: Die Praxis der Bahnverladung. Verlag für Verkehrsliteratur – Transportorientierung St. Annen, Huckriede & Co. Aumühle (1950)

3. Veröffentlichungen in Buchform

(W. Diener): Normalien für die Betriebsmittel der Preußischen Staatsbahnen und unter Staatsverwaltung stehenden Privatbahnen. Berlin 1878. Nachdruck Röhr-Verlag, Krefeld 1982

R. Grebler: Supern, Altern und Verbessern. Miba Modellbahn Praxis 7, Miba-Verlag Nürnberg 1986

R. Görgen u. a.: Transportmittel in der Transportkette. DB-Fachbuch Band 6/12. Eisenbahn-Fachverlag, Heidelberg – Mainz 1980

M. Jakobs: Historische Güterwagen. Georg Siemens Verlagsbuchhandlung, Berlin 1985

G. Köhler, H. Menzel: Güterwagen-Handbuch. 1. Auflage VEB Transpress, Berlin 1966, 2. verbesserte Auflage 1974

H. Lehmann, E. Pflug: Der Fahrzeugpark der Deutschen Bundesbahn und neue, von der Industrie entwickelte Schienenfahrzeuge. Georg Siemens Verlagsbuchhandlung, Berlin (1956 und Ergänzungen 1960)

H. J. Obermayer: Taschenbuch Deutsche Güterwagen. Deutsche Bundesbahn. Franckh-Verlag, Stuttgart 1980 (2. Auflage 1985)

W. Wehrenpfennig: Taschenbuch normalspuriger österreichischer Güterwagen 1980. Fachjournalverlagsgesellschaft, Wien 1981

F. Wilke: Modellbahn-Güterwagen-Handbuch (2 Bände). Alba-Verlag, Düsseldorf 1978

DB-Fahrzeuglexikon. Eisenbahn-Kurier-Verlag, Freiburg 1987

Eisenbahnwagen in Originaldokumenten; 1910–1943. Nachdrucke aus „Organ für die Fortschritte des Eisenbahnwesens", Steiger, Moers 1986

Autorenkollektiv: Güterwagen. VEB Transpress, Berlin 1985

Miba-Reprint 1: Fahrzeuge 1948–1962. Miba-Verlag, Nürnberg 1984

75 Jahre Ausbesserungswerk Paderborn. AW Paderborn 1988

100 Jahre Bundesbahn-Ausbesserungswerk Hamburg-Harburg 1885–1985. AW Harburg 1985

4. Veröffentlichungen in Zeitschriften:

E. Born: Vom Werksentwurf zum Austauschbau. Miba 13/1953, Nürnberg

Culemeyer: Die neuere Entwicklung und Verwendung der Großgüterwagen bei der Deutschen Reichsbahn. Sonderheft zu Glasers Annalen, Berlin 1927

W. Diener: Städtenamen an Güterwagen. Eisenbahn-Magazin 8/1982, Alba-Verlag Düsseldorf

W. Diener: Kupplung – Rundschreiben für Wagenfreunde (verschiedene Ausgaben). Reinheim 1987/88

B. Hofer und E. Lorch: Die Fertigung der Gms 54-Wagen im Ausbesserungswerk Fulda, Eisenbahntechnische Rundschau (ETR) 8/1958, Röhrig Verlag Darmstadt

O. Klein: Die Einführung des Austauschbaues bei den Reichsbahnwagen. Sonderheft zu Glasers Annalen, Berlin 1927

R. Körner: Der europäische Einheitsgüterwagen. Jahrbuch des Eisenbahnwesens 1953

H. Kollmann: Anmerkungen zum Güterwagenbestand der Deutschen Reichsbahn im Zweiten Weltkrieg. Eisenbahn-Kurier 10/1980, Freiburg

E. v. Olshausen: Das neue Kennzeichnungssystem für die Güterwagen. Die Bundesbahn 23/1964, Darmstadt

K. Raab: Der Weg zum europäischen Güterwagen. ETR 6-7/1953

K. Raab, Dr. Ing. H. König: Der Güterwagen von heute und morgen. Die Bundesbahn

J. Schinke: Unterhaltung, Verjüngung und Modernisierung der Güterwagen der Deutschen Bundesbahn. ETR 11/1955

J. Schinke: Verjüngung, Modernisierung und Strukturwandel bei den Güterwagen der DB. ETR 3/1962

Wellnitz: Bahnamtliches ABC – Wagenbezeichnungen in der DDR. Miba 13/1955

5. Zeichnungen:

Skizzen zum Verzeichnis der Güterwagen; Königliche Eisenbahndirektion Berlin, Bestand vom 1. April 1896

Normalien für Betriebsmittel der Preußischen Staatsbahnen

Musterzeichnungen für Betriebsmittel der Preußischen Staatsbahnen

Zeichnungen der Bayerischen Staatsbahn (z. T. auch in Neuauflage der Deutschen Reichsbahn)

Musterzeichnungen des Deutschen Staatsbahnwagenverbandes

Übersichtszeichnungen der Deutschen Reichsbahn und der Deutschen Bundesbahn

Zeichnungen verschiedener Waggonbaufirmen

Anschriftenzeichnungen der Deutschen Reichsbahn und der Deutschen Bundesbahn

Bremsanlagenzeichnungen der Deutschen Bundesbahn

Vorwort zur Ergänzung

1988 wurde das Manuskript zu diesem Buch – als erstes aus einer geplanten Serie von Güterwagenbüchern – abgeschlossen. Band 2 wurde knapp ein Jahr danach fertiggestellt. Eine Menge ist inzwischen passiert:

Durch Einstellung des „Bahn & Modell"-Verlages war die Fortsetzung der Serie nach Erscheinen des 2. Bandes in Frage gestellt. 1996 erschien dann Band 3 im Eigenverlag (wobei bereits zu dem Zeitpunkt die MIBA als Vertriebspartner fungierte). Letztendlich wird die Serie unter der Obhut des MIBA-Verlages weitergeführt; Band 4 über offene Selbstentladewagen ist in Arbeit.

Aber auch auf dem Modellsektor hat sich in den letzten zwölf Jahren viel getan. Seit 1988 wurden insbesondere bei den gedeckten Güterwagen viele Lücken im Angebot geschlossen (z.B. Gmhs 35 von Roco, Ghs 31 und Glmhs 50 von Klein-Modellbahn sowie Gmhs 53, Gl 11 und Gllh 12 von Fleischmann). Darüber hinaus sind inzwischen etliche Güterwagenmodelle erhältlich, deren Anschriften so aktualisiert wurden, daß auf eine Umbeschriftung verzichtet werden kann.

Ebenso rasant ist die Entwicklung auf dem Zubehörsektor verlaufen. Insbesondere die Firma Weinert tut sich hier hervor, bietet sie doch eine Menge von Ausrüstungs- und Bauteilen von Güterwagen für Verbesserungen und Umbauten an.

Gleichzeitig hat sich die Qualität der Wagen soweit gebessert, daß Modelle, die vor zehn Jahren vielleicht noch als „gut" einzustufen waren, heute z.T. schon als fast unbrauchbar gelten müssen. Einhergegangen ist dies mit gestiegenen Ansprüchen der Modelleisenbahner an Maßstäblichkeit, Detaillierung, Farbgebung und Beschriftung. So halte ich heutzutage bei einem Wagen, bei dem zwar die Hauptabmessungen stimmen, zu breite Untergestelle, zu flache Achslagergehäuse, zu grobe Bretterfugen oder ein falsches Anschriftenbild für gravierende Mängel – Fehler, die mich vor zwölf Jahren vielleicht noch nicht so sehr gestört hätten.

Aus diesem Grund habe ich auch einige der Wagen, wie z.B. die Gr 20, den Gmms 44 oder die Glmhs 50 von Märklin, die im vorderen Teil dieses Buches als Modell-Umbau vorgestellt wurden inzwischen entweder überarbeitet oder ausgemustert.

Auf den nachfolgenden Seiten sollen die in der Zwischenzeit erschienenen Modelle gedeckter Wagen vorgestellt und Verbesserungsmöglichkeiten aufgezeigt werden. Gleichzeitig werden Sie auf diesen Seiten auch wieder einige Umbauten finden.

Vermissen werden Sie vielleicht die Wagen der ehemaligen DR, die in Band 3 bereits enthalten waren. Eine Ergänzung um diese Wagen hätte aber auch eine grundlegende Überarbeitung des Vorbildteils erfordert, so daß dies einem späteren Band vorbehalten bleiben soll. Wie Sie sehen, gibt es also noch viel zu tun …

In diesem Sinne wünsche ich Ihnen viel Spaß beim Studium der nachfolgenden Seiten und hoffe, daß Sie einige Anregungen für die Verbesserung Ihrer Güterwagenmodelle finden.

Quickborn, im September 2000

Stefan Carstens

Allgemeine Basteltips

Gerade wenn man häufig Güterwagen verbessert, entwickelt man im Laufe der Jahre bestimmte Tricks und Kniffe, um sich die Arbeit zu erleichtern. Und auch ich habe in den letzten zwölf Jahren – z.T. auch aus Fehlern – dazugelernt.

Manchmal sind es nur kleine Hilfsmittel oder bestimmte Vorgehensweisen bei der Verarbeitung, die sich leicht nachbauen oder nachvollziehen lassen und die Arbeiten z.T. ganz erheblich vereinfachen.

Biegelehre

Zu den Hilfsmitteln gehört z.B. auch eine einfache Biegelehre für Griffstangen, von denen viele in Standardlängen (wie z.B. 11,5 mm für UIC-G-Wagen) zu biegen sind.

Zu ihrer Anfertigung wird in ein 1 x 1-mm-H-Profil im Abstand von – in unserem Fall – 11,5 mm in den Steg ein 0,5 mm großes Loch gebohrt (bei der Verwendung von 0,4-mm-Draht für die Griffstangen ist bei einem 0,4 mm großen Loch das Einfädeln zu nervig).

Für die Serienfertigung wird der Draht am Ende mit einer Flachzange rechtwinklig umgebogen, in das Loch gesteckt und in die Nut zwischen den beiden Flanschen gelegt. Dann wird das ganze Gebilde kurz vor dem Ende mit der Flachzange gefaßt und der Draht über das Ende des Profils noch einmal rechtwinklig umgebogen.

Kadee-Kupplungen

Mußten in der Vergangenheit die Kupplungen unter den Wagenboden geklebt und die Pufferbohlen ausgefräst werden, so ist dies heutzutage nicht mehr erforderlich, da es Kadee-Kupplungen für NEM-Schächte gibt (von Weinert vertrieben).

Allerdings haben diese Kupplungen einen ziemlich häßlichen Kopf, da nicht nur die Kupplungsklaue, sondern auch der Kopf beweglich gelagert ist – zumindest beim Einsatz auf Radien ab 50 cm ist dies überflüssig.

Man kann daher getrost den Kupplungskopf mit etwas Sekundenkleber fixieren und anschließend die beiden seitlichen Federhalter abkneifen.

Zur genauen Längenjustierung empfiehlt es sich übrigens, fast immer die kürzeste Kupplung zu verwenden und diese nicht bis zum Anschlag einzuschieben, sondern so festzukleben, daß – in Abhängigkeit vom Mindestradius – die Vorderkante der schrägen Führung etwa in der Pufferebene liegt (auf geradem Gleis ergibt sich damit ein Abstand von etwa 1 bis 1,5 mm zwischen den Puffern).

Puffermontage

Während bei älteren Untergestellen die Montage von Federpuffern meistens relativ unproblematisch war, ist bei heutigen Untergestellen sehr sorgfältiges Arbeiten angeraten. Der Grund ist: Direkt hinter der Pufferbohle sitzt bei vielen Untergestellen die Kurzkupplungs-Führung – meistens mit der Kante ungefähr in Pufferachse, so daß die Gefahr, daß Bohrer seitlich auswandern, sehr groß ist.

Es ist daher unabdingbar, daß alle Löcher für die Puffermontage mit einer 0,5-mm-Führungsbohrung vorgebohrt werden. Obendrein hat sich als sinnvoll erwiesen, das Untergestell hinter den Pufferbohlen senkrecht mit einem 2,3-mm-Bohrer anzubohren – Platz, der ohnehin für die Pufferstößel benötigt wird.

Unnötige Löcher

Wie bereits in den allgemeinen Basteltips auf Seite 133 beschrieben, lassen sich an falscher Stelle gebohrte Löcher am besten mit Polystyrol-Rundstäben entsprechenden Durchmessers verschließen.

Dies gilt selbstverständlich auch für nicht benötigte Löcher von Zurüstteilen (sofern hier nicht die Zurüstteile eingekleb und anschließend abgeschnitten werden). Im Gegensatz zu früher verwende ich zum Abtrennen in zwischen jedoch generell keinen Seitenschneider mehr, sondern kappe die überstehenden Reste mit einem Skalpell.

Rundstäbe in Durchmessern von 0,3 bis 0,5 mm, 0,7 bis 1,0 mm (jeweils in 0,1-mm-Staffelung) gibt es z.B. von Plastruct (von Piko vertrieben).

Skalpelle

Je schärfer ein Skalpell ist, desto besser schneidet es (eigentlich ganz logisch). Aus diesem Grund sollte man nicht am falschen Ende sparen und sich einen kleinen Vorrat zulegen.

Schnitte, bei den es auf äußerste Präzision ankommt, sollten mit neuen Skalpellen ausgeführt werden. Für Arbeiten wie z.B. Abziehen von Kunststoffgriffen oder Anritzen von Polystyrolplatten können bereits benutzte, etwas stumpfere Skalpelle verwendet werden.

Farbstifte und Lackierung

Seit einiger Zeit gibt es sehr fein schreibende Stifte, die für die Lackierung von Bremsumstellhebeln oder Zettelhaltern geeignet sind: Lackstifte mit 0,8 mm Strichstärke (Edding 780) u.a. in Weiß und Silber sowie wasserfeste Schreiber mit 0,3 mm Strichstärke (Edding 140 S) in Schwarz, Gelb und Rot.

Ghwps Stettin   Gwhs pr 05 (IIc13)   Gw bay 07

Der ehemals preußische Gwhs 05 von Fleischmann als DB-Wagen. Ob es in der Epoche 3 noch Wagen nahezu im Ursprungszustand gegeben hat, sei dahingestellt, da sie aber so hübsch aussehen ...

Ghwps Stettin

In diesem Jahr hat die Firma Fleischmann ein Modell des nach dem preußischen Musterblatt IIc13 gebauten dreiachsigen Gwhs 05 als Neuheit vorgestellt. Der Wagen ist bislang nur in der Epoche-2-Ausführung erhältlich, reizt aber zum Umbau in ein Epoche-3-Modell.

Zwar ist es durchaus denkbar, daß es auch in den frühen fünfziger Jahren noch Wagen nahezu im Originalzustand gegeben hat, aber viele Gwhs 05 waren umgebaut.

So wurde bei einem Teil von ihnen, zusammen mit den inzwischen überflüssig gewordenen Beschwerungsgewichten, die Mittelachse ausgebaut (vgl. Foto auf S. 18). Darüber hinaus gab es etliche Wagen, die zwar noch die Mittelachse besaßen, bei denen aber – wie auch bei vielen G 02 und G 10 – das Bremserhaus abgebaut worden war.

Wie bereits von den in den letzten Jahren von Fleischmann neu entwickelten Güterwagen gewohnt, kann der Gwhs 05 durch seine hervorragende Detaillierung und das schmale Untergestell überzeugen. Dies ist um so bemerkenswerter, als daß der Wagen, um die engen Modellbahnradien durchfahren zu können, eine seitenverschiebbare Mittelachse haben muß.

Dennoch gibt es auch bei diesem Modell noch einige Verbesserungsmöglichkeiten:

Um ein Verhaken der Wagen in engen Kurven zu vermeiden, hat der Gwhs 05 (wie alle Fleischmann-Wagen) Puffer mit 5 mm Puffertellerdurchmesser. Diese zu großen Puffer werden vom

Gwhs pr 05 (IIc13)

Untergestell abgetrennt und durch Weinert-Puffer mit 4,3 mm Puffertellerdurchmesser ersetzt.

Am Wagenkasten sollten im Bereich des Kreideanschriftenfeldes die Bretterfugen nachgeritzt werden (während Wagen in der Epoche 1 und frühen Epoche 2 hier tatsächlich eine Anschriftentafel besaßen, wurden später nur noch die Wagenkastenbretter schwarz lackiert). Schließlich können auch die Griffstangen sowie die Signalstützen durch Messingdraht- und Weinert-Signalstützen ersetzt werden.

Bei Wagen ohne Bremserhaus waren die Signalstützen nicht mehr an der Dachkante, sondern an den Ecksäulen angebracht. Auf den Überstand des Untergestells kann ein Furnierholz-Streifen als Bodenbrett für den Übergang geklebt werden. Außerdem haben die Wagen beim Vorbild hier z.T. eine durchgehende waagerechte Griffstange erhalten, die aus einem 0,4-mm-Messingdraht nachgebildet wird.

Beschriftet wird der Wagen als Gh 05 mit Schiebebildern aus dem neuen Gaßner-Beschriftungssatz G 345. (Die Kennzeichnung der Bremsart an den Ecksäulen läßt sich übrigens vor der Montage der Griffstangen sauberer aufbringen.)

Gw bay 07

Die der bayerischen Zeichnung 280/281 entsprechenden dreiachsigen Güterwagen dienten – wie die ähnlichen Wagen preußischer Bauart – z.T. als Gepäckbeiwagen und hatten hierfür ein Leergewicht von 16 t.

Von Trix gibt es ein Modell eines solchen Wagens in unterschiedlichen Epoche-1-Ausführungen sowie als G 07 für die Epoche 3. Leider hat man den ansonsten sehr schönen Wagen bei Trix wieder mit morschen Brettern versehen – anders läßt sich die übertriebene Holzmaserung bei einem Güterwagen nicht mehr erklären.

Zum Bearbeiten wird das Modell in seine Einzelteile zerlegt. Dies ist sehr leicht möglich, da die Verbindung der Baugruppen vorbildlich gelöst ist: Wird das Bremserhaus nach vorn abgezogen, zerfällt der Wagen in seine Bestandteile.

Vom Wagenkasten werden die angespritzten Griffstangen an den Ecksäulen und an der Stirnwand, an der das Bremserhaus sitzt, abgeschabt. Leider besteht der Wagenkasten aus einem extrem spröden Kunststoff, der sich nur schlecht bearbeiten läßt. Während spanabhebendes Arbeiten nahezu unmöglich ist, lassen sich mit einem als Ziehklinge verwendeten Skalpell jedoch saubere Ergebnisse erzielen.

Bei der Modifizierung zu einem Epoche-3-Wagen müssen darüber hinaus die durchlaufenden Griffstangen am Wagenkasten und an den Schiebetüren entfallen. Die Griffstangen werden abgezogen, von innen wieder eingesteckt und verklebt.

Die Löcher in der Stirnwand werden mit Polystyrol-Stücken (4,3 x 1,5 mm) verschlossen und die Aussparung im Dach durch zwei 0,8 bzw. 0,5 mm breite und 0,3 mm bzw. 0,5 mm starke Polystyrol-Streifen ergänzt.

Für das Nachritzen der Bretterfugen an der Stirnwand und unter der Wagennummer hat sich folgende Vorgehensweise bewährt: Mit einer spitzen Schiebelehre wird von der Wagenunterkante die Höhe einer Bretterfuge gemessen, anschließend die Lehre fixiert und mit der Wagenunterkante als Führung die Bretterfugen angeritzt. Die Fugen

Der G 07 von Trix. Das Bremserhaus und die durchgehenden Griffstangen sind abgebaut. Außerdem hat der Wagen neue Achslagergehäuse erhalten und derzeit noch zusammengestückelte neue Anschriften.

Der 1949/50 fotografierte Bahndienstwagen Hannover 705 014 des AW Bremen hat zu dem vorgestellten Umbau inspiriert. *(Foto: Klitscher, Slg. Carstens)*

Zwei G 09 der DB als Anregungen für die Verbesserungen im Modell: Oben der 165 134 im August 1956 in Guntersbach, unten der 162 385 im März 1958 in Lübeck. *(Fotos: P. E. Clausen)*

am Ende, das als Rangierertritt verbleibt, abgeschnitten. Um die Leiter des Bremserhausaufstieges abzutrennen, werden die Puffer vom Untergestell abgezogen, so daß man die Leiter mit dem Rahmenstück als separates Bauteil bearbeiten kann. Außerdem kann der Wagen noch die Nachbildung einer Druckluftbremse erhalten.

Auch bei dem G 07 bietet sich ein Austausch der Puffer an. Allerdings muß dann die Rahmenverlängerung stumpf gegen das Untergestell geklebt werden. Wer den Wagen darüber hinaus noch besser an die Epoche 3 anpassen will, kann die Achslagergehäuse plan schleifen und hierauf von Bengt Dahlberg (Imatragatan 28, S-16478 Kista) entwickelte und vertriebene Achslagerdeckel kleben.

Da die Umzeichnung der Wagen in G 07 mehr als fraglich ist, empfiehlt es sich ihn als Bahndienstwagen zu beschriften. Auf jeden Fall sollten RIV-Zeichen und Felder für Übergangszettel entfallen.

G 09

Zwischenzeitlich haben sich gleich zwei Hersteller der amerikanischen Güterwagen angenommen, wobei Sachsenmodelle alle zweiachsigen Wagen nachgebildet hat, während Klein-Modellbahn sich bei den Zweiachsern auf den G 09 und den Owp 09 beschränkt, dafür aber auch Drehgestellwagen (Kesselwagen und den daraus umgebauten KKd 49 sowie TTko 49) im Programm hat.

Während die Wagen von Sachsenmodelle recht plump wirken und obendrein rund 2 mm zu breit sind, ist der G 09 von Klein-Modellbahn so schmal wie sein Vorbild. Obendrein haben die Radsätze des Sachsenmodelle-G 09 nur einen Laufkreisdurchmesser von 9 mm, so dass der Austausch gegen RP-25-Radsätze problematisch wird, während sich die 9,9 mm großen Räder von Klein durch RP-25-Radsätze mit 10,5 mm Laufkreisdurchmesser ersetzen lassen, wenn der Wagenboden hinter den Achshaltern etwas ausgefräst wird.

Die Wagen von Klein-Modellbahn sind somit die bessere Alternative. Erhältlich sind sie als G 09 der DB sowie als Wagen des US-Transportation-Corps. Um das Untergestell universell verwenden zu können, haben die G-Wagen von Klein-Modellbahn nur einseitig wirkende Bremsen – zumindest für einige G 09 traf dies beim Vorbild zu.

An den Modellen sind nur wenige Nacharbeiten erforderlich. So sollten die fehlenden Griffstangen über den Rangierertritten aus 0,4-mm-Messingdraht nachgebildet werden. Wer will, kann zusätzlich die Rangierertritte gegen zierlichere aus Draht ersetzen. Außerdem ist die angespritzte Bremsanlage etwas spartanisch ausgefallen. Hier bietet es sich an, anhand der Vorbildfotos (und der Owp 09-Zeichnungen und Fotos in Güterwagen Band 3) einige Ergänzungen vorzunehmen.

Die Hauptarbeit besteht in der farblichen Nachbehandlung. Die meisten Fotos zeigen die G 09 in einem sehr desolaten Zustand, wobei Wagen mit verwitterten Sperrholzplatten in den Türen keine Seltenheit darstellen. Wer ausreichend Mut, hat kann daher ruhig die Wände des Modells mit einer Reißnadel o.ä. zerkratzen und in schmutzigen Holzfarbtönen lackieren. Als Vorbild möge hier das links abgedruckte Foto dienen.

werden dann mit einem angeschliffenen Schraubendreher o.ä. vertieft und nachgeschliffen.

Der Wagenkasten kann mit geätzten Zettelhaltern, Griffstangen aus Messingdraht und Signalstützen ergänzt werden. Den Abschluß bildet die Nachbildung einer alten, ggf. leicht welligen Gewebedachdecke aus einer Lage eines Papiertaschentuches. Sie wird mit verdünntem Weißleim aufgeklebt und gespannt und nach dem Austrocknen an den Dachkanten entlang abgeschnitten.

Vom Wagenboden werden die Tritte bis auf den Bereich unter den Schiebetüren und ein Stück

In Anlehnung an den oben abgebildeten Wagen entstanden: Der nicht nur gealterte, sondern auch zerkratzte G 09 von Klein-Modellbahn.

G Kassel, München, Karlsruhe G 10

Der Märklin-G 10 mit einem überarbeiteten Bremserhaus und den im Text beschriebenen Ergänzungen

G Kassel, München, Karlsruhe G 10

Nach Erscheinen der Erstauflage dieses Buches haben Märklin und Roco neue Modelle des Verbandsbauart-G-Wagens entwikkelt (und auch das Fleischmann-Modell ist inzwischen wieder in der Ausführung mit Endfeldverstärkungen erhältlich). Leider weisen aber auch die neuen Modelle noch etliche, z.T. vermeidbare Fehler bzw. Möglichkeiten der Verbesserung auf.

Märklin mit Bremserhaus

Hauptschwachpunkt des Untergestells sind die Achslager und Achshalterbleche. Letztere haben eine Materialstärke von etwa 2 mm (!), so daß sich hierzu jeder weitere Kommentar erübrigen dürfte. Obendrein sind die Schmiergefäße der Achslager viel zu groß geraten, hingegen sind die Lagergehäuse zu klein.

Bei der Umrüstung auf RP 25-Radsätze müssen bei den gängigen Zapfenlager-Radsätzen die Lagerzapfen gekürzt werden. Außerdem müssen bei der Verwendung von Radsätzen mit 11 oder 11,5 mm Durchmesser die Bremsklötze dünner geschabt werden, da sich sonst die Räder nicht frei drehen können.

Die Stangenpuffer-Nachbildungen und Rangierertritte sollten abgetrennt und durch Hülsenpuffer mit 4,3 mm Puffertellerdurchmesser und gegossene Weinert-Rangierertritte ersetzt werden. Die Trittstufenhalter am Bremserhaus können am besten neu angefertigt, sollten zumindest aber dünner geschliffen werden. Ebenfalls neu zu fertigen sind die Tritte unter den Türen.

Vervollständigt wird das Untergestell durch eine Roco Kkg-Bremse mit Umstellschildern aus dem Weinert-Ätzblech 9254.

Am Wagenkasten werden die angespritzten Handgriffe durch solche aus 0,45-mm-Messingdraht (damit der Unterschied zu den vorhandenen Griffstangen aus 0,5 mm Stahldraht nicht zu groß ist) ersetzt. Außerdem werden neben dem Bremserhaus Signalstützen angebracht (Weinert 8261, die mit einer kleinen Flachzange um 180° gebogen werden). Schließlich kann der rechte Teil der Türlaufschiene abgeschnitten und durch einen Draht ersetzt werden, sofern man auf die Öffnungsmöglichkeit der Schiebetüren verzichtet.

Die Kastensäulen an den Stirnwänden reichen beim Vorbild bis zur Unterkante der Pufferbohlen. Daher ist es sinnvoll, vor die Pufferbohlen entsprechende Messing- (1,5 x 0,8 mm – Weinert 9275) oder Kunststoff-U-Profile (1,65 x 0,9 mm – Weinert 9272) zu kleben.

Für die Dachdecke gilt das gleiche wie beim G 07, wobei die Idee mit dem Papiertaschentuch von Herbert Haun stammt: Wem das Dach des Märklin-Modells für eine Gewebedachdecke zu glatt ist, kann es mit verdünntem Weißleim einstreichen und eine Lage eines Papiertaschentuches darauf kleben. Nach dem Trocknen können die überstehenden Ränder mit einem Skalpell abgeschnitten werden.

Zum Bremserhaus: Da es leider einige Fehler aufweist, bietet sich an das Bremserhaus – wie beim Vorbild – zu kürzen. Allerdings muß dann die Öffnung im Dach mit einem Polystyrol-Stück verschlossen werden.

Die Bremserhaus-Rückwand kann aus einem Stück (Northeastern-) Bretterplatte oder einer Polystyrol-Platte mit eingeritzten Bretterfugen hergestellt werden. Der Kurbelkasten kommt entweder aus der Grabbelkiste oder muß aus dem Vollen geschnitzt werden.

Gleichzeitig wurde bei der DB in der Regel das große Fenster in der Stirnseite verschlossen. Daher sollte das Fenster samt Rahmen herausgetrennt und das Loch mit einer Kunststoffplatte mit einem „Bullauge" verschlossen werden. Schließlich können noch kleine Kunststoffstücke in die untere Hälfte der Fenster in den Türen geklebt werden.

Zwei im März 1965 frisch untersuchte G 10 der DB: Während der links abgebildete 143 498 ehemals ein Bremserhaus hatte – zu erkennen an dem Rahmenüberstand und der Anordnung der Kastensäulen an der Stirnwand –, besaß der 123 729 nur eine Druckluftbremse. Interessant: Die unterschiedliche Anordnung der Anschriften. Außerdem waren bei dem G 10 123 729 sogar 1965 die Griffstangen noch schwarz gestrichen. (Fotos: F. Willke, Slg. Klaus Heidt)

G Kassel, München, Karlsruhe — G 10

Der G 10 133 705 mit gekürztem Bremserhaus, vermutlich 1952 fotografiert, und ein Foto aus dem Jahr 1949, das den G Karlsruhe 10 360 bereits ohne Bremserhaus zeigt. *(Fotos: Bustorff bzw. Klitscher, Slg. Carstens)*

Die Märklin-Anschriften bedürfen kaum der Überarbeitung. Zu den wesentlichen Ergänzungen gehört die Kennzeichnung der Bremsbauart an den Wagenecken sowie das Übermalen des Schriftzuges Kkg-Bremse mit einem rotem Filzschreiber. Weiterhin kann die für die 50er Jahre eher ungewöhnliche, später beim G 10 jedoch übliche, dreieckige Form des Kreideanschriften-Feldes geändert werden.

Die beschriebenen Arbeiten gelten (selbstverständlich bis auf die Modifikation des Bremserhauses) auch für die von Märklin gefertigte Variante mit abgebautem Bremserhaus, wobei man bei der DR-Epoche-3-Ausführung nicht einmal die Anschriften zu überarbeiten braucht.

Märklin ohne Handbremse

An dem Wagen ohne Bremserhaus sind sinngemäß die gleichen Arbeiten durchzuführen, wie an dem G 10 mit Handbremse. Abweichungen ergeben sich jedoch durch die Anordnung der Griffstangen und Signalstützen an den Stirnwänden.

Nicht verschwiegen werden soll, daß das Untergestell dieser Variante neu entwickelt wurde und deutlich besser ist als das Untergestell des Wagens mit Handbremse.

Roco-Modell

Seit einigen Jahren gibt es von Roco ein neues Modell eines G 10. Hierbei handelt es sich nicht um eine Modifikation des recht betagten G-Wagens nach ÖBB-Vorbild (mit Diagonalstreben über je zwei Seitenwandfeldern), sondern um eine völlige Neukonstruktion.

Den Wagen gibt es sowohl für die Epoche 2 mit liegenden Kastensäulen an den Stirnwänden, als auch für die Epoche 3 mit stehenden Stirnwandsäulen und Endfeldverstärkungen.

Das Modell hat ein sehr schön schmales und gut detailliertes Untergestell. Leider sind dem Konstrukteur beim Wagenkasten aber einige Fehler unterlaufen, die die Freude an dem sonst gut gelungenen Modell schmälern.

Am schwerwiegendsten, weil nicht zu beheben, sind die Maßabweichungen. Der Wagenkasten ist (gemessen von Unterkante Langträger) 1,2 mm zu hoch. Da obendrein die Dachwölbung zu gering ist, sind die Seitenwände sogar 1,5 mm zu hoch!

Dennoch stellt der Wagen meines Erachtens das derzeit beste G-10-Modell dar, so daß es sich lohnt, noch einige Details zu verbessern: So kann z.B. die Form der Seilösen wenig überzeugen, ein Austausch gegen geätzte Weinert-Teile bietet sich an.

Außerdem sollten die eingesteckten, 0,6 mm starken Kunststoff-Griffstangen durch solche aus 0,4-mm-Messingdraht ersetzt werden, da ihre Form und Anordnung nicht ganz mit dem Vorbild übereinstimmt. Üblich war in der Epoche 3 die Anordnung von Signalstützen sowie Griffen und Tritten an einer Stirnwand sowie einem Rangierertritt und einer Griffstange am gegenüberliegenden Wagenende.

Hingegen sind die eingesetzten Signalstützen derzeit das Nonplusultra im Formenbau.

Zudem kann man die Rangierertritte durch gegossene Tritte von Weinert (8737) ersetzen.

Die Tritte unter den Türen können ggf. aus 3 x 0,5 mm-Holzleistchen neu angefertigt werden. Anstelle der zu massiv ausgeführten Halter sollte man aber auf jeden Fall passende 0,6-mm-Drahtstücke einsetzen.

Zwar leider mit kleinen Fehlern behaftet, aber derzeit das beste Großserien-Modell: Der Roco-G-10, der Messinggriffstangen (auch an den Türen), gegossenene Rangierertritte und neue Trittstufenhalter unter den Türen erhalten hat.

Der überarbeitet Gr 20 von Trix. Die wesentlichen Änderungen betreffen das schmalere Untergestell, die Form der Türen und die üblichen Zurüstteile.

Gr Kassel Gr 20

Die beiden auf Seite 27 abgebildeten Gr 20 habe ich – wie in der Einleitung zur Ergänzung erwähnt – grundlegend überarbeitet. Sie sollen daher hier – neben dem Märklin-Modell – noch einmal vorgestellt werden.

Trix-Modell

Der Gr 20 von Trix ist – auch nach heutigen Maßstäben – bis auf das zu breite Untergestell sehr gut gelungen. Dennoch sind einige Änderungen erforderlich. Die Hauptarbeiten sind das Schmälern des Untergestells, das Anpassen der Türen (die beim fertigen Wagen dann allerdings nicht mehr zu öffnen sind) und die Änderung der unteren Türlaufschienen.

Von den Türen wird das untere Rahmenprofil soweit abgeschabt, daß optisch ein weiteres Brett entsteht. Anschließend wird die Tür mit einem Polystyrol-Streifen unten um 1 mm verlängert. Die Türlaufschienen werden von der Bodenplatte bis in die Flucht der Seitenwände abgeschabt und die Bodenplatte mit dem Wagenkasten verspachtelt. Anschließend werden als neue Türlaufschienen 0,75 x 0,5-mm-Polystyrol-Streifen (mit Futterstücken auf den Wagenkasten bzw.) auf die Kastensäulen geklebt.

Aus dem Untergestell kann in Längsrichtung ein 2 mm breiter Streifen herausgetrennt werden. An den Enden wird es um jeweils 0,5 mm gekürzt. Anschließend werden geätzte Pufferbohlen von Weinert vorgeklebt. Die Zapfen der Radsätze müssen leicht gekürzt werden, damit sich diese in die nun enger zusammenstehenden Lager einsetzen lassen.

Die übrigen Arbeiten sind von diversen Wagen bekannt: Einbau von Federpuffern und Rangierertritten an allen vier Wagenecken, Montage von Griffstangen und Signalstützen an den Ecksäulen sowie von waagerechten Griffen und Tritten über den Puffern an den Stirnwänden, Ergänzen der Bremsanlage mit einem Bremszylinder mit Kkg-Steuerventil (Zurüstteil für Roco Glmhs 38), Anbringen von Tritten unter den Schiebetüren aus 3 mm breiten Holzleistchen mit Haltern aus 0,6-mm-Draht.

Fleischmann-Modell mit Handbremse

Als Basis für den Umbau zu einem Wagen mit Bremserhaus dient der Gr 20 aus der Fleischmann-Junior-Serie. Um ihn in seine Bestandteile zu zerlegen, werden die verschweißten Zapfen im Boden aufgebohrt.

Zwar könnte das Untergestell weiterverwendet werden, da jedoch dann etliche Säge- und Anpaßarbeiten erforderlich wären, habe ich auf ein Untergestell eines Om Breslau mit Handbremse zurückgegriffen, bei dem sogar die Anordnung der Kastenstützen für den Gr 20 paßt. Lediglich die oberen Kanten müssen etwas angeschliffen werden.

Um die Achshalterbleche optisch an die Austauschbauart anzupassen, werden auf beiden Seiten 0,75 x 0,5-mm-Polystyrol-Streifen mit Essigester angeklebt und die Unterkanten flachgeschliffen. Zwar entspricht die Form nicht genau dem Vorbild, aber die Proportionen stimmen. Die weiteren Arbeiten am Untergestell sind: Anbau von Federpuffern und gegossenen Rangierertritten von Weinert.

Würde man den Wagenkasten unverändert auf das Untergestell setzen, wäre der Wagen insgesamt etwa 1 mm zu hoch. Daher muß – mit einer langsam laufender Kreissäge – der Wagenboden herausgetrennt werden. Von den Stirnwänden entfällt das jeweils untere Brett.

Zuvor werden aber noch alle übrigen groben Arbeiten durchgeführt, da durch das Heraustrennen des Bodens das Gehäuse an Stabilität verliert. Zur Nachbildung der hängenden Türen werden diese im unteren Bereich bearbeitet und die unteren Türlaufschienen abgeschliffen und – ähnlich wie bei dem Trix-Modell – durch Polystyrol-Profile ersetzt.

Leider ist bei dem Gr 20 von Fleischmann das Dach zu flach gewölbt. Da ohnehin die Quernähte abgeschabt werden sollten (es gab zwar vereinzelt Gr 20 mit Blechdächern, nur waren die Blechstreifen schmaler), bietet sich eine grundlegende Überarbeitung an:

Die Stirnwände werden hierzu durch mit Essigester aufgeklebte, 1 mm breite Polystyrol-Streifen erhöht. Diese werden anschließend zu den Enden hin flacher geschliffen, so daß die neue Dachkontur entsteht.

Das Dach wird in Längsrichtung mittig angeritzt, durchgebrochen und mit einem 0,7 mm breiten Polystyrol-Streifen sowie Verstärkungslaschen auf der Unterseite wieder zusammengeklebt, verspachtelt und nach dem Aushärten glattgeschliffen.

Die Kastensäulen an beiden Stirnwände werden abgeschliffen und durch neue – bis zur Unterkante der Pufferbohlen reichende – aus (auf 1,2 mm Breite abgeschliffenen) 1,6 x 1,6-mm-Polystyrol-H-Profilen ersetzt.

Wagen mit Handbremse erhalten am Bühnenende Kastensäulen aus 1,2 x 1,2-mm-Polystyrol-L-Profilen sowie waagerechte Wagenkastenoberwinkel aus 1 x 0,5-mm-Polystyrol-Stäben – beides wird jedoch erst nach dem Bremserhaus angeklebt.

Das Bremserhaus von Weinert (9263) wird nach der Montage vor den Wagenkasten geklebt (zwischen Bremserhaus und Wagenkasten sollte jedoch eine etwa 0,75 mm starke Polystyrol-Platte geklebt werden, da andernfalls die seitlichen L-Profile die Türscharniere verdecken würden). Die genaue Lage des Bremserhauses wird nach Fertigstellung des Untergestelles anhand der Geländerstreben des Bühnengeländers ermittelt.

Das Bühnengeländer stammt von der Weinert-Handbremsbühne (9262), wobei jedoch bei Wagen mit Bremserhaus der untere Geländersteg vor dem Bremserhaus abzutrennen ist. Von dem Bausatz könnten auch die Aufstiegstritte montiert werden; da die angespritzten beim Fleischmann-Untergestell jedoch sehr gut sind, habe ich mir Tritte und Handbremskurbel für einen

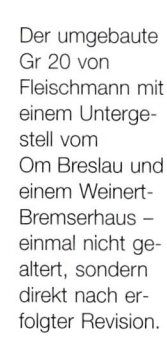

Der umgebaute Gr 20 von Fleischmann mit einem Untergestell vom Om Breslau und einem Weinert-Bremserhaus – einmal nicht gealtert, sondern direkt nach erfolgter Revision.

G 29

anderen Wagen aufgehoben. Als Fußbodenbelag werden dünne Brettchen verwendet. Den seitlichen Abschluß bilden 0,5 x 0,5-mm-Polystyrol-Stäbe. Die Verbreiterung der Pufferbohle bis zur Geländeraußenkante besteht ebenfalls aus Polystyrol-Stäben.

Alle anderen Arbeiten sind bereits bei den Wagen ohne Handbremse angefallen.

Gr 20-Modell von Märklin

Ähnlich wie der G 10 wurde auch der Gr 20 von Märklin inzwischen mehrfach überarbeitet.

Während der Wagen ohne Bremserhaus leider immer noch ein altes, viel zu breites Untergestell hat, ist das des Wagens mit Handbremse für Märklin-Maßstäbe schmal ausgefallen. Obendrein sind Achshalterbleche, Puffer und Tritte gut nachgebildet, so daß zumindest das Untergestell kaum überarbeitet zu werden braucht.

Leider hat aber der Wagenkasten immer noch etliche Schwächen: Dies sind in erster Linie die zu groben Bretterfugen und eine Unterbrechung der Kastensäulen rechts von den Türen, die bedingt durch die Konstruktion der zu öffnenden Türen im Modell erforderlich sind.

Die Stirnwand am Bremserhausende sieht ordentlich aus. Hingegen hat die gegenüberliegende Stirnwand recht wenig mit dem Vorbild gemeinsam. Die Kastensäulen sind keine Nachbildungen von H-Profile sondern liegender U-Profile und enden obendrein oberhalb der Pufferbohle. Außerdem ist auch die Nachbildung des Stirnwandoberwinkels mißglückt.

Die möglichen Verbesserungen entsprechen im wesentlichen dem Trix- bzw. Fleisch-

Das überarbeitete Märklin-Modell des Gr 20, das mit Gaßner-Schiebildern aus der Serie G 371 als Gr 04 der DR beschriftet ist.

mann-Modell. Ich habe mich bei meinem Gr 20 auf folgende Korrekturen beschränkt:

• Ergänzen der Kastensäulen rechts von der Tür (aus mit Essigester auf dem Wagenkasten zusammengeklebten 0,7 x 0,3-mm-Polystyrol-Stäben).

• Überarbeiten der Türen und unteren Türlaufschienen.

• Glattschleifen der dem Bremserhaus gegenüberliegenden Stirnwand und Anbringen neuer Kastensäulen aus schmaler geschliffenen Polystyrol-H-Profilen sowie eines neuen Stirnwand-Oberwinkels.

• Montage von (unterschiedlich langen) Griffstangen und Signalstützen an allen vier Ecksäulen sowie von Griffen, Tritten und Seilösen an der dem Bremserhaus gegenüberliegenden Stirnwand bzw. an den Ecksäulen.

Das Untergestell habe ich aus obengenannten Gründen nicht geändert. Lediglich die beiden Rangierertritte habe ich vorsichtig leicht zur Wagenmitte hin gebogen.

G 29

Von Piko war eine zeitlang der französische G-Wagen sowohl als G 29 der DB als auch als G 02 der DR erhältlich.

Während letztere Beschriftungsvariante gar nicht einmal so abwegig erscheint, die DR hatte ja nach dem Zweiten Weltkrieg viele Wagen ausländischer Bahnverwaltungen im Bestand behalten, erscheint die Beschriftung als G 29 der DB etwas suspekt.

Zwar stimmen die Hauptabmessungen und auch viele typische Bauartmerkmale wie z.B. die nach links zu öffnenden Schiebetüren oder die Form der Knotenbleche mit den G 29 überein. Die G 29 besaßen aber auf jeder Seite nur zwei Lade- und Lüftungsöffnungen in der alten DR-Form, während das Modell hier – wie sein französisches Vorbild – vier durch Blechschieber zu verschließende Öffnungen hat.

Mir liegen bislang leider keine Vorbildfotos von ehemals französischen G-Wagen der DR vor, aber man kann davon ausgehen, dass auch die DR bei diesen Wagen einige Anpassungen an die deutschen Erfordernisse vorgenommen hat. Dazu gehören z.B. vermutlich Signalstützen deutscher Bauart an einem Wagenende und Rangierertritte an der jeweils vorderen rechten Ecke nebst der dazugehörenden Haltegriffen (vgl. auch G 29 auf Seite 34).

Außerdem ist davon auszugehen, daß die Wagen Seilösen besessen haben. Ich habe daher an dem Piko-Modell folgende Ergänzungen vorgenommen: Als erstes muß ggf. das verzogene Untergestell gerichtet werden.

Anschließend wird die Pufferbohle seitlich mit 1,5 mm breiten Polystyrolstücken ergänzt (bei dem Piko-Untergestell ist leider das Langträgerprofil bis zu den Wagenenden durchgezogen).

Schließlich habe ich noch die Bremsklötze und die Bremsanlage abgeschnitten (gerade bei der DR besaßen viele ehemals ausländische Wagen keine Druckluftbremse). Die übrigen Arbeiten sind wieder das gewohnte „Standardprogramm":

• Austausch der Tritte unter den Türen gegen Tritte aus 3 mm breiten Holzbrettern mit Haltern aus 0,6-mm-Messingdraht,

• Montage von Puffern mit 4,3 mm Puffertellerdurchmesser und gegossenen Rangierertritten (an drei Wagenecken),

• Montage von Signalstützen an einem Wagenende und Griffstangen über den Rangierertritten (die an den Ecksäulen und den Stirnwänden angespritzten Signalstützen werden zuvor – ebenso wie die Kennzeichnung der Bremsart an den Wagenecken – abgeschabt).

Besitzt die gleichen Hauptabmessungen und ist nach ähnlichen Konstruktionsprinzipien wie der G 29 der DB gebaut: der ehemals französische G-Wagen der DR.

Der Ghs 31 von Klein-Modellbahn mit neuer Bremsanlage, Messing-Griffstangen, Signalstützen, Seilösen sowie neuen Rangierertritten und Tritten unter den Türen und an den Stirnwänden.

Ghs Oppeln

Von Klein-Modellbahn gibt es den kurzen Oppeln ohne Handbremse. Das Modell gibt den Gesamteindruck des Vorbilds sehr gut wieder und zeichnet sich sowohl durch die Einhaltung der Proportionen im Großen – Hauptabmessungen – als auch im Kleinen – sehr schön schmale Bretterfugen – aus. Obendrein kann der Wagen mit sehr zierlichen Puffern aufwarten, die bis auf die etwas zu dünnen Pufferstößel genau maßstäblich sind.

Dennoch sind an dem Modell eine ganze Menge Nacharbeiten erforderlich und sinnvoll, um zu einem wirklich überzeugenden Gmhs 30 zu kommen.

Ein Hauptmanko sämtlicher Güterwagen von Klein-Modellbahn sind die Nachbildungen der Achslager. Zwar gibt es sowohl Gleit- als auch Rollenachslager, aber beide sind so flach

Gmhs 30

ausgefallen, daß sie eher wie senkrecht gestellte Suppenschüsseln als wie Achslagergehäuse aussehen.

Ebenfalls nicht gut gelöst ist die Befestigung der Tritte unter den Schiebetüren, obendrein wurden sie beim Gmhs 30 von nur zwei Stegen gehalten. Die Tritte werden daher mit der Befestigungsösen abgeschnitten und aus 20 mm langen und 3 mm breiten Holz-Streifen mit Haltern aus 0,6-mm-Messingdraht neu hergestellt.

Leider ist auch die Bremsanlage am Wagenboden viel zu flach angedeutet. Eine bessere Wirkung wird erzielt, wenn eine aus Teilen der Bremsanlage des Roco Gms 54 untergebaut wird – wohl wissend, daß die Anordnung der Teile nicht genau mit dem Vorbild übereinstimmt. Zusätzlich werden die fehlenden Umstellhebel aus dem Weinert-Ätzblech ergänzt. Schließlich sollten noch die Rangierertritte abgetrennt und durch Weinert-Tritte (8737) ersetzt werden.

Wer den Wagen noch weiter verbessern will, kann ihn zusätzlich mit Rangierergriffen und zwischen die Bremsklötze geklebten 0,5-mm-Drähten zur Andeutung des Achsbremsgestänges komplettieren – letzteres ist gerade bei dem Oppeln wegen der geringen Überhänge sinnvoll, allerdings – wegen der Kurzkupplungs-Deichseln – auch etwas problematisch.

Vom Wagenkasten werden die Trittstufen und die angespritzten Griffstangen an den Stirnwänden (hier hätte man lieber auf die Nachbildung verzichten sollen) sowie die Seilösen abgetrennt. Anschließend werden die beiliegenden Griffstangen und Signalstützen eingeklebt und dann ebenfalls abgeschnitten! Dies mag zwar widersinnig klingen, aber so lassen sich die Löcher am besten verschließen. (Das Einkleben ist erforderlich, damit danach die Reste der Steckzapfen durchbohrt werden können.)

Ausgerüstet wird das Modell mit Griffstangen aus 0,4-mm-Messingdraht und Signalstützen von Weinert. Die Tritte an den Stirnseiten bestehen aus einem Halter aus dem Weinert-Ätzblech, einem flachgedrückten 0,5-mm-Drahtstift und einem Stück Riffelblech.

Ghs 31

Neben dem Gmhs 30 hat Klein-Modellbahn auch den langen Oppeln, den Ghs 31, im Programm. Für den Wagen gilt das bereits beim Gmhs 30 gesagte. Die Verbesserungen sollen daher nachfolgend nur in Stichworten aufgezählt werden:

- Tritte unter den Schiebetüren aus 0,5 mm dicken, 24,5 mm langen und 3 mm breiten Brettchen mit Haltern aus Messingdraht,
- Bremsanlage aus Teilen einer Bremsanlage des Roco Gms 54 und Umstellhebel aus dem Weinert-Ätzblech 9254,
- gegossene Rangierertritte von Weinert (9737),
- ggf. Rangierergriffe und Achsbremsgestänge,
- Griffe aus Messingdraht an den Wagenecken und Stirnwänden sowie Signalstützen und Tritte von Weinert an der Stirnseiten.

Zusätzlich zu dem Anstrich der neuen Bauteile sollte der Bodenbelag der Bremserbühne in einem schmutzigen Holzfarbton und das Bremserhaus-Dach in der Farbe des Wagendaches lackiert werden.

Der 1963 fotografierte G 31 155 024 hat nicht nur sein Bremserhaus verloren, sondern darüber hinaus neue Lade- und Lüftungsöffnungen erhalten.
(Foto: F. Willke, Slg. Klaus Heidt)

Die Gmhs 30 mit den im Text beschriebenen Ergänzungen. Leider sind viele Wagen – wie einige Modelle von Klein-Modellbahn – so schlecht bedruckt, daß man um eine Neulackierung und -beschriftung kaum herumkommt.

Der Glms / Gms 207 143 2 834 kurz nach der Ablieferung im Jahr 1967. (Foto: F. Willke, Slg. Klaus Heidt)

Die überarbeitete Gklm 207 von Sachsenmodelle: Am auffälligsten die Änderung des Daches und der Stirnwände sowie die eingesetzten Griffstangen.

Gmhs Bremen   Gmhs 35

Sachsenmodelle

1994 stellte Sachsenmodelle einen Gmhs 35 sowohl in der Kriegs- als auch in der Nachkriegsausführung vor. Die Hoffnung, daß damit eine wichtige Lücke bei den Güterwagen-Modellen geschlossen war, zerstob jedoch nachdem ich die ersten Modelle in Händen hielt. Die Mängelliste ist auch in Stichworten recht beachtlich, wobei hier viele Kleinigkeiten gar nicht erwähnt sind:

• Der Achsstand beträgt umgerechnet 6,70 m und nicht 7,00 m wie beim Vorbild.

• Die Achshalter entsprechen in vielen Details nicht dem Vorbild, die „Nachbildung" der Bremsumstellhebel ist indiskutabel.

• Die Anordnung der Kastensäulen orientiert sich an dem falschen Achsstand, so daß die Proportionen nicht stimmen: Das erste Feld ist zu breit, die mittleren zu schmal und die Neigung der Diagonalen stimmt nicht. Die Kastensäulen an den Stirnwänden sind zu schwach ausgeführt.

• Die Bretterteilung ist falsch, da der obere Abschlußwinkel und die obere Türlaufschiene viel zu breit sind. Die Bretterfugen sind obendrein zu tief und zu breit.

• Die Lade- und Lüftungsluken sind sowohl in den Proportionen als auch in vielen Details falsch.

Es ist daher leider unmöglich, aus den Wagen akzeptable Modelle zu machen.

Roco

Im Jahr 2000 hat Roco einen neuen Gmhs 35 vorgestellt. Das Modell ist gut gelungen. Sowohl die Proportionen stimmen (womit bewiesen wäre, dass sich auch mit ganz an den Wagenenden sitzenden Achsen eine funktionierende Kurzkupplungs-Kinematik realisieren läßt) als auch die feine Gravur der Bretterfugen ist überzeugend.

Erhältlich ist der Wagen in unterschiedlichen Ausführungen, wobei er in der DB-Epoche-3-Version mit einem sehr zierlichen Vorbauhandbremssteg ausgerüstet ist.

Leider weist der Wagen aber auch einige kleinere, z.T. aus formbautechnischen Gründen unvermeidbare Schönheitsfehler auf. Hierzu gehören in erster Linie die zu flachen Achslager.

Die Rangierertritte stimmen ebenfalls in den Proportionen nicht, aber dies läßt sich aus Gründen der Ausformbarkeit nicht anders realisieren. Hier bleibt nur der Austausch gegen Tritte von Weinert.

Obendrein sind – wie bei vielen Modellen – die Puffer mit 4,9 mm Puffertellerdurchmesser zu groß ausgefallen und wirken nicht sehr überzeugend. Abhilfe kann hier durch den Austausch gegen Weinert-Federpuffer mit 4,3 mm Puffertellerdurchmesser geschaffen werden.

Hingegen habe ich bei einem der abgebildeten Modelle auf den Tausch der Kunststoff-Griffstangen gegen solche aus Messingdraht verzichtet.

Gklm 207

Zwar kann man hoffen, daß sich Roco auch irgendwann des Gklm 207 annimmt, aber bis dahin bleibt nur die Verbesserung des Wagens von Sachsenmodelle. Da jedoch der Wagenkasten in den Proportionen stimmig ist, lohnt sich der Aufwand.

Vom Untergestell werden die falschen Bremsumstellhebel abgetrennt und durch geätzte Weinert-Hebel ersetzt. Außerdem sollte das Untergestell noch neue Puffer und zwei (!) Rangierertritte bekommen. Weitergehende Änderungen sind zu aufwendig und daher wenig sinnvoll.

Am Wagenkasten wird das U-Profil unter dem Dach ergänzt, und die zu flachen Stirnwandprofile werden durch aufgeklebte Polystyrol-Streifen (0,5 x 0,5 bzw. 0,5 x 0,75 mm) verstärkt. Außerdem werden die 4 x 8 mm großen Ladeklappen aus 0,5 mm starken Polystyrol-Stücken eingeklebt.

Der Dachüberstand sollte abgeschliffen und der obere Teil der Stirnwand in Dachfarbe gestrichen werden: die Gklm 207 hatten ein Kunststoff-Steckdach.

Schließlich kann der Wagenkasten noch mit freistehenden Griffstangen aus Messingdraht – auch neben den Schiebetüren – und geätzten Zettelhaltern ergänzt werden.

Zwei Gmhs 35 von Roco mit den im Text beschriebenen Ergänzungen, rechts ein Wagen ohne Handbremsbühne.

Gmms 44 Gs 211 Gmm(eh)s 60 Gs(-uv) 213

Der Roco-Gmm(eh)s 60 mit einem Fleischmann-Gmhs 53-Untergestell (mit Sprengwerk aus Polystyrol-Stäben) und einer Weinert-Handbremsbühne. Die Anschriften stammen aus dem neuen Gaßner-Schiebebildersatz G 345.

Der Roco-Gmms 44 ebenfalls mit Fleischmann-Untergestell. Die Untergestell-Anschriften wurden ebenfalls mit dem Gaßner-Schiebebildersatz G 345 ergänzt.

Gmms 44 / Gmm(eh)s 60   Gs 211 / Gs(-uv) 213

Der Gmms 44 und Gmms 60 haben ihren Ursprung in dem Röwa-Modell des Gmmhs 56.

Zwar mußte dieses inzwischen einige Änderungen über sich ergehen lassen (so sind die Lade- und Lüftungsschieber nicht mehr separat eingesetzt und beweglich). Die fest angespritzten sehen mit ihrem werkseitig bereits schwarz lackierten Betätigungsgestänge jedoch genauso gut aus. Ebenfalls geändert wurden die Ecksäulen, an denen nun keine Seilösen mehr nachgebildet sind (Gmms 44 und 60 besitzen Seilanker), und das Dach.

Leider macht das Untergestell den ansonsten sehr guten Eindruck zunichte. Es hat zwar inzwischen eine Kurzkupplungs-Kulisse erhalten, da aber die Röwa-Konstruktion mit den Achslagern hinter den Achshalterblechen beibehalten wurde, liegen die Flansche der Außenlangträger über 27 mm und damit mehr als 3 mm zu weit auseinander.

Zum Glück gibt es aber den Gmhs 53 von Fleischmann (s. gegenüberliegende Seite), dessen Untergestell 3 mm schmaler und damit maßstäblich ist und ohne Anpassungsarbeiten unter den Roco-Wagenkasten paßt (man könnte meinen, es wäre hierfür konstruiert worden). Lediglich in die Aussparungen für die Stirnwandsäulen in den Pufferbohlen müssen kleine Polystyrol-Stückchen geklebt werden (z.B. 3,6 mm lange Abschnitte des Weinert U-Profils 9275).

Das Untergestell wird – wie beim Gmhs 53 beschrieben – mit durchgeätzten Rangierertritten, Federpuffern, Rangierergriffen und ggf. Achsbremsgestängen ausgerüstet. Außerdem muß es für die Nachbildung eines Gmms 44 oder Gmms 60 ein Sprengwerk erhalten, das aus 1 x 0,75-mm-Polystyrol-Streifen (mit Essigester) zusammen- und unter den Wagenboden geklebt werden kann. (Nur Gmms 60 mit einteiligem Seitenwandobergurt haben kein Sprengwerk.). Wer es ganz genaunimmt, müßte bei einem Gmms 44 auch noch die Hik-GP-Bremsanlage und die Anordnung der Umstellschilder ändern.

Die weiteren Verbesserungen betreffen den Wagenkasten: Die beiliegenden Griffstangen werden in die Ecksäulen geklebt, abgetrennt und durch Messing-Griffe ersetzt. Ebenso kann man die Griffe neben den Türen aus 0,4-mm-Messingdraht nachbilden, wobei allerdings wegen der Nachbildung der Türverschlüsse Vorsicht beim Abschaben der angespritzten Griffe geboten ist.

Darüber hinaus sollten die angespritzten Elektro-Kupplungen abgeschnitten und die Stirnwände glattgeschliffen werden. Sofern der Wagen E-Kupplungen bekommen soll, bleiben die waagerechten Stege neben den Ecksäulen stehen. Die E-Kupplungen gibt es als Zurüstteil für diverse Roco-Reisezugwagen.

Schließlich können sowohl die Gmms 44 als auch Gmm(eh)s 60 mit einer Weinert-Vorbau-Handbremsbühne versehen werden.

Von den Gmm(eh)s 44 und 60 gibt es zahlreiche unterschiedliche Varianten. Die Fotos zeigen links den Gmmehs 60 159 390 *(Foto: F. Willke, Slg.: Klaus Heidt)*, einen Wagen mit Handbremsbühne mit Stahlsteckdach und in Dachfarbe gestrichenem Wandobergurt, während der rechts abgebildete Gmmhs 60 156 758 *(Foto: DB, Slg. Carstens)* ein PVC-Dach besitzt.

Gmhs 53

Zwei Bilder von Gmhs 53 mit Bretterwänden: Oben der fabrikneue 250 070, noch mit hoch angeordneten Signalstützen, unten der 250 802.
(Fotos: Bustorff, Slg. Carstens; F. Willke, Slg.: Klaus Heidt)

Gmhs 53

Der Gmhs 53 von Fleischmann zählt zu den derzeit besten Güterwagen-Modellen. Er ist sowohl mit Bretter- als auch mit Plattenwänden erhältlich.

Das Untergestell ist in bezug auf Detaillierung und Maßstabstreue bislang unübertroffen: Die Außenkanten der Achshalterbleche liegen nur 22,5 mm (umgerechnet 1960 mm) auseinander. Dies entspricht trotz der aus Stabilitätsgründen erforderlichen Verstärkung der Achshalterbleche nahezu dem Vorbildmaß.

Bei der angespritzten Bremsanlage sind besonders die dem Vorbild entsprechende, auf beiden Seiten unterschiedliche Ausführung der Umstellhebel und die zierlichen Bremsklötze hervorzuheben. Daß die Pufferteller (um ein Verhakeln in Kurven zu verhindern) etwas zu groß sind, sei nur am Rande erwähnt.

Ein so gut gelungenes Untergestell reizt natürlich zum Perfektionieren: Rangierertritte und Puffer werden mit einem feinen Kreissägeblatt an der Sockelplatte abgetrennt. Für die Montage neuer Puffer werden 0,5-mm-Löcher gebohrt und anschließend auf einen Durchmesser von 2,3 mm aufgebohrt, für durchgeätzte Rangierertritte von Weinert (8690) 0,8-mm-Löcher. Danach werden die angespritzten Puffersockel abgeschliffen und durch gegossene Sockelplatten von Weinert (8596) ersetzt.

Außerdem werden für Rangierergriffe aus 0,4-mm-Draht von unten Löcher in die Pufferbohlen gebohrt. Ein Aufwand, der sich ebenfalls nur bei so gut gelungenen Modellen lohnt, ist die Ausrüstung mit einem Achsbremsgestänge. Hierfür werden die Bremsklötze, nachdem sie an den Aufhängepunkten z.B. mit der Spitze einer Reibahle angekörnt sind, mit einem 0,5-mm-Bohrer durchbohrt. In die Löcher werden Drahtstücke geklebt und anschließend mit einem Seitenschneider an den Bremsklötzen abgekniffen.

Der Wagenkasten ist ähnlich gut detailliert. Hier fehlen lediglich die Signalhalter an den Seitenwänden. Zur optischen Aufwertung sollten aber die Griffstangen an den Wagenecken und neben den Schiebetüren aus Messingdraht eingesetzt werden.

Auch in der Farbgebung und Beschriftung sind kleine Überarbeitungen erforderlich: Die oberen Türlaufschienen sollten, ebenso wie bei Wagen mit Bretterwänden die Lüftungsschieber, rotbraun gestrichen werden. (Es gab zwar Gmhs 53 mit Bretterwänden und aluminiumfarbenen Schiebern, diese hatten aber auch die Signalhalter noch an den Ecksäulen.) Weiterhin können die Schürzenbleche unter den Türen und die unteren Türlaufschienen schwarz und die Tritte unter den Türen aluminiumfarben gestrichen werden.

Die zu schmale EUROP-Anschrift und das zu hohe RIV-Zeichen können durch Schiebebilder aus dem Gaßner-Beschriftungssatz G 323 ersetzt werden.

Bei Wagen mit Plattenwänden werden lediglich die oberen Türlaufschienen gestrichen und die Betätigungsgriffe der Lüftungsschieber mit einem nicht wasserlöslichen, schwarzen Filzschreiber nachgezogen.

Zum Abschluß zu den Radsätzen: Da Fleischmann-Wagen im Vergleich zu anderen Modellen etwas hochbeinig sind, empfiehlt sich der Tausch der Räder gegen RP-25-Radsätze mit 10,5 mm Laufkreisdurchmesser.

Der Fleischmann Gmhs 53 in der Ausführung mit Bretterwänden und mit den im Haupttext beschriebenen kleinen Verbesserungen und Farbkorrekturen

Das Modell mit Plattenwänden hat neue Puffer und Rangierertritte, Griffstangen, Rangierergriffe und Achsbremsgestänge erhalten. Die Türlaufschienen sind rotbraun und die Schiebergestänge schwarz lackiert. Die Anschriften sind mit Gaßner-Schiebebildern ergänzt.

Gl Dresden   Gl 11

An der Ladestraße der Fleischmann-Gl-11 mit den im Text beschriebenen Ergänzungen. Auf dem Nachbargleis die Rückwand des Wagens mit Bremserhaus, der zusätzlich stehende Kastensäulen an den Stirnwänden bekommen hat.

Gl Dresden   Gl 11

Eines der jüngsten Fleischmann-Modelle ist der Gl-Wagen der Verbandsbauart. Ihn gibt es bislang nur ohne Endfeldverstärkungen in unterschiedlichen Ausführungen (Epoche 2, DR Epoche 3 und als DB-Wagen mit einer Zuban-Werbeaufschrift) sowie als Gll-Wagen (s. Gll 12).

Die Modelle sind – wie von neueren Fleischmann-Wagen nicht anders gewohnt – nahezu perfekt, so daß sich die Verbesserungsmöglichkeiten auf ein Minimum beschränken:

Optisch am auffälligsten ist der Anbau von Endfeldverstärkungen. Diese entstehen aus Messing-U-Profilen 1 x 0,5 mm und entsprechend zurechtgeschnittenen Fotopapier-Stücken für die Knotenbleche. Die unter dem Fußbodenrahmenwinkel angebrachten Knotenbleche bestehen aus Polystyrol-Stückchen. Zwar sind genaugenommen die Messingprofile 10% zu schmal, größere Profile würden aber die sehr zierlichen Kastensäulen optisch erschlagen. Vor der Montage der Endfeldverstärkungen sollten übrigens noch Bretterfugen in die Kreideanschriften-Felder geritzt werden.

Die Griffstangen an den Wagenecken sind zwar sehr zierlich – und erstaunlich bruchsicher –, sollten aber doch gemeinsam mit den zusätzlichen schrägen Griffen an den Stirnwänden aus 0,4-mm-Messingdraht angefertigt werden. Gleichzeitig können die Signalstützen durch Messinggußteile ersetzt werden.

Erheblich zur Verbesserung des Gesamteindruckes trägt eine freistehende obere Türlaufschiene bei. Hierzu wird die angespritzte Türlaufschiene abgeschabt. Anschließend wird seitlich in die Abdeckung über der Tür und dort wo der Halter der Laufschiene in der Wand sitzt je ein 0,5-mm-Loch gebohrt. Die Türlaufschiene besteht aus einem Stück 0,5-mm-Messingdraht, als Halter wird eine aufgeriebene Bindeöse aus dem Weinert-Ätzblech zweckentfremdet.

Die Rangierertritte sehen, obwohl kleine Kompromisse in der Form in Kauf genommen werden müssen, recht gut aus. Sie können zur Verbesserung des Aussehens leicht nach hinten gebogen oder, noch besser, durch gegossene Tritte von Weinert ersetzt werden. Auf jeden Fall sollten aber die zu großen Puffer getauscht werden.

Die Beschriftung als Epoche-3-Wagen stammt aus dem Gaßner-Beschriftungssatz G 342.

Wer den Wagen noch weiter verbessern will, kann bei einem Epoche-3-Modell die Kastensäulen an den Stirnwänden abschleifen und durch stehend aufgeklebte U- oder H-Profile (es gab beim Vorbild beide Varianten) ersetzen.

Gl 11 mit Bremserhaus

Bei den Wagen mit Bremserhaus fallen im Prinzip die gleichen Arbeiten an, wie bei Wagen ohne Handbremse.

Zwei Bauteile bedürfen zusätzlich der farblichen Nachbehandlung: Der Teil des Bühnengeländers, der zur Bremserhausstirnwand gehört, war beim Vorbild rotbraun. Außerdem sollten Bühnenboden und Tritte einen holzfarbenen Anstrich erhalten.

Darüber hinaus habe ich die Türen des Bremserhauses herausgeschnitten (eine Variante, die Anfang der sechziger Jahre häufiger anzutreffen war). Hierzu müssen Bremserhaus und Bühne mit einem dünnen Sägeblatt getrennt, anschließend die Türen und die Rückwand herausgeschnitten und die Säulen am Wagenkasten ergänzt werden.

Zur Nachbildung eines Blechdaches habe ich 0,5-mm-Polystyrol-Rundstäbe mit Essigester auf das Dach geklebt.

Zwei Gl 11 der DB: Der 1957 in Edewecht aufgenommene 191 597 (oben) besaß Endfeldverstärkungen, senkrecht stehende Stirnsäulen und ein Blechdach. Unten: Ebenfalls in Edewecht fotografiert, jedoch acht Jahre später: Der Wagen 192 207 mit Gewebedachdecke und einem türlosen Bremserhaus. (Fotos: Dr. Rudo v. Codel)

Das Modell des Gl 11 mit Handbremse hat zusätzlich ein Blechdach und ein Bremserhaus ohne Türen bekommen.

Die Stirntürseite des Glt 19 195 229 – mit neuen Lade und Lüftungsöffnungen – im Jahr 1963 in Stuttgart fotografiert *(Foto: F. Willke, Slg.: Klaus Heidt).*

Glt 19

Vor einigen Jahren hat Lima ein Modell des Glt 19 herausgebracht. Obwohl das Vorbild sicherlich interessant ist, erscheint ein Remake des Liliput-Wagens wenig sinnvoll, zumal die Qualität des Modells in vielen Punkten nicht mehr heutigem Fertigungsstandard entspricht.

Zwar liegen diverse Griffe und Tritte zum Einstecken bei, nur sind fast alle Tritte viel zu klein. Außerdem sind die Bretterfugen zu grob, die Schutzbleche über den Türen zu flach, anstelle der Ladeluke links in der Seitenwand eine Lüftungsluke graviert, die Achslager und Achshalter indiskutabel und die Anschriften – beim „Züchner-Dose"-Wagen – katastrophal ausgeführt.

Obendrein funktioniert die Technik der durch die Kurzkupplungsdeichsel angelenkten Lenkachsen auch nicht. Da der Wagen aber auch mit festgeklebten Achslagern problemlos durch einen 50-cm-Radius fährt, können sie gegen besser aussehende Bauteile getauscht werden.

Die kompletten Achslager und Federpakete steuert ein Piko-Untergestell bei (bei dem diese Baugruppe eingeklipst ist): Nach der Demontage wird die Achsbrücke in der Mitte mit einem 6,5 mm großen Loch versehen. Außerdem werden die Haltenasen soweit gekürzt, bis die Laschenböcke unter den Langträgern sind, und die Bremsklötze abgeschnitten.

Sind die Achshalter angeklebt, werden Drahtstifte für die Rückholfedern der Kurzkupplungs-Deichseln in den Wagenboden und die Deichseln geklebt.

Vom Wagen werden die Seilösen sowie alle angespritzten und eingesteckten Griffstangen und Tritte abgetrennt und durch selbstgefertigte Griffstangen aus Messingdraht, Tritte aus Riffelblech bzw. Weinert-Rangierertritte und Seilösen ersetzt. Weiterhin werden Signalstützen an dem der Tür gegenüberliegenden Wagenende, Zettelhalter und aus Draht V-förmig gebogene Türstopper neben und an den Stirntüren angebracht. Schließlich werden die Puffer durch Federpuffer mit 5,2-mm-Puffertellerdurchmesser ersetzt.

Nicht geändert habe ich die falsche Lüftungsöffnung. Hingegen sind die Abdeckbleche über den Türen durch (mit Essigester aufgeklebte) 0,75 x 0,5-mm-Polystyrol-Streifen verstärkt, deren Oberkante anschließend ausgerundet wurde. Die Verstärkung der Stirnwandsäulen besteht aus 1 x 0,5-mm-Polystyrol-Streifen.

Die Hauptarbeit macht die Korrektur der Anschriften. Die Wagennummer – beginnend mit 564 – und die technischen Anschriften können aus Gaßner-Beschriftungssätzen zusammengestellt werden, hingegen müssen in dem gelben Werbeanschriften-Feld die Bretterfugen mühsam mit einem feinen Pinsel nachgemalt werden.

Gls Dresden Glmhs 38

Ein reizvoller Umbau ist die Ausrüstung eines Glmhs 38 von Roco mit einer Handbremse.

Vom Wagenkasten werden die Griffstangen an den Ecksäulen abgeschabt und die Seilösen an dem späteren Bühnenende abgetrennt. Außerdem werden an diesem Ende die Stirnwandsäulen abgeschliffen und nach Montage des Bremserhauses durch daneben angeklebte Polystyrol-L-Profile ersetzt.

Die Hauptarbeit stellt die Anpassung des Untergestells dar: Nachdem alle Puffer abgetrennt sind, wird an einem Ende ein 4,1 mm langes Stück des Untergestells abgeschnitten und am gegenüberliegenden Wagenende vor die Pufferbohle geklebt. Anschließend werden sämtliche Wagenkastenstützen entfernt und die Langträger glattgeschliffen. Sofern der Wagen neue Kastenstützen erhalten soll, werden sie aus 1-mm-Polystyrol zurechtgeschnitten und vor die Langträger geklebt. Schließlich muß auch die Lage der Tritte unter den Türen geändert werden.

Die Handbremsbühne (Weinert 9262) und das Bremserhaus (... 9263) werden zusammengebaut und vor das Untergestell bzw. (mit 0,75-mm-Distanzleistchen) vor den Wagenkasten geklebt. Die Kurzkupplungs-Deichseln werden verlängert.

Ausgerüstet wird der Wagen mit Federpuffern, Rangierertritten, einer (angepaßten) Bremsanlage vom Gms 54 sowie Griffstangen und Signalstützen an allen Ecksäulen sowie je zwei zusätzlichen Griffen und Tritten an der dem Bremserhaus gegenüberliegenden Stirnwand. Die Anschriften steuert der Gaßner-Beschriftungs-Satz G 339 bei.

Oben der überarbeitete Glt 19 von Lima – allerdings mit einer falschen Wagennummer (ich war einfach zu faul zum Schnippeln) – unten der Glmhs 38 von Roco mit Handbremsbühne und Bremserhaus.

Glm(e)hs 50

Die Glmhs 50 gibt es von Klein-Modellbahn in allen Varianten (Platten- und Bretterwände, mit Bremserbühne bzw. Bremserhaus). Darüber hinaus sind sowohl ein Tnoms 59 als auch der Vlmms 63 erhältlich (s. Güterwagen Band 2).

Zusätzlich gibt es etliche durch den deutschen Importeur M+D initiierte Varianten und Sonderbeschriftungen, wie z.B. einen an die Firma Bähre vermieteten Glmhs 50 oder den Glmmhs 57.

Die Glmhs 50 haben die richtigen Proportionen und eine sehr feine Gravur. Leider besitzen sie aber auch wieder „Suppenschüssel-Achslagergehäuse", die sich mit vertretbarem Aufwand nicht ändern lassen.

Und auch die Bremsanlage ist zwar an der richtigen Stelle angespritzt, aber wieder viel zu flach. Bremszylinder, Steuerventil und auch der Luftbehälter sind beim Vorbild so tief angeordnet, daß sie von der Seite zu sehen sind und nicht vom Langträger vollständig verdeckt werden.

Ergänzt wird die Bremsanlage mit einer modifizierten des Roco Gms 54, wobei der Luftbehälter an die Stelle des zuvor abgeschliffenen Behälters auf den Wagenboden geklebt wird. Der Rest wird mit den Bremsstangen auf 1 mm dicken Distanzstücken unter die Zapfen der Kurzkupplungs-Federaufhängung geklebt.

Noch eine Anmerkung zu der Roco-Bremsanlage. Die alte Ausführung besaß sowohl Bremsstangen zu den Achsen als auch eine Handbremszugstange. Beides ist im Zuge der Umrüstung des Modells auf Kurzkupplungs-Kinematik entfallen. Um das Bauteil für die Ergänzung von Güterwagen-Modellen verwenden zu können, wird es mittig in Längsrichtung durchbohrt. Für Wagen mit Handbremse wird der Rest der Handbremszugstange abgekniffen und hier ebenfalls ein Loch gebohrt. Die Bremsstangen können aus 0,6 mm dicken Messingdrähten ergänzt werden.

Gos(-uv) 245

Die angespritzten Umstellhebel werden durch solche aus dem Weinert-Ätzblech (9254) und die Rangierertritte durch Weinert-Tritte (9260) ersetzt. Außerdem können Rangierergriffe und Drähte zwischen den Bremsklötzen montiert werden.

Am Wagenkasten sind nur wenige Nacharbeiten erforderlich: Die 2 mm zu kurzen Griffstangen und ggf. Signalstützen aus Kunststoff werden eingeklebt, abgeschnitten und durch 11,5 mm lange Griffe aus Messingdraht bzw. Weinert-Signalstützen (bei Wagen der ersten Baulose mit Bretter- oder Plattenwänden) ersetzt. Die großen Griffstangen neben den Schiebetüren werden mit einem Skalpell abgetrennt und an ihrer Stelle Griffe aus 0,4-mm-Messingdraht eingesetzt.

Schließlich werden bei einen Glmhs 50 in der Epoche 3 die Nachbildungen der kleinen Griffe an den Stirnwänden nebst der der Flacheisen zur Befestigung abgeschabt. Diese sind eine spätere Zutat, die nicht alle Wagen bekommen haben.

Bei Wagen mit Handbremsbühne sollten zumindest das Geländer der Bühne sowie die Bremskurbel erneuert werden. Besser wirken die Wagen allerdings mit einer Vorbau-Handbremsbühne von Weinert (9256), die, nachdem man die Kunststoffbühne abgebrochen (!) hat, angeklebt wird.

Die neuen Teile werden mit einem Pinsel lackiert. Zusätzlich werden die Zettelhalter, je nach Vorbild, rotbraun, aluminiumfarben oder schwarz gestrichen.

Der Glmhs 50 von Klein-Modellbahn in der Ausführung mit Bretterwänden und als an die Firma Bähre vermieteter Wagen aus einer M+D-Sonderserie.

Das Vorbild für das Modell der M+D-Sonderserie: Der Glmhs 50 205 195 (mit Handbremsbühne, Plattenwänden und Signalstützen an den Ecksäulen) der Firma Bähre am 2.12.1958 in Frankfurt a.M. (Foto: Joachim Claus)

Glmmhs 57

Der Glmhs 50 mit Plattenwänden und einer Weinert-Vorbauhandbremsbühne mit Bremserhaus sowie Signalstützen an den Ecksäulen. Bei diesem Wagen haben auch die Griffstangen an den Wagenecken die richtige Länge.

Gos 253

Als Variante des Glmhs 50 gibt es in M+D-Sonderserien den Glmmhs 57. Die Modelle besitzen anstelle der Seilösen wie das Vorbild – leider etwas zu klein ausgefallene – Seilanker.

An den Glmmhs 57 werden die beim Glmhs 50 beschriebenen Verbesserungen vorgenommen. Jedoch hatten Glmmhs 57 bereits bei der Ablieferung die Griffe an den Stirnwänden, so daß diese, wie beim Glmhs 50, zwar abgeschabt, aber anschließend aus 0,3-mm-Drähten eingesetzt werden sollten.

Der Glmmhs 57 aus einer M+D-Sonderserie

Glmm(eh)s 61   Gbs(-uv) 254

Inzwischen hat man bei den Nachbildungen von Glmms 61 bzw. Gbs 254 die Qual der Wahl. Neben dem Roco-Modell gibt es auch eine entsprechende Nachbildung von Märklin.

Zwar weichen beide Wagen im Zehntelmillimeterbereich von den Hauptabmessungen ab, dies hat jedoch keinen Einfluß auf den ansonsten ordentlichen Gesamteindruck. Allerdings haben beide Wagen auch Schwächen. So können am Roco-Modell weder die Bremsanlage mit den falschen Umstellhebeln noch das Sprengwerk mit den zusätzlichen Abstützungen überzeugen.

Während hier das Märklin-Modell Pluspunkte macht, sind die Nachbildungen der Achshalter bei beiden Modellen nicht optimal. Und auch die Langträger liegen mit 25,5 bzw. 26,6 mm Außenkantenabstand deutlich zu weit auseinander.

Am Wagenkasten sehen die Schieber der Lüftungs- und Ladeluken bei Roco besser aus, während der Obergurt und die Türpuffer bei dem Märklin-Modell besser ausgefallen sind.

Wie schon im Vorbildteil auf Seite 84 beschrieben, gibt es von den Glmms 61 unterschiedliche Bauformen.

Roco-Wagen mit PVC-Dach

Leider stellt, wie Rudolf Ossig bei seinem Umbau auf Seite 85 schon beschrieben hat, die Bauform des Roco-Glmms 61 eine Mischung aus den beim Vorbild existierenden Typen dar.

Die Wagennummer des Epoche-3-Modells von Roco weist ihn als einen Wagen mit PVC-Dach aus. Um den Eindruck eines solchen Wagens möglichst gut wiederzugeben, muß der untere Flansch vom Seitenwand-Obergurt entfernt werden.

Dazu werden zuerst kleine Schnitte neben den Kastensäulen gemacht. Anschließend wird mit einem spitzen Skalpell so lange von oben in der Kante zwischen Steg und Flansch entlanggefahren, bis sich der Flansch herausnehmen läßt. Über den Lade und Lüftungsöffnungen muß zusätzlich von vorn geschnitten werden. Ähnlich wird mit dem oberen Flansch des Stirnwandoberwinkels verfahren.

Die viel zu schwachen und obendrein zu eng zusammen stehenden Stirnwandsäulen werden restlos abgeschliffen und durch (aus 2,4 x 1,6 mm zurechtgefeilten) 2,4 x 1,2 mm-Polystyrol-U-Profile oder 2,4 x 1,0-mm-Profile ersetzt.

Zur Nachbildung des PVC-Daches werden in die Nuten an den Dachkanten mit Essigester 0,5 x 0,75-mm-Polystyrol-Profile geklebt und anschließend in der Dachkontur abgeschliffen. Stirnseitig wird die Unterseite des Daches an den Wagenecken entsprechend angepaßt.

Es folgen die üblichen Kleinigkeiten: Die Sprengwerke werden abgezogen und mit der glatten Seite nach außen eingeklebt, nachdem zuvor die überflüssigen Abstützungen abgeschnitten sind. Die Griffstangen an den Wagenecken und neben den Türen sowie die kleinen Griffe an den Stirnwänden werden durch Messingdraht ersetzt. Außerdem bekommt der Wagen zwei geätzte Rangierertritte. Darüber hinaus kann er ggf. mit Nachbildungen von elektrischen Heizkupplungen und/oder mit einer Vorbau-Handbremsbühne (Weinert 9256) ausgerüstet werden.

Märklin-Modell

Das Märklin-Modell hat einen Wagen mit einteiligem Seitenwandobergurt (der anders als beim Roco-Modell komplett Bestandteil des Wagenkastens und damit rotbraun ist) und Stahl-Steckdach zum Vorbild.

Um ein solches Dach wiederzugeben, sollte es an den Stirnseiten mit dem Wagenkasten verklebt, ggf. verspachtelt und der Überstand vorsichtig abgeschliffen werden.

Die übrigen Verbesserungen entsprechen dem Roco-Modell: Montage von Griffstangen aus Messingdraht und Rangierertritten sowie ggf. Anbau einer Vorbau-Handbremsbühne und elektrischer Heizkupplungen, wobei bei allen Arbeiten – wegen des extrem spröden Kunststoffes des Modells – äußerste Vorsicht geboten ist.

Das Dach, das obere Stirnwandsegment und die Lüftungsschieber können schmutzig-grau gestrichen werden, wie überhaupt das komplette Modell für einen Einsatz in der Epoche 4 deutlich gealtert werden kann.

Alternativ dazu kann man den Wagen mit Schiebebildern aus dem überarbeiteten Gaßner-Beschriftungssatz G 323 zu einem Gbs 61 Glmms umbeschriften.

Kein Umbau für Anfänger: Der Roco-Glmmhs-61 mit der Nachbildung des Kunststoffdaches und entsprechend bearbeiteten Seitenwandobergurten, neuen Griffstangen und Rangierertritten.

Die Glmmhs 61 von Märklin mit zur Nachbildung des Stahldaches bearbeiteten Stirnwänden, sowie ebenfalls neuen Griffstangen und Rangierertritten.

Der Gbmhs 51 von Liliput hat lediglich neue Puffer, Signalstützen und ein schwarzes Kreideanschriftenfeld bekommen.

Gbmhs 51

Als erster Hersteller hat sich Liliput an die Nachbildung von Fährbootwagen getraut und ein Modell des Gbmhs 51 (sowie auf dem gleichen Untergestell einen Rbmhs 55) entwickelt.

Hfrs 312

Der maßstäbliche Gbmhs 51 ist gut gelungen, nur die Achslagerdeckel wirken etwas zu flach, und die Proportionen der Federpuffer (!) stimmen nicht mit dem Vorbild überein.

Hfs-u 312

Eine Augenweide sind hingegen die beweglichen, geätzten Schieber vor den Lade- und Lüftungsöffnungen und deren ebenfalls geätzte, unterschiedliche Gitter (wenn auch die Ausführung der Gitter mit den waagerechten Stegen nicht ganz richtig ist). Vor die Lochgitter kann man zusätzlich waagerecht kleine Drahtstücke kleben.

Ebenfalls separat eingesetzt sind sämtliche Griffe an den Ecksäulen, den Stirnwänden und den Schiebetüren (!), die Signalstützen, geätzte Rangierertritte und Teile der Bremsanlage.

Das Modell ist sauber lackiert und beschriftet, wobei jedoch der Farbton des Wagenkastens zu blaustichig ausgefallen ist und das Feld für Kreideanschriften fehlt. Außerdem sind die Anschriften z.T. zu weit unten plaziert.

Zur optischen Verbesserung sollte das Kreideanschriftenfeld aufgemalt und anschließend das Gitter für Kreideanschriften mit Schiebebildern von Gaßner angebracht werden.

Zum Austausch der Liliput-Federpuffer werden diese herausgezogen, die Löcher auf 2,3 mm aufgebohrt und Weinert-Puffer eingeklebt. Außerdem habe ich die zwar schönen, aber leider zu großen Signalstützen an den Ecksäulen gegen Weinert-Signalstützen getauscht.

Gllh Dresden Gllvwhh 08 / Gllh 12

Die von Fleischmann in der Epoche-2-Ausführung gefertigte Gllvwhh 08 / Gllh 12-Einheit läßt sich generell zwar auch in der Epoche 3 einsetzen. Jedoch sind dann an den Wagen diverse Anpassungsarbeiten erforderlich, wobei hier – je nach gewähltem Vorbild – sehr unterschiedliche Ausführungen denkbar sind.

Die umfangreichen Änderungen sollen im folgenden kurz dargestellt werden.

Gllvwhh 08

Als erstes wird der aus einem Güterzugbegleitwagen entstandene Gllvwhh 08 in seine Einzelteile zerlegt. Vom Wagenkasten und den Türen werden die waagerechten Griffstangen mit einem Skalpell oder angeschliffenen Schraubendreher vorsichtig abgehobelt.

Die Türen der Signalmittelschränke und Klappen der Preßkohlenheizung werden glattgeschliffen und in diesem Bereich die Bretterfugen nachgezogen. (Sollten Sie den auf Seite 98 abgebildeten Gllevwh 08 198 288 zum Vorbild wählen, entfallen zwar einige Arbeiten an dem ehemaligen Güterzugbegleitwagen, dafür müsste aber an dem Glleh 12 198 289 sehr viel verändert werden.)

Auf den so vorbereiteten Wagenkasten werden – je nach gewähltem Vorbild – Endfeldverstärkungen und/oder ggf. Seitenwanddiagonalen aus Messing-U-Profilen mit Knotenblechen aus kleinen Kunstdruckpapierstücken geklebt.

Außerdem werden neue Griffstangen aus Messingdraht (neben und an den Schiebetüren und an den Einstiegstüren) angebracht sowie ggf. geätzte Zettelhalter und Signalstützen. Diese sind beim Vorbild – anders als bei den Pwg pr 14 – (am Einheitsende) auf der Seite des Zugführerabteils montiert.

Die Fenster im Packraum und ggf. in den Schiebetüren können noch Fensterkreuze aus Polystyrol-Streifen erhalten. Soll ein Wagen mit Schiebetüren ohne Fenster nachgebildet werden, empfiehlt es sich, diese als Ersatzteile von Fleischmann zu beschaffen

Das Dach wird glattgeschliffen und mit einem neuen Abzugsrohr im Bereich des Abortes versehen. Die durchgehenden Tritte werden bis auf verbleibende Reste unter den Türen abgeschnitten. Am Untergestell entfällt der Gasbehälter. Außerdem werden Puffer mit 4,3-mm-Puffertellerdurchmesser und ggf. Rangierergriffe montiert.

Gllh 12

Der Gllh 12 kann – wie bereits beim Gl 11 beschrieben – mit Endfeldverstärkungen ausgerüstet und durch Freistellen der Türlaufschienen, Anbringen von Signalstützen, Griffstangen und Rangierertritten (nur an dem äußeren Wagenende) optisch verbessert werden.

Der Gllvwhh 08 198 305 und der Gllh 12 198 306 (mit kurzen Blatttragfedern !) in Mannheim-Seckenheim. (Foto: J. Claus)

Die von Joachim Reinhard nach dem auf der gegenüberliegenden Seite abgedruckten Vorbildfoto hergerichtete Gllvwhh-08/Gllh-12-Einheit.
Foto: Markus Tiedtke

Gllh Dresden
Gllh 12
Hkr-z 321

Die aus zwei Gllh 12 gebildete Leig-Einheit gibt es von Fleischmann für die Epoche 2 sowie als Sonderserien mit Epoche-3-Anschriften.

Die meisten Verbesserungen an den Gllh 12 sind bereits oben aufgezählt. Zwar hat der Wagen mit der Handbremse bereits von Haus aus einen Batteriekasten, jedoch fehlen sowohl das WC-Fenster und das Fenster für das Zugführerabteil (dafür ist an dieser Stelle ein Laderaumfenster) als auch das Fallrohr.

Zur Nachbildung der richtigen Fenster wird die vorhandene Öffnung mit einem 6,4 x 6,8 mm großen Polystyrol-Stück verschlossen und nach dem Aushärten der Klebung die Bretterfugen durchgezogen.

Anschließend werden die Öffnungen für die neuen Fenster aufgebohrt und -gefeilt: An den Ecken werden 0,5-mm-Löcher gebohrt, in der Mitte werden mehrere Löcher mit einem kleinen Bohrer vor- und dann mit etwa 2 mm Durchmesser aufgebohrt, und schließlich wird die Fensterfläche mit Schlüsselfeilen aufgefeilt.

Bei den Gllh 12 gab es zwei unterschiedliche Anordnungen des Zugführerabteils und der Toilette sowie der dazugehörenden Fenster. Während das Fenster für das Zugführerabteil immer im zweiten Seitenwandfeld

Das Dach sollte auf jeden Fall glattgeschliffen (oder gegen ein glattes Dach eines Gl 11 getauscht) werden. Zur Nachbildung eines Blechdaches können neue Querrippen aus 0,3-mm-Polystyrol-Rundstäben mit Essigester aufgeklebt werden.

Am Untergestell entfällt – wie beim Gllvwhh 08 – der Gasbehälter, und es werden ebenfalls neue Puffer mit 4,3-mm-Puffertellerdurchmesser sowie ggf. Rangierergriffe angebracht.

Mit vertretbarem Aufwand nicht realisieren lassen sich die geänderten Blatttragfedern des Vorbilds. Allerdings lassen sich auf Fotos – gerade in gemischten Leig-Einheiten – auch Gllh 12 belegen, die ihre alten, kurzen Blatttragfedern behalten haben.

Wer will, kann darüber hinaus den Wagenkasten und ggf. die Schiebetüren mit zusätzlichen Fenstern sowie die Einheit mit der Nachbildung von Elektrokupplungen ausstatten.

Beschriftet wird die komplette Leig-Einheit mit Schiebebildern aus dem Gaßner-Beschriftungssatz G 344.

Die Gllh 12-Einheit 198 232 / 198 233 nach erfolgter Revision im November 1951 im AW Osnabrück. (Foto: Slg. Carstens)

Eine Gllh-12-Einheit von Fleischmann mit neuen Fenstern für das Zugführerabteil und das WC sowie mit dem Aufdruck „Stückgut-Schnellverkehr".

Glmmghs Leipzig Gllmhs 37 Hrs-z 330

war, war das WC entweder ganz am Wagenende und somit das Toilettenfenster im ersten Wandfeld (vgl. Foto auf Seite 100), oder – wie auf der Zeichnung auf Seite 99/100 dargestellt – hinter dem Zugführerabteil angeordnet. Das WC-Fenster war dann im dritten Wandfeld.

Da bei dieser Ausführung auch die Lüftungsöffnung entfallen und durch ein Bretterwandsegment ersetzt werden müsste, habe ich bei meiner Einheit das WC-Fenster im ersten Wandfeld vorgesehen – allerdings müssen dann ggf. die Anschriften z.T. erneuert werden (Gaßner 344).

Bei den Abmessungen der Fenster kann man sich an der Zeichnung auf Seite 99/100 orientieren, wobei die Toilettenfenster z.T. deutlich kleiner waren. Die Fenster werden aus klarem Material hinter die Öffnung geklebt, die Nachbildung der Rahmen anschließend aus kleinen Polystyrol-Streifen (0,5 x 0,5 mm) auf die Fensterfläche.

Noch einfacher geht es, wenn man die Packraumfenster weiterverwendet. Für das Fenster des Zugführerabteils wird das nicht benötigte Packraumfenster in der Breite halbiert, wobei der Mittelsteg als seitlicher Rahmen erhalten bleibt. Aus dem Reststück kann das WC-Fenster geschnitten werden, das dann lediglich auf einer Seite noch einen Rahmen erhalten sollte. Komplettiert wird der Wagen mit einem WC-Fallrohr aus einem Stück 1,5-mm-Rundmessing.

Weitere Varianten — z.B. mit normalen Lade- und Lüftungsluken, dafür aber mit Fenstern in den Schiebetüren – lassen sich unter Verwendung von Gl 11-Wagenkästen herstellen. Auch hier sind jedoch zusätzliche Fenster für das Zugführerabteil und das WC in den Wagenkasten zu schneiden. Außerdem müssen in die Türen jeweils zwei gleichgroße Löcher für die Fenster geschnitten werden, wobei man hier die Packraumfenster einsetzen kann (allerdings sind die Türen dann nicht mehr beweglich, da die Fenstereinsätze beim Öffnen der Türen gegen die Wagenkastenwand stoßen).

Interessant ist übrigens, daß einige Gll 12 bis in die sechziger Jahre weder Endfeldverstärkungen erhalten haben noch die Stirnwandsäulen gedreht wurden. Vermutlich wurden die Wagen im Betrieb nicht so stark belastet, so daß man hierauf verzichten konnte.

Das Vorbild für die die Roco-Leigeinheit, der direkt nach der Revision im Jahr 1952 fotografierte Gllmghs 37 218 218 und 218 219 (noch ohne Angabe des Eigengewichtes). Ungewöhnlich ist, daß die Einheit international einsetzbar war – RIV-Zeichen, Übergangszettelfeld. *(Foto: Bustorff, Slg. Carstens)*

Glmmghs Leipzig Gllmhs 37 Hrs-z 330

Zwar ist ein Modell dieser Leig-Einheit bereits auf Seite 103 vorgestellt worden, aber da sie zwischenzeitlich wieder in das Roco-Programm aufgenommen wurde, sollen die wichtigsten Verbesserungen hier noch einmal aufgezählt werden.

Das Untergestell wird mit neuen Puffern, Rangierertritten und Bremsumstellhebeln (die sich leider wegen der falschen Nachbildung der Bremsanlage nicht vorbildgerecht anordnen lassen) versehen. Zusätzlich wird es mit einem Batteriekasten mit Haltewinkeln aus 1 x 1-mm-L-Profilen und einem darüber angeordneten Schaltkasten aus einem kleinen Polystyrol-Stück ausgerüstet. Außerdem sollte unter dem WC noch ein Fallrohr angebracht werden. Bei den Gllmghs 37 war dies – anders als bei Personenwagen – nur ein glattes Rohr mit 150 mm Durchmesser.

Vom Wagenkasten werden die angespritzten Griffstangen, Signalstützen und Seilösen abgeschnitten und durch Griffe aus 0,4-mm-Messingdraht bzw. Signalstützen und Seilösen von Weinert ersetzt. Am Nichthandbremsende werden Tritte über den Puffern angebracht. Die Reste der Trittstufen und die Griffe in Einheitsmitte entfallen.

Zusätzlich sollte der Wagen mit Handbremse noch ein 5 x 4,5 mm oder ein in der Höhe unterteiltes 9 x 5 mm großes (die Maße gelten jeweils für die Außenkante Fensterrahmen) WC-Fenster erhalten.

Von der Handbremsbühne werden das Übergangsblech und die E-Kupplung abgetrennt und vor die Bühne eine Weinert-Bremskurbel geklebt. Das Dach wird mit der Nachbildung eines Abzugsrohres für den Ofen versehen. Zum abschluß werden die Anschriften mit Gaßner-Schiebebildern ergänzt und der Schriftzug Stückgut-Schnellverkehr nachgemalt.

Die Roco-Gllmghs 37-Leigeinheit mit den beschriebenen Verbesserungen. *(Für alle Modelle gilt: Modellbau und Fotos, soweit nicht anders vermerkt: Stefan Carstens)*